WITHDRAWN

HARVARD LIBRARY

WITHDRAWN

Texte und Studien zum Antiken Judentum

Herausgegeben von
Martin Hengel und Peter Schäfer

68

Ronen Reichman

Mishna und Sifra

Ein literarkritischer Vergleich
paralleler Überlieferungen

Mohr Siebeck

RONEN REICHMAN, geboren 1960; Studium der Philosophie und Judaistik in Tel-Aviv und Berlin; 1992–1994 wissenschaftlicher Mitarbeiter an dem Projekt »Moses Mendelssohn Jubiläumsausgabe« in Wolfenbüttel; 1994–1996 wissenschaftlicher Mitarbeiter an der Universität Frankfurt; seit 1996 Dozent an der Hochschule für Jüdische Studien in Heidelberg.

Die Deutsche Bibliothek – CIP-Einheitsaufnahme

Reichman, Ronen:
Mishna und Sifra : ein literarkritischer Vergleich paralleler Überlieferungen / Ronen Reichman. – Tübingen: Mohr Siebeck, 1998
  (Texte und Studien zum antiken Judentum ; 68)
  ISBN 3-16-146897-X

© 1998 J. C. B. Mohr (Paul Siebeck) Tübingen.

Das Werk einschließlich aller seiner Teile ist urheberrechtlich geschützt. Jede Verwertung außerhalb der engen Grenzen des Urheberrechtsgesetzes ist ohne Zustimmung des Verlags unzulässig und strafbar. Das gilt insbesondere für Vervielfältigungen, Übersetzungen, Mikroverfilmungen und die Einspeicherung und Verarbeitung in elektronischen Systemen.

Das Buch wurde von Marianne Seegelken-Reeg in Berlin aus der Times gesetzt, von Gulde-Druck in Tübingen auf alterungsbeständiges Werkdruckpapier der Papierfabrik Niefern gedruckt und von der Großbuchbinderei Heinr. Koch in Tübingen gebunden.

ISSN 0721-8753

Vorwort

Die vorliegende Studie wurde vom Fachbereich Philosophie und Sozialwissenschaften II der Freien Universität Berlin im Fach Judaistik im Wintersemester 1996/7 als Dissertationsschrift angenommen. Die Arbeit daran wurde durch ein Stipendium nach dem Gesetz zur Förderung des wissenschaftlichen und künstlerischen Nachwuchses der Freien Universität Berlin (Nafoeg) gefördert.

Prof. Peter Schäfer, meinem Lehrer und Betreuer dieser Arbeit, bin ich zu großem Dank verpflichtet. Er hat mich in das judaistische Studium eingeführt und kam mir während der Arbeit, wenn auch nicht mit allen dort vertretenen Thesen einverstanden, stets mit freundlicher und fachlicher Unterstützung entgegen. Ebenso danke ich Prof. Margarete Schlüter, die das Zweitgutachten übernommen hat.

Dank gebührt allen Kollegen, mit denen ich die Gelegenheit zum mündlichen und schriftlichen Austausch hatte: Menachem Kahana, David Halivni, Günter Stemberger, Jacob Neusner und Shelomo Nae, der mir darüber hinaus auch Kopien von einigen Handschriften des Sifra zur Verfügung gestellt hat.

Und Dank gebührt auch allen Freunden und Freundinnen, Kollegen und Kolleginnen, Korrektoren und Korrektorinnen – ... תקצר היריעה למנות –, die dazu beigetragen haben, mir, einem nicht deutschen Muttersprachler, in verschiedener Hinsicht die Gedanken zu ihrer – hoffentlich halbwegs verständlichen – Artikulation zu verhelfen.

Dr. Gottfried Reeg möchte ich für die Beratung und Hilfe im Bereich der EDV herzlich danken.

Dank schulde ich nicht zuletzt Prof. Martin Hengel und Prof. Schäfer für die Aufnahme der Arbeit in die Reihe *Texte und Studien zum Antiken Judentum*.

Heidelberg, Januar 1998   Ronen Reichman

Inhalt

Vorwort V

Siglen der Textzeugen XI

Verwendete Zeichen XII

Hinweise zur Umschrift und Zitierweise XIII

Einleitung 1
   1. Forschungsgeschichtlicher Rückblick 2
   2. Unter welchen Bedingungen ist die literarische Abhängigkeit zwischen parallelen Überlieferungen feststellbar? Entwurf einer Methodologie 16
   3. Hinweise zur Textwiedergabe 22

Kohärenzlücken: Ein Erklärungsmodell zur Entstehung fehlerhafter Überlieferungsstrukturen in der Mishna 23

   § 1 Das Anrecht der Priester auf das Fell des Brandopfers 30
      mZev 12,2–3; Ka., S. 362 30
      sSav 9,1–4; Ass. 66, S. 150–1 34
      Vergleich 39

   § 2 Die Darbringungsweise des Brandopfers auf dem Altar . . . 42
      mZev 9,5; Ka., S. 359 42
      sNed 6,9; Ass. 66, S. 26 44
      Vergleich 47

   § 3 Die Unrechtmäßige gerichtliche Entscheidung 48
      mHor 1,4; Ka., S. 347 48
      sHova IV,3–4; Ass. 66, S. 80 51
      Vergleich 52

§ 4 Weiße Haare auf dem hellen Fleck 54
    mNeg 4,10–11; Ka., S. 496–7 54
    sNeg 1,2; Ass. 66, S. 253 (= sI) 59
    sNeg III,5–6; Ass. 66, S. 260 (= sII) 60
    Vergleich 62

§ 5 Die Abhebung des Qomeṣ 64
    mMen 1,2; Ka., S. 366 64
    sNed IX,6; Ass. 66, S. 41 (= sI) 66
    sNed IX,10; Ass. 66, S. 42 (= sII) 67
    Vergleich 68

§ 6 Die Definition der Nachlese 69
    mPea 4,10; Ka., S. 13 69
    sKed 2,5; Ass. 66, S. 395 71
    Vergleich 72

§ 7 Die Festlegung der Grenzen zur Gabe der Pea 74
    mPea 2,1–4; Ka., S. 10 74
    sKed 1,11; Ass. 66, S. 394 77
    sKed 2,3; Ass. 66, S. 395 78
    sKed 2,2; Ass. 66, S. 395 78
    sKed 2,4; Ass. 66, S. 395 79

§ 8 Der unter dem Baum stehende Unreine 80
    mNeg 13,7; Ka., S. 506 80
    sNeg 12,14; Ass. 66, S. 280 82
    Vergleich 83

Ergebnisse 84

Die Entstehung einer semantischen Differenz als Folge
einer interpretatorischen Bearbeitung einer Vorlage 86

§ 9 Das Schlachten auf dem Altar 94
    mZev 6,1; Ka., S. 354 94
    sNed V,9; Ass. 66, S. 28–9 96
    Vergleich 101

§ 10 Die Defintion des Nasi 103
    mHor 3,3; Ka., S. 349 103
    sHova V,1; Ass. 66, S. 85 104
    Vergleich 105

§ 11 Das Losverfahren mit den zwei Ziegenböcken 107
    mYoma 6,1; Ka., S. 128 107
    sAharMot 2,5; Ass. 66, S. 341–2 111
    Vergleich 116

§ 12 Das »Ausbreiten« des Aussatzfleckes	118
mNeg 8,5; Ka., S. 499–500	118
sNeg 4,2; Ass. 66, S. 262 (= sI)	123
sNeg 4,5; Ass. 66, S. 263 (= sII)	124
sNeg 5,3; Ass. 66, S. 264 (= sIII)	128
Vergleich	129
§ 13 Das Schlachten durch Unreine	133
mZev 3,1; Ka., S. 351	133
sNed IV,1–2; Ass. 66, S. 20–1	135
Vergleich	139
§ 14 Die Darbringung des Opfers außerhalb des Tempels	141
mZev 13,4; Ka., S. 363	141
sAharMot 10,3–5 und 9; Ass. 66, S. 361–2	147
Vergleich	151
Ergebnisse und Bewertung der methodischen Vorgehensweise	155

Die mishnische Bearbeitung von Sifra-Überlieferungen,
bei denen sich die Hand eines Redaktors bemerkbar macht . . . 160

§ 15 Der nur aus »Nachlesetrauben« bestehende Weinberg	161
mPea 7,7; Ka., S. 17	161
sKed 3,1; Ass. 66, S. 395	165
Vergleich	167
§ 16 Der Reinheitsstatus des hellen Fleckes	168
mNeg 7,1–2; Ka., S. 498–9	168
sNeg I,1; Ass. 66, S. 250–1	174
Vergleich	180
§ 17 Die Darbringungspflicht des Hohenpriesters und des Nasi wegen Übertretungen vor dem Amtsantritt	185
mHor 3,1–3; Ka., S. 349	185
sHova II,6–7; Ass. 66, S. 72–73	190
Vergleich	201
§ 18 Der Geltungsbereich der Ausrottungsstrafe im Zusammenhang mit den im Opferkult begangenen Übertretungen	204
sSav 13,1–3; Ass. 66, S. 162–3	204
sSav 13,4–5; Ass. 66, S. 163–4	216
mZev 3,4; Ka., S. 352	220
mZev 2,1; Ka., S. 350–1	222
mZev 4,3–4; Ka., S. 352–3	227
Exkurs	230

Ergebnisse 236

Zusammenfassung 238

Anhang: Synopse der analysierten Texte 243
   Texte zu § 1 243
   Texte zu § 2 244
   Texte zu § 3 244
   Texte zu § 4 245
   Texte zu § 5 245
   Texte zu § 6 246
   Texte zu § 7 246
   Texte zu § 8 247
   Texte zu § 9 247
   Texte zu § 10 248
   Texte zu § 11 248
   Texte zu § 12 249
   Texte zu § 13 250
   Texte zu § 14 250
   Texte zu § 15 251
   Texte zu § 16 252
   Texte zu § 17 253
   Texte zu § 18 253

Literaturverzeichnis 257
   I. Mishna 257
   II. Sifra 258
   III. Wörterbücher und Konkordanzen 258
   IV. Sekundärliteratur 259

Stellenregister 265
   1. Bibel 265
   2. Rabbinische Literatur 266

Personenregister 273

Halachisches Sachregister 274

Exegetisches Sachregister 277

Siglen der Textzeugen

Mishna

Ka.	Kaufmann (Budapest A 50)
P138	Parma (De Rossi 138)
Cam.	Cambridge (Add. 470.1)
Par.	Paris (328/329)
P497	Parma (De Rossi 497, Parma B)
P984	Parma (De Rossi 984, Parma »C«)
O393	Oxford (Bodleian Library, Neubauer 393)
O404	Oxford (Bodleian Library, Neubauer 404)
Jer.	Jerusalem (ספריה לאומית Heb 4^0 1336)
Mün.	München (Cod. Hebr. 95, Hs. des bT)

Sifra

Ass. 66	Vatikan (Assemani 66)
Ass. 31	Vatikan (Assemani 31)
Br.	Breslau (Zuckermann 108)
P139	Parma (De Rossi 139)
Ox.	Oxford (Neubauer 151)
Lo.	London (Margaliot 341)

Verwendete Zeichen

( ) Hinzufügung zwischen den Zeilen oder am Rand
{ } Streichung
[ ] Ergänzung d. Verf.:
    1. zu Abkürzungen wie תל[מוד] לו[מר]
    2. zu schwer oder nicht lesbaren Buchstaben

Handelt es sich um einzelne Buchstaben oder Wortteile, die sich aufgrund des lesbaren Textes ermitteln lassen, so wurden diese aus parallelen Lesarten anderer Hss. ohne weitere Vermerke ergänzt. In allen anderen Fällen wird innerhalb der eckigen Klammer auf die Hs. verwiesen, der die Ergänzung entnommen wurde.

Hinweise zur Umschrift und Zitierweise

Zu der verwendeten Umschrift und Zitierweise aus der rabbinischen Literatur s. *Frankfurter Judaistische Beiträge,* Heft 2,1974, S. 65ff. Davon wurde in manchen Fällen (z.B. »Halacha«, »halachisch«) abgewichen. Für die Zitierweise aus dem Sifra gilt: Vor dem jeweiligen Abschnitt steht der Kleinbuchstabe s als Kennzeichnung des Werkes. Die Parasha wird durch eine römische Ziffer gekennzeichnet, der Pereq durch eine arabische. Diese Regelung, zwischen Parasha und Pereq zu unterscheiden, hat D.Hoffmann (*Zur Einleitung in die halachischen Midrashim,* S. 21, Anm. 3.) eingeführt. Sie wurde später auch von Neusner (vgl. *Purities,* VII, S. 8) übernommen. Die Unterscheidung zwischen Parasha und Pereq durch Ausschreiben dieser Bezeichnungen vor der Zahl ist v.a. bei gehäuften Stellenangaben umständlich.

Für die 14 Abschnitte, aus denen sich der Sifra zusammensetzt, wurden folgende Abkürzungen verwendet:

1.	Ned	Wayiqra, Nedava
2.	Hova	Wayiqra, Ḥova
3.	Sav	Ṣav
4.	Mil (Sav)	Mekhilta deMilluim, Ṣav
	Mil (Shemini)	Mekhilta deMilluim, Shemini
5.	Shemini	Shemini
6.	Tazria	Tazria
7.	Neg	Tazria, Negaim
8.	Mesora	Meṣora, Negaim
9.	Zavim	Meṣora, Zavim
10.	AharMot	Aḥarei Mot
11.	Ked	Kedoshim
12.	Emor	Emor
13.	Behar	Behar
14.	Behuq	Beḥuqotai

Einleitung

Die vorliegende Studie vergleicht literarkritisch Texte aus parallelen, dem Sifra und der Mishna entnommenen Überlieferungen. Es handelt sich dabei um 20 Perikopen unterschiedlichen Umfangs aus der Mishna, deren Entstehung, wie in der Arbeit argumentiert wird, auf die redaktionelle Bearbeitung von 24 Sifra-Überlieferungen zurückgeht. Aus der übergroßen Menge von parallelen, in beiden Werken vorkommenden Überlieferungen wird eine Auswahl von Fällen getroffen, deren Vergleich eine positive Antwort auf die Frage nach dem möglichen Vorhandensein eines direkten literarischen Verhältnisses gibt. In den meisten Fällen ist eine kritische Feststellung eines literarischen Abhängigkeitsverhältnisses nicht möglich; derselbe halachische Sachverhalt, der in der Mishna in der typischen apodiktischen Form überliefert wird, kommt im Sifra im Rahmen einer fortlaufenden Exegese zum Buch Wayiqra vor. Der Vergleich kann dann nur von einem traditionsgeschichtlichen Standpunkt aus fruchtbar sein. Wie in der methodischen Reflexion zu zeigen sein wird, muß sich die Literarkritik bestimmte Grenzen setzen, um *kritisch* verwendet werden zu können.

Eine angemessene Methodik zu einer kritischen Vorgehensweise bildet einen wesentlichen Aspekt der Arbeit. Ein solches Vorhaben impliziert jedoch nicht den Aufbau eines komplizierten, begrifflichen, den Schein von Wissenschaftlichkeit vermittelnden Apparats, das nur dann – wie ich meine – legitim ist, wenn es zu einem Selbstzweck erhoben wird. Die ganze Methodik beruht auf der Überzeugung, daß die Leistung des literarkritischen Vergleichs nur in der Lieferung eines Erklärungsmodells zu einem vorhandenen »Problem« bestehen kann, welches sich entweder als Kohärenzlücke in einem der Texte zeigt oder in einer bedeutenden semantischen Diskrepanz zwischen zwei Traditionen besteht, die vor allem im Wortlaut weitgehend verwandt sind. Entsprechend der zweifachen Erscheinungsform des »Problematischen« wurden die als paradigmatisch gedachten Textvergleiche in die beiden ersten Teile der Arbeit eingeordnet.

So wird im ersten Teil von der Feststellung bzw. Aufdeckung einer Kohärenzlücke in den Mishna-Texten ausgegangen. Eine Erklärung für die strukturelle Lücke hängt mit der Möglichkeit der Rekonstruktion der Entstehungsgeschichte des Textes zusammen. Es wird gezeigt, wie der Vergleich mit der parallelen Fassung im Sifra einen solchen Entstehungsvorgang ermöglicht. Im zweiten Teil geht es um die Spannung, die die Gegenüberstellung zweier, meist wörtlich verwandter Überlieferungen, in denen aber entgegengesetzte Aussagen gemacht werden, hervorruft. Dafür wird gleichfalls eine Erklärung gesucht, und es wird argumentiert, daß die semantische Differenz die Folge einer »inkorrekten« Rezeption der Vorlage war.

Die literarische Abhängigkeit, die sich daraus ergibt, betrifft dabei die einzelnen besprochenen Überlieferungen. Wird mit der Wiederholung des Ergebnisses von der Abhängigkeit des jeweiligen Mishna-Textes von dem parallelen Sifra-Text ein Phänomen aufgedeckt, dessen Bewertung auch im Zusammenhang mit der allgemeinen Frage nach dem Verhältnis *der* Mishna zu *dem* Sifra relevant ist, und wird diese Frage auch ansatzweise gestellt, so bildet sie – dies muß hervorgehoben werden, um Mißverständnissen vorzubeugen – keineswegs das Hauptanliegen in den beiden ersten Teilen der Arbeit.

Die Berechtigung, solch einen verallgemeinernden Schluß zu ziehen, hängt mit der Besonderheit der Textvergleiche im dritten Teil zusammen. Hier wird wiederum die mishnische Bearbeitung von Sifra-Texten behauptet, doch mit der Besonderheit, daß die Hand des Sifra-Redaktors selbst in diesen Texten wahrnehmbar ist. Trifft dies zu, dann handelt es sich bei diesen, für die Redaktion der Mishna benutzten Quellen nicht um »Überlieferungen«, die irgendwie »in der Luft hingen« und nur zufällig irgendwann in einer Sammlung namens Sifra zusammengestellt worden sind, sondern eindeutig um Ausschnitte aus einem schriftlich fixierten Werk, das vielleicht nicht wesentlich anders als der uns bekannte Sifra war.

Diese Studie versteht sich also auch im Zusammenhang mit der Tatsache, daß sich gerade die gegenteilige Ansicht, die ich gleich beschreiben werde, über das Verhältnis des Sifra zu der Mishna sowohl in der nach-talmudischen Tradition als auch in der modernen Forschung etabliert hat, doch das eigentliche Ziel dieser Arbeit ist die Entfaltung eines Arguments, das zeigt, wie das Vorhandensein einer literarischen Abhängigkeit zwischen parallelen Texten kritisch behauptet werden kann. Damit verbindet sich die Analyse einer zuweilen schwierigen Materie und die Konfrontation mit einer komplexen hermeneutischen Situation, die manchmal zu detaillierten Ausführungen zwingen. Obwohl diese von der allgemeinen Frage ablenken können, stellen sie – wie ich meine – den eigentlichen Kern der Literarkritik dar.

1. Forschungsgeschichtlicher Rückblick

Die rabbinischen Quellen legen kein Zeugnis über die Art und Weise ab, wie sich der in der Form von der Mishna so unterschiedliche, mit ihr jedoch auf Schritt und Tritt inhaltlich und oft auch buchstäblich verwandte Sifra zu diesem Kanon des rabbinischen Rechts verhält. Auch eine eindeutige Identifizierung des Sifra-Redaktors ist in beiden Talmudim, den primären Quellen, aus denen sich überhaupt Äußerungen dieser Art schöpfen lassen, nicht zu finden. Bekannt ist die Rückführung des anonymen Teils in jedem der vier Werke, Mishna, Tosefta, Sifra und Sifre, auf die vier Schüler Aqivas.[1]

Diese Tradition wird dem bedeutenden Amoräer des 3. Jhs., Rav Yoḥanan, zugeschrieben,[2] von dem an einer anderen Stelle[3] erzählt wird, daß er, veranlaßt durch eine tiefsinnige Auslegung seines Schülers, sich auf das Studium der »Torat Kohanim« einließ, das Ganze drei Tage lang studierte und noch weitere drei Monate benötigte, um es zu verstehen. Zusammen mit einer weiteren Anekdote[4] über den Sohn des angeblichen Mishna-Redaktors, R. Shimon, Sohn des Rabbi Yehuda haNasi, der dem im Badehaus sitzenden Bar Qapra »zwei Neuntel in Torat Kohanim« vorgetragen hat, geben beide Erzählungen gemeinsam Auskunft über die talmudische Auffassung des Sifra, indem sie die Existenz dieses Werkes schon in der ersten Hälfte des 3. Jhs. voraussetzen. Wie auch immer man diese Voraussetzung historisch bewerten mag: über das zeitliche Verhältnis der Mishna zum Sifra ist diesen beiden Anekdoten nichts zu entnehmen.

Anders scheint dies bei Rav Sherira zu sein. Auf die Frage, wie sich der Sifra zur Mishna verhält, gibt er zwar keine vergleichbare ausdrückliche Antwort wie hinsichtlich des Verhältnisses der Tosefta zur Mishna,[5] doch scheint es, daß die Redaktion des Sifra und der Sifre seiner Ansicht nach auch auf den Schüler des Rabbi Yehuda haNasi, R. Ḥiya, bzw. auf ihn und seinen Schüler R. Oshaya zurückgeht.[6] Deutlicher als die Identifizierung des Sifra-Redaktors

---

[1] bSan 86a. Obwohl mit dieser Zuordnung keine Redaktionstätigkeit gemeint ist, wurde R. Yehuda zuweilen für den Redaktor des Sifra gehalten (vgl. z. B. L. Finkelstein, The Core of the Sifra: A Temple Textbook for Priests, S. 15). Zum Sinn dieses Ausspruchs vgl. A. Goldberg, וכולהו אליבא דרבי עקיבא, S. 231 ff. Demnach geht es in dieser Tradition weniger darum, die verschiedenen Quellen bestimmten Tannaiten zuzuordnen als vielmehr um die Hervorhebung, daß jede dieser »Lehren« auf die Lehre des R. Aqiva zurückgeht.

[2] An anderen Stellen wird die Zuschreibung von סתם ספרא an R. Yehuda anonym überliefert (vgl. bEr 96b, bShab 137a; bYom 41a; bQid 53a; bSan 86a; bShevu 13a; bBekh 61a; bKer 22a).

[3] bYev 72b.

[4] bQid 33a.

[5] »Und bezüglich der Tosefta: (es ist) gewiß, daß R. Ḥiya sie redigierte, ... ohne Zweifel wurde die Tosefta redigiert, nachdem die Halakhot unserer Mishna redigiert worden waren. Und die Worte der Tosefta, es ist klar, daß sie nach unserer Mishna sind und über sie gelehrt wurden.« So nach M. Schlüter, Auf welche Weise wurde die Mishna geschrieben?, § 69, S. 110. Alle folgende Zitate oder Verweise sind – wie dieses – der Übersetzung der »B-Rezension« bei M. Schlüter entnommen.

[6] In § 77, S. 122, erklärt Rav Sherira, was Sifra und Sifre sind, und gleich darauf (§ 78, S. 123–4) schreibt er die Redaktion der »vorzüglicheren Baraytot«, die er der »schlechteren« gegenüberstellt, R. Ḥiya und R. Oshaya zu. Diese Bewertung geht auf die Tradition in bHol 141a-b zurück, wo gesagt wird: כל מתניתא דלא תניא בי רבי חייא ובי רבי אושעיא משבשתא היא לא תותבו מינה. Daß mit diesen vorzüglichen Baraytot der Sifra und die Sifre gemeint sind, ist nun ziemlich deutlich (so wurde das z. B. auch von D. Hoffmann [Zur Einleitung in die halachischen Midraschim, S. 13–15] verstanden. Schon in den §§ 52 und 53 (S. 91–2) tritt

ist bei ihm jedenfalls die Auffassung von der Abhängigkeit des Sifra von der Mishna belegt. Der Sifra und die Sifre sind ja Baraytot; als solche sind sie mit der Tosefta gleichgesetzt. Von allen dreien gilt: »... von ihnen gehen all die tiefen Dinge aus, die in unserer Mishna in einer knappen Sprache, in Andeutungen und in Allgemeinheiten gesagt sind, (nämlich) Verzweigungen, Neuerungen und Ableitungen ...«[7] Die Rede von »Verzweigungen, Neuerungen und Ableitungen« setzt ein deutliches sachliches und zeitliches Verhältnis zwischen der Mishna und den genannten Baraytot voraus. An dieser Auffassung, die dem Sifra als Barayta zukommt, wurde seitdem kaum mehr gezweifelt.

Beide Komponenten, die Identifizierung des Sifra-Redaktors und die Abhängigkeit des Sifra von der Mishna, verknüpft Rambam und kündigt in der Einleitung zu Mishne Tora apodiktisch an: רב חבר ספרא וספרי לבאר ולהודיע עקרי המשנה.[8] Rambam war wahrscheinlich der erste, der die Autorschaft des Sifra dem Neffen R. Ḥiyas,[9] dem bedeutenden Amoräer der ersten Generation, Aba bar Ayvu, genannt Rav, zugeschrieben hat. Die Zuschreibung geht auf die talmudische Bezeichnung des Sifra als ספרא דבי רב zurück.[10] Sprachlich ist nicht mit Bestimmtheit zu entscheiden, ob mit dieser Wendung das Lehrhaus Ravs gemeint ist (wie in der Bezeichnung דבי רבי ישמעאל)[11] oder nur das Lehrhaus schlechthin.[12] Auch wenn ersteres zutrifft, ergibt sich daraus keineswegs eine eindeutige Aussage über Rav als Redaktor des Sifra: es ist durchaus möglich, die Bezeichnung so zu verstehen – wie bei Rashi -[13], als bildete der

---

der vozügliche Charakter der drei Baraytot, Tosefta, Sifra und Sifre, durch ihre Gegenüberstellung mit den anderen Baraytot klar hervor. Auf diese Vorzüglichkeit geht Sherira später näher ein (§ 88, S. 131: »und jene Baraytot haben kein [so die richtige Lesart] Ende«), wo er sie eindeutig auf die in § 87 genannten Baraytot, Tosefta, Sifra und Sifre, bezieht (vgl. auch weiter in § 89, S. 132). Zu diesen vozüglicheren Baraytot, die die beiden o.g. Weisen redigiert haben, gehört auch, daß sie »(im Lehr-)Haus der Rabbanan« gelehrt wurden (vgl. (§ 78, S. 124). Auch dieses Merkmal wiederholt sich im Zusammenhang mit diesen drei Baraytot (§ 87, S. 131: »Und danach wurden Tosefta, Sifra und Sifre bestimmt, daß alle Rabbanan sie studieren. Bis jetzt (besteht) diese Einrichtung«). Die einzige Unklarheit besteht meiner Ansicht nach darin, daß die Redaktion derselben Baraytot, »welche jetzt die sind, die man allein (im Lehr-)Haus der Rabbanan lehrt« (§ 95, S. 140), an der eben zitierten Stelle R. Ḥiya allein zugeschrieben wird. Zu einer Gegenposition hinsichtlich der genannten Bezüge vgl. M. Schlüter, »Zur Frage des Kanons«, S. 98ff., und ה״ברייתות״ בתשובתו של רב שרירא גאון לאנשי קירואן, S. 181ff.

[7] § 89, S. 132.
[8] Vgl. Ed. Y.D.Qafaḥ, I, S. 42. Einer ähnlichen Aussage begegnet man in seiner Einleitung zum Mischnakommentar (ed. Y.D.Qafaḥ, סדר זרעים, S. 18).
[9] Vgl. bMQ 16b.
[10] Vgl. z.B. bBer 11a und 18a. Näheres hierzu bei D.Hoffmann, *Zur Einleitung in die halachischen Midraschim*, S. 15–17, 21; W.Bacher, *Tradition und Tradenten*, S. 239ff.; H.Albeck, מבוא לתלמודים, S. 102ff.
[11] Zu dieser Ansicht vgl. Epstein, מבואות לספרות התנאים, S. 646f.
[12] Diese Ansicht ist oft vertreten worden. Vgl. Hoffmann, *Zur Einleitung in die halachischen Midraschim*, S. 35; Finkelstein מדרש הלכות הגדול, S. 47, Bacher, *Tradition und Tradenten*, S. 240; H.Albeck, מבוא לתלמודים, S. 104.
[13] Vgl. bHul 66a zu במאי קא מיפלגי.

Sifra im Lehrhaus des bedeutenden Amoräers einen regelmäßigen Bestandteil des Studiums.

Die Aussage Rambams hat in der Nachfolgezeit große Verbreitung gefunden. Derselben Feststellung begegnet man beispielsweise bei dem berühmten Talmud-Kommentator Menaḥem ben Shelomo Hameiri (1249–1316),[14] bei Menaḥem ben Zeraḥ (ca. 1310–1385),[15] Don Yiṣḥaq Abravanel (1437–1508),[16] bei dem Chronisten David b. Shelomo Gans (1541–1613),[17] dem wichtigen Sifra-Kommentator Aharon Even Ḥayim (1545–1632)[18] sowie in der ersten hebräischen Bibliographie von Shabtai Bas (1641–1718)[19] und in der Bibliographie von Ḥayim Yosef David Azulai (1724–1806).[20]

Mit dem Beginn der modernen Forschung tritt eine gewisse Wende ein. Der Frage nach der Autorschaft des Sifra wird nun intensiver nachgegangen. In der Einleitung zu seinem wichtigsten Werk, dem ausführlichen und tiefsinnigen Sifra-Kommentar התורה והמצוה (Bukarest 1860), geht der orthodoxe Bibelkommentator, Meir Löw, genannt Malbim, auf diese Frage argumentativ ein und vertritt die These, daß die Endredaktion des Sifra R. Ḥiya zuzuschreiben ist. Als Begründung verweist er auf die Tatsache, daß man im palästinischen Talmud und in den aggadischen Midrash-Sammlungen des öfteren dem Sifra entnommenen Baraytot begegnet, die im Namen R. Ḥiyas tradiert sind.[21] Im Gegensatz zum bisherigen Rekurs auf die Bezeichnung ספרא דבי רב leuchtet diese neue Argumentation weit mehr ein. So wundert es nicht, daß dieser Ansatz, der Frage nach der Autorschaft eines Werkes nachzugehen, indem man das Augenmerk auf dessen Zitierweise in anderen Quellen lenkt, die nachfolgende Forschung prägt.

In seiner 1870 veröffentlichten Ausgabe der Mekhilta trägt Meir Friedmann weiter zur Erhärtung dieser These bei, wobei sein wichtigerer Beitrag in der Widerlegung der Auffassung über Rav als Redaktor des Sifra besteht. Diese wurde nämlich in dieser Zeit auch weiter vertreten.[22] Auch die Widerlegung gründet sich auf das gleiche neu aufgedeckte Prinzip. Es wird dabei auf talmudische Überlieferungen hingewiesen, in denen eine im Sifra vorkommende Barayta im Zusammenhang mit einer Rav zugeschriebenen Tradition so überliefert wird, daß man daraus schließen muß, daß die Sifra-Stelle Rav entweder

---

[14] In seiner Einleitung zu Avot (ספר חדושי המאירי, S. 12) schreibt er: אחר שרבינו הקדוש חבר המשנה ורבי חייא הברייתא ומשכו אחריו קצת חכמים וחבר רב חיבור בספר ויקרא וקראו ספרא.

[15] In der Einleitung zu צדה לדרך, S. 3.

[16] In der Einleitung zu seinem Avot-Kommentar נחלת אבות. So nach David Gans צמח דוד, S. 97.

[17] In צמח דוד, S. 97.

[18] Vgl. am Ende seiner Einleitung zu קרבן אהרן, S. 4b.

[19] Vgl. ספרא, zu ספר שפתי ישנים, S. 41.

[20] Vgl. שם הגדולים, 2. Teil (מערכת ספרים), S. 69, unter ספרא.

[21] Vgl. die vorletzte Seite im Vorwort zu der Sifra-Ausgabe, Bukarest 1860.

[22] Vgl. I. H. Weiss in der Einleitung zu seiner Sifra-Ausgabe, S. IV.

nicht bekannt war oder von ihm nicht vertreten wurde.[23] Dieser Beitrag prägt dann auch das Vorgehen bei Ḥanokh Albeck und Yaaqov Epstein. Mit der Anwendung desselben Prinzips widerlegt Albeck den Versuch David Hoffmanns, die erwähnte These Malbims über R. Ḥiya als Redaktor des Sifra zu elaborieren,[24] und Epstein bringt diese Art der »neuen Kritik« in seinen Einführungen zu der tannaitischen Literatur[25] zu ihrem Höhepunkt: beide Thesen, die Redaktion des Sifra durch Rav bzw. durch R. Ḥiya, werden dort erschöpfend behandelt, und das Resultat ist negativ: weder der eine noch der andere kann der Redaktor des Sifra gewesen sein.

In dieser Hinsicht stimmen Albeck und Epstein miteinander überein. In einem anderen wesentlichen Punkt weichen ihre Auffassungen jedoch voneinander ab. In seinen 1927 veröffentlichten *Untersuchungen über die halakischen Midrashim* hat Albeck das dritte Kapitel seiner einflußreichen Monographie mit der Frage »Waren unsere halakischen Midraschim den Talmuden bekannt?« überschrieben und sie dann negativ beantwortet.[26] Diese Antwort bedient sich aber eines spekulativen Arguments, das man m. E. nicht als Beweis gelten lassen kann: An vielen Stellen – so heißt es dort – findet sich eine talmudische Diskussion über eine Frage, die in den halachischen Midrashim schon besprochen wurde;[27] trotz der Erwartung, die in der Haltung der Amoräer den Baraytot gegenüber begründet ist, auf diese Stellen stets mit Freude zu verweisen, nimmt der Talmud von ihnen aber keine Notiz.[28] Daraus sei zu schließen, daß diese Quellen den Talmudim nicht bekannt waren.[29] Verfolgt man jedoch die zahlreichen Belege, die Albeck in bezug auf die Unkenntis des Sifra seitens der Tradenten der Gemara-Diskurse bringt,[30] so erfährt man, daß alle angeführten Stellen doch etwas Gemeinsames mit unserem Sifra haben; in dem talmudischen Diskurs werden wohl Sifra-Überlieferungen herangeführt. Albeck geht es lediglich darum, darauf hinzuweisen, daß die Version der dort integrierten Sifra-Überlieferungen von der im Sifra vorliegenden abweichen. Dadurch zeigt sich deutlich, was sein Argument voraussetzt: die Vorstellung, daß die herangeführten Quellen ihre ursprüngliche Gestalt immer beibehalten. Nur unter dieser Voraussetzung ist sein Argument für die Spätredaktion des Sifra[31] folgerichtig, und entsprechend ist die Wei-

---

[23] Vgl. in der Einleitung zur erwähnten Ausgabe, S. XXIIIff.
[24] Vgl. Hoffmann, *Zur Einleitung in die halachischen Midraschim,* 22ff., und Albeck, *Untersuchungen über die halakischen Midraschim,* S. 119 und מבוא לתלמודים, S. 142f.
[25] Vgl. מבואות לספרות התנאים, S. 646ff.
[26] Vgl. S. 87–120. Etwa in derselben Richtung verfährt S. Liebermann in תשלום תוספתא, S. 6ff. Dort wird ausgeführt, daß den ersten Dezidoren eine andere Tosefta und andere halachische Midrashim vorgelegen haben.
[27] A. a. O., S. 90.
[28] A. a. O., S. 90–1.
[29] A. a. O., S. 91.
[30] A. a. O., S. 97–105.
[31] A. a. O., S. 119.

tertradierung dieses Ergebnisses in der Encyclopaedia Judaica zu bewerten,[32] wo die Schlußredaktion frühestens auf das Ende des 4. Jhs. n.Chr. datiert wird. Muß der rabbinische Überlieferungsprozeß in solch einer statischen Weise konzipiert werden? Hier liegt der wesentliche Streitpunkt zwischen Albeck und Epstein. Solche Abweichungen zwischen den uns vorliegenden und den in den Baraytot enthaltenen Sifra-Versionen legen nach Epstein nur Zeugnis davon ab, daß zur Überlieferung einer Tradition auch der wesentliche Aspekt ihrer Transformation gehört;[33] genau aus dieser Überzeugung heraus hat Epstein ja sein monumentales Werk, מבוא לנוסח המשנה, geschrieben.

Bisher wurde lediglich der Stand der Forschung hinsichtlich des ersten Bestandteils der Feststellung Rambams רב חיבר ספרא וספרי erörtert. Die Forschung ist zu der Einsicht gekommen, daß weder Rav noch R. Ḥiya als Sifra-Redaktor anerkannt werden kann. Wie verhält es sich nun mit dem zweiten Teil seiner Aussage לבאר ולהודיע עקרי המשנה ...?

1912 hat Solomon Gandz in dem in Berlin erschienenen »Jüdisches Literatur-Blatt« seine erste Studie über »Die ältere Mischna im Sifra oder Das Verhältnis der Mischna zum Sifra« veröffentlicht. In jovialem Stil führt er unmittelbar die Überlieferung einer Kontroverse in der Mishna (mKer 1,6) zwischen den zwei Häusern, Beit Hillel und Beit Shamai, an,[34] stellt die Unvollständigkeit der Mishna-Version fest – sie besteht darin, daß der Redaktor bei der Einführung des Streitpunkts die geltende Halacha Beit Hillels an die zweite Stelle setzt, wogegen er in dem folgenden, mehrgliedrigen Disput Beit Shamai das letzte Wort behalten läßt –, verweist dann auf die Sifra-Parallele, in der ein Beit Hillel zugeschriebener Schriftbeweis, der den Disput entscheidet, am Ende noch hinzukommt und konkludiert: »Es ist nun klar, daß dieser Satz authentisch ist und aus der älteren Mischna stammt. Weder R. Juda b. Ila'i noch R. Hija, der zweite Redaktor des Sifra, kann ihn erfunden haben, wohl aber kann ihn Rabbi gestrichen haben.«[35]

Trotz der Bemühungen des Herausgebers dieser Broschüre, Ludwig Rosenthal,[36] das Urheberrecht über die neue These durch dem Aufsatz hinzugefügte Begleitanmerkungen für sich zu behaupten, darf man wohl Gandz, der sich eher als Orientalist ausgebildet hat und durch seine späteren Beiträge zur Geschichte der orientalischen Mathematik bekannt geworden ist, als den

---

[32] Im Beitrag von M.D.Herr, Bd. 14, Sp. 1518.
[33] Spezifisch gegen die o.g. These Albecks vgl. in מבואות לספרות התנאים, S. 651, Anm. 61, und pointiert auf S. 665 und a.a.O., Anm. 155. Vgl. ferner die gesamte Vorgehensweise in dem Kapitel über das Verhältnis des Talmuds zur Sifra in a.a.O., S. 666–674, und die Elaborierung dieser Zugangsweise bei Melamed, מדרשי ההלכה של התנאים בתלמוד הבבלי, S. 23.
[34] Vgl. S. 105.
[35] Ebd.
[36] Er ist selbst Verfasser von zwei quellenkritischen Studien über die Redaktion der Mishna: *Die Mischna, Aufbau und Quellenscheidung* und *Über den Zusammenhang, die Quellen und die Entstehung der Mischna*.

8 *Einleitung*

ersten ansehen, der von der Priorität des Sifra der Mishna gegenüber überzeugt war und sie zum Thema erhoben hat. Thesen, deren Begründung er aber schuldig bleibt, werden dicht aneinandergereiht: »Die Mishna [im Sinne der einzelnen Halacha oder des einzelnen Mischna-Elements;[37] Anm. d. Verf.] die im Sifra ... vollständig erhalten ist, wird von Rabbi in unserer Mischna gekürzt und anders stilisirt«,[38] oder: »Die im Sitra [= Sifra] zitirte Mischna wird von Rabbi amplifizirt oder erklärt«,[39] oder: »Er setzt sie voraus«,[40] usw.

Dieser Intuition ist Gandz als Herausgeber des zweiten Bandes der »Monumenta Talmudica« weiter gefolgt. Dort ist in ähnlicher Weise von dem »resümierenden, abschließenden, kanonischen Gesetzbuch der Mishna« zu den »gleichsam parlamentarischen Debatten der vormishnischen Partien in Baraita« die Rede.[41] Im Fußnoten-Apparat dieses Quellenbuches begegnet man sporadisch der Feststellung, daß die Mishna eine gekürzte Version der älteren Quellen darstellt, wobei unter Quellen sowohl die halachischen Midrashim als auch die Tosefta gemeint sind.[42] Auch in seinem letzten Beitrag zum Thema, einem 1917 erschienenen Aufsatz,[43] kann von einem echten Vergleich nicht die Rede sein. Über eine Gegenüberstellung der im Zeichen einer »glücklicheren Stilisierung«[44] stehenden Sifra-Versionen und der kürzeren, an Klarheit mangelnden Mishna-Parallelen geht seine Argumentation nicht hinaus.[45]

Zum zweitenmal – etwa 70 Jahre später – begegnet man bei David Halivni ebenso dem Versuch, Mishna-Überlieferungen auf ihre Parallelen im Sifra zurückzuführen. Im dritten Kapitel seines *Midrash, Mishnah, and Gemara* geht er auf die bekannte Frage ein, welche von beiden Formen, die Midrash- oder die Mishna-Form, die ursprüngliche Lehr- und Überlieferungsweise der Halacha bildete.[46] Hier muß betont werden, daß diese oft diskutierte Frage nur indirekt mit der unsrigen zusammenhängt. Von der – von den meisten Forschern behaupteten – Ursprünglichkeit der Midrash-Form[47] auf das literarische

---

[37] A.a.O., S. 110.
[38] A.a.O., S. 108.
[39] Ebd.
[40] Ebd.
[41] Vgl. S. XIV.
[42] A.a.O., S. 17, Anm. 50⁴, zu SifDev; S. 22, Anm. 54⁷, zu SifBam; ferner S. 34, Anm. 93⁶, in bezug auf den Sifra und S.49, Anm. 138¹, im Hinblick auf die Tosefta.
[43] »Kritische Studien über das Verhältnis der Mišna zu den anderen tannaitischen Quellen«. Die meisten Vergleiche (es handelt sich dabei um kurze Anmerkungen) betreffen das Verhältnis des Sifra zur Mishna.
[44] A.a.O., S. 249.
[45] A.a.O., S. 250.
[46] Vgl. S. 38–65.
[47] Vgl. N. Krochmal, מורה נבוכי הזמן, in: כתבי רבי נחמן קרוכמאל, Sha'ar 13, S. 194ff. und 204ff.; Frankel, דרכי המשנה, S. 6–7; Hoffmann, *Die erste Mischna*, S. 5–12; I.H. Weiss, דור דור ודורשיו, Bd. 1, S. 153 und 158; Bassfreund, Zur Redaktion der Mishna, MWGJ 51, S. 307ff.; Lauterbach, Midrash and Halacha, S. 182ff.; Epstein, מבואות לספרות התנאים, S. 505, und Albeck, מבוא למשנה, S. 40–1.

Verhältnis zwischen den verschiedenen, tannaitischen Korpora zu schließen, die die Halacha in diesen beiden unterschiedlichen Formen vortragen, ist durchaus nicht legitim.[48] In diesem Zusammenhang läßt sich m.E. eine gewisse Unklarheit betreffs des von Halivni behaupteten Verhältnisses zwischen den halachischen Midrashim und der Mishna erklären. Einerseits wird die These vertreten, daß "the Mishnah quotes Midreshei Halakhah, sometimes verbatim ..., paraphrases them and even abbreviates them in such a manner that at times a given phrase in the Mishnah is unintelligible when read without its source in Midreshei Halakhah",[49] doch andererseits – und ohne auf diese Differenzierung näher einzugehen – macht Halivni das (vor allem im Sifra) fortgeschrittene Stadium des Midrash (bei ihm »complex Midrash« genannt) von der Mishna abhängig.[50] Mit diesem fortgeschrittenen Stadium sind die im Sifra integrierten dialektischen Diskurse gemeint, die nicht zur Erweiterung der Halacha durch die Schriftexegese beitragen, sondern lediglich in einer Reflexion über die schon vorhandenen exegetischen Ergebnisse bestehen. Da Halivni sich der *opinio communis* bezüglich der oben genannten Priorität der Midrash-Form anschließt und – wie ich meine – die literarische von der traditionsgeschichtlichen Betrachtungsebene nicht auseinanderhält, ist es verständlich, warum jener Teil des Sifra, der über die ursprüngliche Überlieferungsform der Halacha hinausgeht, einer nach-mischnischen Zeit zugeordnet werden kann.[51]

Doch abgesehen davon bringt Halivni in diesem Rahmen auch einige Beispiele eines literarischen Textvergleichs,[52] um seine These über die Priorität der halachischen Midrashim der Mishna gegenüber zu begründen, von der er – genau wie Gandz – meint, sie sei nicht ein »self-sufficient Book«[53] und "was not composed *de novo* but was excerpted from earlier sources, from Midrash".[54] Das für den Fall Sifra-Mishna angeführte Beispiel[55] zeigt eine methodisch fortgeschrittenere Vorgehensweise, die in der Wahl des richtigen Ausgangspunktes besteht, nämlich dem Hinweis auf das textuelle Problem in dem Mishna-Text, zu dem dann eine Lösung durch den Vergleich mit dem Sifra gesucht wird.[56]

---

[48] Auf die Illegitimität, traditionsgeschichtliche Betrachtungen in das literarkritische Argument zu integrieren, wird in der Einleitung zum zweiten Teil der Arbeit eingegangen. Im übrigen ist es gleichermaßen unzulässig, von der Priorität der Midrash-Form als die ursprüngliche Lehrweise der Halacha auf den Stellenwert des Midrash im Prozeß der Rechtsfindung zu schließen. Vgl. z.B. Albeck, מבוא למשנה, S. 41–2.
[49] Vgl. S. 53.
[50] Ebd.
[51] In § 17 zeige ich, daß der Sifra auch in diesem späten Stadium seiner Redaktion dem Mishna-Redaktor vorgelegen hat.
[52] A.a.O., S. 48–52.
[53] A.a.O., S. 48.
[54] A.a.O., S. 53.
[55] A.a.O., S. 48–9.
[56] Halivni verweist auf die Schwierigkeit in mYev 6,4, wo in zwei unmittelbar aufeinanderfolgenden, in der Mishna-Form (d.h. ohne Bibelbezug) vorgetragenen Aussprüchen der

In den letzten Ausführungen wurde die דעת מעוט dargestellt. Auf die feste *opinio communis* hinsichtlich der Frage des Verhältnisses des Sifra zur Mishna hatten Solomon Gandz und David Halivni so gut wie keinen Einfluß ausgeübt. Der Vergleich von parallelen, in den beiden Werken vorkommenden Überlieferungen wurde allerdings in dem entgegengesetzten »siegreichen Lager«, das für die Konservierung der traditionellen Auffassung gesorgt hat, in keiner Weise tiefer, gründlicher oder systematischer angestellt. In seinem מבוא לנוסח המשנה bespricht Epstein diese Frage in dem Kapitel über die Mishna-Zitate.[57] Er geht zunächst auf die angeblich explizite Zitierweise aus der Mishna ein, d.h auf die Fälle, in denen vor allem die Formel מכאן אמרו verwendet wird. Dabei geht es ihm aber nicht etwa darum zu fragen, ob die Mishna mit dieser Formel zitiert wird; es wird lediglich beschrieben, wie dies geschieht![58] Wenn er dann – wiederum im gleichen apodiktischen Stil – auf die Tatsache verweist, daß Mishna-Abschnitte *verbatim* in die Sifra-Exegese integriert werden, merkt er an – weil es sich hier nicht mehr um ein ausdrückliches Zitat handelt –: ובדרכנו למדנו שהמשנה לא הוציאה את המשניות מן הספרא ... אלא להיפך. ועי׳ להלן.[59] Dann gelangt man weiter unten zu dem, was Epstein als ראיה חותכת שהמדרש לקח מהמשנה ולא להיפך bezeichnet,[60] und man begegnet einer Beweisführung, deren Logik sich schwer verfolgen läßt.

Es wird auf einen langen Abschnitt in mHul 5,3–4 verwiesen, dessen parallele Version im Sifra (sEmor 8,10–12 [99c]) fast keine Abweichungen aufweist. Die Form der Integrierung des Mishna-Zitats in die fortlaufende Exegese sei typisch: Auf eine kurze Auslegung R. Meirs zu dem Ausdruck יום אחד in Lev 22,28 wird das Mishna-Zitat mit der Formel מכאן אמרו eingeführt. Das Besondere an dem Einschub dieser Mishna-Tradition ist, daß sie selbst mit einem Midrash endet, in dem gleichfalls derselbe Ausdruck יום אחד von R. Shimon b. Zoma auf eine ganz andere Weise ausgelegt wird. Der Beweis für die Benutzung der Mishna im Sifra gründet sich lediglich auf die Beibe-

---

Vollzug der »Antrauung« jeweils durch ein anderes Verb bezeichnet ist: ארס את האלמנה ונתמנה להיות כהן גדול יכנוס. ומעשה ביהושע בן גמלא שקדש את מרתה בת בייתוס ומנהו המלך להיות כהן גדול וכנסה. Das erste der beiden Verben ist der biblische Begriff. Halivni versucht nahezulegen, daß die Verwendung des biblischen Ausdrucks in dem ursprünglichen Kontext, in dem dieser Satz zuerst überliefert worden ist, nachvollziehbar ist. Dieser ursprüngliche Kontext kommt in der parallelen Sifra-Überlieferung (sEmor 2,6 [95a]) vor, in der der erste Satz im Rahmen einer Bibelauslegung integriert ist (מנין אתה אומר ארס את האלמנה ... תלמוד לומר יקח אשה), woran sich dann – so wie in der Mishna – der Fall von Yehoshu'a b. Gamla anschließt. Dieses Argument setzt jedoch voraus, daß man sich gewöhnlich in einem exegetischen Zusammenhang des biblischen Vokabulars bedient. Das ist aber nicht die Regel, und Halivni selbst weist darauf hin (vgl. Anm. 24, S. 131–2). Zu einer ähnlichen Vorgehensweise vgl. seinen Aufsatz על הרכבה של המשנה הראשונה בבבא קמא, S. 108ff.

[57] Vgl. S. 728ff.
[58] A.a.O., S. 729–30.
[59] A.a.O., S. 731.
[60] Ebd.

haltung der Anordnung: הספרא לקח את הדרשה מן המשנה, על כן סידרה כאן כמו במשנה.⁶¹ Mit dem Verweis auf eine alternative Anordnung in der parallelen Barayta (bHul 83a), in der der genannte abschließende Midrash der Auslegung R. Meirs vorangestellt wird, will Epstein anscheinend auf den zu erwartenden Weg hinweisen, den der Sifra-Redaktor eingeschlagen hätte, wenn er nicht eine fertige, ihm vorliegende Überlieferungsform benutzt hätte. Nur unter dieser unausgesprochenen Voraussetzung ergibt die äußerst knapp dargestellte Beweisführung Epsteins einen Sinn.

Zugegeben: Daß der Midrash des R. Shimon b. Zoma sich nicht organisch wie die meisten, bestimmten Autoritäten zugeschriebenen Auslegungen in die fortlaufende Exegese des Sifra eingliedert, ist ein Indiz für eine vorliegende Interpolation. Derselbe Stellenwert kommt auch allen anderen Überlieferungen zu, die im Sifra mit der Formel מכאן אמרו eingeführt werden. Irgendeiner Quelle hat sich der Sifra-Redaktor bedient; warum ist es aber zwingender anzunehmen, daß diese Quelle die Mishna war und nicht etwa eine ältere halachische Sammlung, die sowohl dem Sifra- als auch dem Mishna-Redaktor vorgelegen hat?⁶²

Zur Erhärtung der These, daß der Sifra die Mishna zitiert, hat der Schüler Epsteins, Ezra Zion Melamed, in seinem 1966/7 erschienenen Buch היחס שבין מדרשי-הלכה למשנה ולתוספתא beigetragen. Dabei nimmt das Konzentrieren auf den Fall des Sifra den »ersten und zentralen Platz« (Übers. des Verf.) ein, weil das »Verhältnis des Sifra zur Mishna und Tosefta sehr klar und ziemlich durchsichtig ist.«⁶³ Die Studie besteht nun ausschließlich in einer Auflistung aller auffälligen Mishna-Zitate, die nach der Art ihrer Integrierung im Sifra eingeteilt sind.⁶⁴ Verdient die aufschlußreich strukturierte Auflistung als solche zwar ein Lob, so muß man dennoch der Studie die unkritische Propagierung aller parallelen Stellen als »Zitate« vorwerfen.

Daß ein Zweifel darüber, ob es sich um Zitate aus der Mishna handelt, angemeldet werden sollte, legen die einleitenden Ausführungen Melameds selbst nahe. Zunächst wird der Befund hinsichtlich des Sifra genannt: 320 Mishna-Zitate, 90 Tosefta-Zitate und »nur« 15 Zitate, die weder in der Mishna noch in der Tosefta vorkommen, d.h., anderen unbekannten halachischen Sammlungen entnommen sind. »Nur 15 Zitate«, betont er, aber immerhin: der Sifra benutzt auch andere Quellen. Dann wird auf die gängige Zitierformel aus der Mishna, מכאן אמרו, eingegangen, wobei Melamed auf ähnliche Wendungen in der Mishna (z. B. אף על פי שאמרו, זו היא שאמרו) verweist, wenn diese

---

⁶¹ Ebd.
⁶² Vgl. die kritischen Überlegungen L. Ginzbergs über den Stellenwert der Formel מכאן אמרו in seiner literarkritischen Studie über parallele Überlieferungen zwischen der Mishna und der Mekhilta (על היחס שבין המשנה והמכילתא, S. 80, 90, 103).
⁶³ Siehe die Vorrede zu dem Buch.
⁶⁴ Eine »Vorarbeit« hat schon W. Bacher geleistet (vgl. *Tradition und Tradenten*, S. 171ff.).

ältere halachische Sammlungen zitiert(!). Zudem stellt er fest, daß die Tosefta ähnliche Formeln verwendet, wenn sie die Mishna zitiert, mit der Formel מכאן אמרו jedoch, die dort achtmal erscheint, Traditionen einführt, von denen keine mit irgendeiner Mishna-Stelle identisch ist (!); und in bezug auf die מכאן אמרו–Anführungen im Sifra behauptet er, daß ein großer Teil der ca. 90 מכאן אמרו–Traditionen, die sich auf Tosefta und Mishna beziehen, im Wortlaut mit der Mishna gar nicht identisch sind.

Sind also angesichts dieses komplexen Befundes die מכאן אמרו–Stellen im Sifra als direkte Anführungen aus der Mishna zu bewerten? Ist dies wahrscheinlicher als die These des erwähnten Solomon Gandz, die lautet: »Die im Sifra gebrachten Mischna-Zitate[65] stammen aus einer älteren Halachaquelle, höchstwahrscheinlich der älteren Mischna, die unserer, der Rabbi's, als Grundlage gedient hat«?[66] Solange sich der Klärungsversuch des literarischen Verhältnisses zwischen der Mishna und dem Sifra bloß auf die oberflächliche Auswertung des Phänomens fixiert, daß im Text des Sifra relativ eigenständige Überlieferungen mit dem äußeren Merkmal eines redaktionellen Eingriffs integriert sind, die mit den parallelen Mishna-Stellen weitgehend verwandt oder sogar identisch sind, kann in der Tat kein Fortschritt erwartet werden. Man ist mit einem Entweder-Oder konfrontiert, von dem man – wie es zuweilen geschieht – nicht genau weiß, wie mit ihm verfahren werden soll. Im Zeichen dieses Zweifels soll der Beitrag Neusners zum Thema bewertet werden.

Über die Art und Weise, wie sich der Sifra zur Mishna verhält, hat Neusner neuerdings auf der Grundlage einer neuen Übersetzung des Sifra[67] zwei Bücher veröffentlicht, *Sifra in Perspective* (1988) und *Uniting the Dual Torah. Sifra and the Problem of the Mishnah* (1990). Hier bietet er vor allem in dem letztgenannten Buch eine neue Deutung des Anliegens des Sifra. Demnach geht es um eine polemische und systematische Kritik an der Mishna, insofern die Mishna ihre Selbständigkeit der schriftlichen Tora gegenüber durch die Wahl des thematischen Ordnungsprinzips und vor allem durch die in der eigenen Überlieferungsform verankerten Begründungsstrukturen der Halacha behauptet.[68] Diese – an sich interessante – Idee, den Sifra nicht mehr als »Deutung der Grundlagen der Mishna« (Rambam), sondern eben als eine Kritik an ihr zu konzipieren, darf aber keineswegs in den Kontext des Klärungsversuchs des literarischen Verhältnisses eingebettet werden. Sie setzt ein bestimmtes reales Verhältnis zwischen dem Sifra und der Mishna voraus und baut darauf auf.

---

[65] Gandz verwendet den Begriff »Mishna-Zitate« nur im technischen Sinn als Bezeichnung der Stellen, die mit מכאן אמרו und ähnlichen Formeln eingeleitet sind. Vgl. Die ältere Mischna im Sifra, S. 107.
[66] Die ältere Mischna im Sifra, S. 108.
[67] *Sifra. An Analytical Translation* (1988).
[68] Vgl. *Uniting the Dual Torah*, S. 1f., 81ff., 107ff., 125ff.; *Sifra in Perspective*, S. 98ff., und *Sifra. An Analytical Translation,* Bd. 1, S. 38ff.

1. Forschungsgeschichtlicher Rückblick

Zum erstenmal wurde seine These als »Eindruck« in der Vorrede zu dem 1976 erschienenen 7. Band (Negaim, Sifra) aus der Reihe »A History of the Mishnaic Law of Purities« formuliert.[69] Nur in diesem Band geht Neusner auf die Frage nach dem literarischen Abhängigkeitsverhältnis explizit ein. Diese Studie, bestehend aus einer Übersetzung und Kommentierung der Auslegungstraditionen im Abschnitt Negaim des Sifra, ist von einer Unschlüssigkeit geprägt, die zu beachten ist.

In der Einleitung wird dem Leser unzweideutig mitgeteilt, daß beabsichtigt wird, die Frage nach dem literarischen Verhältnis zwischen dem Sifra und der Mishna zu thematisieren;[70] gleich danach[71] – und wiederum unzweideutig – werden zwei Fragen von dem Untersuchungsthema ausgegrenzt, die eine danach, ob der Midrash die Halacha schafft oder umgekehrt, die andere danach, ob die Mishna den Sifra zitiert oder umgekehrt. Angesichts des deutlich geäußerten Vorhabens, das Verhältnis zwischen beiden Werken zu thematisieren, ist die Ausklammerung der zweiten Frage an dieser Stelle seiner Einleitung völlig unverständlich.[72] Auf die beiden genannten Fragen wird dann reflektierend eingegangen. Was die letztere Frage angeht, so nennt Neusner die beiden von ihm in der Studie verwendeten Kriterien zum Beleg der Priorität der Mishna: 1. Die beiden Werken gemeinsamen Textteile sind meistens in der Mishna-Form überliefert. 2. Die genannten Textpartien im Sifra werden nur lose mit der fortlaufenden Exegese in Verbindung gesetzt.[73]

Mit der Plausibilität dieser Kriterien zur Anwendung eines literarkritischen Vergleichs brauchen wir uns nicht auseinanderzusetzen. Überzeugend wird gleich darauf ihre Berechtigung, als Kriterien in diesem Sinne zu dienen, in Zweifel gezogen: "First, since the materials common to both documents are, after all, now found in Sifra, we can hardly rule out the possibility that forms employed in the formulation of Mishnaic laws also were used in the formulation of Sifra. The facts do speak for themselves. We cannot offer the hypothesis that only exegetical forms and formularies are primary and characteristic of Sifra. ... And the same consideration applies to the second fact, which is that Sifra sometimes has no interest at all in linking a staded law, found also in Mishnah-Tosefta, to an exegesis. All that proves is that our version of Sifra does not always provide a Scriptural foundation for *its* laws."[74]

---

[69] Vgl. S. IX: "In all it is difficult to avoid the impression that the primary purpose of the compilers of Sifra is to criticize Mishnah-Tosefta, a document notoriously uninterested in the exegetical foundations of its laws." Näher ging Neusner darauf ein in »Method and Substance in the History of Judaic Ideas: An Exercise«, S. 94.

[70] Vgl. S. 1.

[71] Ebd.

[72] Von diesen beiden Fragen, die völlig verschieden sind, sagt er (ebd.): "The second question is simply the restatement of the first in concrete terms." Hier wiederholt sich derselbe methodische Fehler, den ich vorher Halivni zugeschrieben habe.

[73] A.a.O., S. 4.

Diese Selbstkritik hängt nun mit der Tatsache zusammen, daß erst in der Einleitung eine dritte Möglichkeit zu den beiden genannten Alternativen, nämlich daß "both cite a common stratum of already redacted, autonomous and discrete pericopae",[75] in Erwägung gezogen wird – daher ist die Einleitung wohl im Sinne einer nachträglich verfaßten, kritischen Reflexion über die Folgerichtigkeit seiner Beweisführung zu verstehen. Aber auch durch diese Reflexion wird nicht viel Klarheit gewonnen. Neusner schwankt zwischen der einen Möglichkeit, daß der Sifra die Mishna benutzt, und der anderen, daß beide Werke in den ihnen gemeinsamen Perikopen aus einer älteren Sammlung schöpfen. Seine spekulativen Ausführungen, beide Möglichkeiten zunächst zu harmonisieren,[76] dann die grundsätzliche Unentschiedenheit zu behaupten[77] und schließlich doch für die dritte Möglichkeit zu plädieren,[78] sprechen für sich. In den Textvergleichen §§ 4, 12, 16 setze ich mich u. a. mit seinen Analysen und Beweisführungen weiter auseinander.

Die bisherigen Ausführungen sollten darlegen, wie in der Forschung mit dem zweifachen traditionellen Erbe hinsichtlich der Identifizierung des Sifra-Redaktors und der Abhängigkeit des Sifra von der Mishna umgegangen wurde. Beide Fragen hängen nur bedingt zusammen, d. h.: Sowohl die Identifizierung des Sifra-Redaktors als Schüler des Mishna-Redaktors (R. Ḥiya) oder als noch spätere Autorität (Rav) als auch die Einordnung der Endredaktion des Sifra in eine noch viel spätere Zeit (die These Albecks) schließen die Möglichkeit der Benutzung von Sifra-Überlieferungen in der Redaktionsarbeit der Mishna nur dann aus, wenn man davon ausgeht, daß der gesamte Überlieferungsstoff des Sifra in der Phase der Schlußredaktion einer Änderung unterlag. Und trotzdem ist klar, daß die unterschiedlichen Antworten auf die Frage nach der Endredaktion des Sifra die Meinung von der literarischen Abhängigkeit des Sifra von der Mishna geprägt hat.

Erklärt die Auffassung von einer Spätredaktion des Sifra z. T. die Tatsache, daß die Frage nach dem Verhältnis zwischen beiden Werken noch keiner eingehenden Untersuchung unterzogen wurde und ist der andere Aspekt in der traditionellen Ansicht vom Sifra als Deutung der Mishna auch in einem schwer zu bestimmenden Grad »schuld« an diesem Desiderat, so ist dabei zu beachten, daß auf die parallele Frage nach dem Verhältnis der Mishna zur Tosefta, auf die genauso wie im Falle der halachischen Midrashim eine klare traditionelle Antwort feststand, in unvergleichbar größerer Intensität eingegangen wurde.[79] Auch die Tatsache, daß mehrere Forscher durch einige – im

---

[74] A. a. O., S. 5.
[75] A. a. O., S. 4.
[76] A. a. O., S. 5.
[77] A. a. O., S. 6.
[78] A. a. O., S. 7.
[79] Vgl. A. Schwarz, *Die Tosifta der Ordnung Moëd in ihrem Verhältnisse zur Mischna. Erster Teil: Der Tractat Sabbath* (1881); J. H. Dünner, *Die Theorien über Wesen und*

wörtlichen Sinne – oberflächliche Betrachtungen zu einem »Ergebnis«gekommen sind, wodurch sich eine *opinio communis* etabliert hat, die den Fortschritt in diesem Bereich bremste, genügt m.E. nicht, um zu verstehen, warum der literarkritische Vergleich von Parallelen zwischen der Mishna und dem Sifra so vernachlässigt wurde. Um darauf eine Antwort zu bekommen, sollte man die eigene Dynamik der Forschung hinterfragen. Ausführlich darauf einzugehen, läßt dieser Rahmen nicht zu. Wichtig scheint mir – damit will ich mich begnügen –, auf die zwei entscheidenden Forschungszweige über die Mishna hinzuweisen: die Quellenkritik, die in der ersten großen Zeitspanne der Mishna-Forschung zwischen דרכי המשנה und מבוא לנוסח המשנה vorherrschend war,[80] und die Textkritik, die zwar ansatzweise parallel zum dominierenden Forschungsinteresse lief, dieses jedoch erst in der letzten Zeit maßgebend beeinflußt.[81] Beide Forschungsschwerpunkte ließen nicht genügend Raum für den literarkritischen Vergleich. Die Quellenkritik, der das methodische Primat der Beschränkung auf den Text der Mishna zugrundelag, trug dem Phänomen paralleler Überlieferungen zwischen der Mishna und den halachischen Midrashim nicht Rechnung, und die Textkritik, die sich auf die Spuren der unterschiedlichen Überlieferungszweige des Mishna-Textes fixierte, drängte – und drängt immer noch – die einst so intensiv diskutierte Frage nach der Entstehung der Mishna in die Ecke.

Ursprung der Tosephtha (1874); M.S.Zuckermandel, *Tosefta, Mischna und Boraitha in ihrem Verhältnis zu einander oder palästinensische und babylonische Halacha. Erster Band.* (1908); A.Guttmann, *Das redaktionelle und sachliche Verhältnis zwischen Mišna und Tosephta* (1928); A.Spanier, *Zur Frage des literarischen Verhältnisses zwischen Mischna und Tosefta* (1931); dergl. *Die Toseftaperiode in der tannaitischen Literatur* (1936); B.Cohen: *Mishnah and Tosefta; A Comparative Study. Part 1, Shabbat* (1935); H.Albeck, מחקרים בברייתא ותוספתא ויחסן לתלמוד (1943/4. vgl. S. 139–184 im Neudruck, Jerusalem 1969); B.De-Vries, משנה ותוספתא בבא מציעא (1949/50).

[80] Vgl. z.B. Y.Lewy, *Über einige Fragmente aus der Mischna des Abba Saul* (1876); D.Hoffmann, *Die erste Mishna und die Controversen der Tannaim* (1881); L.Rosenthal, *Die Mishna, Aufbau und Quellenscheidung* (1903); L.Ginzberg, »Zur Entstehungsgeschichte der Mischnah« (1914); dergl., *Studies in the Origin of the Mishna. I: Tamid. The Oldest Treatise of the Mishna* (1920); H.Albeck, *Untersuchungen über die Redaktion der Mischna* (1923); dergl., »Die neueste Mischnaliteratur« (1925); A.Guttmann, Das Problem der Mišnaredaktion (1929); A.Spanier, Zur Analyse des Mischnatraktates Middot (1938); A.Weiss, לחקר הספרותי של המשנה (1941); B.De-Vries, לצורתן המקורית של הלכות אחדות (1950–6); J.N.Epstein, מבואות לספרות התנאים (1957, S. 269–494).

[81] Vgl. erste Ansätze bei Z.Frankel, דרכי המשנה, S. 220–282; die programmatische Ankündigung bei J.N.Epstein, המדע התלמודי וצרכיו (1926/7); ferner H.Albeck, נוסחות במשנה של האמוראים (1932/3) und M.Schachter המשנה בבבלי ובירושלמי (1959). Einen großen Aufschwug hat diesem Forschungszweig die Gründung des Projekts מפעל המשנה durch die Israelische Nationale Akademie für Wissenschaften in den siebziger Jahren gegeben. Das Projekt ist als Grundlage für eine kritische Edition der Mishna durch Sammlung aller Textzeugen konzipiert (Näheres darüber bei Y.Sussmann, שרידי תלמוד בגניזה, S. 24ff.). Es wird in Zusammenarbeit mit der Hebräischen Universität in Jerusalem ausgeführt, und in dessen Rahmen ist z.B. D.Rozental משנה עבודה זרה - מהדורה ביקורתית בצרוף מבוא (1980) zu erwähnen. Zudem vgl. Y.Sussmann כתבי-יד ומסורות נוסח של המשנה und M.Bar-Asher הטפוסים השונים של לשון המשנה.

2. Unter welchen Bedingungen ist die literarische Abhängigkeit zwischen parallelen Überlieferungen feststellbar? Entwurf einer Methodologie

»Ziel« der vorliegenden Studie ist es, parallele Überlieferungen zwischen der Mishna und dem Sifra unter dem Gesichtspunkt ihrer möglichen literarischen Abhängigkeit zu prüfen. Stellt man die Frage »Unter welchen Bedingungen läßt sich eine literarische Abhängigkeit nachweisen?«, so muß man einsehen, daß dieser Ausgangspunkt bestimmte Prämissen beinhaltet. Die Frage setzt die Herangehensweise in Form einer Beweisführung voraus, und die kritische Herangehensweise wird – ich komme darauf später zurück – in gewissem Maße schon durch diese Denkstruktur gefährdet. Wie zu zeigen sein wird, führt eine grundlegende Reflexion zu dem Ergebnis, daß die Methode des literarkritischen Vergleichs ihren kritischen Gehalt nur dann entfalten kann, wenn die ihr zugrundeliegende zielgerichtete Denkstruktur erheblich modifiziert wird.

Veranlaßt wird eine Prüfung des möglichen literarischen Verhältnisses zwischen zwei Texten dadurch, daß diese eine gewisse Verwandtschaft aufweisen. Bei dieser Vorgehensweise wird von der durch die Übereinstimmungen begründeten Möglichkeit eines direkten Zusammenhangs ausgegangen. Die Prüfung schließt dann mit einem möglicherweise durch Betrachtung der Abweichungen zustandegekommenen Einblick in den literarischen Bearbeitungsvorgang ab, der die Entstehung der jüngeren Fassung als auf der »Vorlage« basierend rekonstruiert. Da wir nach den Bedingungen suchen, unter denen die Nachweisbarkeit einer literarischen Abhängigkeit möglich ist, ist die Frage zu beantworten, ob sprachliche Affinitäten zwischen zwei vorliegenden Überlieferungen – die gleiche Wortwahl, die gleiche Satzkonstruktion oder die oftmals sich über ganze Sätze erstreckenden wörtlichen Übereinstimmungen – das Vorhandensein eines direkten literarischen Zusammenhangs bezeugen.

Im unreflektierten Stadium der Literarkritik fungiert eine nicht thematisierte, positive Antwort auf diese Frage als stillschweigende Voraussetzung für die Beweisführung. Der Vergleich selbst führt zur Fixierung auf die beiden Texte: Die ausschließliche Stellung der Texte in wechselseitiger Beziehung suggeriert die Legitimität der Einschränkung des Betrachtungshorizonts auf die zum Vergleich stehenden Texte. So nimmt die Struktur des Vergleichsverfahrens die Ergebnisse der Untersuchung vorweg. Das Verfahren konstituiert unbemerkt Rahmenbedingungen, die dann als Bausteine bei der Beweisführung selbst fungieren. Liegt eine weitgehende wortwörtliche Übereinstimmung zwischen den Texten vor, so wird sie in diesem Stadium als ein direkter Zusammenhang übersetzt.[82]

---
[82] Alle erwähnten Beispiele im vorhergehenden Teil der Einleitung zeigen diese Vorgehensweise.

2. Entwurf einer Methodologie 17

Es gibt auch einen weiteren Grund, weswegen sich in der Literarkritik die Tendenz zeigt, die Übereinstimmungen zwischen den vorliegenden Texten als Beleg für das Vorhandensein eines direkten literarischen Zusammenhangs zu werten. Man folgt damit der Überzeugung, daß erst nachzuweisen gilt, daß ein direktes Verhältnis tatsächlich vorliegt, ehe man zeigt, welcher von beiden vorliegenden Texten von dem anderen abhängig ist. Auf diese Weise verfährt man in dem methodisch reflektierten Stadium: Eine Trennung zwischen beiden Aspekten, dem Vorhandensein des direkten Zusammenhangs und der Auswertung des Abhängigkeitsverhältnisses, wird vollzogen, und entsprechend ergibt sich die methodische Vorgehensweise in zwei aufeinander folgenden Schritten. Zunächst gilt es, den Boden zu bereiten, zu zeigen, daß die Übereinstimmungen zwischen den Überlieferungen auf ein Abhängigkeitsverhältnis hinweisen, und *erst dann* geht man in die zweite Stufe über, betrachtet die Abweichungen und stellt fest, welches Abhängigkeitsverhältnis besteht.[83]

Nun ist es aber klar, daß eine hochgradige sprachliche Affinität zwischen zwei Überlieferungen auch anders erklärt werden kann. Der direkte Zusammenhang, der Fall, in dem sich der eine Text auf den anderen als dessen Vorlage gründet, stellt nur eine Möglichkeit zur Erklärung dieses Sachverhalts dar. Es besteht die Möglichkeit, daß sich beide Texte auf eine dritte Quelle gründen. Es besteht weiterhin die Möglichkeit, daß die jüngere Überlieferung nicht die unmittelbare, auf die ursprüngliche Tradition folgende Stufe im Überlieferungsgeschehen darstellt, sondern vielleicht die dritte, vierte oder

---

[83] Vgl. z.B. A.Spanier, *Zur Analyse des Mischnatraktates Middot,* S. 85–6. Diese Vorgehensweise dominiert bei der auf die »synoptische Frage« bezogenen Neutestamentlichen Forschung; vgl. z.B. H.Zimmermann, *Neutestamentliche Methodenlehre,* S. 89; 94; 105; 108. Hierzu ein Beispiel, so wie es bei H.Conzelmann und A.Lindemann, (*Arbeitsbuch zum Neuen Testament,* S. 63–4) behandelt wird: In der Erzählung über die Heilung des Gelähmten in Mk 2,1–12 und Mt 9,1–8 liegen die Unterschiede auf der Hand. Der entscheidende, auffällige Unterschied besteht darin, daß das Szenenbild in Mk viel komplexer dargestellt wird. Ein Gelähmter wird zu Jesus hingeführt. Die vier, die ihn tragen, haben die Schwierigkeit, ihn wegen des Gedränges der Leute vor dem Haus hineinzubringen. Um die Hindernisse zu überwinden, schaffen sie eine Öffnung im Dach, wodurch der auf dem Bett liegende Gelähmte heruntergebracht wird. Dieses Motiv vom Gedränge fehlt in Mt ganz. Mt begnügt sich mit der Nennung der Tragbahre und der Führung des Gelähmten. Nach dieser Beobachtung stellen die Verfasser ihre »Testfrage«, die lautet: »Welche Fassung läßt sich leichter aus der anderen ableiten?« (a.a.O., S. 64). Und ihre Anwort: »Mt strafft, die malerische Situation stört ihn, er will stattdessen den lehrhaften Gehalt stärker herausheben« (ebd.). Die Antwort ist in der Tat leicht zu geben, wenn man die Frage falsch gestellt hat. Geht man von der Prämisse aus, daß die wohl bestehende sprachliche Affinität zwischen den Texten ein sicheres Indiz für das Vorhandensein einer direkten Beziehung ist, so wird der zweiten Stufe des Vergleichs, wenn die Richtung der Abhängigkeit geprüft wird, die ganze Last des Beweises genommen. Man stellt nur fest, daß die Verkürzung der Version bei Mt nachvollziehbar sei, und damit ist schon alles getan. In gleicher Weise verfährt man auch in bezug auf Parellen in der hebräischen Bibel (vgl. W.Richter, *Exegese als Literaturwissenschaft,* S. 61; ders., Die Bearbeitungen des »Retterbuches« in der deuteronomischen Epoche, S. 106–109; ders., Die Überlieferungen um Jephtah, S. 485–556).

fünfte Stufe. Eine weitgehende wortwörtliche Übereinstimmung zwischen zwei vorliegenden Überlieferungen weist zwar sicherlich auf die Zugehörigkeit dieser Texte zu einem Überlieferungsgeschehen hin, aber nicht mehr.

Da die Möglichkeit, daß beide Überlieferungen auf eine dritte, uns nicht bekannte Quelle rekurrieren, eine aufgrund der Unzugänglichkeit dieser Quelle nicht nachprüfbare Spekulation darstellt, ließe sich behaupten, daß eine solche Möglichkeit *methodisch* nicht relevant sei. Dies trifft nicht zu. Die Nicht-Nachprüfbarkeit eines Erklärungsmodells schließt nicht die Möglichkeit aus, daß dieses ausgerechnet die realen Verhältnisse widerspiegelt. Zwar wird keiner eine solche Hypothese – solange sie in dem bloßen Hinweis auf eine Möglichkeit besteht – als wissenschaftlich vertretbar anerkennen. Doch behält sie trotzdem eine wissenschaftliche widerlegende Kraft bei. Die Möglichkeit des Vorhandenseins einer älteren Quelle, die als Vorlage für zwei miteinander weitgehend übereinstimmende, uns zur Verfügung stehende Texte gedient hat, zeigt also die logische Lücke in einem Argument, welches, ausgehend von der Feststellung dieser Übereinstimmung, auf den direkten Zusammhang schließt. Eine sprachliche Übereinstimmung zwischen zwei Überlieferungen legt die Möglichkeit nahe, daß ein direkter Zusammenhang besteht. Dies ist aber schon alles, was sie anbietet; sie darf nicht als ein Kriterium für dessen Feststellung bewertet werden.

Somit führt die Reflexion zu einem ersten Ergebnis: Ob ein Abhängigkeitsverhältnis tatsächlich vorliegt, läßt sich *nur* anhand der Abweichungen zwischen den Texten zeigen. Bei deren Betrachtung gelangt man eventuell zur Erkenntnis, wie eine bestimmte Abweichung im Text B als Folge der Bearbeitung der parallelen Formulierung in Text A gedeutet werden kann. Hat man einen derartigen Zusammenhang zwischen den Texten beobachtet, so liegt damit ein Rekonstruktionsmodell vor, das die Entstehung des als bearbeitete Überlieferung bewerteten Textes beschreibt. Die Nachweisbarkeit des bestehenden Abhängigkeitsverhältnisses hängt völlig von der Überzeugungskraft dieses Modells ab. Wird es akzeptiert, so gilt es als eine Art »Beweis« für die Behauptung der Abhängigkeit. Der Nachweis über das Vorhandensein eines direkten literarischen Zusammenhangs ist in dem Beleg, den man für das Abhängigkeitsverhältnis erbringt, gänzlich enthalten. Die zwei Elemente sind nicht voneinander zu trennen. Die Last der »Beweisführung« ruht völlig auf dem Rekonstruktionsmodell. Die Vorstellung, daß zunächst Belege für die Existenz eines direkten Verhältnisses zu erbringen sind, um *erst dann* die Frage, welche von beiden Quellen die andere benutzt hat, zu beantworten, ist falsch.

Bei dieser Stufe hat die methodologische Reflexion klargestellt, welche entscheidende Bedingung erfüllt werden muß, um eine literarische Abhängigkeit feststellen zu können. Daß deren Feststellung wesentlich von der Möglichkeit, den Bearbeitungsvorgang zu rekonstruieren, abhängig ist, mag aus einem anderen Grund ein wenig verwirrend wirken. Man hätte die Aufeinanderfolge der einzelnen Schritte in der »Beweisführung« gern so gehabt, daß man zunächst die Abhängigkeit des Textes B von Text A demonstriert, und sich erst dann der Frage nach der Rekonstruktion der Entstehung von B zuwendet. Doch so geht es nicht. Die Feststellung, B sei von A abhängig, impliziert immer, daß wir schon ahnen oder wissen, wie A zur Entstehung von B führt oder dazu beigetragen hat. Die Feststellung der Abhängigkeit selbst, »B ist von A abhängig«, ist nur eine abstrahierte Ableitung von dem Modell, das wir schon vorher für die Entstehung des Textes entworfen haben. Es verhält sich stets so, daß die angebotene Rekonstruktionshypothese die literarische Abhängigkeit aufdeckt, und zwar als deren Voraussetzung. Dabei handelt es sich nicht um ein Paradox: Von dem rein logischen Standpunkt aus geht die Feststellung, B sei von A abhängig, dem sich darauf gründenden Modell voraus. Auf der Ebene des tatsächlichen Verlaufs der literarischen Prüfung verhält es sich jedoch genau umgekehrt. Die Abhängigkeit wird erst dann faßbar, nachdem ein Rekonstruktionsmodell erstellt wurde.

Jede derartige Rekonstruktion hat den Charakter einer Hypothese. Wie kann sich also die Hypothese kritisch bewähren? Die Antwort darauf liegt auf der Hand: Der Grad der Plausibilität des Rekonstruktionsmodells ist völlig von dessen erklärender Kraft abhängig. Man stelle sich den einfachen Fall vor, daß ein Bearbeiter einer bestimmten Überlieferung sich für eine Kürzung der Version an einer bestimmten Stelle der Vorlage entschieden hat. Ein Textteil der ursprünglichen Version wird ausgelassen. Der Satz »Der Verfasser von Text B hat den Textteil x im Text A weggelassen« fungiert in diesem einfachen Fall als das Rekonstruktionsmodell. Standen beide Versionen nebeneinander, so werden sie jetzt auf solche Weise in Relation zueinander gesetzt, daß die Tatsache der Abweichung zwischen beiden Überlieferungen verständlich wird. Auch auf dieser Ebene fungiert das Nachvollziehen des Bearbeitungsvorgangs des sekundären Textes als Erklärung. Der Plausibilitätsgrad einer derartigen – bloß in der Behauptung der Kürzung bestehenden – Hypothese ist natürlich gering. Ist man in der Lage, Gründe anzugeben, die bei der Entscheidung für die Weglassung relevant waren, so gewinnt die Hypothese an Wahrscheinlichkeit. Vor allem wird sie gestärkt, wenn der Grund für die Weglassung in dem Text selbst, der als Vorlage benutzt wird, verankert ist. Und noch überzeugender wirkt sie, wenn die Auslassung zur Entstehung einer Version führt, die hinsichtlich der Kohärenz des Textes mangelhaft erscheint. Je mehr die Hypothese an erklärender Kraft gewinnt, desto höher ist ihr Plausibilitätsgrad einzustufen.

Die wesentliche Bedingung für die Nachweisbarkeit einer literarischen Abhängigkeit ist somit gegeben. Die Nachweisbarkeit einer literarischen Abhängigkeit ist auf die Erklärbarkeit des Modells, das beansprucht, den Bearbeitungsvorgang eines Textes zu rekonstruieren, zurückzuführen. Nachweisbar ist das Vorhandensein eines direkten Verhältnisses, wenn die Hypothese, die dieses Verhältnis voraussetzt und den Vorgang der Entstehung des bearbeiteten Textes rekonstruiert, sich als adäquate Erklärung für ein Text-Phänomen bewährt. Nur als Erklärung kann die den Vorgang rekonstruierende Hypothese

Wahrheit beanspruchen. Sonst ist sie – es sei eine rabbinische Wendung erlaubt – wie ein in der Luft schwebender Turm.

Die bisherigen Ausführungen scheinen auf den ersten Blick nur das zu verdeutlichen, was immer geschieht, wenn literarische Abhängigkeit behauptet wird. Diese Exemplifikation, soweit sie die volle Bedeutsamkeit der Integrierung des Erklärungsbegriffes in die methodische Vorgehensweise nahelegt, fordert aber dazu auf, die methodische Vorgehensweise grundlegend zu modifizieren. Trifft es zu, daß das Rekonstuktionsmodell den Stellenwert einer Erklärung einnehmen muß, so muß sich die Untersuchung der Texte als ein echtes Erklärungsverfahren gestalten. Das Rückschlußverfahren der Rekonstruktion kann sich allein als Erklärungsverfahren bewähren und soll auch als solches ausgeführt werden. Das bedeutet, daß das Rekonstruktionsmodell nicht einfach sozusagen vom Himmel den Texten auferlegt und dann im »heiligen Namen« einer »wissenschaftlichen Erklärung« prognostiziert werden soll, um die Bewährungsprobe zu bestehen. Handelt es sich wirklich um die Lieferung einer Erklärung, so muß dem Erklärungsversuch die Festsetzung eines Sachverhalts vorangehen, den man erklären will. Ein echter Erklärungsversuch kann schwerlich unternommen werden, ehe man einen Sachverhalt als das Zu-Erklärende, als das Explanandum definiert hat.

Den Ausgangspunkt eines Erklärungsverfahrens stellt immer eine auf einen bestimmten Sachverhalt bezogene Warum-Frage dar. Ohne diese Frage ist kein wirkliches Interesse für Erklärung vorhanden. Die Erklärung verlangende Warum-Frage setzt voraus, daß das, was erklärt werden soll, als problematisch erscheint. Damit wird ein entscheidendes Kriterium für die Verwendbarkeit der literarischen Kritik festgesetzt. Es muß ein Problem geben, das man erklären will, um die literarische Prüfung *kritisch* verwenden zu können. Dieses Problem soll den eigentlichen Ausgangspunkt der literarischen Kritik ausmachen. Nur dann besteht ein echtes Bedürfnis, etwas zu erklären. Nur dann ist die Suche nach einem erklärenden Modell gerechtfertigt.

Als die Frage gestellt wurde, wie sich die als Rekonstruktionsmodell fungierende Hypothese bewähren kann, war es unproblematisch, die erklärende Kraft als Maßstab festzusetzen. In diesem Punkt gehen wir weit darüber hinaus, weil vorgeschlagen wird, die Aufeinanderfolge der einzelnen Schritte bei der Verwendung der literarischen Kritik umzukehren. Die normale Vorgehensweise, da sie das »Ziel« in der Feststellung des literarischen Abhängigkeitsverhältnisses sieht, beginnt mit einem Rekonstruktionsverfahren, mit dem Entwurf einer hypothetischen Konstruktion, deren Wahrscheinlichkeit *nachträglich* daran gemessen wird, was sie erklärt. Entsprechend der Denkstruktur einer Beweisführung wird der entworfenen Hypothese die Erklärungseigenschaft angehängt. Nur in dieser »Verkleidung« läßt sich die Hypothese durchsetzen. Von »Verkleidung« kann hier deswegen die Rede sein, weil die Vorgehensweise nicht als ein Erklrärungsverfahren strukturiert ist. Solange versucht wird, das Ziel der literarischen Kritik, d.h. die Bestimmung des literarischen Verhältnisses zwischen parallelen Überlieferungen, direkt zu ver-

2. Entwurf einer Methodologie

folgen, indem man an den Text etwa mit der Frage herangeht »Wie kann ich ein Abhängigkeitsverhältnis hier feststellen?« bleibt es immer unklar, was sich vollzieht. Die Frage »Wie kann ich beweisen, daß ein Abhängigkeitsverhältnis vorliegt?« wird man nur dann beantworten können, wenn sich die notwendige Rekonstruktion der Entstehung des sekundären Textes als eine plausible Erklärung erweist. Da aber die Untersuchung vom Beweisdrang und nicht von einem Erklärungswillen getragen wird, tritt in das Verfahren ein Moment der Unklarheit ein. Solange man das Ziel der Feststellung einer literarischen Abhängigkeit direkt angeht, werden die Texte unter den Zwang gesetzt, etwas von ihrer Entstehungsgeschichte zu bezeugen, und der Forscher selbst leidet auch unter der Qual der Beweisführung. Unter diesen Bedingungen auch noch kritischen Umgang zu verlangen, bedeutet eine Überforderung.

Konsequenter wäre die Untersuchung zu gestalten, wenn man zunächst feststellt, ob im Falle zweier vorliegender paralleler Überlieferungen ein als problematisch bewerteter Sachverhalt vorliegt, der dann einer Erklärung bedarf. Dieser Vorschlag steht im deutlichen Gegensatz zu der »natürlichen« Vorgehensweise der literarischen Kritik. Dieser haftet ja wesentlich eine Unterwerfungslogik an, nach der die Texte – nicht ohne Gewalt und Zwang – dem »wissenschaftlichen Interesse«untergeordnet werden. Der Zwangscharakter einer derartigen Subsumtion des Forschungsgegenstandes unter die Wünsche des Forschenden wird, wenn nicht gar aufgehoben, so doch erheblich reduziert, sobald man der Forderung des Erklärungsverfahrens nachgeht. In dieser wissenschaftlichen Subjekt-Objekt-Problematik hat der Vorschlag, die Literarkritik in Form eines Erklärungsverfahrens zu gestalten, eine balancierende Wirkung. Die Literarkritik wird erst dann eingesetzt, wenn für einen bestimmten Sachverhalt eine Erklärung gesucht wird.

Um die Literarkritik tatsächlich kritisch durchfüren, muß man sie durch ihre Erhebung zu einem Erklärungsverfahren modifizieren. Das Interesse, literarische Abhängigkeitsverhältnisse zu prüfen, kann immer noch den großen Rahmen bestimmen, der auch die Richtung der wissenschaftlichen Bemühungen vorschreibt. Durch die Integrierung des Erklärungsverfahrens fragt man jedoch, ob die Texte bestimmte Phänomene in sich tragen, die nach einer Erklärung verlangen, anstatt ihnen aufzuzwingen, bestimmte Wünsche zu befriedigen.

Aus dieser Vorgehensweise ergibt sich allerdings eine deutliche Einschränkung der Tragweite der Literarkritik: Sie läßt sich nur dann anwenden, wenn sich eine Erklärung für einen bestimmten Typus von Text-Problem erforderlich ist. Im folgenden wird diesem Vorschlag nachgegangen. Die Auswahl der Texte und die Gliederung der Arbeit ergibt sich aus der methodischen Forderung, daß als Ausgangspunkt eben jenes Phänomen gesetzt wird, welchem der Stellenwert eines Problems zukommt. Auf die Frage, welch besonderer Charakter solchen Text-Problemen zukommt, die wir dann mit Hypothesen über das Abhängigkeitsverhältnis zu erklären versuchen, gehe ich in der sich anschließenden Einleitung zum ersten Teil der Arbeit wie auch in der Einleitung zu dem zweiten Teil ein.

3. Hinweise zur Textwiedergabe

Als Grundlage für die Textwiedergabe wurden jene beiden Handschriften verwendet, die als die wichtigsten gelten. Als *opinio communis* in der Forschung gilt die Bewertung, daß die Hs. Kaufmann der wichtigste und beste Textzeuge der Mishna sei;[84] deswegen wird sie hier berücksichtigt. In den die Text-Wiedergabe begleitenden textkritischen Anmerkungen, die zunächst die Variationsbreite des Textes beschreiben, wird zudem auf inkorrekte Lesarten der Hs. Kaufmann hingewiesen. Weitgehend handelt es sich um syntaktisch unzulässige Formulierungen oder nachvollziehbare Auslassungen, die für diese Hs. eigentümlich sind. Dabei soll nicht die These von Yeḥezqel Kutscher[85] bestritten werden, daß diese Handschrift das rabbinische (mishnische) Hebräisch am besten erhalten habe: Die Argumente für die falschen Lesarten betreffen nicht die Sprachform, sondern die Satz- bzw. Textstruktur. Zwischen beiden Betrachtungsebenen muß klar differenziert werden. Aus der Annahme, daß die Hs. Kaufmann die ältere Sprachform der Mishna konserviert, kann keinesfalls der Schluß gezogen werden, daß diese Hs. auch den Text der Mishna am besten erhalten hat.[86] Eine Bewertung der Hs., die über deren Sprachcharakter hinausgeht, fehlt noch.[87] Hier kann auf diese Problematik nur punktuell eingegangen werden (vgl. § 1, Anm. 1 und 2; § 4, Anm. 2; § 7, Anm. 1; § 8, Anm. 1; § 9, Anm. 1 und 2; § 12, Anm. 1; § 16, Anm. 2; § 18, Anm. 34).[88]

Die Sifra-Texte werden nach der Hs. Assemani 66 dargestellt. Der Vergleich mit den übrigen fünf vollständig erhaltenen Handschriften bestätigt – im Gegensatz zur Hs. Kaufmann – den ihr zugeschriebenen Stellenwert als zuverlässigster Textzeuge des Sifra.[89]

---

[84] Die schon längst geäußerte Bewertung (vgl. z. B. S. Krauss, »Die Kaufmann'sche Mischna-Handschrift«, S. 54ff.) hat ihre endgültige Bestätigung durch die tiefgehende philologische Untersuchung von Y. Kutscher (לשון חז״ל, 251ff.) erhalten und wurde dann weiter übernommen und erarbeitet (vgl. M. Bar-Asher, צורות נדירות בלשון התנאים, S. 83ff.; dergl. משנה עבודה זרה - מהדורה ביקורתית, S. 191; D. Rosental, הטפוסים השונים של לשון המשנה בצרוף מבוא, S. 5, 107ff., 110, 126, 128, 130; M. Krupp, »Manuscripts of the Mishna«, S. 253).

[85] Vgl. in der obigen Anm.

[86] Ein solcher Schluß scheint bei M. Krupp (ebd.) gezogen zu werden.

[87] Auf einigen inkorrkten Lesarten in der Hs. wird bei Epstein (מבוא לנוסח המשנה, S. 1210f.) und Rosental (משנה עבודה זרה, S. 111f.) hingewiesen.

[88] Darüber hinaus weist die Hs. Kaufmann manche eigentümlichen Lesarten auf, von denen man nicht sagen kann, daß sie falsch sind. Vgl. dazu § 3, Anm. 1; § 5, Anm. 2; § 6, Anm. 1; § 9, Anm. 3; § 16, Anm. 4; § 17, Anm. 1.

[89] Zum Stellenwert der Hs. vgl. die Einleitung von L. Finkelstein zu der Faksimile-Ausgabe der Hs. (תורת כהנים על פי כתב יד רומי מנוקד), S. 18ff. und S. Nae, לשון התנאים בספרא על־פי כתב־יד וטיקאן 66, S. 1ff.

Kohärenzlücken: Ein Erklärungsmodell zur Entstehung fehlerhafter Überlieferungsstrukturen in der Mishna

Den Ausgangspunkt der vorliegenden Untersuchung bilden *einzelne* Texte in der Mishna, die strukturelle Lücken aufweisen. Von »Text« ist hier im Sinne einer komplexen, kohärenten, relativ abgeschlossenen Folge von Sätzen die Rede, denen *auch* das Merkmal einer »thematischen Einheitlichkeit« zukommt.[1] Texte in diesem Sinne beinhaltet die Mishna, und nur mit »Texten« in dieser Bedeutung befaßt sich die Arbeit. Auf wichtige, der Redaktionskritik der Mishna angehörende Fragen, wie der Mishna-Redaktor aus diesen Bausteinen jeweils ein Kapitel zusammensetzte, oder wie er die Reihenfolge der Kapitel innerhalb eines Traktats bestimmte, wird nicht eingegangen. Dieses Ordnungsprinzip betrifft eine Redaktionsstufe, deren Entstehungsgang durch die Hypothese, daß eine Vorlage benutzt worden ist, grundsätzlich – wenn überhaupt – nur dann rekonstruierbar ist, wenn diese Vorlage selbst eine ähnliche »Mishna«-Überlieferungsform hat. Auf den Fall des Sifra, in dem das Buch Wayiqra das Überlieferungsprinzip diktiert, trifft dies nicht zu.

Die leicht wahrnehmbaren Perikopen in dem mishnischen Kapitel – sie decken sich keineswegs immer mit dessen Unterteilung in »Mishnayot« – bestehen nicht aus einer bloßen Aneinanderreihung von halachischen Sätzen über ein bestimmtes Thema. Ihnen liegt eine Struktur zugrunde, die durch bestimmte logische Relationen geprägt ist. So weist der weitverbreitete Disput in der Mishna eine deutliche Struktur auf, in der die drei Bestandteile des Disputes in seiner einfachen Form, das ihn einleitende Thema und die zwei darauf folgenden, einander widersprechenden Urteile, wechselseitig aufeinander verweisen, so daß sie nur durch solche »Verweisung« ihren Sinn aufrechterhalten und sich aus dem entstandenen Relationsgefüge nicht lösen lassen.[2] Auch der monologe Vortrag der Halacha in der Mishna ist in auffälliger Weise strukturiert gestaltet. Ein allgemein formuliertes halachisches Urteil wird dargestellt, und darauf folgt eine Verdeutlichung.[3] Zwei Fälle werden einander

---

[1] Zu dieser Definition vgl. E. Agricola, *Textlinguistik*, in: *Kleine Enzyklopädie: Deutsche Sprache*, S. 218, 220.

[2] Zu dieser Überlieferungsform vgl. Neusner, *The Rabbinic Traditions about the Pharisees before 70*, III, S. 16ff.; s.a. Towner, »Halakhic Literary Patterns«, S. 51f.

[3] Vgl. z.B. mZev 3,3–4; 10,1; 10,2 und Verdeutlichungsstrukturen mittels כיצד in mZev 1,2; 2,3–4.

gegenübergestellt[4] oder durch ihre gemeinsame Logik analog miteinander verknüpft.[5] Auch Begründungsstrukturen durch einen Verweis auf eine Bibelstelle,[6] ein logisches Argument,[7] eine andere halachische Bestimmung[8] oder die Subsumtion der Rechtsfälle unter einer allgemeinen Regel sind sehr verbreitet.[9]

Solche Strukturen, treten in der Mishna nicht ab und zu. Sie sind so präsent, daß es einem schwerfallen wird, auf eine einzige, in einem für sich stehenden Satz formulierte halachische Bestimmung in der Mishna hinzuweisen. Solche »logische Gußformen«,[10] wodurch der halachische Stoff überliefert ist, verleihen der Mishna ein eigenes Gepräge und bestimmen wie kein anderes Merkmal den literarischen Charakter dieses Werkes.[11]

In einigen Fällen – somit komme ich zum eigentlichen Anliegen der Arbeit – sind Textprobleme feststellbar. Davon fallen sie nur in den wenigsten Fällen sofort auf; der Rezipient wird nämlich mit einer Schwierigkeit konfrontiert, die zur Ebene des intuitiven, unmittelbaren Verstehens gehört. In den meisten Fällen ergibt sich jedoch eine solche Schwierigkeit erst nach einer darüber hinausgehenden Analyse. Da Kohärenz ein Wesensmerkmal des Textes ist und der strukturelle Aufbau textueller Einheiten in der Mishna besonders präsent ist, stellen Probleme dieser Art kein Randphänomen dar. Sie sind zwar in der Form des Textes verankert, doch betreffen sie unmittelbar dessen Inhalt.

Wenn ein halachisches Urteil durch einen Schriftvers begründet werden *soll,* der herangezogene Vers jedoch diese ihm zukommende Funktion nicht erfüllt,[12] so darf die dadurch entstandene Unklarheit nicht etwa mit der Begründung hingenommen werden, daß es der Mishna in der Regel nicht so sehr daran liegt, das überlieferte Gut der mündlichen Tora von der schriftlichen abzuleiten. In solch einem Fall wird eine gesetzliche Bestimmung durch die Stützung auf die Bibel autorisiert, und dies gelingt nicht. Aus einem hermeneutischen Blickwinkel ist solch eine textuelle Erscheinung ein drama-

---

[4] Vgl. z. B. mZev 2,2.
[5] Vgl. z. B. mZev 3,2; 7,1; 7,2; 9,3; 10,6.
[6] Vgl. z. B. mZev 8,11; 9,1; 9,5; 9,7; 10,1.
[7] Vgl. z. B. mZev 8,12.
[8] Vgl. z. B. mZev 2,5; 3,1; 3,3. Dieser Verweis wird in anderen Fällen vorangestellt, so daß sich eine Ableitungsstruktur ergibt, meistens durch לפיכך. Vgl. z. B. mZev 3,1; 4,1; 4,2.
[9] Vgl. z. B. mZev 2,2–3; 3,6; 4,3; 4,6; 7,5.
[10] Bei Neusner »Cognitive Units« genannt (vgl. »Form and Meaning in Mishnah«, S. 29, und *The Memorized Torah*, S. 69).
[11] In diesem Sinne auch bei Neusner, »Form and Meaning in Mishnah«, S. 28ff. Textuelle Einheiten, die keine von den eben genannten Strukturen aufweisen, sind dann meistens »Listen«, in denen mehrere Fälle einem halachischen Urteil subsumiert sind. Vgl. z. B. mZev 3,4. In anderen Listen bestimmt ein Subjekt oder eine Opferart den Kern. Vgl. z. B. die Mishnayot in mZev 5.
[12] Vgl. das Beispiel in Anm. 15.

tisches literarisches Ereignis. Fragen nach dem verzwickten Verhältnis zwischen der »Intention« des Autors, dem »Sinn« des Textes und der »Autorität« des Rezipienten, Entscheidungen über Sinn bzw. Unsinn des Textes zu treffen, entfalten in solchen Fällen eine besondere Intensität.

Ist man mit einer solchen Schwierigkeit konfrontiert, so gilt es, sie genauer zu charakterisieren. Die bloße Feststellung einer Unklarheit genügt nicht, weil sich dann noch nicht bestimmen läßt, ob die Schwierigkeit nur inhaltlich ist und insofern beim Rezipienten liegt oder inhaltlich-formal, so daß sie in der Textstruktur selbst verankert ist. Ist letzteres der Fall, so ist die mit dieser Schwierigkeit zusammenhängende Kohärenzlücke grundsätzlich als ein Text-Phänomen beschreibbar. Auch umgekehrt gilt: Von einer die Text-Struktur betreffenden Schwierigkeit kann nur dann die Rede sein, wenn sich die Unklarheit als eine textuelle Erscheinung begreifen und beschreiben läßt.

Grundsätzlich lassen sich zwei Phänomene unterscheiden. Im ersten Fall tritt die Kohärenzlücke aufgrund eines unvollständigen Relationsnetzes zwischen den Textteilen ein. Ein solches Problem entsteht, wenn ein Textteil auf einen Bezugspunkt verweist, der im Text nicht vorhanden ist. Von diesem Typ der Kohärenzlücke weicht ein noch mehr verbreiteter ab, der nicht gerade in einem unabgeschlossenen Beziehungsgeflecht besteht, sondern sich im Gegenteil durch eine deutliche Struktur auszeichnet, die aber unhaltbar ist. In diesem Fall ist klar, wie sich die Textteile zueinander beziehen sollen. Die Kohärenzlücke entsteht dann, wenn sich die durch die Struktur konstituierende Erwartung nicht aufrechterhalten läßt. Eine allgemein formulierte Regel soll durch einen auf sie folgenden Fall verdeutlicht werden. Man liest den Fall, betrachtet den Zusammenhang zwischen den zwei Textteilen und stellt am Ende fest, daß die Anforderung, die der Verdeutlichungsstruktur zugrundeliegt, nicht erfüllt wird. Das Modell, das in bezug auf diesen zweiten Typ von Kohärenzlücken zur Charakterisierung der textuellen Problematik angewendet wird, leitet die Kategorie einer »strukturellen Erwartung« ein und führt das Vorhandensein von Kohärenzlücken auf die Nichterfüllung dieser Erwartung zurück. Diese Beschreibungsweise scheint mir der angemessene Weg, auf die Wurzel des in solchen Fällen erscheinenden Problems genau hinweisen zu können.[13]

---

[13] Ein solches Modell postuliert das Vorhandensein von zwei Bezugsebenen im Text, zwei Verknüpfungssystemen, die in der Linguistik durch »Kohäsion« (die grammatischen Abhängigkeiten zwischen »Oberflächenkomponenten« des Textes) und »Kohärenz« (die semantischen Verknüpfungen zwischen Konzepten, Komponenten der Textwelt) bezeichnet werden (vgl. dazu R. A. de Beaugrande, *Einführung in die Textlinguistik*, S. 4f.). Diese Unterscheidung ist jedoch deshalb problematisch, da sie zu einer separaten Behandlung von Kohäsion und Kohärenz führt und die Kohärenz des Textes als unabhängig von dessen Kohäsion betrachtet (vgl. die Kritik in diesem Sinne bei R. G. van de Velde, *Interpretation, Kohärenz, Inferenz*, S. 27). Auf diesen zweiten Typ von Kohärenzlücken, von dem die Rede ist, trifft dies nicht zu. Vielmehr entsteht die Lücke als Folge der Unvereinbarkeit zwischen den zwei Textstrukturen. Präziser ist diese Kluft nur als eine unerfüllte strukturelle Erwartung charakterisierbar.

Text-Probleme dieser Art bedürfen einer Erklärung. Da solche Lücken von der Unselbständigkeit des Textes zeugen, ist es erforderlich, die Horizonte zur Betrachtung des Textes zu erweitern und Überlegungen anzustellen, die über den Text hinausgehen. Ein Erklärungsmodell für solche strukturellen Lücken kann also nicht anders als in einer hypothetischen Rekonstruktion des Werdegangs des Textes bestehen. Dafür ist der parallele Überlieferungsstoff in dem Sifra – wie zu zeigen sein wird – besonders aufschlußreich.

Wichtig ist dabei zu betonen, daß es nur um eine *Erklärung* des Problems geht, nicht um dessen *Auflösung*. Die Textprobleme, von denen hier die Rede ist, stellen keine solchen Verständnisprobleme dar, die aufgehoben werden, sobald Verständnis gewonnen wird. Ihnen kommt der Stellenwert eines Phänomens zu,[14] und als solches sind sie unaufhebbar. Selbsverständlich ist damit nicht gemeint, daß dem *Urteil* über das Vorliegen oder Nicht-Vorliegen einer Kohärenzlücke ein allgemeingültiger Charakter zugewiesen werden soll. Mag sich die Feststellung über das Vorliegen einer Kohärenzlücke auch immer wieder als unzulässig erweisen, so muß man sich doch über die Bedeutung einer solchen Feststellung im klaren sein. Sie ist wesentlich ein Urteil über objektive Verhältnisse eines Sachverhalts, in diesem Fall des Textes. Mit einem Urteil über die subjektive Inkompetenz des Rezipienten, den Text zu verstehen, darf sie nicht verwechselt werden.

Die Hervorbringung dieses objektiven Charakters der Kohärenzlücke ist für das Anliegen dieser Untersuchung deswegen wichtig, da durch sie klar wird, was der Vergleich des Mishna-Textes mit der parallelen Überlieferung im Sifra leisten kann und was nicht. Die parallele Überlieferung kann eventuell erklären, wie die zur Entstehung des Problems führende Textproduktion vollzogen wurde und insofern verständlich machen, warum der Text unverständlich ist. Das substantielle Unverständnis des Textes bleibt jedoch weiter bestehen, denn es geht nicht darum, die fehlende Kohärenz des Mishna-Textes wiederherzustellen.

---

[14] Hier wird also die in der Linguistik umstrittene These vertreten, die die Kohärenz als »Eigenschaft von Texten« (s. dazu R.A. de Beaugrande, a.a.O., S. 7) bezeichnet. Dabei meine ich »Eigenschaft« nicht im Sinne einer sozusagen »materialen Textgestalt«. Ich will lediglich die Behauptung aufstellen, daß das rezeptive Verfahren, so sehr es zur Erschließung der Textkohärenz maßgebend und »aktiv« ist, den »ontischen Status« der Textkohärenz als ein objektives Phänomen nicht im mindesten berührt. In diesem Sinne läßt sich das folgende Zitat heranziehen: »Es sind also normalerweise sowohl Fähigkeiten für den Erfolg des Den-Zusammenhang-Sehens vorausgesetzt als auch für den Erwerb der Fähigkeiten notwendige Anstrengungen, aber weder die Anstrengungen noch die Fähigkeiten sind begrifflich mit diesem Erfolg gleichzusetzen« (G.Fritz, *Kohärenz. Grundfragen der linguistischen Kommunikationsanalyse,* S. 79). Auch wenn man davon ausgeht, daß Kohärenz immer vom Rezipienten abhängig ist, daß sie also hergestellt wird, darf der damit verbundene dialektische Vorgang nicht verkannt werden. Sobald die Kohärenz *hergestellt wurde,* verselbständigt sie sich und wird nun als *gegeben wahrgenommen.* Mit anderen Worten: Die Konstruktion der Textkohärenz wird als Rekonstruktion aufgefaßt.

Ausgehend also von dem Problem, das ein Mishna-Text aufweist, gehe ich dann in die parallele Überlieferung im Sifra über und stelle nach einer Analyse des Sifra-Textes den Vergleich zwischen beiden Überlieferungen an, um herauszufinden, ob sich eine Erklärung für das Problem ergeben kann. Das in dieser Arbeit vertretene Argument, die Mishna-Überlieferungen seien von den analogen Texten im Sifra literarisch abhängig, ist ein integraler Bestandteil des besagten Erklärungsverfahrens. Ein großes Mißverständnis könnte entstehen, würde man die »Beweisführung« für die Priorität der Sifra-Traditionen auf die bloße Gegenüberstellung einer guten Version im Sifra mit einer schlechteren, »problematischen« in der Mishna reduzieren. Durch einen derartigen äußerlichen Vergleich kann niemals ein Nachweis über eine literarische Abhängigkeit erbracht werden. Der vorangehende methodologische Teil diente zur Eruierung des einzig möglichen Weges. Eine feststellbare Kohärenzlücke in einer Mishna-Überlieferung ist für sich kein Garant, Indiz oder Beleg für die Sekundarität des Textes. Sie bildet nur insofern einen wesentlichen Teil in dem Vergleich der parallelen Überlieferungen, als mit deren Feststellung *der Ausgangspunkt* der vergleichenden Betrachtung definiert wird. Mit ihr stellt sich eine Frage, und es gilt, diese Frage zu beantworten, wohl aber nicht um jeden Preis. Man betrachte den Text des Sifra, um zu sehen, ob das zur Lösung des Problems beitragen kann. Läßt sich ein Erklärungsmodell erstellen, das die Entstehung des Problems als Folge der Bearbeitung der Vorlage im Sifra beschreibt, so kann dann – und nur dann – von literarischer Abhängigkeit die Rede sein.

Das Vorhandensein von Kohärenzlücken ist eine heikle hermeneutische Angelegenheit. Bei der Konfrontation mit einem Textproblem wird der Rezipient vor eine Entscheidung gestellt. Zunächst wird versucht, das Problem zu lösen. Das Problem wird in der ersten Stufe so konzipiert, als läge es beim Rezipienten selbst, als stellte es prinzipiell eine zu behebende Schwierigkeit dar. Wird die Schwierigkeit nicht behoben, so muß in einem Punkt im Verstehensprozesses die Möglichkeit erwogen werden, ob das Problem nicht im Text selbst verankert ist. Solange das Problem als »inhaltliche Schwierigkeit« verstanden wird, lassen sich Wege finden, mit denen das Problem zu beheben ist. Hat sich das Problem als ein »Phänomen« erwiesen, so läßt sich das »Problematische« im Text nicht ganz tilgen. Die Bewertung des »Problematischen« innerhalb einer der beiden Möglichkeiten ist letzten Endes immer eine Entscheidung, egal ob sie auch unbewußt getroffen wird.

Grundsätzlich besteht immer ein Weg, textuelle Spannungen zu beheben. Einen Umgang dieser Art mit der Mishna zeigt z.B. der Talmud, und ein wesentliches Merkmal der halachischen Schriftauslegung besteht ja gerade in der Suche nach »textuellen Problemen« in den Schriftversen, zu deren Lösung man nicht mittels Überlegungen über die Entstehungsgeschichte der Tora kommt.

Kohärenzlücken widersetzen sich genau dem, wonach im Vollzug des Verstehens gestrebt wird. Das rezeptive Verfahren kann sogar von dem Postulat ausgehen, daß ein Text Kohärenzlücken nicht aufweist, und folglich zu einer Textauslegung führen, die mit dem einfachen, ursprünglichen Sinn des Textes nichts zu tun hat. Die Aufforderung, die Schwierigkeit eines Textes um jeden Preis zu beheben, hat eventuell eine Derash-Methode zur Folge.[15]

Die besagte methodische Schwierigkeit ist nicht durch eine Gegenüberstellung von einem traditionellen interpretatorischen Zugang einerseits und einem »kritischen« andererseits zu vereinfachen. Was solche Deutungen auszeichnet, ist der grundlegende, jedem strukturalistischen Zugang zum Text gemeinsame Versuch, die Einheit des Textes strikt aufrechtzuerhalten. Jeder Rezipient muß zwar die Einheit des Textes voraussetzen, denn das ist es, was Verständnis bedingt. Dieser so wichtigen Voraussetzung soll man aber offen entgegentreten.

---

[15] Ein Beispiel: Nach mZev 14,1 (im folgenden nach Hs. Ka., S. 364, zitiert) ist man im Falle einer an sich vorschriftswidrigen Opferung des Sündenbockes (שעיר לעזאזל) außerhalb des Tempels straffrei: פטור בחוץ שהיקריבו המשתלח שעיר וכן .... Darauf folgt eine höchst problematische Begründung: הביאו לא מועד אהל פתח אל [שנ]אמר, die als Grundlage für die sich anschließende Regel עליו חייבין אין מועד אהל פתח אל לבוא ראוי שאינו כל gilt. Die Worte aus Lev 17,4, wo die Konzentrierung des Opferkultes auf den Tempel vorgeschrieben wird, werden im Text als Bedingung aufgefaßt, die erfüllt werden soll, damit von Vergehen die Rede sein kann. Der Sündenbock zählt aber zu den Opfern, die bestimmt sind, »zum Eingang des Stiftzeltes gebracht zu werden«. Wo findet sonst der in Lev 16 vorgeschriebene Kult statt, der mit den zwei Böcken am Versöhnungstag ausgeführt wurde, wenn nicht vor dem Stiftzelt? Das Schriftwort ist in diesem Zusammenhang unzweideutig: שני את ולקח מועד אהל פתח ׳ה לפני אתם והעמיד השעירים (16,7). Der fortzuschickende Bock muß an diesen Ort gebracht werden. Hängt die Gültigkeit des mit der Darbringung außerhalb des Tempels verbundenen Vergehens davon ab, ob dem Opfer das Prädikat פתח אל לבוא ראוי אהל מועד zukommt, dann sollte die Darbringung des Bockes außerhalb des Tempels doch als Übertretung gelten, im Gegensatz also zu dem, was in der Mishna steht. Die Gemara z.St. (bZev 113b.) löst das Problem, indem sie den Geltungsbereich des Falles auf die Zeitspanne beschränkt, in der die zeremoniellen Ausführungen der Verlosung und des Bekenntnisses der Sünden Israels durch Auflegen der Hände auf den Sündenbock beendet sind. Somit wird die Schwierigkeit des Mishna-Textes aufgehoben: Bis zu diesem Zeitpunkt ist die Anwesenheit des Sündenbockes im Tempelbereich unentbehrlich. In dieser Zeit gilt er als לבוא ראוי; nachdem aber die mit ihm zusammenhängenden Handlungen vollendet sind, wird er vorschriftsmäßig aus dem Tempelbereich weggetragen, bis man zur Wüste gelangt, wo man ihn fortschickt. In dieser Zeitstufe gilt also nicht – so würde die Rehabilitation der Kohärenz des Mishna-Textes lauten –, daß der Bock »zum Eingang des Zeltes gebracht werden soll«, und entsprechend ist das Urteil der Freisprechung im Falle seiner Darbringung außerhalb des Tempels zu fällen. Mit dieser eleganten Lösung wird man dem Wortlaut des Mishna-Textes jedoch nicht gerecht. In dem Schriftbeweis ist vom Hinbringen zum Eingang des Zeltes die Rede, von dem Zeitpunkt also, wenn der Kult mit dem betreffenden Opfer *beginnt*. Auch in der Formulierung des Kriteriums wird das Verb הביאו (לבוא ראוי שאינו כל) aufgegriffen. Der Fall vom Sündenbock fällt doch unter מועד אוהל פתח אל לבוא שראוי כל. Um das Problem zu umgehen, umschreibt Bertinoro (vgl. Komm. z.St.) die Formulierung: לבא ראוי שאינו כל bedeute להקריב עתיד שאינו כל. Letzteres trifft wohl auf den Sündenbock zu, der im Tempel nicht dargebracht wird, und so haben wir wiederum einen kohärenten Text. Aber warum steht dort לבא und nicht ליקרב? Man könnte einwenden, daß der Redaktor der Mishna es in diesem Sinne gemeint hat. Löst man aber das Problem, indem die Kluft zwischen der möglichen Intention des Verfassers/Redaktors und deren Ausdruck im Text hingenommen wird?

Der strenge Strukturalist, den Fragen nach der Entstehung des Textes nicht interessieren, geht davon aus, daß ein lückenhafter Text nicht existieren kann.[16] Eine ähnliche prinzipielle Gefahr besteht aber andererseits bei der Anwendung der Literarkritik, nämlich in der Voreiligkeit, die gefundenen textuellen Probleme als echte Lücken aufzufassen. Während für den Strukturalisten die Vollständigkeit, Geschlossenheit und Selbständigkeit des Textes zugleich Voraussetzung, Aufgabe und Ideal sind, ist der Exeget, der auf die Spuren der Entstehungsgeschichte eines Textes kommen will, darauf gefaßt, Schwierigkeiten im Text zu begegnen und auf ihnen zu beharren. Während der Strukturalist immer nach Möglichkeiten sucht, um den lückenlosen Charakter des Textes aufrechtzuerhalten, stellt die Erscheinung einer strukturellen Lücke beim Anwender der Literarkritik einen sozusagen »positiven Stellenwert« dar, den er nicht gerne aufgeben möchte.

Stellt man beide Methoden auf diese Weise einander gegenüber, so scheint es, als gäbe es keine Alternative zum Subjektivismus. Alles scheint dann von der Methode abhängig zu sein – eine im Sinne des Zeitgeistes unerschütterlich scheinende, banale Wahrheit, die ich trotzdem mit aller Entschiedenheit nicht teile. Daß jede Methode mit bestimmten Ansätzen beladen ist, die unsere Erwartungen und Wünsche prägen, ist klar. Daß wir folglich die Erwartungen auf den Gegenstand unserer Untersuchung projizieren, ist verständlich, doch nicht notwendig. Bei der Anwendung der Methode können wir – hoffentlich – immer noch kritisch bleiben. Wenden wir eine Literarkritik an, so müssen wir uns gleichzeitig wie Strukturalisten verhalten und dem problematisch scheinenden Text sozusagen »maximale Ehre« erweisen, wodurch der eventuelle Wunsch, die Schwäche des Textes zu finden, beschränkt wird.

Auf diese Weise, nicht dem zu erforschenden Gegenstand eine Methode aufzuerlegen, sondern ihn durch eine ihm gebührende Methode auf die Beantwortung von Fragen hin, die er aufwirft, zu untersuchen, wird nachfolgend versucht zu verfahren. Als erstes Beispiel wurde ein Text aus dem Traktat Zevaḥim gewählt, der, da er mehrfach und in ganz unterschiedlicher Weise problematisch ist, eine besondere Beachtung verdient.

---

[16] Vgl. z.B. M. Titzmann, *Strukturale Textanalyse,* der Interpretationsregeln (IR) strukturalen Ansatzes formuliert und erläutert, wie z.B. IR 14: »Die ›Text‹- Analyse muß davon ausgehen, daß der ›Text‹ – auf welche Weise auch immer, auf welcher strukturellen Ebene auch immer – eine ›logisch-semantische Kohärenz‹ aufweist« (S. 185) und IR 17a: »Die ›Text‹-Analyse muß davon ausgehen, daß der ›Text‹ widerspruchsfrei ist, d.h. annehmen, daß jeder auftretende Widerspruch nicht Signifikat, sondern bloß Signifikant ist« (S. 191). Vgl. ferner S. 188f.

§ 1 Das Anrecht der Priester auf das Fell des Brandopfers

mZev 12,2–3; Ka., S. 362

A 1 כל שלא זכה המזבח בבשרה לא זכו הכהנים בעורה
2 שנ[אמר] עולת האיש
3 עולה שעלת לאיש
B 1 עולה שנישחטה שלא לשמה
2 אף על פי שלא עלת לבעלים עורה לכהנים
C אחד עולת האיש (ואחד עולת האשה)
עורותיהן לכהנים
D 1 עורות קדשים קלים לבעלים
2 עורות[17] קדשי קדשים לכהנים
3 ק{ו}ל וחומר
מה אם עולה שלא זכו בבשרה זכו בעורה
ק{ו}דשי קדשים שזכו בבשרה[18] [בשרן = P138]
אינו דין ש(י)זכו בעורן
4 אין למזבח[19] מוכיח
שאין לו עור מכל מקום

A 1 [Von] jedem [Brandopfer], dessen Fleisch der Altar nicht erlangt, erlangen die Priester sein Fell nicht,
2 denn es steht geschrieben: »Das Brandopfer eines Mannes« (Lev 7,8).
3 [Gemeint ist] das Brandopfer, das [auf den Altar] für den Mann steigt.
B 1 [In bezug auf] ein Brandopfer, das nicht um seinen Namen [= seiner Bestimmung] willen geschlachtet wurde [gilt folgendes]:
2 Obwohl es nicht für den Eigentümer [auf den Altar] steigt, ist sein Fell den Priestern zugewiesen.
C Dasselbe gilt für das Brandopfer des Mannes und für das Brandopfer der Frau: ihr Fell gehört den Priestern.
D 1 Die Felle von Minderheiligen gehören den Eigentümern,
2 und die Felle von Hochheiligen gehören den Priestern.
3 [Das lernt man durch einen Schluß] vom Leichteren auf das Schwerere: Wenn vom Brandopfer, dessen Fleisch die Priester nicht erlangen, gilt, daß sie sein Fell erlangen, soll nicht dasselbe auch für die anderen Hochheiligen gelten, deren Fleisch die Priester doch erlangen, daß sie nämlich ihre Felle auch erlangen?
4 Der Altar beweist nicht [das Gegenteil], denn er erlangt niemals das Fell.

Der einzige Bezugsvers in der Tora zur Regelung der Priesterrechte auf das Fell der Opfer, Lev 7,8, bezieht sich nur auf das Brandopfer und lautet wie

---

[17] Die anderen Textzeugen (P138, Cam., Par., Mün., Jer., O404, Ed. pr.) lesen ועורות. In der Textanalyse wird auf das Problem der Verbindung zwischen D1–2 und D3 hingewiesen. D3 bezieht sich strukturell auf D1–2, begründet jedoch nur D2. Die Auslassung des ו in Ka. läßt sich als Versuch der Behebung dieser Schwierigkeit erklären.

[18] Die Lesart בבשרה ist falsch; die anderen Textzeugen (Cam., Par., Jer., O404, Ed. pr.) lesen wie P138.

[19] Die schwierige Lesart אין למזבח haben auch P138 und Par.; in Mün. und O404: המזבח, in Cam., Jer. und Ed. pr.: מזבח.

§ 1 Das Anrecht der Priester auf das Fell des Brandopfers 31

והכהן המקריב את עלת איש עור העלה אשר הקריב לכהן לו יהיה. Die eigenartige Wendung עלת איש bedarf einer Auslegung, mit der der voliegende Text folgt: beginnt. Sie wird als Einschränkung gedeutet, die besagt, daß das Fell eines Brandopfers, dessen Fleisch »der Altar nicht erlangt« dem Priester nicht zusteht (A).

Ein Brandopfer, dessen Fleisch der Altar nicht »erlangt hat«, ist ein untaugliches Opfer, auf das der Altar im übertragenen Sinn kein Anrecht hat. Dabei spielt es anscheinend keine Rolle, ob das untauglich gewordene Opfer versehentlich zum Altar gestiegen ist und dann von diesem gemäß der in mZev 9,1 überlieferten Regel המזבח מקדש את הראוי לו hingenommen wird. In diesem Fall hat der Altar das Fleisch »bekommen«,[20] es jedoch nicht »erlangt«. Diesem rechtlichen Sinn von זכה entspricht die Verwendungsweise des Verbes עלת in der an die Wendung עולת איש angelehnten Begründung in A3. In den Worten עולה שעלתה לאיש (A3) ist die Grundbedeutung des Verbes, steigen/aufsteigen, nicht gemeint. Der Akzent liegt vielmehr auf dem Zweck לאיש. Dem Verb kommt nur der übertragene Sinn »angerechnet werden« zu.[21]

Obwohl in A vom Brandopfer die Rede ist, wird diese Opferart am Beginn der Überlieferung (A1) nicht explizit genannt. Wir begegnen lediglich dem Pronomen כל. Darauf, daß mit כל nicht jedes Opfer, sondern jedes Brandopfer gemeint ist, deuten die Suffixe in der weiblichen Form in בבשרה und in בעורה (A1) hin, das herangeführte Schriftzitat (A2) und dessen Auslegung (A3). In dem der vorliegenden Überlieferung vorangehenden Text war nicht vom Brandopfer die Rede. Hätte der Tradent auf den Begründungsteil verzichtet, so wäre aus dem Text nicht zu erschließen, welches Opfer gemeint ist. Die Endung in der weiblichen Form garantiert nicht, daß nur das Brandopfer gemeint sein kann. Ein anderes Opfer, dessen Nennung auch in der weiblichen Form steht, z.B. das Sündopfer (חטאת), könnte genauso das gemeinte Opfer sein.

In der Wendung עולת האיש wird die Anforderung zur Tauglichkeit des Opfers als Bedingung zum Rechtsanspruch der Priester auf die Felle des Brandopfers gefunden. Da für die Begründung dieser Bedingung eine Formulierung aufgegriffen wurde, in der die Opferung in ihrem Zusammenhang mit dem Opfernden selbst genannt wird, stellt sich die Frage, ob das Anrecht auf die Felle den Priestern auch dann reserviert bleibt, wenn der Opfernde

---

[20] So die Formulierung der R. Shime'on zugeschriebenen differenzierenden Regel in mZev 9,2: כל שפסולו בקדש הקדש מקבלו לא היה פסולו בקדש אין הקדש מקבלו.
[21] Daß dem so ist, läßt sich durch die Verwendungsweise desselben Verbes in dem darauf folgenden Textteils feststellen. Nach B gehört das Fell eines Brandopfers den Priestern, obwohl mit dem Opfer die Übertretung שנשחטה שלא לשמה begangen wurde. In der Formulierung אף על פי שלא עלתה לבעלים (B2) weist der Ausdruck עלת לבעלים eindeutig auf die Bedeutung »angerechnet werden« hin, und folglich ist sie auch auf die Formulierung in A3 zu übertragen. Nicht von dem tatsächlichen »Steigen« des Fleisches auf dem Altar ist das Anrecht der Priester abhängig, sondern davon, daß das Opfer tauglich ist und insofern dessen Inhaber »angerechnet wird«.

beim Schlachten eine andere Opferart im Sinne hatte. So ist der Übergang von A zu B zu verstehen. Es wird festgestellt, daß das Anrecht der Priester auf das Fell des Brandopfers unantastbar bleibt, wenn der Opfernde beim Schlachten das Brandopfer gedanklich für ein anderes hält. Das Brandopfer, das mit dem Gedanken an ein anderes Opfer geschlachtet wurde, wird zwar dem Inhaber nicht angerechnet (לא עלת לבעלים); das Opfer selbst ist jedoch nach mZev 1,1 tauglich, und insofern ist die Beibehaltung des Priesterrechts auf das Fell trotz dieses Vergehens nachvollziehbar.

In C wird der Rechtsanspruch der Priester erweitert. Trotz der Rede von עלת איש im biblischen Bezugsvers wird ihnen auch das Fell jener Brandopfer zugesprochen, die Frauen darbringen. Daß auch dieser Halacha eine Auslegungstradition im Zusammenhang mit dem Ausdruck עלת איש zugrundeliegt, ist offensichtlich. Der ausgesprochene Hinweis auf den »Mann« איש in Lev 7,8 ließe nämlich die Schlußfolgerung zu, daß das Brandopfer einer Frau nicht im Geltungsbereich der biblischen Vorschrift enthalten ist. Die Mishna stellt eine Halacha auf, die in unverkennbarem Gegensatz zu dieser Implikation steht. Welcher genaue Zusammenhang zwischen der halachischen Bestimmung in der Mishna und der biblischen Anweisung besteht, läßt sich auf der Ebene dieses Überlieferungsstadiums nicht erschließen.

Die vierte halachische Bestimmung (D) geht über den Fall des Brandopfers hinaus und regelt die Aufteilung der Felle zwischen dem Eigentümer und dem Priester nach den zwei allgemeinen Gattungen, קדשים קלים und קדשי קדשים, unter die alle Opfer fallen.[22] Hier ist der Text in zweifacher Hinsicht problematisch.

Das erste Problem betrifft das Verhältnis zwischen D1–2 und D3–4. Die Aufteilungsregelung der Felle unter den Priestern und den Eigentümern wird formal durch eine klare Gegenüberstellung überliefert: עורות קדשים קלים לבעלים עורות קדשי קדשים לכהנים (D1–2). Die beiden Bestimmungen stehen nicht bloß nebeneinander. *Eine* Behauptung wird hier aufgestellt. Die Aussage in D1–2 besteht in dieser Gegenüberstellung. So erwartet man mit der Ankündigung des קל וחומר-Arguments beim Übergang zu D3–4 eine Begründung für diese festgestellte Unterscheidung.

Diesem strukturellen Imperativ folgt der Redaktor jedoch nicht. Das Argument von קל וחומר bezieht sich nur auf den zweiten Teil, D2: עורות קדשי קדשים לכהנים. Es zeigt, warum die Felle aller hochheiligen Opfer und nicht nur die des Brandopfers, den Priestern zuzuweisen sind. Zwar impliziert diese Beweisführung, daß die Felle der übrigen Opfer den Eigentümern gehören

---

[22] Von dieser Regelung sind allerdings besondere Tieropfer (פרים הנשרפים ושעירים הנשרפים; vgl. mZev 5,2) wie das Sündopfer des Hohenpriesters und des Gerichtshofs und die Sündopfer am Versöhnungstag ausgenommen. Nach Lev 4,11–2 und 16,27 wird ihr Fleisch mit dem Fell außerhalb des Tempels auf dem Aschenplatz (בית הדשן; vgl. mZev 5,2, 12,5) verbrannt.

– wem sonst sollten sie gehören, wenn sich das Recht der Priester allein auf die hochheiligen Opfer erstreckt? –, doch das Augenmerk wollen wir hier auf die direkten Bezüge zwischen den Bestandteilen des Textes lenken. Der Text ist so aufgebaut, daß die festgestellte Unterscheidung zwischen den hochheiligen und den minderheiligen Opfern den direkten Bezugspunkt für den Begründungsteil darstellen sollte, und dies geschieht eindeutig nicht. Somit weist der Text einen strukturellen Fehler auf.

Diese Lücke läßt sich auch wie folgt charakterisieren: Die logische Begründung von קל וחומר steht in zwei Bezugsstrukturen, die miteinander konkurrieren. Nach ihrer formalen Funktion muß sich die Begründung auf die ihr vorausgehende gesamte Aussage beziehen. Betrachtet man aber die Begründung gemäß ihrem inhaltlichen Wert, so stellt sich deutlich heraus, daß sich die Begründung lediglich auf einen Teil der Äußerung bezieht. Aus diesem inhaltlichen Maßstab erhält man eine andere Bezugsstruktur, die mit der ersten nicht übereinstimmt. Jede Bezugsstruktur schließt die andere aus.

In der Einleitung zu diesem Teil der Arbeit (auf Seite 27–29) wurde auf die hermeneutische Problematik hingewiesen, die mit der Feststellung einer Kohärenzlücke zusammenhängt. An diesem Beispiel läßt sie sich konkretisieren. Bei der ersten Lektüre des Textes stößt der Rezipient auf die genannte Schwierigkeit. Mit der Formel קל וחומר erwartet er eine Begründung für die festgestellte Unterscheidung. Als diese Erwartung nicht erfüllt wird und er einsieht, daß sich das Argument nur auf D2 bezieht, *korrigiert* er die Art und Weise, wie er den Text strukturiert. Er wird versuchen, die *eine* Aussage in D1–2 in ihre Teile aufzuspalten, um die Verknüpfung D2 → D3–4 zu erhalten.[23] Man versuche den Text D so zu lesen, indem man hinter D1 eine Pause macht, damit sich die logische Verbindung des Satzes in D2 mit dessen Begründung glatter hergestellt wird. Wiederholt man mehrmals diese Leseweise, so gerät die ursprüngliche Leseweise sozusagen in Vergessenheit, und die ursprüngliche Unschärfe wird immer weniger spürbar. Man wird denjenigen, der die Textbezüge korrigiert und die Kohärenz des Textes wiederhergestellt hat, kaum mehr überzeugen können, daß der Text trotzdem problematisch ist. Das Problem ist aber in der Form des Textes verankert und läßt sich beschreiben. Unsere subjektive Empfindung ist nicht die letzte Instanz zur Entscheidung über das Vorhandensein oder Nicht-Vorhandensein der Kohärenzlücke. Der Begründungsteil D3 sollte auf D1–2 beziehen. Diese in der Struktur der Überlieferung verankerte Erwartung wird aber nicht erfüllt.

Ein auffälligeres Problem hängt zusätzlich mit der Überlieferungsweise der Begründung selbst zusammen. Das קל וחומר–Argument ist an sich nachvollziehbar: Die Priester erlangen das Fell des Brandopfers, und dieses Anrecht sollte man auch auf das Fell von den anderen Hochheiligen deshalb übertra-

---

[23] In diesem Kontext ist die Weglassung der Konjuktion ו zwischen D1 und 2 in Ka. nachvollziehbar (vgl. Anm. 17).

gen, weil die Priester bei allen diesen Opfern, ausgenommen das Brandopfer, sowieso das Anrecht auf das Fleisch haben. Was jedoch auf dieses Argument folgt, ist völlig unverständlich. In D4 (אין למזבח מוכיח) überliefert der Redaktor einen Teil des Argumentationsverfahrens, der sich an das dargestellte Argument D3 nicht direkt anschließt. D4 widerlegt irgendein uns noch nicht bekanntes Argument, das sich auf den Status des Altars im Zusammenhang mit der diskutierten Frage bezieht. Zwischen D3 und D4 liegt eine deutliche Lücke vor. Das Argument, das ursprünglich auf D3 folgte, fungierte anscheinend als dessen Widerlegungsversuch. Als einen Einwand gegen diesen Falsifizierungsschritt stellt D4 die zweite Negation in der Argumentationskette dar. Die erste Stufe, das קל וחומר-Argument, und die dritte hat der Mishna-Redaktor überliefert, den mittleren Teil, die Antithese zu D3, die wesentlich zum Verständnis der zweiten Negation ist, ließ er weg. Diese Auslassung stellt eine markante, in keiner Weise zu übersehende Problematik dar, die einer Erklärung bedarf.[24] Eine Erklärung hierfür wie auch für die davor festgestellte Kohärenzlücke bietet die parallele Version im Sifra.

sSav 9,1–4; Ass. 66, S. 150–1

A 1	עולת איש
2	אין לי אילא עולת איש
3	עולת נשים גירים ועבדים מנ[ין]
4	תל[מוד] לו[מר]
	עור העולה
5	ריבה
6	אם כן למה נאמר עולת איש
7	עולה שעלת לאיש
8	פרט לשנישחטה חוץ לזמנה וחוץ למקומה
9	יכול אף שנשחטה (שלא) לשמה
10	הואיל ולא עלת לבעלים[25]
	לא יהו הכהנים זכאיין בעורה
11	תל[מוד] לו[מר]
	עור העולה
12	ריבה[26]

---

[24] Die Behauptung, daß hier ein Problem vorliegt, geht aus der Betrachtung des Textes hervor, so wie er sich zeigt. Kennt man die ursprüngliche, vollständige Tradition (entweder direkt aus dem Sifra oder aus dem Talmud [bZev 103b], wo sie als Barayta überliefert ist), so kann man leicht die Lücke im Mishna-Text mit diesem Wissen füllen und so die Kohärenz des Mishna-Textes wiederherstellen. So verfahren die Kommentatoren (Rashi, Bertinoro, Albeck [die Komm. z. St.], Neusner, *Holy Things*, I, S. 207). Auch wenn man den Text mit Hilfe dieses Wissens richtig verstehen kann, wird das Problem dadurch nicht aufgehoben. Dem Satz אין למזבח מוכיח fehlt der Bezugspunkt im Text.

[25] In Ass. 31 wird hier hinzugefügt: לשם חובה. Vgl. dazu mZev 1,1.

[26] In Ass. 31 kommt anstelle von ריבה der Wortlaut עור העולה בלבד, worauf dann B2 unmittelbar folgt.

§1 Das Anrecht der Priester auf das Fell des Brandopfers 35

B 1 עור העולה
2 אין לי אילא עור העולה
3 עור(ו)ת קדשי קדשים מנין
4 תל[מוד] לו[מר]
   אשר יקריב
5 או יכול ש[א]ני מרבה עורות קדשים קלים
6 תל[מוד] לו[מר]
   עולה
7 מה עולה מיוחדת קודשי קדשים
   יצאו קדשים קלים

C 1 ר[ב]י ישמעאל או[מר]
2 עור העולה
3 אין לי אילא עור העולה
4 עורות קדשי קדשים מנין[²⁷]
5 ודין הוא
6 מה אם עולה (שלא) זכו בבשרה זכו בעורה
   קודשי קדשי[ן](ם) שזכו בבשרן
   אינו דין שיזכו בעורן
7 המזבח יוכיח שזכה בבשר ולא זכה בעורות
8 לא[²⁸]
   אם אמרתה במזבח שלא זכה במיקצתן
   תאמר בכהנים שזכו במיקצתן
9 הואיל וזכו במיקצתן יזכו בכולן

A 1 »Das Brandopfer eines Mannes« (Lev 7,8):
2 Ich weiß nur von dem Brandopfer eines Mannes, [daß das Fell seines Opfers den Priestern zusteht].
3 Woher [weißt Du, daß auch] das Brandopfer der Frau, der Proselyten und der Sklaven [einbezogen ist]?
4 Die Schrift sagt: »Das Fell eines Brandopfers« (ebd.):
5 Sie hat eingeschlossen.
6 Wenn es sich so verhält, wozu wird gesagt: »Das Brandopfer eines Mannes«?
7 [Gemeint ist] ein Brandopfer, das dem Mann [= dem Inhaber des Opfers] angerechnet wird:
8 Ausgeschlossen ist das Brandopfer, das [mit der Absicht] geschlachtet wurde, [das Blut z.B.] außerhalb seiner [zulässigen] Zeit oder außerhalb seines [zulässigen] Ortes [zu sprengen].
9 Man könnte meinen, [daß auch [jenes Brandopfer auszuschließen ist], welches nicht um seinen Namen [= seiner Bestimmung] willen geschlachtet wurde,
10 [denn es ließe sich in bezug auf diesen Fall wie folgt argumentieren]: da [ein solches Brandopfer] dem Inhaber nicht angerechnet wird, werden die Priester kein Recht auf sein Fell haben.
11 Die Schrift [aber] sagt: »Das Fell des Brandopfers«:
12 Sie hat eingeschlossen.

B 1 »Das Fell des Brandopfers« (ebd.):
2 Ich weiß nur von dem Fell des Brandopfers, [daß es den Priestern zusteht].

---

[27] Im Br. ist an dieser Stelle ein Schriftbeweis hinzugefügt worden: תל עולה העולה.
[28] Ass. 31: ולא.

3 [In bezug auf] die Felle von [allen] Hochheiligen[:] woher [weißt Du, daß sie einbezogen sind]?
4 Die Schrift sagt:»Welches er darbringt« (ebd.).
5 Dann könnte man meinen, daß ich auch die Felle von den Minderheiligen [einschließen soll].
6 Die Schrift [aber] sagt:»Ein Brandopfer« (ebd.):
7 Worin ist das Brandopfer besonders? [Es gehört in die Klasse der] Hochheiligen; [darum] wurden die Minderheiligen ausgeschlossen.
C 1 Rabbi Yishma'el sagt:
2 »Das Fell des Brandopfers« (ebd.):
3 Ich weiß nur von dem Fell des Brandopfers.
4 [In bezug auf] die Felle vom Hochheiligen[:] woher [weißt Du, daß sie einbezogen sind]?
5 Das ist eine Schlußfolgerung:
6 Wenn vom Brandopfer, dessen Fleisch die Priester nicht erlangen, gilt, daß sie das Fell erlangen, soll nicht [das gleiche] bei allen Hochheiligen, dessen Fleisch die Priester doch erlangen, auch zutreffen, daß sie die Felle dieser Opfer erlangen sollen?
7 Der Altar beweist, [daß diese Schlußfolgerung nicht zwingend ist], denn er erlangt das Fleisch [der Hochheiligen], aber die Felle [davon] erlangt er nicht.
8 Nein [= diese Widerlegung ist abzulehnen]: Wenn Du vom Altar redest, [von dem gilt,] daß er gar keine Felle erlangt, sollst Du von den Priestern, [von denen gilt,] daß sie in einigen Fällen das Anrecht auf das Fell doch haben, [folgendes] sagen:
9 Da sie einen Teil der Felle erlangen, sollten sie alle erlangen.

Die exegetische Vorgehensweise ist für den Sifra typisch: Der Bezugsvers wird in seine Bestandteile zerlegt; die Bestandteile werden auf ihren logischen Gehalt als Einschränkungen oder Einschließungen reduziert, auf diese Weise dann einander gegenübergestellt, und daraus ergeben sich die einzelnen halachischen Bestimmungen.

Der Ausdruck עולת איש läßt sich so deuten, als schränkte er den Geltungsbereich des Gebots auf die Brandopfer ein, die *die Männer* aus Israel darbringen (A1–2). Mit dem Hinweis auf die implizite Verallgemeinerung in עור העולה wird diese Einschränkung aufgehoben (A3–5), und so endet der erste Schritt der Exegese mit der Konklusion, daß das Anrecht der Priester auch auf das Fell von Brandopfern, die Frauen, Proselyten und Sklaven dargebracht haben, erhalten bleibt.[29]

Dieses Resultat fordert eine andere Deutung des Ausdrucks עולת איש (A6). Der Zusammenhang zwischen den beiden Worten עלת und איש wird anders ausgelegt: Der Ausdruck weise auf die Bedingung hin, daß das auf den Altar steigende Opfer dem Opfernden angerechnet werden muß (A7). Zwei Fälle

---

[29] Die Einschließung von Sozialkategorien wie Sklaven, Frauen, Proselyten, aber auch von Nichtjuden ist ein häufig vorkommendes Motiv im Sifra. Vgl. das ähnliche Einschließungsverfahren im Rahmen der Auslegung zu העולה (Lev 1,6) in sNed 5,10 (6d). Da sind aber statt Proselyten die Nichtjuden einbezogen. Zur Einschließung von Sklaven und Proselyten vgl. z.B. die Auslegungen zu den Ausdrücken נפש (Lev 4,2: sHova I,1 [15b]) und ואמרת אליהם (Lev 15,2: sSav I,1 [74d]; Lev 17,2: sAharMot VI,1 [83c]; Lev 27,2: sBehuq III,3 [112d]).

sollen dies veranschaulichen. Tritt bei der Ausführung des Opferkultes einer der zwei »verbotenen Gedanken« ein, die Absicht nämlich, vom Opfer außerhalb der zulässigen Zeit oder des erlaubten Ortes zu essen oder dessen Blut zu sprengen,[30] so wird das Opfer dadurch untauglich. Dies hat zur Folge, daß ein solches Opfer dem Inhaber nicht angerechnet wird. Unter diesen Bedingungen haben die Priester kein Anrecht auf das Fell des Brandopfers (A8).[31] Nun wird der dritte Fall der mit den »verbotenen Gedanken« verbundenen Übertretungen שנשחטה שלא לשמה herangezogen (A9–10). Im Hinblick darauf wird jedoch wieder auf den einschließenden, verallgemeinernden Bestandteil im Vers, nämlich auf עור העולה, verwiesen. Das Recht der Priester auf ein Opfer, welches eine Übertretung der Art נשחטה שלא לשמה enthält, bleibt doch erhalten.

Der nächste Midrash B stellt gleichfalls zwei Ausdrücke des Verses einander gegenüber. Diente der Ausdruck עור העולה im vorausgehenden Midrash als das Allgemeine, wodurch das Einschließungsverfahren veranlaßt oder gerechtfertigt wird, so fungiert er diesmal als Einschränkung. So allgemein ist der Hinweis nicht. Er beschränkt deutlich den Geltungsbereich auf ein spezifisches Opfer. Löst man dagegen die Worte אשר הקריב aus ihrem Kontext heraus und betrachtet man sie isoliert, so implizieren sie, daß sich das besprochene Anrecht der Priester auf alle Opfer erstreckt. Mit dem Hinweis darauf werden alle hochheiligen Opfer eingeschlossen (B3–4). Um den begrenzenden Ausdruck עור העולה auch gelten zu lassen, schließt der Exeget die minderheiligen Opfer קדשים קלים aus (B5–7).

Auf die exegetisch abgeleitete Einschließung der hochheiligen Opfer in die Gruppe der Opfer, deren Felle die Priester erlangen, folgt eine auf einer logischen Überlegung basierenden Begründung, die im Namen Rabbi Yishma'els (C) überliefert ist. Das Argument ist uns schon aus der Mishna-Überlieferung bekannt, doch müssen wir wiederholt darauf eingehen, um die gesamte dreigliedrige Argumentation zu verstehen. Im Unterschied zu allen hochheiligen Opfern zeichnet sich das Brandopfer dadurch aus, daß es gänzlich auf dem Altar verbrannt wird. Auf sein Fleisch haben die Priester keinen Anspruch. Nun wird das Fell des Brandopfers gemäß der expliziten Vorschrift in Lev 7,8 den Priestern zugesprochen. Der Exeget bedient sich der Unterschiede hinsichtlich des Fleisches zwischen dem Brandopfer und den anderen Hochheiligen: Das spezifische Verhältnis zwischen dem Brandopfer und den anderen Opfern trage in dieser Hinsicht Implikationen für die Frage nach dem Recht der Priester auf das Fell der anderen Hochheiligen. Wir wissen, daß die Priester das Fell des Brandopfers erlangen, obwohl es sozusagen die Eigenschaft des Brandopfers ist, »mehr« zum Altar zu gehören als zu den Priestern. Das Fleisch aller anderen Opfer wird sowieso den Priestern zugesichert. So soll es

---

[30] Näheres über diese »Gedanken«-Halachot in § 18.
[31] Es ist unklar, warum ausgerechnet diese Übertretungen genannt werden.

sich denn auch bezüglich des Fells verhalten. Nach diesen impliziten Kriterien des Arguments wäre es unlogisch, wenn die Priester das Fleisch von den Hochheiligen ohne das Fell erlangt hätten.

Gerade dieser Punkt wird nun im folgenden Schritt (C7) aufgegriffen, um das Argument zu widerlegen. Man betrachte die halachische Situation des Brandopfers vom Standpunkt des Altars aus (המזבח יוכיח). Unter diesem Gesichtspunkt besteht kein zwingender Zusammenhang zwischen dem Anrecht auf das Fleisch und dem auf das Fell. Der Altar erlangt wohl das Fleisch des Brandopfers, aber niemals das Fell (C7: זכה בבשר ולא זכה בעורות). In dem vorangehenden Argument wollte man die Differenz, die den Hochheiligen (das Brandopfer ausgenommen) vom Standpunkt des Priesterrechts aus anhaftet, durch einen Vergleich mit dem Fall des Brandopfers als unlogisch diskreditieren. Wenn ihr Fleisch den Priestern zugesprochen wird, so soll auch das Fell ihnen gehören, zumal letzteres auf das Brandopfer zutrifft, ohne daß dessen Fleisch den Priestern gehört. Das קל וחומר-Argument gründet sich auf die Voraussetzung, daß ein Zusammenhang zwischen dem Fleisch und dem Fell besteht. Der »Altar« zeigt aber deutlich, daß dies nicht zutrifft.[32]

Ein recht schweres Gegenargument liegt vor, und trotzdem wird dieser Falsifizierungsversuch im dritten und letzten Schritt (C8–9) vereitelt. Die Betrachtung des Verhältnisses von Fleisch und Fell in bezug auf den Altar sei unberechtigt. Die Darstellung des Verhältnisses zwischen »Fell« und »Fleisch« im Falle des Brandopfers vom Blickwinkel des Altars täuscht, weil die Bestimmung »er erlangt das Fell nicht« nicht in einem Zusammenhang mit dem »Anrecht« des Altars auf das Fleisch steht. Die Tatsache, daß der Altar in manchen Fällen das Fleisch erlangt und in anderen nicht, übt keinen Einfluß auf das Nicht-Erlangen der Felle aus. Ein solcher Zusammenhang ist im Falle des »Altars« prinzipiell ausgeschlossen, denn der Altar erlangt niemals das Fell.

Diese zweite Negation bringt uns zum Ausgangspunkt zurück. Das קל וחומר-Argument behält seine Gültigkeit bei. In der Schrift ist zwar nur von עור העולה die Rede, doch die Logik – so nach R. Yishma'el – erlaubt die Verallgemeinerung. Die Priester haben das Anrecht auf die Felle aller hochheiligen Opfer. Im vorausgehenden Midrash kam man zu derselben halachischen

---

[32] Nur eine solche Widerlegungsfunktion kommt dem Fall des »Altars« zu. Man könnte nämlich diesen Schritt so verstehen, daß der Fall des »Altars«, der das Fleisch bekommt, das Fell aber nicht, eine analoge halachische Regelung in bezug auf das Priesterrecht auf die Hochheiligen (das Brandopfer ausgenommen) rechtfertigt: Wenn das Fleisch den Priester gehört, so soll das Fell – wie im Falle des Altars – ihnen nicht zugesprochen werden. So ist es aber wohl nicht zu verstehen. Es geht hier nicht um einen Analogieschluß. Der Fall des Altars dient allein zur Falsifizierung der Logik des vorausgehenden Arguments. Er bietet nicht einen anderen Standpunkt, woraus sich die entgegengesetzte Halacha ergeben könnte. Auf diese inkorrekte Weise erklärt Neusner die entsprechende Stelle in der Mishna (vgl. *Holy Things*, I, S. 207).

§ 1 Das Anrecht der Priester auf das Fell des Brandopfers   39

Erweiterung durch die Loslösung jenes Versteils vom Kontext des Gesamtverses, der auf solche Verallgemeinerung dann hindeutet. Galt im Midrash B die eigenartige Treue zum Wort als Quelle der halachischen Erweiterung des geschriebenen Gesetzes, so wird sie in der R. Yishma'el zugeschriebenen Überlieferung durch eine logische Überlegung über das reale Verhältnisnetz zwischen den Bestandteilen des Kultes ersetzt.

Die Überlieferung im Namen R. Yishma'els erinnert an jene dialektischen Entfaltungen, die das markanteste Sondergut des Sifra charakterisieren. In § 17 wird auf dieses literarische Phänomen intensiv eingegangen. In einem wesentlichen Punkt weicht sie jedoch von dem üblichen Schema ab. Sie stellt eine geschlossene logische Argumentation dar, die in die eigentliche Schriftauslegung nicht integriert ist. Sie wird dem integralen Ablauf der Schriftauslegung angehängt. Ob dieser Anschluß derselben späten Redaktionsstufe zuzurechnen ist, die ich in § 17 den genannten dialektischen Passagen zuschreibe, läßt sich nicht beantworten. Daß aber ein Redaktor die Überlieferung Rabbi Yishma'els mit dem exegetischen Komplex zusammengefügt hat, liegt auf der Hand.

Vergleich

Die Verwandtschaft beider Texte ist offenkundig. Die drei Bestimmungen in der Mishna, B, C und D, finden ihre Entsprechung im Sifra (mB ≅ sA9–12; mC ≅ sA3–5; mD ≅ sB-C). Die erste halachische Bestimmung in der Mishna (A) unterscheidet sich von der parallelen Konklusion in sA6–8. Nach der Mishna hebt jede Art von Untauglichkeit, aufgrund derer das Opfer dem Inhaber nicht angerechnet wird, das Recht der Priester auf das Fell auf; im Sifra dagegen gilt dies nur im Falle der Übertretung, die mit dem »verbotenen Gedanken« von חוץ לזמנו und חוץ למקומו zusammenhängt. Ein weiterer Unterschied bezieht sich auf die Bestimmung über die Felle von Brandopfern, die von Proselyten und Sklaven dargebracht werden: in der Mishna ist sie nicht erwähnt.

Die exegetische Begründung in mA2–3 ist mit dem exegetischen Schritt in sA6–7 identisch. Beide Texte bedienen sich auch derselben Ausdrucksweise לא עלת לבעלים (mB2, sA10). Völlige Übereinstimmung besteht ferner in der Überlieferung des ersten Schrittes der logischen Argumentation (mD3 = sC6). Die Überlieferung der gesamten Argumentation wird im Sifra (C) R. Yishma'el zugeschrieben; in der Mishna (D) dagegen gehört sie zum anonymen Teil.

Der gesamte mishnische Komplex geht auf die exegetische Behandlung von Lev 7,8 im Sifra zurück. Dies leuchtet vor allem hinsichtlich der Kohärenzlücke ein, welche in der Mishna im Rahmen der Überlieferung dieser logischen Argumentation festgestellt wurde. Der strukturelle Fehler bestand darin, daß auf das קל וחומר-Argument (mD3) der Satz אין למזבח מוכיח folgt (mD4), der keinen Bezugspunkt im Text hat. In der Sifra-Überlieferung ist die vollständige Argumentationskette erhalten. Der Fall des Altars, der das Fleisch der

Hochheiligen, aber nie ihr Fell bekommt, wurde herangezogen, um das logische Argument zu widerlegen. Diesen Schritt hat der Redaktor der Mishna ausgelassen. Er begnügte sich mit der Darstellung des dritten Schrittes, der die Unhaltbarkeit dieses Widerlegungsversuches zeigt. Das Verständnis des Argumentationsverfahrens mD3–4 hängt völlig von seiner Überlieferung im Sifra (sC5–9) ab.

Die entstandene Lücke beim Übergang von mD3 in mD4 ist im Kontext dieses Überlieferungsprozesses erklärbar. Durch die Weglassung des ersten Widerlegungsschrittes (המזבח יוכיח שזכה בבשר ולא זכה בעורות) verrät der Redaktor sein Sich-Befinden einer Vorlage gegenüber.

Es ist nachvollziehbar, wie die strukturelle Lücke vom Standpunkt des Bearbeiters der Vorlage aus möglich ist. Der Redaktor der Mishna bedient sich einer Vorlage und schreibt sie um. Anders als der Rezipient des Mishna-Textes hat er immer die Quelle vor Augen und steht als Vermittler zwischen dieser und der von ihm erstellten Bearbeitung. Nur im Kontext dieser Funktion – also anders als der Rezipient – vermag er seine eigene Bearbeitung zu betrachten. Für den Mishna-Redaktor ist es klar, wie »der Altar« das Gegenteil »beweist«, d.h., wie die Betrachtung des Verhältnisses zwischen dem Fleisch und dem Fell vom Blickwinkel des Altars zur Widerlegung des קל וחומר-Arguments führt. Er verkürzt die Argumentation und verzichtet dabei auf jenen Teil, der ihm – aufgrund seiner Beschäftigung mit der Vorlage – selbstverständlich erschien. Wenn er die Widerlegung des Arguments weggelassen hat, so ist es nur für uns ein Problem, nicht für ihn. Es ist ferner zu beachten, daß die Worte שזכה בבשר ולא זכה בעורות, die im Sifra auf die Formel המזבח יוכיח folgen, nicht besagen, *was* »der Altar beweist«, sondern *wie* »er« es »beweist«. Es ist insofern verständlich, wenn der Mishna-Redaktor den strukturellen Ablauf der Argumentation המזבח יוכיח ... לא ... שלא זכה אין מזבח יוכיח שאין לו עור מכל מקום במיקצתן umschreibt.

Somit bietet die Hypothese, die von der Entstehung des Mishna-Textes aus dem Text des Sifra ausgeht, eine plausible Erklärung für das auffällige Problem im letzten Teil des Mishna-Textes (D) an. Es kann kein Zweifel darüber bestehen, daß sich die abgekürzte Fassung der dialektischen Argumentation in der Mishna auf die vollständige Version gründet, so wie wir sie im Sifra finden. Was wurde aber genau bewiesen? Strenggenommen nur dies, daß der mangelhaften Überlieferung in der Mishna an dieser Stelle eine »Tradition« zugrundelag, die im Sifra vollständig erhalten ist. Damit liegt zwar nahe, daß sich der Redaktor der Mishna der Vorlage des Sifra bedient hat, doch Gewißheit ist allein der folgenden Formulierung zu schenken: Die Version in der Mishna ist eine abgekürzte, sekundäre Version einer Überlieferung, die in ihrer vollständigen Form im Sifra enthalten ist. Dürfen wir nun daraus eine allgemeinere Aussage über das Verhältnis zwischen der Mishna und dem Sifra machen?

Der Mishna-Überlieferung haftet nun ein weiteres strukturelles Problem an, dessen Lösung wiederum die Hypothese über das Abhängigkeitsverhältnis

§ 1 Das Anrecht der Priester auf das Fell des Brandopfers 41

zwischen der Mishna und dem Sifra erklärt. Diesmal muß jedoch in dem Erklärungsmodell der breitere Kontext der Sifra-Überlieferung berücksichtigt werden. Es geht um das Problem des Übergangs von mD1–2 zu mD3–4, um die Tatsache, daß das קל וחומר-Argument nicht die Differenz zwischen עורות קדשים קלים und עורות קדשי קדשים begründet, obwohl eine solche Erwartung in der Textstruktur verankert ist. mD3–4 begründet nur die Feststellung in D2, obwohl es sich strukturell auf die Gesamtaussage D1–2 bezieht.

Man betrachte den Sifra-Text. Die anonyme Auslegung B schließt die Felle der Hochheiligen in den Geltungsbereich des Rechtsanspruchs der Priester ein und der Minderheiligen aus. Sieht man von der exegetischen Begründung ab, so wird in dem Sifra-Text in diesem Schritt genau das behauptet, was in der Mishna in D1–2 explizit zum Ausdruck kommt: Die Hochheiligen gehören den Priestern, die Minderheiligen nicht (sie gehören nämlich den Eigentümern). Auf diesen Midrash im Sifra folgt die R. Yishma'el zugeschriebene Tradition, in der aber – wohl bemerkt – allein auf die Frage nach der Einschließung der Felle der Hochheiligen eingegangen wird. Der Mishna-Redaktor hat beide Überlieferungen zu einer Einheit verschmolzen, als wäre die logische Argumentation von R. Yishma'el die Begründung für das, was im Midrash sB ausgesagt wurde. Die Überlieferung R. Yishma'els leistet dies wohl in bezug auf den ersten Teil des Midrash (sB1–3), und deswegen sind beide Teile in diesem Punkt auch textuell identisch (sB1–3 = sC2–4). Mit dem zweiten Teil des Midrash hängt die R. Yishma'el zugeschriebene Tradition nicht zusammen. Der Redaktor der Mishna hätte gewiß genug getan, wenn er bei seiner Zusammenfassung des exegetischen Ergebnisses in sB den Textteil mD1 (die Konklusion von sB5–7) ausgelassen hätte. Denn eine solche Konklusion ist schon in der Einschränkung des Priesterrechts auf die Felle der Hochheiligen impliziert. Indem er sie trotzdem integriert hat, verrät er, wie er zur Gestaltung dieser Mishna gekommen ist.

Die Vorlage, deren sich der Mishna-Redaktor bedient hat, ist also nicht allein eine einzelne, von der Gesamtkomposition des Sifra isolierbare Überlieferung, die auf irgendeine lose Weise mit dem Gesamtwerk verbunden war. Könnte man dies mit gewissem Recht beim ersten Schritt der Beweisführung vermuten, so betrifft die bewiesene Abhängigkeit des Mishna-Textes hier nicht eine einzige Überlieferungseinheit, sondern die Art und Weise, wie sich eine namentliche Überlieferung an die anonyme Exegese im Sifra anschließt. Was hier vorliegt, gehört dem redaktionellen Teil des Sifra an. Der Mishna-Text basiert auf einem Extrakt aus der gesamten Komposition des Sifra!

Durch die Benutzungshypothese der Sifra-Vorlage erklärt sich auch ein weiteres Textphänomen, worauf in der Analyse des Mishna-Textes hingewiesen wurde. Ich meine die Auslassung des Wortes עולה gleich am Beginn der Überlieferung. Dieser Mangel ist die Folge der Versenkung des Bearbeiters in seine Vorlage. Auf die erste Verständigungsebene hat er verzichtet und das für ihn Selbstverständliche ausgelassen.

Auch der Unterschied bezüglich der ersten Halacha in der Mishna und der exegetischen Konklusion im Sifra A8 ist im Rahmen der Hypothese über die Benutzung der Sifra-Vorlage erklärbar. Nach der Mishna-Überlieferung ist jedes Brandopfers, dessen Fleisch der Altar nicht erlangt, von dem Geltungsbereich der priesterlichen Anrechte auf die Felle der Brandopfer ausgeschlossen. Im Sifra wird die gleiche Ausschließung nur auf zwei Kategorien beschränkt (sA8 = פרט לשנישחטה חוץ לזמנה וחוץ למקומה). Warum aber nur diese zwei? Aus jedem untauglichen Opfer ließe sich die Konsequenz ziehen, daß ein Opfer in diesem Zustand dem Inhaber nicht angerechnet wird. Diese Frage liegt nahe, und der Mishna-Redaktor hat sie bestimmt ebenso gestellt. Es gibt in der Tat keine befriedigende Antwort auf eine solche Einschränkung. Der Mishna-Redaktor hat sich entschieden, sich nach der Bibelauslegung selbst zu richten und sich nicht mit den partikulären Konsequenzen, die der Sifra-Exeget gezogen hat, zu begnügen. Seine Innovation כל שלא זכה kann sogar als ein nachvollziehbarer Einwand gegen die Einschränkung im Sifra verstanden werden.

§ 2 Die Darbringungsweise des Brandopfers auf dem Altar

mZev 9,5;[33] Ka., S. 359

A 1   הצמר שבראשי הכבשים השער שבזקן (ה)תיישים
      העצמות והגידים והקרנים והטלפיים
  2   בזמן שהן מחוברין יעלו
  3   שנ[אמר]
      והקטיר הכהן את הכל המזבחה
B 1   פרשו לא יעלו
  2   שנ[אמר]
      ועשית עולותיך הבשר והדם על מזבח יי א[ל]ה[י]ך[34]

A 1 [Von der] Wolle auf dem Kopf der Schafe, dem Haar an dem Bart der Böcke, den Knochen und den Adern und den Hörnern und den Klauen [gilt folgendermaßen:]
  2 Wenn sie [mit dem Opferfleisch] verbunden sind, kommen sie [mit dem Opfer auf den Altar] hinauf,
  3 denn es heißt: »Und der Priester opfere alles auf dem Altar« (Lev 1,9).
B 1 Haben sie sich [vom Fleisch] abgetrennt, so kommen sie nicht [auf den Altar] hinauf,
  2 denn es heißt: »Und du sollst deine Brandopfer darbringen, das Fleisch und das Blut, auf den Altar Gottes, dein Gott« (Dtn 12,27).

---

[33] Der erste Satz in mZev 9,5, der literarisch mit den vorangehenden Mishnayot zusammenhängt, fällt aus dem Rahmen des Vergleichs mit der Parallele im Sifra und wird hier deshalb nicht dargestellt.

[34] Unerhebliche Abweichungen in den anderen Textzeugen.

§ 2 Die Darbringungsweise des Brandopfer auf dem Altar

Beide Schriftverse, Lev 1,9 und Dtn 12,27, schreiben vor, wie das Brandopfer auf den Altar hinaufgebracht werden soll. Beim Brandopfer gilt, daß es gänzlich auf dem Altar verbrannt wird. Somit stellt sich die Frage, wie streng die Forderung in Lev 1,9 (והקטיר הכהן את הכל) zu verstehen ist. In diesem Zusammenhang, von dem die Mishna durch Anführung der relevanten Schriftverse zeugt, ist das Hauptanliegen dieser Überlieferung zu erblicken. Eine deutliche Entscheidung wird getroffen. Es wird festgesetzt, daß alle Opferteile, d. h. die unwesentlichen Opferteile, die Wolle, die Knochen, die Adern usw. eingeschlossen, nur unter einer bestimmten Bedingung auf den Altar hinaufzubringen sind. Solche »unwesentlichen Opferteile« wird der Altar nur dann »annehmen«, wenn sie mit dem wesentlichen Opferteil, mit dessen Fleisch, verbunden sind.[35]

Im Hinblick auf die unwesentlichen Opferteile ist das Darbringungsgebot vom Zustand des Verbundenseins dieser Teile mit dem Opferfleisch abhängig. Zwei einander widersprechende Bibelzitate werden herangezogen, um die zwei möglichen, aus dieser Bestimmung abgeleiteten Fälle zu begründen. Der Text liefert *den Eindruck,* daß die Zuordnung der zwei Fälle zu den einander entgegengesetzten Bibelversen logisch ist. Es wird erst auf die verallgemeinernde Aussage in Lev 1,9 hingewiesen, um die genannten Opferteile unter bestimmten Umständen in den Geltungsbereich des Darbringungsgebots einzubeziehen, und dann auf die einschränkende Aussage in Dtn 12,27, um dieselben Teile unter anderen Umständen auszuschließen. Bei näherer Betrachtung erweist sich die Verknüpfung jedoch als problematisch.

Dies wird sobald erkannt, wenn man einsieht, daß beide halachischen Feststellungen (A2 und B1) keine verschiedenen Aussagen darstellen, sondern denselben Sachverhalt, einmal positiv (A2) und einmal negativ (B1), zum Ausdruck bringen. In A2 wird festgestellt, daß unter der Bedingung בזמן שהן מחוברין das Urteil יעלו zutrifft. In B1 wird nichts anderes gesagt: Die Bedingung ist nicht erfüllt (פרשו), und folglich trifft das Urteil nicht zu (לא יעלו). Die Schriftzitate stehen aber im Widerspruch zueinander. Zwei einander widersprechende Aussagen können denselben Sachverhalt nicht begründen.

Die uneingeschränkte Forderung in Lev 1,9 zur gänzlichen Darbringung des Opfers zeigt nicht, warum der Priester die Knochen, die Adern usw. *nur dann* auf dem Altar darbringen darf, wenn sie vom Opferfleisch nicht getrennt sind. Aus den deutlichen Worten in diesem Vers folgt eigentlich das Gegenteil. Die Bedingung בזמן שהן מחוברין sollte keine Rolle spielen. Gemäß dieser Vor-

---

[35] Man beachte, daß hier wie in der Mishna-Überlieferung des vorigen Textvergleichs vom Brandopfer nicht explizit die Rede ist. Dies versteht sich hier von selbst. Die Möglichkeit der Darbringung der Wolle vom Kopf der Schafe sowie der Haare am Bart der Böcke impliziert, daß ein solches Opfer gemeint ist, welches gänzlich, den Kopf eingeschlossen, dargebracht wird. (vgl. Bertinoro, Komm. z. St. und J. Cohn, *Mischnajot,* V, S. 64, Anm. 33). Auch im Falle der Knochen z. B. kann praktisch nur diese Opfergattung gemeint sein. Von den anderen Opfern werden nur die Fettstücke für die Opferung abgesondert.

schrift sollte der Priester alle Teile des Brandopfers auf den Altar hinaufbringen, die Knochen eingeschlossen, ohne Berücksichtigung der Tatsache, daß sich die Knochen vom Fleisch abgetrennt haben.

Bezüglich des zweiten Textteils (B) läßt sich die Verknüpfung zwischen der halachischen Bestimmung und deren Begründung mittels Dtn 12,27 besser verstehen. In Dtn 12,27 wird zwar vorgeschrieben, daß nur das Fleisch und das Blut des Brandopfers auf den Altar hinaufgebracht werden. Daraus folgt, daß andere Teile des Opfers wie die Knochen nicht darzubringen sind, doch der Hinweis ist nicht unbedingt streng wörtlich zu deuten. Die Worte ועשית עולותיך הבשר והדם lassen sich auch als Hinweis auf die hauptsächlich darzubringenden Opferteile verstehen. Versteht man den einschränkenden Hinweis הבשר והדם als Hervorhebung dessen, was bei der Darbringung des Brandopfers wesentlich ist, so kann man daraus die Schlußfolgerung ziehen, daß die anderen Teile des Opfers mit dem Fleisch auf dem Altar *nur dann* verbrannt werden dürfen, wenn sie durch das Verbundensein mit dem Fleisch ihren sozusagen nebensächlichen Charakter aufrechterhalten. Sind die Knochen vom Fleisch getrennt, so stehen sie als ein Opferteil für sich und dürfen dann gemäß Dtn 12,27 nicht dargebracht werden.

Wird die Anweisung in Dtn so verstanden, dann erweist sie sich jedenfalls nicht nur als Begründung für den Fall B 1, sondern auch für A 2. Beide Fälle zeigen die zwei einander ergänzenden Möglichkeiten. Warum wird dann A 2 mit Lev 1,9 verknüpft? Die Tatsache, daß wir in dieser Verknüpfung keine Logik wahrnehmen, ist jedoch – dies muß betont sein – nicht die Hauptsache bei der Behauptung, daß der Text eine strukturelle Lücke aufweist. Die Lücke liegt nicht im Übergang von A 1–2 zu A 3, sondern in der Zuordnung der zwei Fälle zu den zwei Bibelversen, die so zu verstehen ist – das muß gleichfalls wiederholt hervorgehoben werden –, daß jeder der besprochenen Fälle jeweils durch den ihm zugeordneten Bibelvers begründet wird. Die halachische Bestimmung in A 2, derzufolge man die Knochen auf den Altar hinaufbringen darf, wenn sie mit dem Fleisch verbunden sind, impliziert das in B 1 Festgestellte: die Knochen dürfen nicht hinaufgebracht werden, wenn sie vom Fleisch getrennt sind. A 2 und B 1 sagen dasselbe aus, was sich aber über die zwei Verse, die jeweils zu deren Begründung herangeführt sind, nicht sagen läßt: Die Anweisungen in beiden Versen stehen vielmehr im Gegensatz zueinander.

sNed 6,9; Ass. 66, S. 26

A 1 את הכל
2 לרבות את העצמות ואת הגידים ואת הקרניים ואת הטלפיים
ואת הצמר שבראשי כבשים ואת השער שבזקן תיישין
B 1 יכול אף על פי פרשו[36]

---

[36] Die Lesart in Br. אף על פי שלא פירשו ist mit der darauf folgenden Widerlegung nicht zu vereinbaren.

§2 Die Darbringungsweise des Brandopfer auf dem Altar　　　　　45

2　תל[מוד] לו[מר]
　　ועשית עולותיך הבשר והדם
C 1　או ועשית עולותיך הבשר והדם[37]
2　יכול יחלוץ גידים ועצמות ויעלה הבשר על גבי המזבח
3　תל[מוד] לו[מר]
　　את הכל
4　ריבה
D 1　הא כיצד
2　בזמן שהן מחוברין יעלו
3　פרשו אף על פי שהן בראש המזבח ירדו

A 1 »[Und der Priester soll] alles [auf dem Altar opfern]« (Lev 1,9):
  2 [Dies wird gesagt] um [folgende Opferteile] einzuschließen[:] die Knochen und die Adern und die Hörner und die Klauen und die Wolle auf dem Kopf der Schafe und das Haar am Bart der Böcke.
B 1 Man könnte meinen, [daß] selbst [dann], wenn sie sich [vom Leib] abgetrennt haben, [der Priester sie auf den Altar hinaufbringen soll].
  2 Die Schrift [aber] sagt: »Und du sollst deine Brandopfer darbringen, das Fleisch und das Blut« (Dtn 12,27).
C 1 Oder [wenn die Schrift sagt]: »Und du sollst deine Brandopfer darbringen, das Fleisch und das Blut«,
  2 [so] könnte man meinen, daß er [= der Priester] die Adern und die Knochen herausziehen und [nur] das Fleisch [allein] auf den Altar hinaufbringen soll.
  3 Die Schrift [aber] sagt: »Alles« (Lev 1,9):
  4 sie [= die Schrift] hat eingeschlossen.
D 1 Also, wie [ist dieser Widerspruch zu lösen]?
  2 Wenn sie [= die genannten Opferteile] [mit dem Leib] verbunden sind, so kommen sie [auf den Altar] hinauf;
  3 haben sie sich [vom Leib] abgetrennt, [so gilt:] selbst wenn sie oben auf dem Altar sind, sollen sie heruntergebracht werden.

Der vorliegende Text schließt die Sifra-Exegese zu der ersten Perikope im Buch Wayiqra (Lev 1,1–9) ab, in der von der Darbringung eines Brandopfers vom Vieh die Rede ist. Vom exegetischen Standpunkt aus steht der Midrash für sich, vom literarischen Blickwinkel her läßt sich der Stellenwert des Textes innerhalb der Gesamtkomposition deutlich als ein »Ausschnitt« bezeichnen. Nur im Kontext der Zugehörigkeit zu dem größeren literarischen Komplex läßt sich erklären, warum in der Auslegung selbst der besprochene Gegenstand, das Brandopfer, auch nicht einmal erwähnt wird.

Es geht in diesem Midrash vor allem um Darstellung und Lösung des zwischen Lev 1,9 und Dtn 12,27 bestehenden Widerspruchs. Die Gliederung des Textes in drei Stufen (A-B, C und D), wobei jeder der beiden ersten Schritte zu Ergebnissen führt, die miteinander nicht vereinbar scheinen, verleiht dem

---

[37] Das Schriftzitat wurde in Ox. weggelassen, wohl deshalb, weil es in B2 schon herangezogen wurde. Interessant ist die textkritische Bemerkung des Schreibers von Lo., die er beim Übergang von C1 zu C2 als interlineare Glosse einfügt: תורת כהנים אחר לא גריס הבשר והדם. Der Hinweis auf das Fleisch und das Blut ist aber für die exegetische Entfaltung in C wesentlich und bei allen anderen Textzeugen belegt.

Text dessen dialektischen Charakter. Die Einbeziehung aller Opferteile des Brandopfers in den Geltungsbereich des Darbringungsgebots veranlaßt zunächst der uneingeschränkte Hinweis הכל in Lev 1,9. Die undifferenzierende Einschließung (A2) wird sodann (B1) dadurch problematisiert, daß der Exeget die Möglichkeit vorstellt, die eingeschlossenen Opferteile, Knochen, Adern usw., abgetrennt vom Opferfleisch darzubringen. Der Verweis auf die einschränkende Aussage in Dtn 12,27 (B2) dient zur Widerlegung dieser Möglichkeit. Die Knochen dürfen nicht auf den Altar hinaufgebracht werden, wenn sie vom Fleisch des Brandopfers getrennt sind.

Mit dieser Widerlegungsfunktion ist die Bedeutung des herangezogenen Verses ausgeschöpft. In diesem Schritt dient der Hinweis auf Dtn 12,27 nur zur Ablehnung der in A2 eingeführten Möglichkeit. Wenn der Exeget schon im ersten Stadium der Auslegung (B1) den Gedanken über den Zustand des Abgetrenntseins vorstellt, so nur deshalb, weil ihm schon die Lösung des Widerspruchs zwischen den Versen vorschwebt. Aus Dtn 12,27 an sich folgt nicht, daß die Knochen usw. nur in dem Zustand ihres Abgetrenntseins vom Fleisch nicht darzubringen sind. Daß dem so ist, zeigt deutlich der nächste Schritt der Auslegung, C1–2, als derselbe Vers zum Ausgangspunkt der Auslegung wird. Die Einschränkung im Vers auf das Fleisch und Blut des Brandopfers impliziert genau die Möglichkeit, die in C2 mit der Formel יכול eingeleitet wird. Vom Standpunkt dieses Verses aus ist es völlig gleichgültig, ob die Knochen mit dem Fleisch des Opfers verbunden oder von ihm getrennt sind. Sie dürfen auf keinen Fall auf den Altar hinaufgebracht werden.

Doch dieses mögliche Verbot kann im Hinblick auf Lev 1,9 nicht gelten, und dementsprechend wird es in C3 abgelehnt. Durch die Rückkehr auf Lev 1,9 gelangt der Text auf seinen Höhepunkt. Was soll der Priester mit den Knochen des Brandopfers und den anderen genannten Opferteilen machen? Um den Widerspruch zu lösen, wird ein Kompromiß eingegangen. Unter einer bestimmten Bedingung läßt sich das uneingeschränkte Gebot in Lev 1,9 zur Geltung bringen, und wenn diese Bedingung nicht vorhanden ist, so soll die Einschränkung in Dtn 12,27 gelten.

Weder Lev 1,9 noch Dtn 12,27 enthalten irgendwelche Zeichen, die die Unterscheidung zwischen der Darbringung der nebensächlichen Opferteile in einem der beiden Zustände, getrennt vom Fleisch oder nicht, hätten motivieren können. Die Schlußfolgerung, wonach die nebensächlichen Opferteile des Brandopfers nur dann auf dem Altar zu verbrennen sind, wenn sie mit dem Fleisch verbunden sind, wird erst durch den Hinweis auf den markanten Widerspruch beider Verse zueinander begründet. Mit der Einführung des Aspektes des Verbundenseins der nebensächlichen Opferteile mit dem Fleisch läßt sich der Widerspruch lösen. Auf diese Weise lassen sich beide Aussagen in beiden Versen aufrechterhalten. Es ist zu beachten, daß schon mit D2: בזמן שהן מחוברין יעלו die Lösung des Widerspruchs erreicht wird. D3 liefert nur insofern eine weitere Auskunft, als in ihm das Verbot der Darbringung der nebensächlichen Opferteile, wenn sie vom Fleisch getrennt sind, durch die Darstellung des Falles, wonach sich die getrennten Opferteile schon auf dem Altar befinden, scharf hervorgehoben wird.

Vergleich

In beiden Texten wird dieselbe halachische Bestimmung im Zusammenhang mit den zwei einander widersprechenden Bibelzitaten überliefert, doch die Art der Verknüpfung der Verse mit der Halacha ist in beiden Überlieferungen verschieden. Im Sifra geht der Darstellung der halachischen Entscheidung eine dialektische Auslegung voraus, deren Leistung doppelt ist: die Darstellung des Widerspruchs zwischen beiden Versen und die Einführung jener Dimension, mit deren Hilfe der Widerspruch gelöst werden kann. Die Lösung des Widerspruchs wird erst am Schluß durch zwei Sätze (D2 und 3) dargestellt. In der Mishna werden die zwei Sätze auseinandergenommen und jeweils mit einem der beiden Bibelverse verknüpft. Gerade in diesem Punkt hat sich die Problematik des Mishna-Textes deutlich gezeigt. Die zwei Sätze, mit denen die Lösung des exegetischen Problems formuliert wird, wiederholen denselben Sachverhalt, der, wie dies der Sifra-Text deutlich zeigt, allein auf der Konfrontation beider Bibelverse miteinander basiert. Der Versuch, beide Teile des Lösungsteils im Sifra auseinanderzudividieren und sie mit einem der beiden Verse zu begründen, muß scheitern. Trotz der Darstellung der Lösung durch zwei Sätze handelt es sich um *eine* Schlußfolgerung, deren einzig mögliche Begründung die Tatsache des Widerspruchs zwischen den Versen selbst ist. Die Mishna-Überlieferung zeigt sich also mit aller Deutlichkeit als Bearbeitung des Sifra-Textes, die den exegetischen Sachverhalt vereinfacht.

In beiden Sätzen (mA2 [=sD2] und mB1 [≅ sD3]) werden die zwei Möglichkeiten der Darbringungsweise ausgesprocen. Entweder sind die unwesentlichen Opferteile vom Opferleib getrennt oder mit ihm verbunden. Es besteht ein Zusammenhang zwischen der Beurteilung jeder der beiden Fälle mit den zwei Bezugsversen. Der Fall, in dem die Opferteile mit dem Leib verbunden sind, ist jenem Vers zuzuordnen, aus dem sich die Einschließung aller Opferteile ergibt. Gleiches gilt für den umgekehrten Fall. Ihm entspricht der Vers, der die Ausschließung dieser Teile impliziert. Aufgrund dieser Entsprechung ist die Bearbeitung des Sifra-Textes in der Mishna nachvollziehbar.

Die genannte Entsprechung darf aber nicht auf ein Begründungsverhältnis zwischen jedem der beiden Fälle und dem ihm entsprechenden Vers reduziert werden, und darin besteht der Fehler in der mishnischen Bearbeitung. Lev 1,9 begründet nicht den Zusammenhang zwischen der Bedingung בזמן שהן מחוברין und dem Urteil יעלו. Es ist lediglich die Spannung zwischen beiden Versen, welche die eigentliche Begründung für den »halachischen Kompromiß« ausmacht. Durch diesen »Kompromiß« lassen beide Möglichkeiten, die Darbringung der mit dem Fleisch verbundenen anderen Opferteile und das Verbot der Darbringung im umgekehrten Zustand, die zwei Schriftverse jeweils zur Geltung kommen. Der Sifra-Text resultiert wohl aus einer impliziten Zuordnungs-

§ 3 Die Unrechtmäßige gerichtliche Entscheidung

mHor 1,4; Ka., S. 347

A 1 הורו בית דין וידע אחד מהן שטעו
2 ואמ[רו] להן טועים אתם
B או שלא היה מפלא שלבית דין שם
C או שהיה אחד מהן גר או ממזר או נתין או זקן שלא היו לו בנים
D הרי אילו פטורין
E 1 שנ[אמר] כן עדה ונ[אמר] להלן עדה
2 מה עדה אמורה להלן כולן ראויין להורייה
אף עדה אמורה כן עד שיהוא כולן ראויין להורייה[38]

A 1 Hat das Gericht [versehentlich] entschieden, [ein Verbot zu übertreten], und einer von ihnen wußte, daß sie [= die Richter] sich irren,
2 und er hat ihnen gesagt: »Ihr irrt«,
B oder wenn der »Mufla« nicht zugegen war,
C oder wenn einer von ihnen ein Proselyt oder ein Bastard oder ein »Natin« oder ein kinderloser Alter gewesen ist,
D so sind sie [in allen diesen Fällen von der Pflicht der Darbringung eines Gemeindeopfers] frei,
E 1 denn es heißt hier »eine Gemeinde« (Lev 4,13) und es heißt dort »eine Gemeinde« (Num 35,24):
2 Wie dort von einer »Gemeinde« [= Gericht] die Rede ist, [bei der] alle zur Rechtsprechung befugt sind, so ist auch hier von einer Gemeinde die Rede, wenn sie alle zur Rechtsprechung befugt sind.

Das erste Kapitel des Traktats Horayot klärt die halachische Situation im Falle einer Rechtsprechung, die versehentlich gegen ein geltendes Verbot verstößt. Grundsätzlich gilt der in Lev 4,13–14 dargelegte gesetzliche Rahmen: Die Gemeinde versündigt sich aus Versehen und handelt gegen eines der Gebote Gottes. Folglich ist sie verpflichtet, einen jungen Stier als Sündopfer darzubringen. Die biblische, in Lev 4,13 genannte »Gemeinde« wird in der rabbinischen Literatur mit dem Gerichtshof gleichgesetzt.[39] Über die Frage, ob im

---

[38] Die Lesart זקן שלא היו לא בנים ist für Ka. eigentümlich. In den anderen Textzeugen (Par., P138, P984; Cam., Jer. und Ed. pr.): זקן שלא ראה לו בנים.

[39] Die Gleichsetzung wird in sHova IV,2 (19a) thematisiert und ist in dem Begründungsteil E des vorliegenden Textes vorausgesetzt. Der gesamte Traktat Horayot steht in einem offenkundigen Bezugssystem zu Kapitel 4 im Buch Wayiqra, in dem von einer versehentlichen Übertretung seitens einer der vier dort vorkommenden Kategorien, des Hohenpriesters, der Gemeinde, des »Nasi« und des Privatmannes, die Rede ist. Anstelle der »Gemeinde« kommt in der Mishna der Gerichtshof vor (vgl. z. B. die Hintereinanderreihung der vier Klassen in mHor 2,6).

§ 3 Die Unrechtmäßige gerichtliche Entscheidung 49

Falle einer derartigen Übertretung seitens der Gemeinde der Gerichtshof selbst, die Gemeinde oder beide das Opfer darzubringen haben, wird in mHor 1,5 debattiert. Im allgemeinen gilt im Traktat das von R. Meir gefällte Urteil, daß die Darbringungspflicht zu Lasten des Verantwortungsträgers, nämlich des Gerichtshofs, geht.[40]

Das erste Kapitel von Horayot stellt die Einzelheiten dieses Grundgesetzes dar. Im vorliegenden Text sind drei Fälle genannt, bei denen der Gerichtshof trotz des Erlasses einer rechtswidrigen Anweisung von der Darbringung des Sündopfers entpflichtet ist. Auf das Urteil הרי אלו פטורים folgt eine Begründung (E), die sich strukturell auf alle drei Fälle bezieht, doch inhaltlich nur mit dem dritten Fall C zusammenhängt.

Der erste Fall (A): Keine Übereinstimmung besteht unter den Richtern hinsichtlich der Rechtsprechung. Einer von ihnen *weiß* von der Rechtswidrigkeit der Entscheidung und gibt dies bei den anderen kund. Zwischen diesem Fall und der Begründung עד שיהיו כלם ראויים להוראה (E2) besteht offensichtlich gar keine Verbindung. Der Grund für die Entlastung des Gerichtshofs von der Opferpflicht ist jedoch annehmbar. Die rechtswidrige gerichtliche Entscheidung hat nur dann die Pflicht zur Darbringung eines Sündopfers zur Folge, wenn der Verstoß gegen ein geltendes Gebot versehentlich geschieht. Es wird in der Beschreibung des Falles vorausgesetzt, daß die übrigen Richter dem Einspruch des Bescheid wissenden Richters zustimmen und trotzdem bei ihrer Entscheidung bleiben.[41] Sie handeln rechtswidrig nicht aus Versehen. Folglich entfällt die Pflicht zur Darbringung des Sündopfers.

Auch der zweite Fall (B), die erforderliche Abwesenheit des »Mufla«, hängt mit der Begründung עד שיהיו כלם ראויים להוראה nicht zusammen. Was unter »Mufla« gemeint ist, wurde bislang noch nicht endgültig geklärt. Die Ansichten über den Sinn dieser Bezeichnung, die nur an dieser Stelle in der Mishna vorkommt, sind sehr unterschiedlich: 1. Vorsitzender des Gerichts (Rashi, Rambam, Levi, Albeck) 2. Das gesetzeskundigste Mitglied des Gerichts (Schürer und ähnlich bei Ginzburg) 3. Jeder Weise, der zum Richteramt befugt ist (gleichfalls bei Rashi, Rambam, Mantel) 4. Der gerichtliche Referent, der nicht zum eigenen Kollegium der Richter gehört (Jestrow und ähnlich bei Zeitlin).[42] Mit letzterer Auffassung kann man dem Verständnis der hier getroffenen halachischen Bestimmung nähern. Aufgrund der Nicht-Zugehörigkeit des Mufla zum eigentlichen Kollegium der Richter könnte man meinen, daß seine Anwesenheit bei der versehentlich getroffenen Rechtsentscheidung nicht erforderlich ist. Nun trifft man die Entscheidung, daß die

---

[40] Dies ist im vorliegenden Text impliziert und noch deutlicher in mHor 2,2. Vgl. auch Albeck (Kommentar) in der Einleitung zum Traktat, S. 392.

[41] So auch nach Albeck, Komm. z. St.

[42] Zu Angaben und ausführlicher Darstellung der verschiedenen Auffassungen vgl. H. Mantel, מחקרים בתולדות הסנהדרין, S. 157–161.

Anwesenheit des Mufla trotz seiner Sonderstellung unerläßlich ist. Die Betrachtung der Parallele im Sifra wird weiterhelfen, die Logik dieser Aufforderung exegetisch nachvollziehbar zu machen. Für unser Anliegen ist jedenfalls wichtig zu wiederholen, daß keine Verbindung dieses Falles mit dem Motiv der verlangten Tauglichkeit aller Richter besteht, das als Begründung am Ende des Textes überliefert ist.

Erst für den dritten Fall (C), in dem es um die Zusammensetzung des Gerichts geht, ist die Begründung in E relevant. Nur wenn alle Richter zur Rechtsprechung befugt sind, ist ihr versehentlicher Verstoß gegen die Gebote strafbar. Die Voraussetzung, daß die vier genannten Sozialkategorien, Proselyt, »Bastard«,[43] »Natin«[44] und ein kinderloser Alter zur Rechtsprechung nicht befugt sind, ist – was die Besetzung des Gerichts im strafrechtlichen Verfahren angeht – an einer anderen Stelle in der Mishna belegt.[45]

Daß alle Richter zur Rechtsprechung befugt sein müssen, wird durch einen Analogieschluß nachgewiesen. In Lev 4,13 ist zwar von einer »Gemeinde« die Rede, die als Gerichtshof verstanden wird, der Akt der Rechtsprechung wird jedoch nicht ausdrücklich genannt. In Num 35,24 dagegen, im Rahmen der Gesetze über Mord, Totschlag und Blutrache, wird explizit die richterliche Handlung der »Gemeinde« genannt: ושפטו העדה. Es muß also eine »Gemeinde« sein, die zu dieser richterlichen Funktion befugt ist. Da beiden Versen derselbe Begriff עדה gemeinsam ist, muß dasselbe nach der Logik der Gezera Shava auch für den in Lev 4 genannten Gerichtshof zutreffen.

Ungewöhnlich ist, in der Mishna einem Midrash zu begegnen, dem das formelhafte, der halachischen Exegese entnommenen Schema נאמר כאן ... נאמר להלן ... מה להלן ... אף כאן ... zugrundeliegt. Das Wort כאן bezeichnet den Standort. Dieser ist in den halachischen Werken, bei denen die Auslegungen nach der biblischen Quelle angeordnet sind, naturgemäß immer gegeben. Fehlt nicht im vorliegenden Text dem Hinweis כאן der Bezugspunkt? Betrachtet man den Text für sich, so wird man hier eine Lücke feststellen müssen, doch am Ende der vorangehenden Mishna, wo es gleichfalls wie in unserem Text um die nähere Bestimmung des Geltungsbereichs der Verpflichtung des Gerichts zur Darbringung eines Opfers geht, wird ein Versteil aus Lev 4,13 herangezogen, worauf man das Adverb כאן beziehen kann.[46]

---

[43] Über seine genaue Definition vgl. mYev 4,13.

[44] Mit נתינים wird eine bestimmte Gruppe von den zurückkehrenden, in Esra 2,43–54 und Neh 7,46–56 aufgezählten Exilanten bezeichnet. Sie haben eine im Rang niedrige Funktion im Tempeldienst erfüllt. Es wird angenommen, daß sie Nichtjuden waren (vgl. dazu M. Haran, תקופות ומוסדות במקרא, S. 218–226. Die Rabbinen setzen sie mit den in Jos 9 erwähnten Gibeoniten gleich (bYev 78b; yKid 4,1 [65c]). Dieselbe Ansicht vertritt auch J. Kaufmann, תולדות האמונה הישראלית, I, S. 648–9.

[45] Vgl. mSan 4,2.

[46] In den drei (nicht mehr!) anderen Mishnayot, bei denen dasselbe exegetische Schema vorkommt (mSot 7,3–5), setzt allerdings das Bibelzitat, auf das das Adverb כאן bezogen ist, den Mittelpunkt der jeweiligen Mishna.

§3 Die Unrechtmäßige gerichtliche Entscheidung 51

Mit diesem Begründungsteil hängt aber ein anderes Problem zusammen. Es wurde klargestellt, daß E nur den dritten Fall C begründet. Dies entspricht jedoch nicht seiner Funktion im Text. Textuell bildet das Urteil in D (הרי אלו פטורין) den direkten Bezugspunkt zu E, und darunter sind alle drei Fälle A-C subsumiert. Aus diesem literarischen Aufbau ergibt sich eindeutig der strukturelle Wert des Teils E im Text. Er soll als Begründung für alle besprochenen Fälle fungieren, doch er erfüllt die ihm zukommende strukturelle Erwartung nicht. Zwei Bezugssysteme beinhaltet der Text, die sich einander ausschließen. Was die Textstruktur fordert, läßt sich inhaltlich nicht besetzen. Dieses Phänomen verlangt nach einer Erklärung.

sHova IV,3-4; Ass. 66, S. 80

A 1	היה אחד מהן גר או ממזר או נתין או זקן שלוא ראה לו בנים[47]
2	יכול יהוא חייבין
3	תל[מוד] לו[מר] (ונאמר) כן עדה להלן עדה
4	מה עדה האמורה להלן כולם ראויים להורייה
5	אף עדה אמורה כן עד שיהו כולם ראויין להורייה
B 1	לא היה מופלא שלבית דין שם
2	[אחד] אמר אחד[48] איני יודע
3	או שאמר להם טועים אתם
4	יכול יהוא חייבין
5	תל[מוד] לו[מר]
	עדת ישראל ישגו
6	עד שיורו כולם[49]

Beide Midrashim (A und B) stellen jeweils eine eigenständige thematische Einheit dar. In bezug auf die erste Auslegung fällt auf, daß sich der Text als ein Ausschnitt aus einem größeren textuellen Rahmen darstellt. Davon zeugt das Pronomen מהן im ersten Satz. Im vorangehenden Midrash (IV,2) wurde mittels derselben Analogie mit Num 35,24, in dem von der »richtenden Gemeinde« (ושפטו העדה) die Rede ist, konkludiert, daß die in Lev 4,22 erwähnte »Gemeinde« ebenfalls den Gerichtshof meint und ferner zwischen beiden in diesen Versen genannten »Gemeinden« differenziert: nur die »Gemeinde« in Lev 4,22 weist auf das große Synhedrion am Tempel hin. Im Anschluß daran beginnt der vorliegende Text, dessen erster Teil uns schon aus der Mishna bekannt ist. Die Analogie mit Num 35,24 wird wiederum aufgegriffen, um die zur Rechtsprechung nicht befugten Sozialkategorien auszuschließen.

---

[47] Interessant ist die Abweichung in Ass. 33: שלא ראוי לבנים und die ähnliche in Ox. und Lo.: שאין ראוי לבנים.

[48] In Lo.: אמר לאחד. Infolgedessen bezieht sich die Äußerung איני יודע auf den »Mufla« in B1.

[49] Aufgrund der weitgehenden Übereinstimmung des Textes mit der Mishna-Überlieferung erübrigt sich die Übersetzung an dieser Stelle.

Der nächste Midrash, B, bringt das Subjekt in Lev 4,22 עדת ישראל mit dem Prädikat ישגו in Zusammenhang, um durch die Feststellung der zwischen ihnen vorliegenden Kongruenz hervorzuheben, daß sich die versehentliche Übertretung auf die Gemeinde als auf ein Ganzes bezieht. Unter dem Subjekt עדת ישראל ist jedoch der volle Ausdruck כל עדת ישראל gemeint. Es handelt sich eigentlich um eine Auslegung des Pronomens כל: die Pflicht zur Darbringung des Sündopfers gilt nur dann, wenn das ganze Gericht die irrtümliche Entscheidung getroffen hat.

Angenommen, daß mit dem מופלא der Referent des Gerichtshofs gemeint ist, der nicht zum eigenen Kollegium der Richter gehört, doch eine Funktion im Vorgang des gerichtlichen Prozesses ausübt, dann ist das mit ihm im Rahmen der vorliegenden Exegese diskutierte Beispiel verständlich. Durch die Forderung seiner Anwesenheit gewinnt die exegetische Konklusion an Aussagekraft. Auch der zur eigenen Körperschaft der Richter nicht gehörende »Mufla« muß anwesend sein, damit die Vorschriften über ein rechtswidriges Vorgehen des Gerichtes zur Geltung kommen. Sonst wird der Ausdruck כל עדת ישראל nicht im strengen Sinn des Wortes aufrechterhalten.

Die zwei anderen Fälle B2–3 werden herangezogen, um darauf hinzuweisen, daß alle Richter die Entscheidung treffen müssen. Die Verschiedenheit der beiden Äußerungen (B2: איני יודע; B3: טועים אתם) spielt dabei keine Rolle. Beiden Fällen ist gemeinsam, daß sie die Nichtbeteiligung des Betreffenden an der gerichtlichen Entscheidung voraussetzen. Einmal hält sich ein Richter zurück, im anderen Fall gibt er seine Gegenstimme.

Vergleich

Die Übereinstimmungen zwischen beiden Texten liegen auf der Hand. Die Textteile C-E in der Mishna bilden eine Einheit, die mit dem Midrash A im Sifra inhaltlich identisch ist. Auch im Wortlaut stimmen sie weitgehend miteinander überein. Von den drei Fällen im Midrash B im Sifra finden sich nur zwei in der Mishna wieder (sB1 = mB; sB3 = mA2). Ihnen kommt in beiden Texten dasselbe Urteil zu. Anders als im Sifra wird für sie keine exegetische Begründung in der Mishna geliefert.

Der Mishna-Text weist eine Kohärenzlücke auf, deren Entstehung sich aufgrund der Sifra-Vorlage leicht erklären läßt. Der Sifra-Text stellt zwei voneinander unabhängige Auslegungen dar. Beiden ist gemeinsam, daß allen Fällen dasselbe Urteil zukommt. Die halachischen Konklusionen lassen sich deswegen unter ein Dach bringen. Die Aneinanderreihung aller Fälle und ihre Subsumtion unter das Urteil הרי אלו פטורים ergäbe eine einfache und einwandfreie Zusammenfassung des halachischen Stoffes. Wenn sich aber ein Bearbeiter der Quelle im Sifra mit der Übernahme der Fälle und ihrer Subsumtion unter dem für sie geltenden Urteil nicht begnügt und den exegetischen Vorgang von nur einer der beiden Auslegungen hinzufügt, so entsteht eine unzusammenhängende Komposition, bei der die exegetische Begründung, die sich auf alle

Fälle beziehen *soll,* dies nur in bezug auf einen Fall leistet. Für die Erklärung der Lücke im Mishna-Text kann keine bessere Erklärung erbracht werden, als eine solche, die die Bearbeitung des vorliegenden Ausschnitts aus dem Sifra voraussetzt.

Somit ist das literarische Verhältnis zwischen beiden Texten geklärt. Der Mishna-Text erweist sich als ein nicht gelungener Versuch, zwei Überlieferungen zusammenzufügen. Der Vergleich zwischen beiden Texten ist aber damit noch nicht erschöpft. sB3 hat der Mishna-Redaktor nicht bloß übernommen, sondern auch die Umstände geändert. Der Äußerung »Ihr irrt« hat er hinzugefügt »Und einer wußte, daß sie sich irren«. Durch diese Hinzufügung erhält der Fall einen anderen Sinn. Da dieser Richter, anders als die anderen, von dem mit der bevorstehenden Entscheidung verbundenen Irrtum sicher ist, sollten die anderen auf ihn hören und die Entscheidung zurücknehmen. In dem sie dies nicht tun, verstoßen sie unter diesen Umständen nicht versehentlich gegen die geltenden Gesetze, sondern sie tun dies mit Bewußtsein, und deswegen fällt die Pflicht zur Darbringung des Sündopfers in diesem Fall weg. Ein solches Verständnis des Falles liegt dem Sifra-Text fern. Nach dem Sifra ist die Nichtbeteiligung des Betreffenden an der Entscheidung der Mehrheit der Grund für die Entpflichtung vom Gemeindeopfer, denn in diesem Fall gilt, daß nicht die »ganze Gemeinde Israel« die Entscheidung getroffen hat.

Wie kam der Redaktor der Mishna dazu, einen solchen bedeutenden Unterschied vorzunehmen? Bei der Analyse des Sifra-Textes stellten wir fest, daß beiden Fällen, B2 und 3, dasselbe Prinzip zugrundeliegt, demzufolge sich die Entpflichtung von der Darbringung des Sündopfers ergibt. Ob der eine Richter sich der Entscheidung enthält, weil er im Zweifel über den Sachverhalt ist oder weil er sich in die Opposition begibt, da er meint, daß sich die Mehrheit im Irrtum befindet, ist einerlei. In beiden Fällen geht es darum, daß nicht »alle« die irrtümliche Entscheidung treffen. Dies war allerdings *unsere* Feststellung, begründet durch den exegetischen Zusammenhang, in dem beide Fälle im Sifra stehen. Nun läßt sich aber nachvollziehen, daß der Bearbeiter dieser Vorlage dieselbe Frage gestellt hat, nämlich: »warum zwei Fälle heranziehen, die dasselbe besagen?«, und zu anderen Konklusionen gekommen ist.

Stellt man diese Frage, dann gilt, entweder sie auf sich beruhen zu lassen – was wir getan haben – oder zu postulieren, daß ein Unterschied zwischen beiden Fällen doch existieren *muß.* Daß ein solches Postulat gestellt werden kann, ist vor allem bei den Rabbinen, so wie wir sie in ihrem Umgang mit dem heiligen Text kennen, durchaus annehmbar. Da gilt das Leitmotiv: »nichts ist überflüssig«, und entsprechend wird das offenbarte Gesetz ausgelegt. Aber dieser Grundsatz findet, wie ich meine, auch außerhalb der Tora-Exegese seine Verwendung, z. B. in der vorliegenden interpretatorischen Überlieferung des gesetzlichen Stoffes der mündlichen Tora. Es muß ein Unterschied bestehen, wenn einer von den Richtern einmal »Ich weiß nicht«, ein andermal »Ihr irrt« sagt. Den Unterschied zwischen beiden Fällen wird man finden, sobald man den Blickwinkel ändert. Vom Standpunkt des betreffenden einzelnen Richters aus bleibt die halachische Situation dieselbe. Er hat sich von der Mehrheit ausgeschlossen. Betrachtet man die Sache aus der Sicht der Mehrheit der Richter, so kann man wohl einen bedeutenden Unterschied feststellen. Anders als derjenige, der seine Unwissenheit ankündigt, wirft der andere seinen Kollegen vor, daß sie sich im Irrtum befinden, weil er dies weiß. Durch den Vorwurf des Bescheid Wissenden ändert sich die gerichtliche Situation. Das Gericht wurde über die mit der bevorstehenden Entscheidung zusammenhängende rechtswidrige Lage informiert; die Bedingung »aus Versehen« entfällt, und folglich ist das Gericht frei. So kommt man genau auf das sich aus dem Mishna-Text ergebende Verständnis des Falles.

Durch eine derartige Gegenüberstellung der beiden Fälle zeigt sich sozusagen der »eigentliche Grund« für die Entpflichtung des Gerichts von der Opferdarbringung auf. Es kommt darauf an, ob das Gericht »aus Versehen« handelt oder nicht. So hat es der Mishna-Redaktor verstanden, was auch erklärt – und das ist entscheidend –, daß er den Fall sB2 (אמר אחד איני יודע) nicht übernommen hat! Nach dem eben beschriebenen Verständnis spielt es keine Rolle, ob einer der Richter seine Unwissenheit kundgibt. Durch die Gegenüberstellung beider Fälle wird der exegetische Kontext, im dessen Rahmen beide Fälle im Sifra behandelt werden, außer acht gelassen. Mit der Überlegung, daß es bei der Äußerung »Ihr irrt« um die allgemeine Änderung der gerichtlichen Situation handelt, wird ein anderer Grund für die Freisprechung des Gerichts gefunden, der mit der sich aus dem exegetischen Verfahren ergebenden Bedingung עד שיורו כולם im Sifra nicht harmonieren kann. Das neue, sich bei der Bearbeitung der Sifra-Vorlage artikulierende Verständnis hebt die exegetische Begründung auf.

§4 Weiße Haare auf dem hellen Fleck

mNeg 4,10–11;[50] *Ka., S. 496–7*

A 1 [בהרת כחצי גריס ואין בה כלום
2 ונולדה בהרת כחצי גריס ובה שערה אחת
3 הרי זו להסגיר[51 = P138]
B 1 בהרת כחצי גריס ובה שערה אחת
2 (ו)נולדה בהרת כחצי גריס ובה שערה אחת
3 הרי זו להסגיר
C 1 בהרת כחצי גריס ובה שתי שערות

---

[50] Der erste Textteil in mNeg 4,10 wird im folgenden nicht dargestellt. Er hängt mit dem hier dicht aufgebauten Komplex nicht zusammen.

[51] Nur in Ka. fehlt der Textteil A. Der in ihm dargestellte Fall fällt aus der Problemstellung heraus, in deren Rahmen die anderen Fälle behandelt werden (vgl. dazu in der Analyse) und wurde deshalb weggelassen. Hier zeigt sich deutlich die Freiheit des Schreibers der Hs. Ka., Änderungen am Text vorzunehmen.

§ 4 Weiße Haare auf dem hellen Fleck 55

2 (1)נולדה בהרת כחצי גריס ובה שערה אחת
3 הרי זו להסגיר
D 1 בהרת כחצי גריס ואין בה כלום
2 נולדה בהרת כחצי גריס ובה שתי שערות
3 הרי זו להחליט
E 1 מפני שאמרו
2 אם בהרת קדמה לשער לבן טמא
3 ואם שיער לבן קדם לבהרת טהור
4 ואם ספק טמא
F ר[בי] יהושע קיהא[52]

A 1 [Im Falle eines] hellen Fleck[es] von [der Größe] einer halben Graupe, auf dem nichts [weiter] ist:
   2 Kommt [zu dem] ein heller Fleck von [der Größe] einer halben Graupe hinzu, auf dem ein Haar [dann entstanden] ist,
   3 so ist dieser[53] abzusperren.
B 1 [Im Falle eines] hellen Fleck[es] von [der Größe] einer halben Graupe, auf dem ein Haar [entstanden] ist:
   2 Kommt [zu dem] ein heller Fleck [von der Größe] einer halben Graupe hinzu, auf dem ein Haar [dann entstanden] ist,
   3 so ist dieser abzusperren.
C 1 [Im Falle eines] hellen Fleck[es] von [der Größe] einer halben Graupe, auf dem zwei Haare [entstanden] sind:
   2 Kommt [zu dem] ein heller Fleck [von der Größe] einer halben Graupe hinzu, auf dem [dann] ein Haar [entstanden] ist,
   3 so ist dieser abzusperren.
D 1 [Aber im Falle eines] hellen Fleck[es] von [der Größe] einer halben Graupe, auf dem nichts [weiter] ist:
   2 Kommt zu dem ein heller Fleck von [der Größe] einer halben Graupe hinzu, auf dem [dann] zwei Haare [entstanden] sind,
   3 so ist dieser [für unrein] zu entscheiden.

---

[52] קיהא: Cam. und Antonin Nr. 87 lesen wie Ka.; P497: קיהי; P138 und Par.: כיהה. Die Abweichungen zeugen von der großen Schwierigkeit, die Ansicht R. Yehoshu'as zu verstehen. Keine der Lesarten ergibt einen eindeutigen Sinn. Rambam (vgl. Komm. z.St.; ihm folgt auch Bertinoro, vgl. Komm. z.St.) lag eine Lesart mit ק als erstem Radikal zugrunde. Durch den Hinweis auf Jer 31,28 (אבות אכלו בסר ושני בנים תקהינה) versucht er die problematische Stelle wie folgt zu deuten: Wie die »Stumpfheit« der Zähne zur Folge hat, daß man vom »Beißen« zurückschreckt, so gilt im Falle R. Yehoshu'as: נרתע מסברא זו ורחק ממנה. Die »Stumpfheit« läßt sich auch als Unentschiedenheit deuten. So Neusner, Purities, VI, S. 87: »And R. Joshua was doubtful.« Wechselt man ק mit כ, so läßt sich כיהה oder כהה mit »dunkel« wiedergeben, und es ist anzunehmen, daß Rabba (bar Nahmani) dies in diesem Sinne verstanden hat, als er sich zu dieser Stelle in bKet 75b äußert: מאי כהה אמר רבה כהה טהור. Über diese Lesart hinaus finden sich in Cam. mehrere korrumpierte Lesarten. In den übrigen Textzeugen (P138, P497, Par. und Antonin Nr. 87) sind die weiteren Abweichungen unerheblich.

[53] Objekt ist hier wohl der helle Fleck (בהרת). In Lev 13 (V. 4; 5; 31; 50) stellt gleichfalls der »Nega« (der in der Mishna mit »Baheret« gleichgesetzt wird) das Objekt in der Entscheidung für die Quarantäne. Zuweilen bezieht sich dort das Urteil (להסגיר) auch auf das (ganze) »Fleisch« (V. 21; 26). Auch in dem Mishna-Traktat ist das Objekt in einigen Mishnayot der Fleck (3,1; 5,1; 6,5) und in anderen die Person selbst (1,3; 7,4).

E 1 Denn sie haben gesagt:
　2 Geht der helle Fleck dem weißen Haar voran, [so] ist er unrein,
　3 und wenn das weiße Haar dem hellen Fleck vorangeht, ist er rein,
　4 und im Zweifelsfall ist er unrein.
F　Rabbi Yehoshu'a erklärt [den Fleck in einem solchen Zweifelsfall als einen] dunklen [Fleck].[54]

Ein heller Fleck soll die minimale Größe von גריס erreichen, um überhaupt verunreinigungsfähig zu sein.[55] Ein Zeichen für die Unreinheit des Fleckes ist u. a. die Erscheinung von weißem Haar darauf.[56] Erforderlich sind zumindest zwei weiße Haare.[57] Normalerweise wächst das weiße Haar, wenn der Fleck schon existiert. Der Priester erklärt dann den Aussätzigen für unrein (החלט).[58] Solange weißes Haar noch nicht aufgetreten ist, der Fleck aber von der Größe גריס schon vorhanden ist, wird vom Priester das Urteil מוסגר gefällt. Mit מוסגר wird das Urteil darüber, ob die betreffende Person rein oder unrein ist, für eine festgesetzte Frist aufgeschoben. Nach einer einwöchigen Absperrung (הסגר) wird die Prüfung wiederholt, und wenn sich der Zustand des Fleckes auch dann nicht geändert hat, wird die Quarantäne um eine weitere Woche verlängert.[59]

Der Text bespricht vier Fälle, bei denen sowohl ein heller Fleck als auch weißes Haar auftreten. In allen Fällen wird der Vorgang der Entstehung des Fleckes als auch der des weißen Haares beschrieben. Nach den Bedingungen in A erscheint am Ende des beschriebenen Vorgangs ein Fleck von der minimalen erforderlichen Größe, dazu aber nur *ein* weißes Haar. Daß mindestens

---

[54] Zu dieser Übersetzungsmöglichkeit vgl. Anm. 52.
[55] Vgl. die Auslegung im Sifra (sNeg 3,1 [63a]) zu צרעת in Lev 13,8: צרעת בנין אב לכל הצרעת שיהו כגריס. In der Mishna (Neg 6,1) wird »Gris« als eine quadratische Graupe aus Kilikien (in Südostanatolien) näher bestimmt (גופה שלבהרת כגריס הקלקי מרבע), und vgl. auch mKel 17,12. In allen Kommentaren (Rambam, Bertinoro, Albeck, Neusner, *Purities*, VI, S. 102f.) und Wörterbüchern (Levi, Even-Shoshan) wird angenommen, daß mit גריס in diesem Zusammenhang eine Bohnenhälfte (חצי הפול) gemeint ist. Dafür wird jedoch nirgends ein Beleg aus den rabbinischen Quellen geliefert.
[56] Vgl. mNeg 3,3.
[57] Vgl. mNeg 1,5; 4,4.
[58] Vgl. mNeg 1,3.
[59] Vgl. mNeg 1,3 und 3,3. Über die Entfernung des Aussätzigen aus dem Lager vgl. Lev 13,46 und Num 12,14–15. In mKel 1,7 ist von der Entfernung des Aussätzigen (מצורע) aus einer mit einer Mauer umgebenen Stadt die Rede. In mMeg 1,7 wird festgestellt, daß der einzige Unterschied zwischen einem für unrein erklärten Aussätzigen (מצרע מוחלט) und einem zur Absperrung erklärten Aussätzigen (מצורע מוסגר) *nur* darin besteht, daß der erstere seine Kleider zerreißen und sein Haar frei herabhängen lassen soll, ehe er aus der Gemeinde entfernt wird (Lev 13,45). In der Gemara z. St. (bMeg 8b) wird daraus die Schlußfolgerung gezogen, daß beide Aussätzige hinsichtlich der Entfernung aus der Gemeinde gleich sind (לענין שלוח שוים). Es scheint, als setze man mit dieser Gleichsetzung eine gewisse Unreinheit voraus, die der für מוסגר gehaltenen Person zugeschrieben wird. Soweit ich sehe, widerspricht eine solche Voraussetzung den deutlichen Worten R. Aqivas in mNeg 7,4: אחד עומד בפני הכהן ואחד בתוך הסגרו טהור עד שיטמאנו הכהן.

zwei Haare erforderlich sind, wird im Traktat als selbstverständlich so oft vorausgesetzt,[60] daß die Erwähnung dieses Falles völlig überflüssig scheint. Die Darstellung dieses leicht zu beurteilenden Falles ist nur im Rahmen des Gesamtanliegens dieses Traditionskomplexes verständlich. Bei ständiger Erschwerung der Bedingungen in A, B und C wird das gleiche Urteil gefällt. So baut sich eine Spannung auf, die sich mit dem Übergang zu D löst. In A haben wir es nur mit einem Haar zu tun, in B dann mit zwei und in C sogar mit drei. Trotz dieser Steigerung bleibt das Urteil immer dasselbe, bis die Wende kommt und der vierte Fall dargestellt wird, in dem das Urteil umkippt. In allen drei Fällen, B-D, liegt am Ende der Entstehung des Aussatzes dieselbe Erscheinung vor – ein heller Fleck in der definierten Größe und mindestens zwei weiße Haare. Die Unreinheit tritt jedoch nur im letzten Fall (D) ein.

Der Unterschied in der Beurteilung ist offensichtlich auf den Verlauf des Krankheitsprozesses zurückzuführen. Fall B: Ein weißes Haar wächst auf einem noch nicht genügend großen Fleck (B1). Sodann breitet sich der kleine Fleck von der Größe einer halben Graupe aus und erreicht das erforderliche Maß, »eine Graupe«. Der Fleck ist verunreinigungsfähig. Erst jetzt wächst ein weiteres Haar. Zum Verständnis des Urteils läßt sich der erste Teil (E2) in der den vier Fällen angeschlossenen Begründung heranziehen. Dort wird nämlich die Bedingung aufgestellt, daß die Entstehung des Fleckes dem Wachsen des weißen Haares vorausgehen soll, um das Urteil der Unreinheit zu fällen. In der Formulierung אם בהרת קדמה לשער לבן ist zwar nicht ausdrücklich von einem Fleck in der Größe einer Graupe die Rede, doch läßt sich diese Bedingung wohl so deuten, daß sich daraus eine Logik in der Beurteilung des Falles ergibt. Wird in der genannten Formulierung unter »Fleck« der Fleck in seiner definierten Größe verstanden, so ist die Bedingung nur hinsichtlich des Wachsens des letzten Haares erfüllt. Das genügt nicht, und folglich darf der Priester die Person nicht für unrein erklären.

Von diesem Fall unterscheidet sich Fall C nur hinsichtlich der ersten Stufe des Vorgangs. Es sind zwei Haare, nicht eins, die auf dem Fleck gewachsen sind, bevor dieser seine erforderliche Größe erreicht hatte. Der Unterschied ist jedoch belanglos. Wären auch zehn Haare auf einem weißen Fleck, der die erforderliche Größe nicht hat, gewachsen, wäre dies für die Beurteilung des Falles irrelevant. Sie könnten nicht als Zeichen der Unreinheit betrachtet werden, auch dann nicht, wenn sich der Fleck ausgebreitet hat. Dieselbe Logik wiederholt sich: Der ganze Fleck (der Fleck in der Größe von »Gris«) soll dem Wachsen des Haares vorausgehen. Nach beiden Fällen ist nur ein einziges Haar unter dieser Bedingung entstanden. Folglich sind beide Fälle gleich zu beurteilen.

Erst in D werden die Umstände genannt, die entsprechend der Bedingung in E2 zur Verunreinigung der betreffenden Person führen. Die zwei notwendigen

---

[60] Vgl. 1,5; 1,6; 4,4; 10,3; 10,5; 10,6.

Haare entstehen zu einem Zeitpunkt, zu dem der ganze Fleck bereits existiert. Die notwendige Bedingung, daß das Vorhandensein des hellen Fleckes dem Auftreten des weißen Haares vorausgehen soll, ist also das Prinzip, das der Beurteilung der Fälle zugrundeliegt.

Würde der Text mit diesem Textteil (E2) enden, so bliebe die Struktur des Textes einwandfrei. Der Begründungsteil E ist aber in drei Unterteile gegliedert, und alle drei dargestellten Fälle dienen der Abdeckung aller Möglichkeiten hinsichtlich des zeitlichen Verhältnisses zwischen der Erscheinung des Fleckes und dem Wachsen des Haares. E3 ergänzt E2. Der Sachverhalt bleibt derselbe. E3 besagt, daß das Urteil in E2 nicht gilt, wenn die Bedingung dort nicht erfüllt wird. Die Wiederholung dient der erschöpfenden Darstellung aller Möglichkeiten, und daher wird über diese zwei Fälle hinaus auch der Zweifelsfall erwähnt (E4), demzufolge nicht ersichtlich ist, was zuerst, der Fleck oder das weiße Haar, aufgetreten ist.

Durch die Nennung aller Möglichkeiten in E konstituiert sich eine strukturelle Entsprechung zwischen den drei besprochenen Fällen in B-D und den Bestandteilen im Begründungsfall. Das Kriterium in E2 entspricht dem letzten Fall D. Mit diesem Textteil ließen sich auch die anderen Fällen (B-C) erklären. Dabei ist jedoch nicht zu verkennen, daß sich diese Fälle gerade dadurch auszeichnen, daß man von ihnen nicht sagen kann, ob der Fleck dem Haar oder das Haar dem Fleck vorausgegangen ist. Man kann sie weder E2 noch E3 zuordnen: sie sind ja in dieser Hinsicht Zweifelsfälle *par excellence*. Ich behaupte also, daß sich der Textteil E4 (... ואם ספק) strukturell betrachtet auf diese Fälle bezieht. Inhaltlich ist jedoch eine solche strukturelle Zuordnung nicht möglich. Mit dem Urteil טמא in E4 wird ein endgültiges Urteil ausgesprochen.[61] In dem verwendeten terminologischen Rahmen in B-D ist es eindeutig das Urteil להחליט, welches dem Urteil טמא entspricht. In B und C wird jedoch die Entscheidung für הסגר getroffen.

Der Zusammenhang der dargestellten Fälle im Text mit dem Begründungsteil ist verständlich, wenn nur der erste Teil der Begründung (E2) berücksichtigt wird. Die anderen Teile E3 und 4 müßten also zum Zweck des Verständnisses des Textes ignoriert werden, so im Sinne Neusners, der am Ende seiner Textanalyse lediglich feststellt, daß der Textteil E4 »stands apart of the construction.«[62] Mag es zudem zutreffen, daß der Redaktor, der diese Teile mitüberlieferte, sie nicht in ein logisches Verhältnis mit den Fällen B und C zu setzen meinte – das geht ja nicht, und man kann dem Redaktor nicht das Unmögliche zuschreiben –, so ist die Intention des Verfassers bei der Feststellung einer Kohärenzlücke doch völlig irrelevant. Eine textuelle Lücke entsteht nicht, weil der Verfasser/Redaktor des Textes sie absichtlich vorhatte.

---

[61] Vgl. z. B. die wiederholte Verwendung dieser Urteilsformel im 3. Kap. des Traktats.
[62] Neusner, *Purities,* VI, S. 88.

§4 Weiße Haare auf dem hellen Fleck   59

Eine unmögliche strukturelle Zuordnung ist eingetreten. Eine Erklärung für ein solches Phänomen ist erforderlich. Im Sifra finden sich für diesen Komplex zwei parallele Texte. Im ersten von beiden wird dieselbe מפני שאמרו–Tradition durch die Formel מכאן אמרו eingeführt. Den exegetischen Kontext bilden die Worte ושער בנגע הפך לבן in Lev 13,3, die die Rahmenbedingung zu allen besprochenen Fällen darstellen. Der Text lautet wie folgt:

sNeg 1,2; Ass. 66, S. 253 (= sI)

A 1 ושיער
  2 מעוט שיער שתי סערות
B 1 בנגע
  2 להביא את שבתוכו ושוכב חוצה לו
  3 פרט לשחוצה לו ושוכב לתוכו
C 1 בנגע והפך[63]
  2 לא הקודם
D 1 מיכן אמרו
  2 אם בהרת קדמה לשער לבן טמא
  3 ואם סער לבן קדם לבהרת טהור
  4 ואם ספיק טמא
E ור[בי]ן יהושע קיהא[64]

A 1 »Und das Haar« (Lev 13,3):
  2 Das Minimum von »Haar« sind zwei Haare.
B 1 »Auf dem hellen Fleck« (ebd.):
  2 [Dies wird gesagt,] um die Haare auf dem Fleck einzuschließen, die [= deren Spitzen] außerhalb von ihm [auf der gesunden Haut] liegen;
  3 ausgenommen sind die [Haare] außerhalb von ihm, die auf ihm liegen.
C 1 »Auf dem hellen Fleck«, und [dann:] »[Ihre Farbe] hat sich [in Weiß] verwandelt« (ebd.):
  2 [Gemeint sind also] nicht die [weißen] Haare, die davor [entstanden] waren.
D 1 Daher haben sie gesagt:
  2 Geht der helle Fleck dem weißen Haar voran, ist [der Betreffende] unrein,
  3 und wenn das weiße Haar dem hellen Fleck vorangeht, so ist er rein,
  4 und in einem Zweifelsfall ist er unrein.
  5 R. Yehoshu'a erklärt [den Fleck in einem solchen Zweifelsfall als einen] dunklen [Fleck].

In drei kurzen Kommentaren (A-C) wird die Bedingung in den Worten ושער בנגע הפך לבן präzisiert. Das Wort שער ist hier im Sinne des Plurals gemeint. Eine genaue Zahl wird nicht genannt: So einigt man sich auf das Minimum, denn mit zwei weißen Haaren kommt die gemeinte Pluralform im biblischen

---

[63] Ass. 66 ist die einzige Hs., in der dem Schriftzitat בנגע הפך (C1) ein ו zwischen beiden Worten hinzugefügt wurde.

[64] Unterschiedliche Lesarten zu קיהא (E): Br.: קהה, Ass. 31: כיהא (davor fügt der Schreiber א[ומר] ein), Ox.: קיהה, P139: כהה. In Lo. wurde dieser Textteil weggelassen.

Hinweis zur Geltung. Zwei weiße Haare sind also erforderlich (A), um auf die Unreinheit des weißen Fleckes hinzudeuten.[65]

In B geht es um die Wendung ושער בנגע. Sie scheint die Möglichkeit zuzulassen, daß auch Haare, deren Spitzen allein auf dem Fleck liegen, mitgemeint sind. Diese Möglichkeit wird abgelehnt (B3).

Der dritte Kommentar, C, der den Kontext der mit der Formel מכאן אמרו eingeleiteten Tradition bestimmt, ist für unser Anliegen relevant. Nicht alle weiß gewordenen Haare gelten als Zeichen der Unreinheit. Als Subjekt des Prädikats הפך לבן sind nur die Haare auf dem weißen Fleck genannt, d.h. die Haare, die sich vor der Änderung ihrer Farbe auf dem Fleck befanden. Der Entstehung des weißen Haares muß also die Erscheinung des hellen Fleckes vorausgehen. Die mit der Formel מכאן אמרו eingeleiteten Sätze in D2–3 sprechen dieses Resultat aus. Mit dem Rest der מכאן אמרו-Tradition, den zwei Ansichten über den Zweifelsfall (D4–E), hängt die Auslegung in C nicht zusammen. Der Redaktor hat sich der Formel מכאן אמרו bedient, um die ihm vorliegende Tradition im Hinblick auf ihre zwei ersten Bestandteile mit der Auslegung zu verbinden. Zwischen C und D2–3 besteht eine vollkommene Kongruenz.

sNeg III,5–6; Ass. 66, S. 260 (= sII)

A	1	והיא הפכה
	2	שהפכתו כולה לא שהפכתו מיקצתה
	3	כיצד
	4	בהרת כחצי גריס ובה שתי שערות
	5	נולדה בהרת כחצי גריס ובה שערה אחת
	6	הרי זו להסגיר
B	1	והיא הפכה
	2	שהפך כולה את כולו לא שהפך כולה את מקצתו
	3	כיצד
	4	בהרת כחצי גריס ובה שערה אחת
	5	נולדה בהרת כחצי גריס ובה שערה אחת
	6	הרי זו להסגיר
	7	בהרת כחצי גריס ואין בה כלום
	8	נולדה בהרת כחצי גריס ובה שתי סערות
	9	הרי זו להחליט
	10	מפני שהפכתו הבהרת[66]

---

[65] Vgl. die Auslegungen zu den Pluralformen צפרים (sMesora I,11 [70b]), כבשים (a.a.O., 2,8 [71c]), האבנים (a.a.O., VI,4 [73b]; 4,3 [73c]; sMesora 4,7 [ebd.]), ימים (sZavim V,9 [79a]) und שעירי (sAharMot II,1 [80d]; diese Auslegung wird auf Seite 109 besprochen). Vgl. ferner den aggadischen Midrash in sBehuq 8,12 (112c) zu dem Ausdruck תורות in Lev 26,46 (מלמד ששתי תורות נתנו להם ...).

[66] Ox. bringt eine verkürzte Version (A1–3, B4–C4). In Lo. wurde der dritte Fall in verkürzter und daher korrumpierter Form überliefert.

§4 Weiße Haare auf dem hellen Fleck

A 1 »Und er [= der helle Fleck] hat die Haare [in weiße Haare] verwandelt« (Lev 13,10):
  2 [Gemeint ist,] daß der ganze [helle Fleck] sie [= die Haare] [in weiße Haare] verwandelt hat, [also] nicht [so,] daß [nur] ein Teil von ihm [= dem Fleck] sie [in weiße Haare] verwandelt hat.
  3 Wie [ist das zu verstehen]?
  4 [Im Falle eines] hellen Fleck[es] von [der Größe] einer halben Graupe, auf dem zwei Haare [entstanden] sind:
  5 Kommt [zu dem] ein heller Fleck [von der Größe] einer halben Graupe, auf dem [dann] ein Haar [entstanden] ist,
  6 so ist dieser abzusperren.
B 1 »Und er hat sie verwandelt« (ebd.):
  2 [Gemeint ist], daß der ganze [helle Fleck] sie alle [= die erforderlichen Haaren] [in weiße Haare] verwandelt hat; nicht [also,] daß der ganze [helle Fleck nur] einen Teil von ihnen verwandelt hat.
  3 Wie [ist das zu verstehen]?
  4 [Im Falle eines] hellen Fleck[es] von [der Größe] einer halben Graupe, auf dem ein Haar [entstanden] ist:
  5 Kommt [zu dem] ein heller Fleck [von der Größe] einer halben Graupe, auf dem ein Haar [dann entstanden] ist,
  6 so ist dieser abzusperren.
  7 [Aber im Falle eines] hellen Fleck[es] von [der Größe] einer halben Graupe, auf dem nichts [weiter] ist:
  8 Kommt zu dem ein heller Fleck von [der Größe] einer halben Bohnengraupe, auf dem [dann] zwei Haare [entstanden] sind,
  9 so ist dieser [für unrein] zu entscheiden,
  10 denn diese [erforderliche Zahl der Haare] hat der [ganze] helle Fleck [in Weiß] verwandelt.

Der Bezugsvers für diese schwierige Auslegung, Lev 13,10, lautet wie folgt: וראה הכהן והנה שאת לבנה בעור והיא הפכה שער לבן ... Im rabbinischen Traditionszusammenhang weist der Ausdruck שאת לבנה auf einen bestimmten Helligkeitsgrad des hellen Fleckes hin.[67] In der vorliegenden Auslegung geht es aber nicht um den spezifischen Helligkeitsgrad, sondern um den hellen Fleck (בהרת) im allgemeinen.[68] Das Demonstrativpronomen והיא ist scheinbar entbehrlich. Die Wiederaufnahme des Subjekts שאת לבנה durch das Pronomen impliziert eine Hervorhebung, und dies wird halachisch so umgedeutet, als würde damit auf die Ganzheit des Fleckes hingewiesen. Somit ist hier folgende Bedingung gegeben: Ehe die zwei erforderlichen Haare auf dem hellen Fleck entstehen, soll der Fleck zu seiner erforderlichen Größe kommen. Die Verwandlung der Haarfarbe in Weiß soll der Fleck als Ganzes verursachen: והיא (!) הפכה שער לבן.

Die abstrakt formulierte Konklusion in A2 שהפכתו כולה לא שהפכתו מיקצתה wird durch einen Fall (A3–6) verdeutlicht. Der Fall zeigt Bedingungen, unter denen von שהפכתו מיקצתה die Rede sein muß. Zwei Haare wurden weiß, bevor der Fleck seine notwendige Größe erreicht hatte. Daraufhin hat sich der

---

[67] Vgl. z.B. sNeg II,1–4 (61a).
[68] Vgl. dazu sNeg III,1 (62c).

Fleck vergrößert und die erforderliche Größe erreicht. Dann wurde ein weiteres weißes Haar entdeckt. Wir haben einen ganzen Fleck und drei Haare, doch – egal ob in bezug auf die zwei erst entstandenen Haare oder auf das letzte einzige – hat nicht ein ganzer Fleck die erforderliche Zahl von zwei Haaren entstehen lassen. Dieser komplizierte Vorgang macht deutlich, inwiefern der erste Auslegungsschritt, A1-2, überhaupt sinnvoll ist. Der Fall zeigt, unter welchen Umständen die Änderung der Haarfarbe durch einen Fleck in einer unzulänglichen Größe zu einem Problem werden kann.

In der Auslegung B wird der Akzent nicht auf das Pronomen והיא, sondern vielmehr auf das Verb gelegt. Man beachte, daß die Unterscheidung zwischen dem »Ganzen« und dem »Teil« in B2 – anders als in A2 – auf das Haar, nicht auf den Fleck, bezogen ist. Mit der »Ganzheit« des Haares ist die erforderliche minimale Zahl von zwei Haaren gemeint.[69] Solche Vollständigkeit kann jedoch nur in dem Wort שער im Bezugsvers (Lev 13,10) impliziert sein. Mit der Anführung והיא הפכה in B1 wird die Fragestellung »was hat der helle Fleck in Weiß verwandelt?« zwar angedeutet, aber die Lösung bietet das Verb הפכה nur im Zusammenhang mit dessen Fortsetzung שער. Die Möglichkeit, daß der Fleck nur einen Teil des Haares in Weiß verwandelt (הפך כולה את מקצתו), wird in A4-6 dargestellt. Der ganze helle Fleck, auf dem im Laufe seiner Ausbreitung ein Haar schon weiß geworden ist, verursacht die Änderung der Farbe bei einem weiteren Haar. Wir haben am Ende dieses Prozesses zwei Haare und einen Fleck von der erforderlichen Größe, aber die Bedingung שהפך כולה את כולו ist nicht erfüllt.

In dem vorhergehenden Fall hat die Hälfte des Fleckes zur Entstehung der zwei weißen Haare geführt; in diesem Fall hat der ganze Fleck nur die Hälfte der erforderlichen Anzahl der Haare in weiße Haare verwandelt. In beiden Fällen können die am Ende vorhandenen zwei weißen Haare nicht als Zeichen der Unreinheit gelten. Sie führen die Unreinheit nur dann herbei, wenn sie erst nach Entstehung des ganzen Fleckes erscheinen. Dies zeigt der dritte Fall B7-9.

Vergleich

Alle Teile des Mishna-Textes bis auf den ersten (mA) finden sich in beiden Sifra-Überlieferungen wieder (mB = sII,B4-6; mC = sII,A4-6; mD = sII, B7-9; mE2-4,F = sI,D2-4,E). Der letzte Teil des Mishna-Textes (mE) fungiert als Erklärung für den ihm vorangehenden Fall (mD). Durch seine Unterteilung konstituiert sich ein Koordinationsgefüge zwischen ihm und den anderen dort dargestellten Fällen (mB-C), das eine strukturell problematische

---

[69] In §14 dreht sich das Argument für die Abhängigkeit der Mishna vom Sifra um die eben erwähnte Tatsache, daß mit dem Hinweis auf das »Ganze« eigentlich nur die *minimale erforderliche* Zahl (dort die Menge einer Olivengröße) gemeint ist.

Überlieferung zur Folge hat. Angesichts der Tatsache, daß beide Textteile in der Mishna, die drei Fälle B-D und die Begründung E zwei voneinander völlig unabhängigen Traditionen im Sifra entsprechen, ist es kaum zu bezweifeln, daß der Mishna-Text auf eine Zusammenfügung von zwei unterschiedlichen Traditionen zurückgeht. Zudem liegt es nahe, daß der Mishna-Redaktor sie aus dem Sifra übernommen hat.

Beide »Traditionen« haben insofern eine gemeinsame Grundlage, als in beiden die Frage nach dem Verhältnis zwischen dem hellen Fleck und der Erscheinung des weißen Haares thematisiert wird, doch das Entwicklungsstadium der Halacha ist in beiden völlig verschieden. Die im ersten Text des Sifra mit der Formel מכאן אמרו eingeleitete Tradition stellt den Grundsatz dar. Der helle Fleck soll der Erscheinung der zwei weißen Haare vorausgehen, damit diese als Zeichen der Unreinheit gelten können. In der anderen Tradition (sII), die einen integralen Bestandteil der durchlaufenden Exegese im Sifra bildet, geht man darüber hinaus, als man die Frage stellt, welches Urteil zu fällen ist, wenn die zwei weißen Haare im Laufe der Entstehung des Fleckes erscheinen, nachdem dieser z.B. die halbe erforderliche Größe erreicht hat. Eine solche differenzierende Betrachtung läßt sich im Prinzip mit der grundsätzlichen Regel verbinden. Eine solche Verbindung hatte wohl der Mishna-Redaktor im Auge, doch hängt der Erfolg einer solchen redaktionellen Zusammenführung vom genauen Wortlaut der Überlieferungen ab. So wird – wie durch Zufall – in der מכאן אמרו-Tradition die Ansicht vertreten, daß in einem Zweifelsfall, in dem man nicht weiß, ob die weißen Haare vor oder nach der Erscheinung des Fleckes entstanden sind, der Fleck doch als unrein gilt. Was ursprünglich hier mit einem Zweifelsfall gemeint war, hatte mit den »Zweifelsfällen«, die in sII dargestellt wurden, wohl kaum einen Zusammenhang. Bringt man nun beide Traditionen zusammen, so entsteht ein unzulässiger Zusammenhang zwischen nicht zusammengehörigen Texteinheiten.[70]

Daß der Fall A, mit dem der Mishna-Komplex beginnt, im Sifra nicht vorkommt, hängt mit der ihm zukommenden Bedeutung zusammen, worauf in der Analyse des Mishna-Textes hingewiesen wurde. Hier hat der Mishna-Redaktor einen eigenen Beitrag geliefert. Die Hinzufügung dieses an sich irrelevanten Falles erklärt sich aus rhetorischen Gründen.

---

[70] In seinem Versuch, die Präferenz des Kontextes des Mishna-Textes zu zeigen, verwickelt sich Neusner in einen unverständlichen Widerspruch. In der Analyse des Sifra-Textes *Purities*, VII, S. 25, stellt er fest: "... the issue of M. 4:11 [= mD-E] is the issue of doubt in plagues." Diese Deutung, die auch für sich nicht richtig ist, überträgt Neusner auch auf den ersten Text des Sifra, um dadurch auf die Zusammenhanglosigkeit zwischen dem Kommentar C und dem מכאן אמרו-»Zitat« aus der Mishna hinzuweisen. Bei der Analyse des Mishna-Textes (a.a.O, VI, S. 88) dagegen erhält das Motiv des Zweifels (E4) einen solchen nebensächlichen Wert, daß Neusner die Zugehörigkeit der Textteile E4–F zu dem gesamten Aufbau völlig bestreitet.

§5 Die Abhebung des Qomeṣ

mMen 1,2; Ka., S. 366

A 1 קמץ ועלה בידו צרור או גרגר מלח או קורט של לבונה פסל
2 מפני שאמרו הקומץ הייתר[71] והחסר פסול
B 1 ואיזה[72] הוא היתר
2 שקמצו מבורץ
3 וחסר
4 שקמץ בראשי אצבעתיו
C 1 כיצד הוא עושה
2 פושט את אצבעותיו על פס ידו

A 1 Hat er [= der Priester] [ein Qomeṣ von dem Speiseopfer] abgehoben, so daß ein Steinchen oder ein Salzkorn oder ein kleines Stück Weihrauch mit in seine Hand gekommen ist, so hat er [das Opfer] untauglich gemacht,
2 denn sie haben gesagt: Ist der abgehobene Teil [= das Qomeṣ] zu groß oder zu klein, so ist es [= das Opfer] untauglich.
B 1 Und welches ist [ein Qomeṣ, das] zu groß [ist]?
2 Wenn er es gehäuft abhebt, [so daß die Mengung über seine Hand hinausgeht].
3 Und [welches ist ein Qomeṣ, das] zu klein [ist]?
4 Wenn er [es nur] mit den Spitzen seiner Finger abhebt.
C 1 Wie führt er [dies] aus?
2 Er streckt seine Finger über seine Handfläche aus [d.h.: er klappt seine Finger auf seine Handfläche herab].[73]

Vom Mehlopfer wird in der Regel eine Handvoll (Qomeṣ) abgehoben,[74] die man auf dem Altar verbrennen läßt. Das Qomeṣ ist das kultische Äquivalent zum Blut bei den Tieropfern. Im vorliegenden Text wird ein Fall dargestellt (A1), demzufolge diese Verrichtung vorschriftswidrig ausgeführt wurde. In die abgehobene Mengung aus Feinmehl und Öl mischt sich ein dazu nicht gehöriges Teilchen, ein Steinchen, ein Salzkorn[75] oder ein Stück Weihrauch.[76]

---

[71] In Cam.: הקומץ את היתר. Nach dieser Lesart wird das Wort הקומץ als Verb verstanden.
[72] Die Verbindung B1 mit A durch die Konjunktion ו ist eine Eigentümlichkeit von Ka. (gegenüber Cam., Par., P138, Jer. und O404).
[73] Die Formulierung ist schwer verständlich. פס יד ist die Handfläche (vgl. mMeg 4,8). Die Schilderung des Vorgangs in bMen 11a erklärt zwar den Vorgang, verdeutlicht aber diese Formulierung nicht. Vgl. J. Cohn, *Mischnajot*, V, S. 99, Anm. 20.
[74] Ausgenommen sind bestimmte Mehlopfer wie z.B. das Mehlopfer der Priester (מנחת כהנים) und das Mehlopfer des Hohenpriesters (מנחת כהן משיח), die gänzlich auf dem Altar verbrannt werden (vgl. mMen 6,2).
[75] Nicht nur ein Steinchen, sondern auch das Salz gehört nicht in die teigartige Mengung aus Feinmehl und Öl, woraus das Mehlopfer besteht. Die Vorschrift in Lev 2,13 (וכל קרבן מנחתך במלח תמלח) wird unmittelbar vor dem Hinwerfen des Qomeṣ auf den Altar ausgeführt. Das Qomeṣ wird erst dann mit Salz bestreut (vgl. dazu sNed 14,4, [12a] und die ausführliche Schilderung des Gesamtvorgangs (סדר הבאת המנחה) in Mishne Tora, הלכות מעשה הקורבנות, 13,12).
[76] Der Weihrauch wird über die schon vorbereitete Mengung des Mehlopfers in das Gefäß gegossen. Bei der Abhebung des Qomeṣ soll der Priester ihn zur Seite schieben, um die Handvoll von Mehl und Öl abzuheben (vgl. bSot 14b und Rambam, ebd.).

Obwohl ein Salzkorn eine an sich belanglose Größe darstellt, ist die eintretende Untauglichkeit – wie dies in A2 festgestellt wird – auf die dadurch verursachte Verminderung der erforderlichen Quantität der reinen Mischung aus Feinmehl und Öl in dem Qomeṣ zurückzuführen.[77] Nach den genannten Bedingungen des Falles fehlt dem Qomeṣ die erforderliche Menge. Das Qomeṣ gilt als חסר und ist daher untauglich.

Auf diese Begründung folgt ein Verdeutlichungsteil (B), in dem erklärt wird, was der Priester nicht tun darf, um nicht zu viel und nicht zu wenig vom Mehlopfer abzuheben, und entsprechend endet der Text mit einer affirmativen Schilderung der rechtsgültigen Verfahrensweise (C2). In B4 erfährt man, in welchem Fall die abgehobene Menge des Qomeṣ nicht ausreichend ist: שקמצו בראשי אצבעותיו. Die Frage איזה הוא ... החסר (zusammengesetzt aus B1 und 3), auf die B4 eine an sich deutliche Antwort gibt, wurde aber schon bei der Darstellung des einleitenden Falles A1 beantwortet. Die Menge des Qomeṣ reicht nicht aus, wenn sich in das Qomeṣ ein Steinchen oder ein Salzkorn oder ein kleines Stück Weihrauch gemischt hat. Der Text bietet zwei völlig verschiedene Möglichkeiten für ein Qomeṣ, dessen erforderliche Menge nicht ausreichend ist.

Daß hier zwei verschiedene Maßstäbe über die erforderliche Menge des Qomeṣ überliefert sind, ist an sich unproblematisch. Man betrachte jedoch die Art und Weise, wie dies im Text geschieht: Die Begründung מפני שאמרו הקומץ החסר פסול ... bedarf nicht der Verdeutlichung, die auf sie folgt. Die Bezugnahme des Begründungsteils A2 auf A1 setzt schon voraus, unter welchen Bedingungen die Menge des Qomeṣ unzureichend ist. Mit der Frage nach der Definition eines unzureichenden Qomeṣ (B3) schließt die Antwort שקמצו בראשי אצבעותיו in B4 andere Möglichkeiten aus, mitunter auch die, wonach ein Steinchen, ein Salzkorn oder ein Stück Weihrauch sich in die Menge des Qomeṣ gemischt haben. Das explizite Kriterium in B ist mit dem impliziten Kriterium in A nicht vereinbar. Die textuelle Spannung ist die Folge der logischen Verknüpfung beider Teile. Die Aussage in A2 הקומץ ... החסר פסול steht in zwei Bezugszusammenhängen. In bezug auf A1 erhält der Ausdruck קומץ חסר einen bestimmten Sinn, und im Kontext der auf A2 folgenden Erörterung gewinnt er aber einen anderen. Da beide Sinngebungen die Bedeutung desselben Ausdrucks zu belegen *beanspruchen,* schließen sie einander aus.

---

[77] Vgl. Rambam, Bertinoro, Albeck, die Komm. z. St., J. Cohn, *Mischnajot,* V, S. 98, Anm. 17. An sich lassen sich die Worte קמץ ועלה בידו ... auch so verstehen, daß dem Priester beim Abheben des Qomeṣ nicht mehr gelungen ist, als eines der drei genannten Dingen abzuheben. Diese Lesart ist jedoch mit der Begründung in A2 nicht zu vereinbaren.

Im Zusammenhang mit der Exegese im Sifra zu Lev 2,2, dem Bibelvers, der die Abhebung des Qomeṣ beschreibt, finden sich zwei Auslegungen, die, wie ich meine, als Vorlage für die Gestaltung der vorliegenden Überlieferung benutzt wurden. Der Vers lautet והביאה אל בני אהרן הכהנים וקמץ משם מלא קמצו מסלתה ומשמנה על כל לבנתה והקטיר הכהן את אזכרתה המזבחה אשה ריח ניחח לה'. Der erste Midrash nimmt seinen Ausgangspunkt in dem Ausdruck מלא קמצו:

sNed IX,6; Ass. 66, S. 41 (= sI)

A 1 מלוא קומצו
2 יכול מלוא קומצו מבורץ
3 תל[מוד לו]מר]
בקומצו
B 1 או בקומצו
2 יכול יקמוץ בראשי אצבעותיו
3 תל[מוד] לו[מר]
מלוא קומצו
C 1 הא כיצד
2 חופה את פס ידו[78] במחבת ובמרחשת ומוחק באצבעו
מלמעל[ן]{ה} למט[ן]{ה}

A 1 »[Und er soll von dort eine Handvoll nehmen]: die Fülle seiner Handvoll« (Lev 2,2):
2 Man könnte meinen, daß »die Fülle seiner Handvoll« [bedeutet, daß die Handvoll] gehäuft sein soll, [so daß die abgehobene Menge über die Hand hinausgeht];
3 Die Schrift [aber] sagt: »[Und er soll von ihm abheben,] indem er eine Handvoll nimmt« (Lev 6,8).
B 1 Oder [wenn die Schrift sagt:] »indem er eine Handvoll nimmt«,
2 [so] könnte man meinen, daß er [das Qomeṣ nur] mit den Spitzen seiner Finger abheben soll;
3 Die Schrift [aber] sagt: »die Fülle seiner Handvoll«.
C 1 Also, wie [ist dieses Problem zu lösen]?
2 Er bedeckt seine Handfläche mit [dem Speiseopfer] in der Pfanne oder in dem Tiegel und streicht mit seinem Finger von oben nach unten.

Dem Schema dieser Auslegung sind wir schon in § 2 begegnet. Die Verschiedenheit von zwei biblischen Auskünften über dieselbe Fragestellung wird zugespitzt. Es wird gezeigt, daß sich aus ihnen zwei einander widerprechende Implikationen ergeben. Der Ausdruck מלוא קומצו in Lev 2,2 hat dieselbe Funktion wie der Ausdruck בקומצו in Lev 6,8. Beide kommen im gleichen Zusammenhang vor (2,2: וקמץ משם; 6,8: והרים ממנו) und lassen sich als zwei verschiedene Antworten auf die Frage nach der genauen Ausführung des

---

[78] In Ox. und Lo.: חופה על פס ידו. Die Änderung ergibt keinen Sinn. Veranlaßt wurde diese Lesart wahrscheinlich durch die parallele Lesart in der Mishna. Dort (mC2) wird zwar ein anderer Vorgang beschrieben und ein anderes Verb (פושט [= er streckt aus] an Stelle von חופה [= er bedeckt]) verwendet, doch in beiden Fassungen ist von פס ידו die Rede, was in der Mishna mit על vorkommt.

Qomeṣ-Gebots deuten. Während der Hinweis קומצו מלוא ein Maximum vorschreibt, läßt sich בקומצו so verstehen, als erfüllte der Priester seine Pflicht schon damit, daß er eine beliebige Menge abhebt. Die aufeinanderfolgenden Schritte in A und B dienen der Hervorhebung des Problems. Die jeweils aufgestellte »These« wird durch einen Verweis auf die andere Bibelstelle widerlegt. Es gilt, nach einer Lösung zu suchen, die beiden Schriftstellen Rechnung trägt. Indem der Priester seine ganze Handfläche in die Mengung aus Öl und Feinmehl versenkt, erfüllt er die Pflicht, von der in Lev 2,2 mit מלא קמצו die Rede ist. Dann streicht er die Überreste ab, wodurch die implizite Zulassung zur Abhebung jeder beliebigen Menge in dem Ausdruck בקומצו gleichfalls in Erfüllung geht.

Der zweite Midrash zu Lev 2,2, dem wir uns nun zuwenden, bezieht sich auf den Hinweis מסלתה ומשמנה.

sNed IX,10; Ass. 66, S. 42 (= sII)

A 1   מלא קמצו מסולתה ומשמנה
  2   שאם קמץ ועלה בידו צרור (או) גרגר מלח
       או קורט שלילבונה פסל[79]

A 1 »Die Fülle seiner Handvoll von seinem Feinmehl und von seinem Öl« (Lev 2,2):
  2 [Die Schrift lehrt,] daß, wenn er [= der Priester] das Qomeṣ abgehoben hat, so daß ein Steinchen oder ein Salzkorn oder ein kleines Stück Weihrauch in seine Hand gekommen ist, er [das Opfer dadurch] untauglich gemacht hat.

Mit מסלתה ומשמנה (Lev 2,2) wird die Zusammensetzung des Qomeṣ festgelegt. Im Midrash wird die Formulierung »vom Feinmehl und Öl« als Restriktion gedeutet: *Nur* von diesen darf der Priester die Handvoll nehmen und diesen abgesonderten Teil auf dem Altar verbrennen lassen.

Die volle Bedeutung dieser Hervorhebung wird jedoch erst dann anerkannt, wenn man den breiteren Kontext sowohl des Verses als auch der entsprechenden Exegese im Sifra berücksichtigt. Denn so eindeutig in seiner Aussage ist der Bezugsvers nicht. Die Forderung וקמץ משם מלא קמצו מסלתה ומשמנה hat nämlich eine Fortsetzung: על כל לבנתה, und darauf folgt die Beschreibung der Opferung והקטיר הכהן את אזכרתה המזבחה. Soll der Priester bei der Abhebung des Qomeṣ den Weihrauch (לבונה) einbeziehen? Die Frage bringt die Unklarheit des Verses zum Ausdruck, und sie wurde offensichtlich gestellt, denn im vorliegenden Midrash wird darauf eine deutliche negative Antwort gegeben. Auch die anschließende Auslegung zu den Worten על כל לבונתה[80] zeugt von demselben Verständnis des Sachverhalts. Die Deutung dieser Worte שתהא לבונה בשעת קמיצה stellt klar, warum vom Weihrauch im Rahmen der »Abhebung des Qomeṣ« überhaupt die Rede ist. Der Weihrauch soll wohl da sein,

---
[79] P139: פסול; Ox.: פוסל.
[80] sNed IX,10 (10b).

wenn der Priester das Qomeṣ abhebt, dieser hat aber aufzupassen, ihn nicht zu berühren. Erst nach dem Vollzug des Qomeṣ-Gebots wird der Priester den Weihrauch aufsammeln und verbrennen lassen, so wie dies in der ergänzenden Auslegung zu dieser Stelle beschrieben wird: שיליקט - הקטיר והקטירה על כל לבונתה לבונה ויעלה לאישים.[81]

Vergleich

Bei der Analyse des Mishna-Textes wurde auf eine deutliche Kohärenzlücke hingewiesen. Daß dieser Mangel infolge der Verbindung zweier ursprünglich miteinander nicht zusammenhängender Traditionen entstand, zeigt der Stand der Überlieferung im Sifra. Der erste Textteil im Mishna-Text (A1) stimmt wörtlich mit der Auslegung im zweiten Text des Sifra (sII,A2) überein. Der zweite Teil in der Mishna, B-C, entspricht dem Verlauf der Exegese im ersten Text des Sifra (sI). Die mishnische Überlieferung ist ein Ergebnis der Zusammenfügung der zwei Traditionen, so wie wir sie im Sifra finden. Wie im vorigen Textvergleich hat sich der Redaktor derselben Formel מפני שאמרו zum Zwecke seiner Montage bedient. Im Sifra besteht zwischen beiden Auslegungen kein derartiger Zusammenhang, den der Mishna-Redaktor ihnen ohne Zweifel nachträglich auferlegt hat. Das strukturelle Problem des Mishna-Textes entstand, als der Redaktor die Entscheidung traf, beide Traditionen nicht bloß hintereinander zu ordnen, sondern sie in einen logischen Zusammenhang zu stellen. Mit seiner Entscheidung, die kausale Konjunktion מפני im Übergang von der einen in die andere Tradition zu setzen, verrät er – denn dadurch entsteht ja die Kohärenzlücke –, wie er mit seiner Vorlage operiert. Er legt beiden Überlieferungen eine logische Struktur auf, die nicht aufrechterhalten werden kann.

Mit der Zusammenstellung beider exegetischen Traditionen des Sifra wiederholt sich darüber hinaus dasselbe Phänomen, dem wir schon in §3 (S. 52ff.) begegnet sind. Mit der Weglassung des exegetischen Kontextes tut der Mishna-Redaktor mehr, als bloß den halachischen Sachverhalt aus seinem exegetischen Rahmen herauszuschälen. Gemäß dem Sifra ist ein mit einem Stück Weihrauch oder Salz vermischten Qomeṣ deshalb untauglich, weil er im Gegensatz zu der biblischen Vorschrift in Lev 2,2 nicht nur aus Feinmehl und Öl מסולתה ומשמנה besteht. Indem der Mishna-Redaktor den Fall mit dem Hinweis auf die so unzulänglich gewordene Quantität des Qomeṣ erklärt, *ersetzt* er die ursprüngliche Begründung für die eintretende Untauglichkeit mit seiner eigenen. Dabei ist zu beachten, daß diese Begründung lediglich dazu dient, beide Traditionen zusammenzufügen.

---

[81] Ebd.

§6 Die Definition der Nachlese

mPea 4,10; Ka., S. 13

A 1 אי זה הוא לקט
2 הנושר בשעת הקצירה
B 1 היה קוצר
2 קצר מלוא ידו תלש מלוא קמצו
3 הכה(ו) קוץ נפל מידו על הארץ
4 הרי זה שלבעל הבית
C 1 תוך היד תוך המגל לעניים
2 אחר היד אחר המגל לבעל הבית
3 ראש היד ראש המגל
4 ר[בי] ישמעאל אומ[ר] לעניים
5 ר[בי] עקיבה אומ[ר] לבעל הבית[82]

A 1 Was ist »Nachlese«?
2 Das Herabfallende zur Stunde des Aberntens.
B 1 Hat er geerntet, [indem er]
2 eine Handvoll[83] [mit der Sichel] abmähte [oder mit der Hand] ausriß;
3 schlug ihn ein Dorn, und sie fiel aus seiner Hand zur Erde,
4 so gehört es dem Besitzer.
C 1 [Was] von der Innenseite der Hand [oder] von der Innenseite der Sichel [herabfällt, gehört] den Armen;
2 [was aber] von der Rückseite der Hand [oder] von der Rückseite der Sichel [herabfällt, gehört] dem Besitzer.
3 [Was] von der Spitze der Hand [= den Fingerspitzen], [oder] von der Spitze der Sichel [herabfällt]:
4 Rabbi Yishma'el sagt: [Es gehört] den Armen.
5 Rabbi Aqiva sagt: Dem Besitzer.

Die Ähren, die während der Ernte zur Erde fallen, gehören den Armen (Lev 19,9). Mit der den Text einleitenden Definition dieser Armengabe wird spezifiziert, daß nicht alles, was bei der Ernte zur Erde herabfällt, als »Nachlese« gilt, sondern nur das, was wirklich im »Augenblick des Aberntens« (בשעת הקציר) geschieht. Daß in der Definition der Akzent auf den Zeitpunkt בשעת gelegt wird, ist vielleicht nicht ganz ersichtlich, wenn man die kurze Frage und die Antwort darauf für sich liest. Durch den Zusammenhang mit dem darauf folgenden Fall wird jedoch deutlich, welche Funktion dieser Fall in bezug auf die Definition erfüllt und daß diese Definition folglich in diesem engeren Sinn verstanden werden soll.

---

[82] Bezeichnend für die Version in Ka. ist, daß die nebenordnende Konjunktion ו nicht einmal vorkommt, während sie in den andren Textzeugen in unterschiedlicher Häufigkeit verwendet wurde und vor נפל (B3), תוך המגל (C1), אחר המגל (c2), ראש המגל (C3) und רבי עקיבה (C5) gesetzt wird. Sonst sind die Abweichungen unerheblich.

[83] מלוא ידו hat hier denselben Sinn wie die aus Lev 2,2 entnommene Wendung מלוא קמצו. Der Wechsel ist auf den hier verwendeten Parallelismus zurückzuführen.

In B werden ganz konkrete Umstände geschildert, unter denen die Ähren zur Erde herabfallen. Es ist der Stich eines Dorns, der die unmittelbare Ursache für das Fallen der Ähren ist. Ein Unglück dieser Art ist nicht nur für den Gestochenen sozusagen schmerzlich, beeinträchtigt sind vor allem die Armen, denn sie verlieren infolge dieses Geschehens das Anrecht auf die herabfallenden Ähren. Diese durch einen Dornstich zur Erde fallenden Ähren gelten nicht als לקט. Warum? »Da sie nicht בשעת הקצירה zur Erde gefallen sind, sondern nachher«, erklärt Albeck.[84] In der Tat stellen wir fest, daß sich B zu A eindeutig als dessen Verdeutlichung verhält. Wir müssen also davon ausgehen, daß der Stich des Dorns das Herabfallen der Ähren von der konkreten Handlung des Aberntens zeitlich trennt. Das halachische Urteil des in B beschriebenen Falles ergibt sich aus der Definition und hilft gleichzeitig zur Erläuterung dessen, was in der Definition ausgesagt wird.

Nun stellt sich folgende Frage: Ist es eindeutig, daß der Dorn erst dann den Erntenden sticht, wenn die konkrete Handlung des Aberntens schon vollendet ist? Dies versteht sich nicht von selbst. Wahrscheinlicher ist, daß sich beide Geschehnisse, das Ausreißen (oder Abmähen) der Ähren und der Stich, gleichzeitig ereigneten. Der Stich des Dorns ist nicht ein vom Himmel fallender Schlag. In demselben Moment des Ausreißens geschieht es.

Verhält es sich so, dann weist der Text ein Problem hinsichtlich des Verhältnisses der Definition zu diesem Fall auf. Die in der Definition festgestellte Bedingung בשעת הקצירה kommt nach diesem Verständnis des Falles doch zur Geltung, und folglich sollten die wegen eines Dornstichs zur Erde herabfallenden Ähren nicht im Besitz des Landbesitzers bleiben, sondern in den der Armen übergehen. So verstanden, erfüllt der Fall B die ihm zukommende Funktion als Verdeutlichung der Definition nicht.

Die Annahme, daß der Dorn den Aberntenden im Moment des Abmähens sticht, gründet sich nicht allein auf Überlegungen über die realen Verhältnisse auf dem Feld. Von dieser Spannung zwischen den Bedingungen des Falles B und dem Kriterium in A zeugt auch die Art und Weise, wie der Fall beschrieben wird. An sich ließe sich die Reihenfolge der Geschehnisse: קצר.. תלש.. הכהו.. נפל.. (B2–3) als eine zeitliche Folge verstehen, doch alle Zeitwörter sind unter B1 (היה קוצר) subsumiert. Die drei Bestandteile des Geschehens, das Abmähen/Ausreißen, der Stich und das Herabfallen (B2–3), stehen auf der gleichen Zeitebene, die in B1 definiert ist. Darüber hinaus bestimmen die Worte היה קוצר in B1 nicht nur den Rahmen, in dem sich die spezifischen Geschehnisse ereignen, sondern sie setzen die Zeit voraus, die in A2 mit שעת הקצירה genannt wird. Auf diese Weise erweist sich, daß der Stich des Dorns nicht auf einen Zeitpunkt verlagert werden kann, der außerhalb der »Stunde des Aberntens« liegt. Die Ähren fallen also nicht nach »der Stunde des Aberntens« zur Erde herab. Warum gehören sie dann dem Besitzer? Sobald die Parallele im Sifra herangezogen wird, wird diese Unklarheit behoben.

---

[84] Vgl. Komm. z. St.

§ 6 Die Definition der Nachlese

Auch der Textteil C steht im Kontext der Fragestellung in A1. Nicht alle herabfallenden Ähren gelten als לקט. Verwendet man zum Abernten eine Sichel, so gelten nur die Ähren, die von deren Innenseite fallen, als לקט (C1), und die Armen haben ein Anrecht darauf. Die anderen herabgefallenen Ähren, von denen in C2 die Rede ist, sind allein durch einen zufälligen Schlag von der Rückseite der Sichel gefallen und gehören dem Besitzer. Analog verhält es sich, wenn man nur mit der Hand ausreißt. Warum ist das so? Die Erklärung Albecks,[85] man habe sie nicht abzuernten beabsichtigt, leuchtet ein; allein die Fortsetzung dieses Kommentars, »und sie sind zur Erde nicht zur Stunde des Aberntens herabgefallen«, wundert sehr, denn zweifelsohne sind diese Ähren gleichzeitig mit der Betätigung der Sichel (resp. der Hand) gefallen. Albeck versteht auch diesen Teil also als Explikation dessen, was oben in der Definition steht. Es geht aber offensichtlich nicht.

Der Teil C hat jedoch keinesfalls so deutlich wie B die gleiche Funktion einer Verdeutlichung. Obwohl C auch in demselben Zusammenhang steht, kann er trotzdem im Gegensatz zu B als die Überlieferung einer für sich stehenden Tradition verstanden werden, bei der ein anderer Maßstab für die Definition von לקט gesetzt wurde. Die Tatsache, daß auch die in C2 gemeinten Ähren, die in der »Stunde des Aberntens« zur Erde herabgefallen sind, nicht als לקט gelten, weist insofern nicht auf eine solche deutliche Kohärenzlücke im Text hin, wie dies hinsichtlich des Verhältnisses zwischen A und B ist. Die Meinungsverschiedenheit zwischen R. Aqiva und R. Yishma'el über den Grenzfall, nach dem weder die Innenseite noch die Rückseite der Sichel das Fallen der Ähren verursachte, sondern die »Spitze« dieses Geräts (oder der Hand) zeugt von dem rein theoretischen Charakter dieser Überlegungen, in dessen Rahmen der ganze Text steht.

Wir gehen nun zur parallelen Stelle im Sifra. Wegen der großen Verwandtschaft beider Fassungen wird auf die Übersetzung des Textes verzichtet.

sKed 2,5; Ass. 66, S. 395

A 1 ולקט קצירך
2 אין לקט]אלא מ[חמת הקציר
B 1 מיכן אמרו
2 היה קוצר
3 מלוא קומצו קצר מלוא ידו [Br. = תלש]
4 הכהו קוץ
5 עקצתו עקרב
6 ניבעת
7 נפל מידו על הארץ
8 הרי הוא שלבעל הבית
C 1 תוך היד תוך המגל לענים

---

[85] Vgl. Komm. z. St.

2 אחר היד אחר המגל לבעל הבית
3 ראש היד ראש [המגל = .Br]
4 ר[בי] ישמעאל אומר לעניים
5 ר[בי] עקיבה או[מר] לבעל הבית[86]

Dem kurzen Kommentar (A2) zu dem Ausdruck ולקט קצירך in Lev 19,9 liegt der Versuch zugrunde, dem Vorkommen des scheinbar überflüssigen Bezugswortes קצירך eine bedeutende Aussage beizumessen. Die Anweisung in Lev 19,9 ließe sich auf den Wortlaut ולקט לא תלקט reduzieren. Da das Wort לקט nicht allein vorkommt, sondern durch קצירך näher bestimmt wird, beinhaltet der Ausdruck ולקט קצירך nach der rabbinischen Hermeneutik eine Einschränkung in bezug auf den Geltungsbereich von לקט. Nur die »Nachlese«, die wirklich durch die Ernte entstanden ist, ist in dem Verbot לא תלקט einbezogen. Der Ausdruck לקט קצירך ergibt einen ganz spezifischen Sinn, der die volle Bedeutung des Schriftwortes zu Tage treten läßt: אין לקט אלא מחמת הקציר.

Eine solche Sinngebung trägt unmittelbare Konsequenzen für das Anspruchsrecht der Armen auf die »Nachlese« in sich. Dies veranschaulicht der uns schon aus der Mishna bekannte, hier durch die Formel מכאן אמרו eingeleitete Fall. Die redaktionelle Verbindung mittels מכאן אמרו ist in diesem Fall besonders einleuchtend. Man könnte sich kaum ein besseres Beispiel für den Fall ausdenken, in dem die Ähren nicht unmittelbar wegen der Ernte zur Erde herabfallen, als der Schrecken, der einen Bauern ergreift, den ein Dorn oder sogar ein Skorpion gestochen hat. Doch kann sich der gestochene Bauer zumindest damit trösten, daß die unter solchen Umständen herabfallenden Ähren in seinem Besitz bleiben. Sie gehören ihm, da sie nicht wegen der Ernte gefallen sind.

Auch der dritte Teil des Textes läßt sich zum Referenzbereich der Formel מכאן אמרו zählen. Ähren, die in der Innenseite der Sichel abgemäht wurden, gehören den Armen, nicht jedoch die zufällig durch den Schlag der Rückseite herabfallenden, denn bei diesen gilt nicht die Ernte im engeren Sinn als Ursache für ihr Ausfallen. Die Unterscheidung zwischen C1 und 2 erklärt sich aus dem Kommentar in A2 und wurde vom Sifra-Redaktor deshalb im Anschluß an die erste Verdeutlichung auch angeführt.

Vergleich

Trotz der weitgehenden Übereinstimmung zwischen beiden Überlieferungen besteht ein entscheidender Unterschied zwischen der Mishna und dem Sifra hinsichtlich der Definition der »Nachlese«. Während man sich in der

---

[86] In Ass. 31 ist die Reihenfolge der Textteile von B8 – C5 korrumpiert. Die Meinungsverschiedenheit zwischen R. Yishma'el und R. Aqiva schließt sich an B1–7 an. In der Randglosse wurde dies korrigiert. In den übrigen Hss. sind die Abweichungen unerheblich.

Mishna einer temporalen Kategorie bedient, um den Geltungsbereich der Nachlese auf den Zeitpunkt zu beschränken, in dem sich die Handlung der Ernte ereignet, wird im Sifra ein kausales Verknüpfungswort (מחמת) verwendet. Mit dieser Differenz hängt die in der Mishna-Überlieferung vorhandene Kohärenzlücke zusammen. Der Fall, der auf die Definition in der Mishna folgt und der sich von der parallelen Überlieferung im Sifra lediglich durch die Weglassung des Motivs vom Stich des Skorpions (sB5–6) unterscheidet, erfüllt deshalb die ihm zukommende Verdeutlichungsfunktion nicht, da in ihm der zeitliche Faktor, den die Mishna bei der Definition der Nachlese setzt, keine Rolle spielt. Der eigentliche Grund dafür, die in diesem Fall genannten, herabfallenden Ähren dem Besitzer zuzusprechen, ist, daß sie wegen des Dornstichs und nicht wegen der Ernte herabgefallen sind. Zweifelsohne stellt der Sifra-Text die Logik der Verknüpfung zwischen der Definition der Nachlese und diesem Fall richtig dar.

Durch die Sifra-Überlieferung läßt sich das Problem des Mishna-Textes erklären. Die vorgenommene Änderung bei der Neugestaltung der Definition der Nachlese, d.h. die Ersetzung der kausalen Kategorie durch eine zeitliche, führte zur Entstehung der Lücke in der Mishna. Der Grund für diese Änderung läßt sich nicht erraten. Dies vermindert gewiß den Erklärbarkeitsgrad einer solchen Hypothese. Doch auch so haben wir eine plausible Antwort auf die Warum-Frage, die der Mishna-Text stellt.

Ein Einwand gegen die Plausibilität dieses Modells könnte erbracht werden, indem man die umgekehrte Möglichkeit des Verhältnisses beider Texte zueinander in Erwägung zieht. Warum nicht annehmen – so ließe sich argumentieren –, daß sich der mit der Inkohärenz des Mishna-Textes konfrontierte Sifra-Redaktor für eine dann verständliche Korrektur entschieden hat? Solange man bei der bloßen Nennung solcher Möglichkeiten bleibt, ist ein solcher Einwand nicht als ernst zu betrachten. Hypothesen über das Abhängigkeitsverhältnis zwischen parallelen Überlieferungen haben nur dann einen Wert, wenn sie sich als echte Erklärungsmodelle darstellen. Mit der bloßen Nennung dieser Möglichkeit läßt man das Problem des Mishna-Textes auf sich bewenden. Oder man stellt ohne jeden zwingenden Grund die komplexe Spekulation dar, die Mishna-Überliefurung gehe auf eine ursprüngliche, dem Sifra-Text entsprechende Tradition zurück, die erst nachträglich bei der Sifra-Redaktion wiederhergestellt worden ist. Oder man erweitert den Bereich des Möglichen soweit umd behauptet, daß der Mishna-Redaktor wohl genau das meinte, was im Sifra-Text steht, daß ihm dies aber nicht gelungen ist, weswegen der Sifra-Redaktor, der die Grundintention spürte, den Mishna-Text entsprechend verbessert hat. Solange sich die Einsicht nicht durchgesetzt hat, daß eine sinnvolle Literarkritik ihren Ausgangspunkt in dem echten Wunsch nehmen muß, problematische Text-Erscheinungen zu erklären, wird das Spiel der Spekulation endlos getrieben.

Bleibt man also bei der Behauptung, daß die Sifra-Überlieferung als Vorlage für die Entstehung des Mishna-Textes benutzt wurde, so gilt noch zu überlegen, was genau dem Mishna-Redaktor hier vorgelegen hat. In diesem Zusammenhang kommt der Formel מכאן אמרו eine besondere Bedeutung zu. Trifft es zu, daß der Sifra-Redaktor mittels dieser Formel die eigentliche Sifra-Exegese in A mit den ihm bekannten Traditionen (B und C) verknüpft hat, so ist der Gesamttext (A → B → C) nicht als eine einzelne, isolierbare Tradition, die wir mehr oder weniger zufällig in einem Werk namens Sifra finden, zu betrachten. Soweit im vorliegenden Text die Hand des Redaktors selbst wahrnehmbar ist, setzt der Text die Existenz einer literarischen Komposition voraus, die, wenn der besagte Text von dem Mishna-Redaktor benutzt wurde, ihm auch vorgelegen haben müßte.

Auch im nächsten Vergleich wird ein Sifra-Text besprochen, in dem die Formel מכאן אמרו vorkommt.

§7 Die Festlegung der Grenzen zur Gabe der Pea

mPea 2,1–4; Ka., S. 10

A 1 (ו)אילו מפסיקין לפיאה
2 הנחל ו(ה)(ש)לולית (ו)דרך היחיד ודרך הרבים
ושביל הרבים ושביל היחיד והקבוע[87] בימות החמה
ובימות הגשמים הבור והני{י}ר וזרע אחר

B 1 הקוצר לשחת מפסיק
2 דב{רי} ר{בי} מאיר
3 וחכמ{ים} אומ{רים}
4 אינו מפסיק אלא אם כן חרש

C 1 אמת המים שאינה יכולה להקצר כאחת
2 ר{בי} יודה אומ{ר}
3 מפסקת

D 1 וכל ההרים אשר במעדר יעדרון
2 אף על פי שאין הבקר יכול לעבור בכליו
3 הוא נותן פיאה לכל

E 1 הכל מפסיק {לא} לזרעים
2 ואינו מפסיק לאילן אלא גדר
3 אם היה שער כותש אינו מפסיק
4 אלא נותן פיאה לכל

F 1 ולחרובין כל הרואים זה את זה
2 אמ{ר} רבן גמליא{ל}
3 נוהגין היו בית אבא נותנין פיאה אחת לזיתים
שהיו להם בכל הרוח

---

[87] In den anderen Textzeugen (Par., Cam., O393, Ed. pr.): הקבוע; in P138 wurde das ursprüngliche ו gestrichen, was auf eine Verwandtschaft mit Ka. hinweist. Die Lesart הקבוע ist die richtige, denn הקבוע ist ein Adjektiv zu שביל היחיד. Der Schreiber von Ka. hat es aber anders verstanden, nämlich so, als bildete הקבוע mit der Fortsetzung בימות החמה ובימות הגשמים eine Einheit, die einen weiteren Pfad nennt, neben den davor genannten Pfaden (שביל הרבים ושביל היחיד).

§ 7 Die Festlegung der Grenzen zur Gabe der Pea 75

4 ול{י}[י]חרובים כל הרואים זה את זה
5 ר[בי] אלעזר בר צדוק אומ[ר] משמו
6 אף לחרובין שהיו להם בכל העיר

A 1 Folgende [Dinge] bilden eine Teilung für die »Pea«:
  2 der Bach und der Teich und der Weg des einzelnen und der Weg der Menge und der Pfad der Menge und der fest (bleibende) Pfad des einzelnen in den Trocken- und Regenzeit;[88] das Brach[feld], das Acker[feld] und eine andere Saat.
B 1 Der Erntende für Tierfutter bildet eine Teilung.
  2 [Das sind] die Worte R. Meirs,
  3 und die Weisen sagen:
  4 Er bildet keine Teilung, es sei denn, daß er gepflügt hat.
C 1 Der Wassergraben, [dessen beide Ufer] sich nicht zusammen ernten lassen:
  2 Rabbi Yehuda sagt:
  3 Er bildet eine Teilung.
D 1 »Und auf alle Berge, die man mit der Hacke behackt« (Jes 7,25): Obwohl das Vieh mit seinen [Pflüg]geräten nicht hinübergehen kann, gibt er eine »Pea« für das Ganze.
E 1 Alle [diese] bilden eine Teilung bei Saaten,
  2 bei dem Baum [aber] bildet nur der Zaun eine Teilung.
  3 Wenn die Zweige [jedoch von beiden Seiten des Zauns] verflochten sind, dann bildet er [= der Zaun] keine Teilung,
  4 sondern [in diesem Fall] gibt er [= der Bauer] eine »Pea« für das Ganze.
F 1 Und für die Johannisbrotbäume, [gibt man eine »Pea«], wenn sie einander sehen.
  2 Rabban Gamliel sagte:
  3 Meine Vorfahren pflegten eine »Pea« für die Olivenbäume zu geben, die sie an jeder Seite [der Stadt] hatten,
  4 und für die Johannisbrotbäume [gaben sie eine »Pea«] für alle, die einander sehen.
  5 Rabbi Elazar, der Sohn von Rabbi Ṣadoq, sagt in seinem Namen:
  6 Auch für die Johannisbrotbäume, die sie in der ganzen Stadt hatten[, gibt man eine »Pea«].

Zur genauen Bestimmung des »Pea«-Gebots (Lev 19,9) gehört die Frage nach der Definition der Feldgrenzen. Von jedem Feld ist eine Pea zu überlassen. Doch wann endet das eine Feld und beginnt das zweite, und wie verhält es sich, wenn es um Bäume geht? Mit dieser Fragestellung befaßt sich der Text. Der einleitende Satz in A 1: ואילו מפסיקין לפאה ist elliptisch und wie folgt zu verstehen: ואילו מפסיקין [את השדה] ל[ענין] פיאה. Die aufgezählten Kriterien bestimmen jeweils die Grenze für das Feld (מפסיקין [את השדה]), von dem eine Pea überlassen werden soll. Die Aufzählung der Dinge, die als Abgrenzungskriterium für die Gabe der Pea gelten, bereitet keine besonderen Schwierigkeiten. Auf die Klärung aller Einzelheiten wird im folgenden verzichtet und die Aufmerksamkeit lediglich auf zwei Stellen gelenkt, die erklärungsbedürftig scheinen.

Die erste Stelle betrifft den Fall des Wassergrabens (C). Dieser gilt als Grenze des Feldes. Von diesem Fall wird nur die Ansicht R. Yehudas C(1–2) überliefert. Derzufolge fungiert der Wassergraben nur dann als Grenze, wenn

---

[88] Die Übersetzung hier nach der richtigen Lesart. Vgl. die vorige Anm.

er so breit ist, daß sich der Ertrag nicht von beiden Seiten aberntn läßt. Inhaltlich ist hier nichts zu tadeln, doch untypisch ist die Überlieferungsweise der Ansicht Yehudas. Der Name des Tradenten (C2) steht zwischen der Beschreibung des Falles (C1) und dem Urteil (C3). Eine solche Überlieferungsweise, in der sich das Urteil nicht unmittelbar an den Fall anschließt, sondern durch den Namen eines Tradenten vermittelt wird, kommt in der Mishna nur dann vor, wenn sich mehrere Tradenten mit verschiedenen Urteilen zu dem Fall äußern. So wird die klassische Form des Disputs tradiert.[89] In der Überlieferung einer Einzelmeinung wird der Name des Tradenten entweder am Anfang (רבי יהודה אומר) oder am Ende (דברי רבי יהודה) gesetzt. Liest man diese Stelle im Hinblick auf diesen formalen Aspekt, so entsteht die Erwartung einer Fortsetzung: Im Falle des genannten Wassergrabens sagt R. Yehuda, daß dieser als Grenze gilt ... Und was sagen die anderen? Diese besondere Überlieferungsweise wirft eine Warum-Frage auf, die sich auf der Text-Ebene selbst nicht beantworten läßt.

Der zweite Punkt: Rabban Gamliel II wird in F1–4 eine Tradition zugeschrieben, derzufolge er über den Brauch seiner Vorfahren hinsichtlich der Gabe der Pea berichtet. In bezug auf die Olivenbäume pflegte man die Stadt (Jerusalem) in vier Zonen zu teilen und überließ jeder Zone (בכל רוח) eine Pea (F3). Anders verfuhr man mit den Johannisbrotbäumen. Man definierte die Gruppe der Bäume, von der man eine Pea gab, nach einem Entfernungskriterium: Sie sollten sich in einer sichtbaren Reichweite befinden: כל הרואים זה את זה (F4).

An diese Tradition schließt sich das Zeugnis R. Elazars b. Ṣadoq an (F5–6). Im Namen seines Vaters, eines Zeitgenossen des R. Yoḥanan ben Zakkai, der, wie auch der Sohn, dem Hause Gamliels nahe stand,[90] berichtet er abweichend über den Brauch der Pea-Gabe im Falle der Johannisbrotbäume. Seinem Zeugnis gemäß hat man sich an einem anderen Maßstab orientiert und der Stadt nur eine Pea überlassen.

Diese abweichende Ansicht verbindet sich nicht einwandfrei mit der vorangehenden Überlieferungseinheit. Auf eine ziemlich irritierende Weise steht – wie ich meine – das Verbindungsglied אף in zwei verschiedenen Bezugssystemen. Einerseits verbindet die Konjunktion אף den elliptischen Satz F6 mit F3. Das fehlende Prädikat נותנים פיאה אחת soll aus F3 geholt werden, damit F6 eine Aussage wird: (F6:) Auch bei den Johannisbrotbäumen, die sich in der ganzen Stadt befanden (→ F3:) gaben sie nur eine Pea. Da aber im

---

[89] Vgl. z. B. die folgenden Stellen dieser Form im Traktat Pea: 3,1; 3,2; 3;4; 4,9; 4,10; 6,1; 6,2; 6,6; 7,4; 7,6; 7,7.

[90] Vgl. die Stellenangaben bei Heimann, תולדות תנאים ואמוראים, I, S. 203–4.). Der Sohn, R. Elazar, war ein Ladenbesitzer (חנוני) in Jerusalem (vgl. tBes 3,8 und ausführlicher bei Bacher, *Agada der Tannaiten,* S. 46, Anm. 2). Er berichtet oft über Bräuche in Jerusalem (vgl. die Angaben bei Heimann, a.a.O., S. 203) und auch spezifischer über die Bräuche im Hause Gamliels (בית רבן גמליאל; vgl. tShab 1,22; tBes 1,22; tBes 2,13).

§7 Die Festlegung der Grenzen zur Gabe der Pea

zweiten Satz R. Gamliels (F4) wie in F6 von Johannisbrotbäumen die Rede ist, konstituiert sich andererseits auch die Satzfolge F4 → F6 wie folgt: (F4:) [Nicht nur] bei den Johannisbrotbäumen, die einander sehen, [gibt man eine Pea], (F6:) [sondern] auch bei den Johannisbrotbäumen, die sich in der ganzen Stadt befanden. Inhaltlich ist eine solche Verknüpfung freilich nicht möglich – die zwei Kriterien in F4 und F6 schließen einander aus –, doch gerade darin besteht das Problem, daß sich eine *formale* Verknüpfung zwischen F4 und F6 konstituiert. Dies wird klar, wenn man zur Probe die Angabe בכל העיר in F6 durch מחוץ לעיר ersetzt. Die Konjunktion אף verbindet dann eindeutig und einwandfrei F6 mit F4.

Dieser langen vorliegenden Passage begegnet man im Sifra im Rahmen der Auslegung zu der Vorschrift über die Pea in Lev 19,9 (לא תכלה פאת שדך לקצר). Bis auf drei Stellen, von denen zwei eben besprochen wurden, sind beide Überlieferungen völlig identisch. Die Überlieferung im Sifra wird mit der Formel מכאן אמרו eingeführt und mit dem letzten der drei folgenden kurzen Kommentare zu שדך verknüpft.

sKed 1,11; Ass. 66, S. 394

A שדך
   לא שדה אחרים
B ר[בי] שמעון (בן יהודה) אמר משם ר[בי] שמעון
   שדך
   לא שותף עם הגוי
C שדך
   לחייב על כל שדה ושדה

In allen drei Auslegungen geht es um das Suffix in שדך. Dieses scheint deshalb entbehrlich zu sein, weil man sich auch mit der Formulierung לא תכלה פאת שדה לקצר begnügen könnte. Das Suffix impliziert eine Einschränkung, die sich unterschiedlich deuten läßt. In C ist die Frage nach der Defintion des Feldes implizit, und in diesem Kontext folgt mittels מכאן אמרו auf C der lange, uns schon aus der Mishna bekannte Abschnitt, in dem die Kriterien zur Bestimmung der Feldgrenze aufgezählt sind. Wegen der Identität beider Überlieferungen erübrigt sich eine wiederholte Darstellung des Gesamttextes im Sifra. Im folgenden wird deshalb nur auf die drei genannten kleinen Abweichungen eingegangen.

In bezug auf Bäume bestimmt der Zaun die Grenze (mE2), doch mit der Einschränkung, daß die Zweige der Bäume von beiden Seiten des Zauns nicht miteinander verflochten sind (mE3–4). Diesem Sachverhalt ist in der Sifra-Version die Höhe des Zauns hinzugefügt:

sKed 2,3; Ass. 66, S. 395

A 1 ואין מפסיק לאילן אילא גדר
2 שהוא גבוה עשרה טפחים
B ואם היה סיער כותש אינו מפסיק ...

Es versteht sich, daß eine solche Abweichung zur Bestimmung des Verhältnisses zwischen beiden Überlieferungen nichts beitragen kann. Den zwei anderen Abweichungen kommt jedoch ein ganz anderer Stellenwert im Rahmen unseres Anliegens zu, weil sie mit den zwei erklärungsbedürftigen Textphänomenen zusammenhängen, auf die bei der Analyse des Mishna-Textes hingewiesen worden ist. In Falle des Wassergrabens begegneten wir im Mishna-Text nur der Ansicht R. Yehudas: Um als Feldgrenze zu fungieren, soll der Wassergraben so breit sein, daß sich nicht von beiden Seiten abernten läßt. Dieser auch in der Sifra-Überlieferung vorkommenden Ansicht geht eine anonyme Bestimmung voran, so daß die Ansicht R. Yehudas dort anders formuliert ist.

sKed 2,2; Ass. 66, S. 395

A אמת המים הקבועה[91] הרי זו מפסקת
B 1 ר[בי] יהודה או[מר]
2 אם אינה יכולה ליקצר כאחת הרי זו מפסקת

Was genau mit אמת המים הקבועה gemeint ist, ist nicht eindeutig. Von der Festigkeit des Wassergrabens ist aber wahrscheinlich in demselben Sinn die Rede, wie der Pfad des einzelnen davor (in der Mishna in A2) bezeichnet wird: שביל היחיד הקבוע בימות החמה ובימות הגשמים. »Fest« ist dann in beiden Fällen im Sinne des ununterbrochenen Vorhandenseins während des ganzen Jahres zu verstehen. Wie der Pfad des einzelnen, ein schmaler Pfad, in den Tagen des Regens verwischt werden kann, so kann der schmale Wassergraben in den Tagen der Sonne verschwinden. Nur wenn sie »fest« bleiben, fungieren sie als Feldgrenzen.

Ob nun der von R. Yehuda vorgeschlagene Maßstab אינה יכולה ליקצר כאחת als Spezifizierung des anonymen, unspezifisch postulierten Maßstabs oder eher als Darstellung einer abweichenden Meinung zu verstehen ist, läßt sich nur vom strukturellen Standpunkt aus bestimmen. Formal gesehen werden beide Ansichten in der klassischen Form des Disputs tradiert. Wäre die Ansicht R. Yehudas die konkrete Umschreibung des allgemein formulierten Kriteriums in A gewesen, dann hätte der Satz Yehudas anders lauten sollen, nicht אם אינה יכולה ליקצר, sondern אם אינה יכולה ליקצר כאחת הרי זו מפסקת כאחת הרי זו קבועה.

---

[91] In Ass. 31 und Br.: אמת המים קבועה.

§ 7 Die Festlegung der Grenzen zur Gabe der Pea   79

In der Mishna liegt eine kürzere Version vor, wo nur die Ansicht R. Yehudas überliefert ist, und zwar auf eine eigenartige Weise, auf die in der Analyse des Textes hingewiesen wurde. Die Parallele im Sifra, in der sich R. Yehudas Ansicht an die anonym überlieferte Halacha anschließt, erklärt die Entstehung einer solchen Überlieferungsweise in der Mishna. An die Stelle der anonymen Ansicht wird das Kriterium von R. Yehuda gesetzt, sodann bleibt in der Mitte die Nennung der Autorität und an der dritten Stelle, wo ursprünglich die gesamte Meinung Yehudas formuliert wurde, bleibt nur das Urteil מפסקת übrig. Der Mishna-Redaktor hat in den zwei überlieferten Kriterien kein Entweder-Oder gesehen, sondern die Ansicht Yehudas als konkrete Verdeutlichung des allgemeinen, anonymen Ausspruchs betrachtet. Was garantiert die Festigkeit des Wassergrabens, wenn nicht dessen Breite, und wer gibt an, welche Breite ausreicht, wenn nicht R. Yehuda mit seinem plausiblen Kriterium? – so mag die Überlegung des Redaktors gewesen sein. Deshalb hat er sich entschieden, beide Kriterien zu vereinheitlichen, was zur Folge hat, daß die anonyme Ansicht weggelassen wurde und an ihre Stelle die Spezifikation R. Yehudas gesetzt wurde. D.h.: Der formale Rahmen der ursprünglichen Überlieferung wurde beibehalten. Der Redaktor übernahm die Einleitungsform אמת המים ה..... , ersetzte das Attribut קבועה durch das spezifische Kriterium Yehudas (שאינה יכולה להקצר כאחת) und fügte dann die zwei weiteren nötigen Elemente, die Zuschreibung (רבי יהודה אומר) und das Urteil (מפסקת), in derselben ihm vorliegenden Reihenfolge hinzu: erst den Namen des Tradenten und dann das Urteil. Auf diese Weise entstand eine Überlieferungsform, die die Struktur eines Disputs hat, wobei jedoch nur eine Ansicht überliefert ist.

Die folgende dritte Abweichung trägt gleichfalls zur Klärung des literarischen Verhältnisses zwischen beiden Überlieferungen bei.

sKed 2,4; Ass. 66, S. 395

1 A אמר רבן גמליאל
2   נוהגים היו בית אבה שהיו נותנין פיאה
       אחת לזיתים שהיו להם בכל העיר[92]
3   ולחרובים כל הראים זה את זה
4   ר[בי] אלעזר בירבי צדוק און[מר] משמו
5   ואף לחרובים שהיו להם בכל העיר

---

[92] In den übrigen Textzeugen: בכל רוח. Diese Lesart entspricht der Version in der Mishna-Überlieferung. Der Hs. Ass. 66 kommt aber eine Sonderstellung zu (vgl. z.B. S. 135, Anm. 101; S. 205, Anm. 77 und 78). Es ist anzunehmen, daß die gegebene und gleichzeitig traditionell maßgebende Version in der Mishna zur entsprechenden Korrektur in den anderen Hss. führte. Ein solcher Einfluß ist auch in anderen Fällen zu beobachten. Vgl. S. 66, Anm. 78; S. 112, Anm. 60; S. 124, Anm. 80; S. 135, Anm. 101; S. 165, Anm. 6; S. 217, Anm. 104.

Diese Version weicht von der parallelen Version der Mishna nur hinsichtlich der Gabe der Pea bei den Olivenbäumen ab, so wie Rabban Gamliel sie als Brauch seiner Vorfahren darstellt. Während die Stadt nach der Mishna-Version in vier Zonen geteilt wurde und jeder Zone (mF3: בכל הרוח) eine Pea überlassen wurde, traf man nach der Sifra-Version eine solche Regelung nicht, sondern überließ den Armen nur eine Pea (sA2: בכל העיר) für alle in der Stadt befindlichen Olivenbäume.

Die winzige Abweichung, in der Mishna בכל הרוח, im Sifra בכל העיר, ist wesentlich. Nach der Sifra-Überlieferung ist im Ausspruch R. Gamliels in A2 über die Olivenbäume und im Ausspruch R. Elazars b. Ṣadoq über die Johannisbrotbäume in A5 von der Gabe einer Pea *in der ganzen Stadt* die Rede. Auf diese Weise verbindet sich A5 unmittelbar mit A2: Man gab eine Pea für die Olivenbäume, die sich in der ganzen Stadt befanden (A2) → und auch für die Johannisbrotbäume, die sich in der ganzen Stadt befanden.

Eine solche glatte Verbindung zwischen beiden Sätzen läßt die Frage, ob sich die Konjunktion אף auf A3 bezieht, gar nicht aufkommen. Zu dieser formalen Unschärfe führt der Hinweis בכל הרוח in F3 in der Mishna-Version. Dadurch wird das Beziehungsgeflecht unklar. Die Verbindung mF6 mit mF3 lockert sich, und es konstituiert sich ein struktureller Bezug zwischen mF6 und mF4.

Die Entstehung dieses problematischen Bezugsgeflechts geht offensichtlich auf die Entscheidung zurück, den Bericht R. Gamliels zu ändern und die Angabe בכל העיר durch בכל רוח zu ersetzen. Was den Redaktor hier zur Korrektur veranlaßt hat, sind anscheinend außertextuelle Motive, auf deren Nachforschung in diesem Rahmen verzichtet wird. Die Annahme einer solchen vorgenommenen Änderung ist trotzdem plausibel, weil durch sie die Entstehung des problematischen Textes in der Mishna erklärt werden kann.

Hier wiederholt sich zum dritten und nicht zum letzten Mal, was in §§ 4 und 6 aufgedeckt wurde. Die Formel מכאן אמרו, der wir im Sifra begegnen, weist nicht auf eine Entlehnung aus der Mishna hin. In den besprochenen Fällen verhält es sich gerade umgekehrt. Das wird auch der nächste Vergleich zeigen.

§ 8 Der unter dem Baum stehende Unreine

mNeg 13,7; Ka., S. 506

A 1 הטמא עומד תחת האילן (ו)הטהור עובר טמא
2 הטהור עומד תחת האילן והטמא עובר טהור
3 אם עמד טמא
B 1 וכן באבן המנוגעת טהור
2 ואם הניחה הרי זו[93] [P138 = זה] טמא

---

[93] Die für Ka. eigentümliche Lesart זו (gegenüber P138, P497, Cam., Par. und Antonin, Nr. 100) ist inkorrekt. Nicht der Stein wird unrein, sondern der Reine, der unter dem Baum steht.

§8 Der unter dem Baum stehende Unreine

A 1 Steht der Unreine unter dem Baum und der Reine geht vorüber, [so] wird er unrein.
   2 Steht der Reine unter dem Baum und der Unreine geht vorüber, [so] bleibt er rein.
   3 Ist er [aber] stehengeblieben, [so] wird er unrein.
B 1 Und ebenso [verhält es sich] bei einem [mit Aussatz] behafteten Stein: Er [= die reine, unter dem Baum befindliche Person] bleibt rein, [wenn jemand mit dem Stein vorübergeht],
   2 aber wenn er ihn [= den Stein] niederlegt, so wird dieser [= der Reine] unrein.

Der Unreine, von dem in diesem Text die Rede ist, ist der Aussätzige, den man von der Gemeinde entfernt, bis seine Krankheit geheilt ist.[94] An seinem »Aufenthaltsort« ist seine Unreinheit auf einen anderen, der sich dort befindet, übertragbar. Dieser Unreinheitsübertragung liegt dasselbe Prinzip zugrunde, welches im Falle der Unreinheit des Toten in einem Zelt (Num 19,14–16) gilt. Das biblische »Zelt« wird in der rabbinischen Literatur zu einem halachischen Begriff, mit dem man auf die Übertragbarkeit der Unreinheit unter unterschiedlichen Bedingungen einer »Überdachung« hinweist.[95] In diesem Sinne ist auch der Baum ein »Zelt«.

Im vorliegenden Text wird mitgeteilt, daß die Unreinheitsübertragung des Aussätzigen auf eine andere Person nur dann in Kraft tritt, wenn der Unreine unter dem Baum steht. Das »Stehen« des Aussätzigen unter dem Baum definiert den Ort als seinen Aufenthaltsort, als ein »Zelt«. Wenn er dort nicht steht, sondern nur vorübergeht, hat der Reine nichts zu befürchten (A2).

Ob der Reine unter dem Baum steht (A2) oder vorübergeht (A1), ist belanglos. Genauso unwichtig ist die Frage, wer von beiden sich zuerst dort befand. Daß dem so ist, ist aus A3 zu entnehmen. Sobald der unter dem Baum vorübergehende Unreine anhält, wird der Reine, der dort steht, unrein.

Im zweiten Teil des Textes (B) ist von einem mit Aussatz versehenen Stein die Rede.[96] Trotz der elliptischen Formulierung וכן באבן המנוגעת טהור sind die Bedingungen des Falles B1 klar. Der Reine steht weiter unter dem Baum; nun aber geht jemand vorüber und trägt einen mit Aussatz behafteten Stein. Solange er nicht anhält, geht die Unreinheit des Steins nicht auf den Reinen über (B1). Anders verhält es sich, wenn er den Stein niederlegt (B2). Dann gilt, was auf den vorigen Fall (A3) zutraf, als der Unreine stehengeblieben ist: der unter dem Baum stehende Reine wird unrein.

Zwischen A und B liegt eine deutliche strukturelle Kongruenz vor. B1 steht analog zu A2 und B2 steht analog zu A3. Auf die Analogie zwischen dem vorübergehenden Aussätzigen und dem transportierten Stein deutet die Konjunktion וכן (B1) hin. Daher fragt man sich, warum in B2 vom Niederlegen

---

[94] Von ihm ist in Lev 13,46 die Rede: בדד ישב מחוץ למחנה מושבו. Vgl. weiter die schon genannten Angaben zu derselben Thematik in §4, S. 56, Anm. 59.
[95] Vgl. z. B. mOhal 3,7.
[96] Im Kontext des »Aussatzes von Häusern« (Lev 14) steht das ganze 13. Kapitel des Traktats.

des Steins die Rede ist. Warum genügt es nicht, wenn der den Stein Tragende einfach stehenbleibt? Anstelle der Spezifikation ואם הניחה erwartet man, der Variante ואם עמד zu begegnen. Der gewöhnliche Kommentar zu dieser Stelle,[97] es genüge auch, wenn der Tragende eines solchen Steins unter dem Baum stehe, leuchtet zwar ein, doch aus dem Text ergibt sich nicht, daß der Stein den Reinen auch dann verunreinigt, wenn der den Stein Tragende unter dem Baum steht.

Hätte der Redaktor die zwei Fälle A und B aneinandergereiht, ohne so deutlich mittels der Konjunktion וכן auf ihre Analogie hinzudeuten, so hätten wir auch dann weiter fragen müssen, warum das »Stehen mit dem Stein« nicht genügt, um die Unreinheit zu übertragen. Dies würde dann allerdings kein strukturelles Problem des Textes darstellen. Durch den deutlichen Hinweis auf die strukturelle Parallelität konstituiert sich die berechtigte Erwartung, etwas anderes im Text zu finden, als der Text vermittelt.

sNeg 12,14; Ass. 66, S. 280

A 1 מושבו
2 מושבו טמא
B 1 מיכן אמרו
2 הטמא יושב תחת האילן והטהור עומד טמא
3 {ה}טהור יושב תחת האילן והטמא עומד טהור
4 ואם ישב טמא
C 1 וכן באבן המנוגעת טהור
2 אם הניחה[98] הרי זה טמא[99]

In Lev 13,46 heißt es: כל ימי אשר הנגע בו יטמא טמא הוא בדד ישב מחוץ למחנה מושבו. In dieser Beschreibung sammeln sich Angaben über die Dauer der Entfernung (כל ימי אשר הנגע בו יטמא), den Aufenthaltsort (מחוץ למחנה) und die Umstände, unter denen der Aussätzige an diesem Ort bleiben soll (בדד ישב). Das letzte Wort im Vers מושבו scheint entbehrlich zu sein und bedarf gerade deshalb einer Auslegung. Mit מושבו wird das schon genannte Motiv vom »Sitzen« (בדד ישב) wieder aufgegriffen. Dies impliziert eine Betonung, die so gedeutet wird, als wäre das Sitzen im Vers im wörtlichen Sinn gemeint. Da mit der Isolierung des Aussätzigen (בדד ישב) die Übertragbarkeit seiner Un-

---

[97] So nach Bertinoro, Albeck, Komm. z. St.
[98] Merkwürdige Abweichungen zu diesem Verb in den anderen Textzeugen. Ass. 31: היתין; Br.: התים; P139: התיו Ox.: התים. Im Unterschied zu der Lesart in Ass. 66 ergibt keine dieser Lesarten einen Sinn. Alle diese Varianten sind ferner miteinander insofern verwandt, als in ihnen der Buchstabe ת – wie es scheint – anstelle des dritten Radikals ח in הניחה vorkommt. Diese Verwandtschaft gegenüber Ass. 66 ist für die Bewertung dieser Textzeugen von Belang. Ihre Unterordnung unter einen Überlieferungszweig, der parallel zu dem des Ass. 66 läuft, verleiht Ass. 66 schon aufgrund dieses Befundes eine Sonderstellung.
[99] In Lo. sind nur die Textteile A2, B1–2 und 4 überliefert.

§ 8 Der unter dem Baum stehende Unreine 83

reinheit vorausgesetzt ist, wird die unmittelbare Umgebung des Unreinen durch den wörtlich verstandenen Hinweis מושבו definiert. Die Unreinheit des Aussätzigen ist nur dann auf einen anderen übertragbar, wenn er wirklich sitzt.

Daß der Akzent in der kurzen Kommentierung מושבו טמא (A2) auf der wörtlichen Deutung des Wortes מושבו liegt, wird eigentlich erst durch die Verdeutlichung in B eindeutig. Sitzt der Unreine unter einem Baum, dann überträgt er die Unreinheit; steht er, so geschieht dem Vorübergehenden kein Unheil. Diese witzige Unterscheidung in B ist nur im exegetischen Zusammenhang von A sinnvoll und nachvollziehbar. Bei der Verknüpfung der Tradition B2–C mit der Auslegung A mittels der Formel מכאן אמרו hat der Redaktor offensichtlich den ursprünglichen Zusammenhang wiederhergestellt. Hier behält die Wendung מכאן אמרו ihre Grundbedeutung bei. Was sie – wer auch immer – gesagt haben, haben sie in diesem Falle sicherlich *daher* gesagt.

Vergleich

Der Unterschied zwischen beiden Überlieferungen liegt auf der Hand. Während nach dem Sifra die Übertragung der Unreinheit erst dann erfolgt, wenn der Unreine sitzt, genügt es nach der Mishna, wenn er steht. Wie dem »Sitzen« im Sifra das »Stehen« gegenübersteht, so verhält es sich in der Mishna mit dem »Stehen« und dem »Vorübergehen«. Sonst bleibt die Überlieferungsstruktur der מכאן אמרו–Tradition mit dem Mishna-Text völlig identisch, und in bezug auf den Fall des mit Aussatz behafteten Steins sind die entsprechenden Textteile identisch (mB = sC). In beiden überträgt der Stein die Unreinheit erst dann, wenn man ihn niederlegt.

Im Kontext der Mishna-Überlieferung stellt dieser Teil ein Problem dar. Um die Unreinheit des Steins zu übertragen, sollte es aufgrund der klaren Analogiestruktur genügen, wenn derjenige, der den Stein trägt, unter dem Baum *stehenbliebe*. Durch die Betrachtung der Sifra-Überlieferung läßt sich nun erklären, warum diese in der Textstruktur begründete Erwartung nicht zur Geltung kommt. Der Mishna-Redaktor änderte den ersten Teil der vom Sifra übernommenen Version, ohne aber die Struktur des Textes entsprechend umzugestalten. Die völlige Kongruenz zwischen Form und Inhalt kommt nur in der ursprünglichen Version zur Geltung: Wie der Unreine nur dann verunreinigt, wenn er unter dem Baum *sitzt,* so ist das Niederlegen des Steins erforderlich, damit sich dessen Unreinheit übertragen läßt. Das Paar - עומד יושב im Falle des Aussätzigen korreliert in der ursprünglichen Version mit dem Paar הניחה - עומד hinsichtlich des Steins. Ersetzt man aber das erste Paar durch עומד - עובר, so wird die Entsprechung zwischen dem Fall des Aussätzigen und dem des mit Aussatz behafteten Steins unglatt.

Warum hat der Mishna-Redaktor eine solche Änderung vorgenommen? Die nicht ernst zu nehmende Unterscheidung zwischen dem »ungefährlichen«, unter dem Baum stehenden Aussätzigen und dem Sitzenden, von dem allein der Vorübergehende sich bedroht fühlen soll, ist nur im Kontext der Auslegung zu Lev 13,46 verständlich und nur in diesem Zusammenhang sinnvoll. Wenn man sie für sich betrachtet, wirkt sie deshalb absurd, weil wir den Vorgang der Übertragung nicht davon abhängig machen können, ob der Unreine sitzt oder steht. Den tannaitischen Schriftexegeten kümmern aber die Vorstellungen vom realen Verhältnis der Dinge wenig.

Es ist nun denkbar, daß die Eliminierung des exegetischen Kontextes, die die Übertragung der מכאן אמרו–Tradition im Sifra auf das bloß assertorische Überlieferungssystem der Mishna zur Folge hat, den Mishna-Redaktoren zum Nachdenken über die Absurdität des in der Vorlage tradierten Sachverhalts veranlaßt hat, infolgedessen er sich für eine ihm sinnvoll scheinende Korrektur entschieden hat. Sieht man von dem Auslegungszusammenhang ab, so scheint es vernünftig, die Übertragbarkeit der Unreinheit des Aussätzigen allein davon abhängig zu machen, ob dieser sich unter dem Baum aufhält oder an ihm vorübergeht.

Ergebnisse

Das Modell, das anhand der acht Textvergleiche entfaltet wurde, ermöglicht es bis zu einem bestimmten Grad, die redaktionellen Schritte zu verfolgen, die zur Entstehung der Mishna-Texte geführt haben. Diese Möglichkeit hat sich ergeben, weil die ausgewählten Texte aus der Mishna Kohärenzlücken aufweisen, aus denen sich die Hypothese von der Benutzung der Sifra-Überlieferungen ableiten ließ.

Stellt man nun die Frage, wie es zu der Entstehung einer Kohärenzlücke gekommen ist, so lassen sich zwei Verfahrensweisen unterscheiden.

Im ersten Fall übernimmt der Redaktor den überlieferten Stoff und überführt ihn in neue Überlieferungskanäle. Der überlieferte Stoff unterliegt dabei einer weitreichenden Umstrukturierung. Der typische Fall (§ 1 [die erste Kohärenzlücke] §§ 3, 4 und 5) besteht in der Zusammenstellung von zwei voneinander unabhängigen Traditionen. Dieses »Zusammenstellen« ist aber nicht ein bloßes Nebeneinanderstellen. In den Fällen, in denen diese Vorgehensweise festgestellt worden ist, wiederholt sich dasselbe redaktionelle Prinzip. Der Redaktor gießt jeweils beide Traditionen entweder in eine Begründungsstruktur oder in eine Verdeutlichungsstruktur hinein, und durch diesen Strukturwandel entsteht das Problem. Diese unabhängigen Traditionen sind insofern unabhängig, als sie jeweils in einem anderen exegetischen Kontext im Sifra überliefert sind. Der Strukturwandel impliziert in diesen Fällen eine bedeutende Transformation. Der übernommene Inhalt wird von seinem ursprünglichen exegetischen Zusammenhang abgesondert und in eine logische Gußform eingebaut. In zwei anderen Fällen, §§ 1 (die zweite Kohärenzlücke) und 2, zeigte sich ferner die Neigung des Redaktors, den exegetischen Diskurs, im dessen Rahmen das halachische Thema im Sifra behandelt wird, nicht ganz zu eliminieren, sondern ihn zu kürzen, und zwar entweder durch die Weglassung eines logischen Schrittes in einer dreigliedrigen Argumentation (§1) oder durch Vereinfachung (§2).

Von dieser Vorgehensweise, dem übernommenen Stoff neue logische Strukturen aufzuerlegen oder die vorhandenen Strukturen zu ändern, unterscheidet sich ein anderer Vorgang in §6–8. Die Überlieferungsform wird bei der Übernahme beibehalten, wobei dann kleine punktuelle Änderungen am Inhalt, deren Motivation nur zuweilen vermutet werden kann, vorgenommen werden. So wird in §6 die kausale Präposition מחמת durch eine zeitliche בשעת ersetzt, in §7 die Angabe בכל העיר durch בכל הרוח und in §8 das Paar - יושב עומד durch עובר - עומד. Während sich in bezug auf §6 nicht sagen läßt, was die Änderung veranlaßt hat, ist in §7–8 zumindest klar, daß die Änderung bewußt eine halachische war.

Man beachte, daß die sich aus dem Vergleich mit den Sifra-Parallelen ergebende Möglichkeit, einzusehen, *wie* die strukturelle Lücke entstanden ist, noch nicht erklärt, *warum* die Bearbeitung der Vorlage mißlungen ist. Auf das Mißlingen kann man lediglich hinweisen und womöglich zeigen, welchem redaktionellen Vorgang der Überlieferungsstoff unterzogen wurde. So kann die vorgenommene Änderung an der Vorlage wohl aufgedeckt werden, doch anders als die Abweichungen zwischen parallelen Überlieferungen in der Mishna und im Sifra, denen wir im nächsten Teil begegnen werden, ist die Änderung hier nicht die Folge eines rein interpretatorischen Umgangs mit der Vorlage. Mit der bloßen Feststellung der vorgenommenen Änderung zeigt sich in diesem Untersuchungsmodell eine Grenze, über die man nicht weiter hinausgehen kann. Dabei meine ich einige offen gebliebene Fragen, wie z.B. die nach dem Grund zur Ersetzung der kausalen Präposition מחמת durch בשעת in §6, wie auch die Frage danach, wie es möglich war, die durch die Arbeit an der Vorlage entstandene Kohärenzlücke zu verkennen, was sich nur in bestimmten Fällen (§1, 3, 4) beantworten ließ.

Die Entstehung einer semantischen Differenz als Folge einer interpretatorischen Bearbeitung einer Vorlage

Dem Anliegen der Untersuchung im vorigen Teil, die Entstehung von bestimmten Mishna-Texten auf eine Bearbeitung der Sifra-Vorlage zurückzuführen, lag eine klare methodische Beschränkung zugrunde. Es wurden exemplarische Mishna-Texte ausgewählt, die sich ihrem strukturellen Zusammenhalt nach als problematisch erwiesen. Die Rechtfertigung für eine solche Begrenzung hing mit der Überzeugung zusammen, daß eine sinnvolle und kritische Anwendung der Literarkritik zur Prüfung der möglichen literarischen Abhängigkeit von parallelen Überlieferungen davon abhängig ist, ob ein erklärungsbedürftiges Problem vorhanden ist.

Die meisten parallelen Überlieferungen zwischen der Mishna und dem Sifra fallen jedoch nicht in das Untersuchungsmodell des vorangehenden Teils. Daß der Mishna-Redaktor vorgefundene Traditionen in Sifra hier und da nicht einwandfrei bearbeitet hat, so daß Texte entstanden sind, die Kohärenzlücken aufweisen, ist der Ausnahmefall. Bei aller Bedeutsamkeit, die diesem Sonderbefund für die Frage nach dem Verhältnis zwischen Mishna und Sifra zukommt, stellt sich die methodische Frage, ob sich die Literarkritik in solch einem Erklärungsverfahren erschöpfen soll, welches nur von dem Phänomen des »problematischen« Textes ausgeht.

Im Falle von zwei einander verwandten Texten, die strukturell einwandfrei sind, kann die Spannung zwischen der Verwandtschaft der Überlieferungen einerseits und ihrer Abweichung andererseits die »Warum-Frage« zur Folge haben. Bei weitgehend textueller Übereinstimmung zwischen zwei Texten, die auf ihre Zugehörigkeit zu einem Überlieferungszusammenhang hinweist, besteht die *Möglichkeit* eines direkten Verhältnisses. Angesichts dieser Möglichkeit kann eine vorhandene Abweichung als problematisch *empfunden werden*.

Dabei soll nicht verkannt werden, daß der Bewertung dieses Sachverhalts als problematisch eine subjektive Dimension anhaftet: Jeder dieser Texte hat hinsichtlich seiner Einheitlichkeit eine sozusagen selbständige Daseinsberechtigung. Es ist bei weitem nicht in demselben Maße zwingend, die genannte Möglichkeit einer direkten Abhängigkeit zu untersuchen, wie dies auf den Fall des problematischen Textes zutrifft. In den Beispielen des vorigen Teils kam dem Problem, das das Erklärungsverfahren einleitete, der Stellenwert einer textuellen *Tatsache* zu. In den Fällen, in denen die zwei vorliegenden parallelen Überlieferungen vollkommen kohärent sind, fehlt diese objektive Dimension. Das Problem liegt zwischen den Texten; es zeigt sich, wenn überhaupt, nur dann, wenn wir die Texte aufeinander beziehen.

Allerdings gilt es m. E. im Rahmen dieses Bezugsaktes, einen besonderen Typus des Verhältnisses zwischen Verwandtschaft und Differenz herauszugreifen, dem unwillkürlich das Charakteristikum eines Problems zukommt. Es wäre müßig, würde man die formale Abweichung zwischen zwei Überlieferungen, die denselben Inhalt vermitteln, als ein Problem bewerten, das nach einer Erklärung verlangt. Das Traditionsgeschehen gründet sich auf das Prinzip der Bewahrung des Inhalts bei der Veränderlichkeit seiner Erscheinungen bzw. Überlieferungsformen. Auch eine Entwicklung des tradierten Sachverhalts gehört dazu. Eine Abweichung, die in der Bereicherung des Inhalts besteht, kann nicht als problematisch bezeichnet werden. Es verhält sich jedoch anders, wenn eine hochgradige formale und sprachliche Affinität zwischen zwei Überlieferungen vorliegt, die inhaltlich voneinander divergierende Mitteilungen beinhalten. Dann ist man mit einem Problem konfrontiert, dem man nicht ausweichen kann, indem man bloß die Möglichkeit nennt, daß kein Zusammenhang zwischen den Überlieferungen besteht. Argumentiert man auf diese Weise, so wird man dem Aspekt der Übereinstimmung nicht gerecht. Damit ist nicht gesagt, daß diese Möglichkeit ausgeschlossen ist. Aufgrund des Zusammenspiels von Affinität und Differenz ist es methodisch angemessener, ein Erklärungsmodell zu finden, das dem Phänomen in seiner gesamten Komplexität Rechnung trägt.

In allen Textvergleichen in diesem Teil geht es um die Darstellung eines Erklärungsmodells, das eine vorliegende Abweichung zwischen zwei Überlieferungen auf einen Bearbeitungsvorgang seitens des Tradenten der jüngeren Fassung zurückführt. An dieser Stelle möchte ich die grundlegende, in der Einleitung gestellte Frage nach den Bedingungen, unter denen sich überhaupt ein derartiges Modell kritisch anwenden läßt, weiter entfalten. Dabei gehe ich davon aus, daß diese Frage nur anhand der methodologischen Bewertung der verschiedenen, möglichen Typen eines Erklärungsmodells zu beantworten ist, welches man immer liefern muß, um zu zeigen, wie sich die eine Version von der anderen ableitet. Jede Hypothese, die die literarische Abhängigkeit zwischen zwei parallelen Überlieferungen postuliert, muß den Verlauf der Bearbeitung rekonstruieren können, d.h. die Gründe nennen, die zur Änderung an der Vorlage führten. Diese Gründe können sehr vielfältig sein. Im folgenden wird die These vertreten, daß das Nachvollziehen des Bearbeitungsvorgangs, im Rahmen dessen der tradierte Sachverhalt in der Vorlage eine Umformung erfuhr, nur dann als Nachweis der literarischen Abhängigkeit gelten kann, wenn die Gründe für die entstandene Transformation im eigentlichen Verstehensprozeß der Vorlage verankert sind, d.h. ohne jede Intervention von äußeren Faktoren, die den Bearbeitungsvorgang bestimmten.

Aus der Vielfalt solcher äußerlicher Gründe sind zunächst solche Umstände zu nennen, die allgemein zu dem Zeitpunkt vorhanden waren, als der Tradent/Redaktor an die Bearbeitung der Quelle heranging. Das allgemeine, zu einem gegebenen Zeitpunkt geltende Gut von Gedanken, Umständen, Idealen und Werten, die der Bearbeiter selbst vertritt, wird in den Vorgang der Bearbeitung bewußt oder unbewußt integriert. Mit der treuen Übernahme der Tradition wirken solche äußeren Faktoren mit.

Sozialgeschichtliche Umstände können die Überlieferung des halachischen Stoffes beeinflussen. Im Textvergleich §7 sind wir einem Unterschied begegnet, der vielleicht von der Änderung der Lebensumstände herrührt. Nach einer alten Tradition eines zur ersten Generation gehörenden Tannaiten pflegte man im Falle der Johannisbrotbäume die Pflicht der »Pea« so zu erfüllen, daß man die Stadt in vier Zonen aufteilte und jeder eine Pea überließ. In der späteren Überlieferung, so wie sie in der Mishna vorkommt, hat man die Tradition geändert und im Namen desselben Tradenten, R. Elazar b. Ṣadoq, von dem Brauch der Gabe von nur einer Pea berichtet. Da kein Grund besteht, an der Echtheit des Berichtes von R. Elazar b. Ṣadoq zu zweifeln, von dem man weiß, daß er in Jerusalem gelebt und daher wahrscheinlich über die in dieser Stadt zu seiner Zeit geltende Praxis berichtet hat, läßt sich *hypothetisch* denken, daß diese Abweichung auf neue landwirtschaftliche Umstände in Galiläa zurückgeht, wo die Änderung der Vorlage möglicherweise stattfand.

Die Priorität des Textes im Sifra war in diesem spezifischen Fall deshalb feststellbar, weil die vorgenommene Änderung der Vorlage zur Entstehung einer strukturellen Lücke in der Mishna-Fassung führte. Doch das ist nicht unser jetziges Anliegen. Angenommen, der Zusammenhalt des sekundären Textes wäre trotz Einführung der Änderung nicht im geringsten verletzt worden, und ausgehend von dem hypothetischen Fall, daß man von diesem Unterschied in der Praxis zwischen Jerusalem und Galiläa wußte, stellt sich die Frage, ob man aus dem vorliegenden Unterschied zwischen beiden Traditionen unter diesen hypothetischen Bedingungen auf ein direktes Verhältnis beider Fassungen zueinander schließen darf. Die Antwort darauf stelle ich kurz zurück, um im Rahmen dieser Fragestellung noch zwei Beispiele einzuführen.

In zwei parallelen Überlieferungen im Sifra (sNeg I,9 [60b]) und in der Mishna (mNeg 3,1) wird die Funktion des Priesters dargestellt, die ihm bei der Prüfung der Aussatzzeichen zukommt. Beide Versionen stimmen darin überein, daß die Prüfung der Hautkrankheit nicht unbedingt durch den Priester auszuführen ist, er jedoch der einzige ist, der das Urteil aussprechen soll. Im Sifra, im Rahmen einer Auslegung zu Lev 13,2, wird die Rollenaufteilung, die zwischen dem »Weisen« und dem »Priester« festgestellt wird, durch folgende Formulierung zum Ausdruck gebracht: חכם שבישראל רואה את הנגעים ואומר לכהן אעפ״י שוטה אמור טהור והוא אומר טהור. Die konzessive Anmerkung »selbst wenn er [= der Priester] ein Unzurechnungsfähiger[1] ist« macht deutlich, daß

---

[1] שוטה ist eine halachische Kategorie. Sie wird in der Regel in einer dreifachen Zusammenstellung erwähnt: חרש שוטה וקטן (vgl. mHul 1,1; mTer 1,1; sBehuq III,1 [112c]; sEmor

die Pointe des Textes darin besteht, die Unerläßlichkeit des Priesters hervorzuheben, was auch dem ersten Ergebnis der Auslegung entspricht, wo ausdrücklich festgestellt wird: .... אלא ללמד שאין טומאה וטהרה אלא מפי כהן

Demgegenüber findet sich in der Mishna eine andere Version, die so gedeutet werden kann, als impliziere sie eine Abwertung des Priesteramtes. Nachdem dort festgestellt worden ist, daß »alle geeignet sind, die Aussatzschäden zu sehen« (הכל כשרים לראות את הנגעים) und daß das Urteil darüber allein in den Händen des Priesters liegt (אלא שהטומאה והטהרה בידי כהן), folgt eine Veranschaulichung, deren Formulierung das gehorsame Verhalten des Priesters zu propagieren scheint: אומרים לו אמר טמא והוא אומר טמא אמר טהור והוא אומר טהור. Stimmt man Neusners Deutung zu, daß man hier die Unterwürfigkeit des Priesters demonstrieren will,[2] so kann man noch einen Schritt weiter gehen und die Mishna-Überlieferung aufgrund des angeblichen, nach der Zerstörung des Tempels stattfindenden Streits zwischen den Weisen und den Priestern[3] entsprechend historisch einordnen. Demgegenüber wird die Version im Sifra eine andere Zeit, wohl die Tempel-Zeit, reflektiert haben, als dem Priester seine Würde noch nicht genommen war.[4]

Angenommen, daß sowohl die Deutung der Mishna-Stelle als auch die historisch relevanten Prämissen zutreffen, dann stellt sich wiederum die Frage, was sich daraus in bezug auf das Verhältnis dieser Texte zueinander schließen läßt. Daß unter diesen Voraussetzungen die »Tradition« im Sifra älter als die in der Mishna ist, bedarf keiner weiteren Erörterung. Die Frage ist jedoch, ob man aus dem Alter der Traditionen auf das Alter der sie tragenden Texte schließen kann. Vor- aber auch Einsicht scheint bei dem Versuch, diese Frage zu beantworten, geboten.

Einerseits wird man bei der Unterscheidung zwischen »Text« und »Tradition« die Möglichkeit vom zeitlichen Abstand zwischen dem Inhalt des Textes und dessen schriftlicher Fixierung anerkennen müssen. Andererseits soll man

---

3,2–7, [95c]). Diesen drei Kategorien wird das Recht zu bestimmten Handlungen wegen mangelnder Einsicht abgesprochen. Der Satz im Sifra besagt, daß dem Priester auch im extremen Fall einer Unzurechnungsfähigkeit das Recht – und die Pflicht – auf die zeremonielle Erklärung über die Reinheit der des Aussatzes verdächtigten Person nicht genommen werden darf. Bei der ersten Lektüre dieser Überlieferung mag der Eindruck entstehen, als würde der Priester verspottet. Dies trifft nicht zu.

[2] Vgl. Neusner, *Purities,* VI, S. 51; *Holy Things,* VI, S. 222; *Rabbinic Political Theory,* S. 80ff.

[3] Es handelt sich v. a. um den angeblichen Konflikt zwischen R. Yoḥanan b. Zakkai und den Priestern. Vgl. A. Büchler, *Die Priester und der Cultus im letzten Jahrzehnt des jerusalemischen Tempels,* (in der hebräischen Übersetzung הכהנים ועבודתם, S. 15–29); G. Alon, נשיאותו של רבן יוחנן בן זכאי in: מחקרים בתולדות ישראל, S. 255–9. Bei Neusner geht der Konflikt über den spezifischen Fall R. Yoḥanans b. Zakkai hinaus. Vgl. »Method and Substance in the History of Judaic Ideas: An Exercise«, S. 98f.

[4] Hier könnte man auf die Auffassung Finkelsteins verweisen, der im Sifra ein im Tempel verwendetes Textbuch für Priester sieht (vgl. »The Core of the Sifra«, S. 15ff.).

sich davor hüten, bloß aufgrund dieser abstrakten Differenzierung voreilige Entscheidungen zu treffen. Das letztgenannte Beispiel hat gezeigt, wie ein bestimmter Wert (die Bewertung des Priesteramtes) einem spezifischen Sachverhalt anhaftet. Diese Tatsache verleiht dem überlieferten Inhalt seinen normativen Charakter. Solange die schriftliche Fixierung einer Tradition ihren Geltungsanspruch beibehält, fällt die Zeit, in der diese Tradition zur Geltung kam, mit der Zeit, in der sie verfaßt worden ist, zusammen. Beide Ereignisse gehören demselben zeitlichen Rahmen an. Dieser Punkt sollte jedoch hinsichtlich der rabbinischen Literatur differenzierter betrachtet werden. Zwischen den anonymen Überlieferungen, denen um ihrer Anonymität willen der Geltungsanspruch innewohnt, und solchen, die bestimmten Tradenten zugeordnet sind, muß deutlich unterschieden werden. Im letzteren Fall ist ein Abstand zwischen dem tradierten Stoff und dem Verfassen des Textes denkbar. Die R. Elazar b. Ṣadoq zugeschriebene Tradition über die Gabe der Pea könnte in ihrer ursprünglichen Version (Sifra) im Prinzip zur gleichen Zeit schriftlich fixiert worden sein, in der der Mishna-Redaktor die Korrektur dieser Tradition unternommen hat. Im Falle der anonymen Überlieferung der Funktion des Priesters bei der Prüfung der Aussatzzeichen ist es unwahrscheinlich, daß man gerade zu einer Zeit, in der es gilt, den Priester geringzuschätzen, seine unentbehrliche Stellung hervorhebt.

Die zeitliche Einordnung der Überlieferungen im Sifra und in der Mishna in dem letzten Beispiel gründete sich auf einen hypothetischen Wissensstand. Die prinzipielle Möglichkeit, das Alter der Überlieferungen in ihrer gegenseitigen Beziehung zueinander auf einer solchen argumentativen Ebene bestimmen zu können, wird in der Praxis fast immer dadurch behindert, daß wir viel zu wenig über die betreffende Zeit wissen, um durch solches Wissen das zeitliche Verhältnis zwischen den Texten bestimmen zu können. In der Regel gilt es umgekehrt, erst die Frage nach der Einordnung der Texte für sich zu beantworten, um dann geschichtliche Verhältnisse daraus zu erschließen.[5]

Bei der prinzipiellen Erörterung der Frage, inwiefern und inwieweit äußerliche Umstände zur Klärung des Verhältnisses von parallelen Überlieferungen beizutragen vermögen, beachte man die Leistungen der Bibelwissenschaft, wo es u. a. gerade darum geht. Das folgende, nur in Umrissen angeführte Beispiel ist dem Kommentar H. Gunkels zur Genesis[6] entnommen.

Die Geschichte von Abraham, der infolge einer Hungersnot nach Ägypten herabzieht, und aus Furcht, daß man ihn wegen seiner schönen Frau umbringt, diese als seine Schwester ausgibt, infolgedessen Sara zum Pharao geholt wird und Abraham Geschenke dafür bekommt (Gen 12,11–20), hat noch zwei Parallelen in Genesis. Dieselbe Begebenheit wiederholt sich, als Abraham in

---

[5] Und so auch hinsichtlich der Frage nach der Funktion, die der Midrash im Prozeß der Rechtsfindung erfüllt hat. Vgl. dazu L. Ginzberg, על היחס שבין המשנה והמכילתא, S. 66.
[6] *Genesis, übersetzt und erklärt,* S. 225–6.

Gerar weilt, wo König Abimelech Sara gleichfalls zu sich holen läßt (Gen 20) und nochmals, als Isaak mit Rebeka zum selben König der Philister ebenfalls wegen einer Hungersnot kommt. Aus dem lehrreichen Vergleich Gunkels geht der Hauptunterschied zwischen den parallelen Erzählungen deutlich hervor und damit gleichzeitig auch die Plausibilität seiner These, nach der die »Sage« in Gen 12 das älteste Stadium darstellt. Der Charakter der Geschichte in Gen 12 zeichnet sich durch eine unbefangene Art aus, über solche Dinge zu erzählen, die in späteren Zeiten bedenklich erscheinen müßten. In Gen 12 lügt Abraham und gibt die Ehre seiner Frau preis. Ein Ehebruch wird begangen. Abraham bekommt vom Pharao Geschenke als Ersatz für Sara. Gott steht ihm bei und bestraft den eigentlich unschuldigen Pharao.

In den zwei parallelen Erzählungen verhält es sich anders. Ein Ehebruch wird nicht begangen. In Gen 20 verhindert Gott ihn, in Gen 26 wird nur die Möglichkeit ins Auge gefaßt. Auch das Motiv der Geschenke erhält einen ganz anderen, für die spätere sittliche Haltung angemesseneren Stellenwert: »Nach 12 bekommt er Geschenke für die vorgebliche Schwester; nach 20 dagegen erhält er sie nachträglich, zur Versöhnung und zu Saras Ehrenerklärung; auch nach 26 wird Isaaq sehr reich, aber weil Jahve seinen Acker gesegnet hat.«[7] Auch die anderen Abweichungen in 20 und 26 erklären sich aus dem unverkennbaren Interesse, »dies Bedenkliche [in Gen 12] fortzuschaffen«.[8] Daraus ergibt sich deutlich: »12 erzählt mit antiker Unbefangenheit Dinge, die dem späteren Empfinden höchst anstößig erscheinen mußten; 20 behält die Tatsachen im allgemeinen bei und gibt sich die größte Mühe, das Bedenkliche aus ihnen fortzubringen und Abraham reinzuwaschen, ... 26 greift energisch ein und schneidet das Anstößige ganz weg.«[9]

Eine solche Betrachtung läßt die Überlieferungen auch in ihrer schriftlichen Fixierung zeitlich einordnen. Damit ist aber auch das Maximum an Aussagekraft solcher Vergleiche erreicht. Ein Urteil über eine direkte literarische Abhängigkeit kann auf solche Weise nicht gefällt werden.[10] Grundsätzlich kann die Berücksichtigung äußerer Faktoren zur Erkenntnis über das zeitliche Verhältnis zwischen den Texten führen, doch nur zur Erkenntnis des äußeren Verhältnisses zwischen den Texten, ohne irgendeine Aussage über eine direkte Wirkung des einen auf den anderen machen zu können.

Anders als die Frage nach dem zeitlichen Verhältnis kann sich die Frage nach einer direkten literarischen Abhängigkeit nicht auf eine solche außertextuelle Argumentation gründen. Beide Fragestellungen sind deutlich auseinanderzuhalten. Die grundsätzliche Möglichkeit, parallele Überlieferungen zeit-

---

[7] A.a.O., S. 225.
[8] Ebd.
[9] A.a.O., S. 225–6.
[10] Dies wird auch von Gunkel nicht behauptet. Nach der Quellenscheidung gehört die Geschichte in Gen 12 zu J, die in Gen 20 zu E, und zwischen beiden besteht, so Gunkel, S. LXXXIII, keine »unmittelbare literarische Beziehung«.

lich einzuordnen, läßt den Schluß auf eine direkte Abhängigkeit nicht zu. Der Grund, weshalb sich uns die Feststellung der literarischen Beziehung in Fällen dieser Art entzieht, ist klar. In solchen Fällen kann man nicht zeigen, daß sich die vorgenommenen Änderungen auf den Text als solchen bezogen haben. Sie beziehen sich allein auf dessen Gehalt, ohne aber auf einen notwendigen Zusammenhang zwischen dem Inhalt der Vorlage und der spezifischen Art ihrer schriftlichen Fixierung hinzuweisen.

Die Unmöglichkeit, auf eine direkte Beziehung zu schließen, gilt nicht nur dann, wenn der Bearbeiter aufgrund der Änderungen der Sitten, Gedanken oder Umstände den vorgefundenen Stoff umgestaltet hat, sondern auch, wenn in der eigenen Arbeit an der Vorlage Überlegungen mitgewirkt haben, die dem grundlegenden Verstehensprozeß der Vorlage nicht inhärent waren. Auch auf der Ebene dieses »intimen« Dialogs des Bearbeiters mit seiner Vorlage werden Entscheidungen getroffen, die über den elementaren Auslegungsprozeß hinausgehen und zur Umformung der Vorlage in dem neuem Überlieferungsstadium führen. Der Bearbeiter läßt etwas weg, weil es ihm überflüssig erscheint oder weil ihn etwas stört. Er fügt manches hinzu, weil er an der Vorlage etwas vermißt. Solange solche Entscheidungen mehr oder weniger nach Gutdünken des Bearbeiters getroffen werden, entzieht sich uns die Möglichkeit, den Prozeß der Bearbeitung zu rekonstruieren.

Daß dem so ist, ist klar, wenn der Bearbeiter die Vorlage beliebig geändert hat. Aber die Möglichkeit, die Entstehungsgeschichte des sekundären Textes festzustellen, ist auch dann längst noch nicht gesichert, wenn ein Einblick in die Logik dieser Entscheidungen möglich ist. Im letzten Vergleich des vorigen Teils (§ 8) sind wir einer Abweichung begegnet, deren Entstehung wahrscheinlich mit der Absurdität des Sachverhalts zusammenhing, der in der ursprünglichen Überlieferung dargestellt war. Die sitzende unter dem Baum unreine Person überträgt ihre Unreinheit auf jeden Vorübergehenden, die stehende aber nicht, als ob die Unreinheitsübertragung von der Haltung des Unreinen beeinflußt werden könnte. Daher ließe sich die Verwandlung des Gegensatzes »sitzt/steht« in »steht/vorübergeht«, so wie dies die Mishna-Version darstellt, nachvollziehen: Der stehende Unreine überträgt die Unreinheit, der an dem Baum Vorübergehende überträgt sie nicht. Eine einsehbare Entscheidung traf der Mishna-Redaktor. Ließe sich, wenn mit dieser Beobachtung der Vergleich erschöpft wäre, die literarische Abhängigkeit feststellen? Natürlich nicht. Das Argument, es sei unwahrscheinlich, den Bearbeitungsvorgang andersherum zu sehen, ist immer die bekannte, fehlerhafte Bewährungsprobe, die man vorbringt.[11] Woher aber die Sicherheit, daß ein direktes Verhältnis zwischen beiden Versionen überhaupt besteht?

---

[11] Vgl. die Ausführungen in der methodologischen Einleitung, S. 17ff., v. a. das Beispiel auf S. 17, Anm. 83.

Die Entstehung einer semantischen Differenz 93

Weitgehende Übereinstimmungen zwischen zwei Texten hinsichtlich ihres Wortlauts sind kein Beleg für eine literarische Abhängigkeit. Die Verwandtschaft kann genausogut von einer ihnen gemeinsamen dritten Quelle, sei es einer schriftlichen oder einer mündlichen, herrühren.

Feststellbar ist das Vorhandensein eines direkten literarischen Verhältnisses zwischen zwei Texten grundsätzlich nur dann, wenn die Ursache zur Entstehung der Änderung zum immanenten Verstehensprozeß gehört. Nur dann, wenn die Willkür des Bearbeiters ausgeschaltet ist und die Bearbeitung der Vorlage frei von jenen o.g. äußerlichen Faktoren vor sich geht, kann die Entstehungsgeschichte der neuen Fassung aus begründbaren Schritten rekonstruiert werden, die in dem besonderen Charakter der Vorlage verankert sind.

In ideeller Form liegt ein solcher Fall vor, wenn der Bearbeiter nichts anderes versucht, als die zentrale Aussage der Vorlage wiederzugeben, wohl in der neuen Form, in dem neuen System, aber ohne jegliche andere Motivation ins Spiel zu bringen. Die Transformation geht dann unbewußt vonstatten. Von einem solchen Fall ist die Rede, wenn der Quellentext so strukturiert ist, daß er auf seiner elementaren Ebene mehr als ein Textverständnis bietet. Der Text, der als Vorlage gilt, muß dann in einer ganz spezifischen Weise »problematisch« sein. Er weist eine Zweideutigkeit auf, die in der Bestimmung der Textbezüge zueinander besteht. Die Umformung der Aussage der Quelle in dem neuen Überlieferungsstadium ist dann die Folge davon, daß die Texteinheiten in einer legitimen, möglichen und begründbaren, aber eigentlich inkorrekten Weise zueinander in Beziehung gesetzt werden. Die Transformation folgt dann keinem anderen Interesse als der Wiedergabe des überlieferten Stoffes. Der Bearbeiter ändert die Aussage der Vorlage nicht, weil er dies bewußt tun will. Er versteht sich nicht als Herr seiner Vorlage, sondern als dessen Diener. Es gilt, die Tradition aufrechtzuerhalten. Daß dieses Interesse zuweilen in sein Gegenteil verwandelt wird, daß gerade die Treue der Tradition gegenüber zu ihrer Umwandlung führt, rührt von der Tatsache her, daß die schriftliche Fixierung der Tradition sie auf eine solche kommunikative Ebene überträgt, auf der auch Mißverständnisse entstehen können.

Um nachzuweisen, daß ein bestimmter »Text« literarisch bearbeitet worden ist, muß man zeigen können, daß der Bearbeiter *ihn, den Text selbst,* benutzt hat. Solange die Überlegungen über die Abhängigkeit einer Tradition von einer anderen nur die Inhalte der betreffenden schriftlichen Fixierungen berühren, läßt sich höchstens ein Urteil über die zeitliche Einordnung der Texte fällen, nicht jedoch eines über ein direktes Verhältnis. Dieses läßt sich nur dann behaupten, wenn die Operationen des Bearbeiters direkt mit der verschrifteten Form der Tradition verbunden sind.

Von einer Transformation ist hier die Rede, weil die neu entstandene Fassung der Quelle den ursprünglichen Sinn derselben nicht wiedergibt. Dies aber beansprucht wohl die neue Fassung für sich. Daraus ergibt sich eine komplexe hermeneutische Situation. Die neue Fassung der Quelle legt wohl ein Verständnis derselben dar, dem wir dessen Wahrheitsanspruch dennoch nehmen müssen. Um überhaupt das Phänomen der Transformation feststellen zu können, muß man in der Lage sein, zu behaupten, daß sie tatsächlich vorliegt, d. h., fähig sein, das »richtige Textverständnis« von dem »falschen« trennen zu können. Die Feststellung dieser Differenz in der Aussage beider Überlieferungen bildet bei den folgenden Textvergleichen den kritischen Punkt. Es verhält sich nämlich nicht so, daß die semantische Abweichung zwischen den parallelen Überlieferungen sofort auffällt. Genau das Gegenteil trifft auf die meisten Textvergleiche zu. Auf den ersten Blick begegnet man der Ähnlichkeit und der Verwandtschaft. In den meisten Fällen ist der Wortlaut des Textteils, um den es dann geht, in beiden Übelieferungen derselbe.

Die Komplexität des Anliegens besteht also darin, einerseits zu zeigen, wie in den Sifra-Texten in einem spezifischen Punkt eine andere Aussage gemacht wird als in den parallelen Mishna-Überlieferungen, und andererseits nahezulegen, daß die Sifra-Überlieferungen jedoch auch so verstanden werden können, wie die Mishna den Sachverhalt eindeutig darlegt. Diese Möglichkeit, den Sifra-Text anders verstehen zu können, als er verstanden werden soll, muß in der Struktur des Textes begründbar sein. Sie soll eine unmittelbare Folge davon sein, daß die Textteile nicht korrekt zueinander in Beziehung gesetzt wurden. Zudem muß gezeigt werden, daß die Vorlage selbst die inkorrekte Entzifferung der Textstruktur in gewissem Sinne nahelegt.

Dieses etwas kühne Unternehmen, das sich uns aufdrängt, ist die Folge der bisherigen methodischen Überlegungen. Sie haben zu einem Ergebnis geführt, das man so formulieren kann: Ein Argument über die literarische Abhängigkeit einer Überlieferung vor einer anderen kann nur durch die Rekonstruktion des Werdegangs des sekundären Textes geliefert werden. In der Entstehung des sekundären Textes muß eine inhaltliche Abweichung eingetreten sein, die auf ein inkorrektes, jedoch – wie zu zeigen sein wird – legitimes Verständnis der Vorlage zurückzuführen ist. Einen anderen Weg gibt es nicht.

§9 Das Schlachten auf dem Altar

mZev 6,1; Ka., S. 354

A ק[ו]דשי קדשין ששחטן בראש המזבח
B 1 ר[בי] יוסי או[מר]
כאילו נשחט [12] [נשחטו = P138] בצפון
C 1 ר[בי] יהודה בר יוסה [13] [ר יוסה בר יהודה = P138] אומ[ר]

---

[12] Die inkorrekte Singularform נשחט ist für Ka. eigentümlich.

[13] Eine weitere bezeichnende Abweichung in Ka. Der zweite Tradent ist nach P138, Par., O404, Cam., Ed. pr. ר׳ יוסה בר יהודה und nicht ר׳ יהודה בר יוסה. Der Grund für die Änderung hängt möglicherweise mit der falschen Annahme zusammen, daß der nur mit Vornamen genannte R. Yose mit dem in C1 erwähnten identisch ist, was im Kontext der Kontroverse unmöglich ist und dann zur Korrektur veranlaßt.

§ 9 Das Schlachten auf dem Altar

2　מחצי המזבח ולצפון בצפון
　[מחצי המזבח ולדרום כדרום[14] = P138]
　מחצי המזבח לדרום בדרום
　[ומחצי המזבח ולצפון כצפון = P138]

A　[In bezug auf die] hochheiligen [Opfer], die man oben auf dem Altar geschlachtet hat,
B 1　sagt Rabbi Yose:
　2　[Es ist,] als ob sie im Norden geschlachtet worden sind.
C 1　Rabbi Yose, der Sohn von Rabbi Yehuda sagt:
　2　Von der Mitte des Altars nach Süden hin [gilt es] als Süden; von der Mitte des Altars nach Norden hin [gilt es] als Norden.

Eines der Abgrenzungskriterien zwischen den mit hochheiligen und mit minderheiligen Opfern verbundenen Verrichtungen besteht in der Einschränkung des tauglichen Bereichs beim Schlachten der hochheiligen Opfer im Vorhof der Priester auf den »Norden«.[15] Die Frage nach dem Ort, an dem die kultischen Handlungen mit den verschiedenen Opfer-Gattungen auszuführen sind, leitet das fünfte Kapitel des Traktats Zevaḥim ein und bestimmt dessen Thematik. Der sechste Traktat beginnt mit der vorliegenden kurzen Kontroverse. In den von beiden Tradenten gefällten Urteilen wird der Terminus »Norden« als gleichbedeutend mit »tauglich« verwendet. Als bekannt wird dabei die in Zev 5,1 apodiktisch feststehende Bestimmung קדשי קדשים שחיטתן בצפון vorausgesetzt.

Die in der Kontroverse thematisierte Frage nach der Legitimität des Schlachtens des Opfers auf dem Altar stellt einen schwer nachvollziehbaren Fall dar. Die Fragestellung ist jedoch verständlich: Es handelt sich um die prinzipielle Frage nach der Definition des Bereichs, der als »Norden« gilt. Daher erhält der hypothetische Charakter des zur Diskussion stehenden Sachverhalts seinen Sinn.

Der Unterschied in den Meinungen beider Gelehrter ist deutlich,[16] weniger aber die Grundlage zu dieser Meinungsverschiedenheit. Während die Ansicht des R. Yose bar Yehuda, dergemäß nur die nördliche Hälfte des Altars zum »Norden« gehört, leicht nachvollziehbar ist, weil der Altar in der Mitte des

---

[14] Auch in bezug auf die Reihenfolge der zwei Sätze, aus denen sich der Ausspruch des R. Yose bar Yehuda zusammensetzt, unterscheidet sich die Lesart in Ka. von den übrigen Textzeugen (P138, Par., Cam., O404, Ed. pr.), da man dort mit dem »Norden« beginnt. Die genannten Textzeugen lesen ferner richtig כדרום/כצפון.

[15] Vgl. mZev 5,1. Wo genau »im Norden« die Opfer geschlachtet wurden, wird in dem die Tempel-Anlage beschreibenden Traktat (mMid 3,5; 2,5) und in Parallelen und Ergänzungen im Traktat Tamid (mTam 3,5; 4,1) geschildert. Dabei handelt es sich sowohl um die Tradition von den am Fußboden in der Nordseite befestigten Ringen als auch um eine andere, wahrscheinlich widersprechende Überlieferung von dem Bet haMiṭbaḥayim, dem abgeschlossenen Raum, der sich nördlich von diesen Ringen befand.

[16] Beide Ansichten stehen im Widerspruch zu der anonym überlieferten Halacha in mZev 9,4: עולה שעלתה חיה לראש המזבח תרד. Über den Versuch, diesen Widerspruch zu lösen, vgl. bZev 85a und Bertinoro, Komm. z. St.

Vorhofs stand, so daß dessen Mitte die Grenze zwischen Norden und Süden markierte, ist es auf der vorliegenden Überlieferungsebene nicht klar, warum R. Yose den ganzen Altar als zum Bereich des Nordens gehörig gelten läßt. Sollte aus der Betrachtung des parallelen Textes im Sifra die mögliche Erkenntnis über den Ursprung der Bestimmung R. Yoses gewonnen werden, so wird sie jedoch – das schiebe ich hier ein, um Mißverständnissen vorzubeugen – für die Prüfung des möglichen Abhängigkeitsverhältnisses zwischen den beiden Fassungen irrelevant sein. Daß der Sifra viele in der Mishna vorkommende Bestimmungen in einen exegetischen Kontext einbettet, der sie möglicherweise verständlich macht, kann niemals als Beleg für die Abhängigkeit von Mishna-Überlieferungen von den parallelen im Sifra dienen.

sNed V,9; Ass. 66, S. 28–9

A   המזבח צפונה[17]
B 1   שהמזבח [כו]לו [ר]אוי להיות צפון
   2   שאם שחט בראשו קדשי קדשים כשרין
   3   דברי רבי יוסה
C 1   רבי יוסה ברבי יהודה אומר[18]
   2   מחצי המזבח ולצפון כצפון
        מחצי מזבח ולדרום כדרום

A   »[Und er schlachte es an der Seite des] Altar[s] nach Norden zu« (Lev 1,11):
B 1 [Dies lehrt,] daß der ganze Altar als im Norden befindlich angesehen werden soll,
  2 [so] daß [folgendes gilt]: Wenn man oben auf ihm hochheilige [Opfer] geschlachtet hat, sind sie tauglich. [Das sind] die Worte R. Yoses.
C 1 R. Yose, Sohn des R. Yehuda sagt:
  2 Von der Mitte des Altars nach Norden hin [gilt es] als Norden; von der Mitte des Altars nach Süden hin [gilt es] als Süden.

Der biblische Hinweis auf den »Norden« als den legitimen Bereich, wo das Schlachten der Opfer ausgeführt werden soll, kommt nur in Lev 1,11 vor: ושחט אתו על ירך המזבח צפונה לפני ה׳. Die Anweisung gilt für das Brandopfer von Kleinvieh (Schafen und Ziegen). Der rabbinischen Auffassung nach erstreckt sich der Geltungsbereich dieser Bestimmung auf alle hochheiligen Opfer.[19]

---

[17] In Ox. wird das Lemma anders angeführt: המזבח בצפונה. Die Änderung wurde wohl vorgenommen, um die Logik des ersten Midrash plausibel zu machen.

[18] Die anderen Textzeugen (Ass 31, Br. und P139) lesen: רבי יוסה בר יהודא. In Lo. wurde der Vorname יוסי in C1 weggelassen: דברי ר יוסי בר יהודה אומר. Dem Verb אומר fehlt dann die Bezugsperson. Einen Zusammenhang mit dieser lückenhaften Version scheint die Lesart in Ox. nahezulegen. Dort hat der Schreiber auch das Wort דברי weggelassen und auf diese Weise ist von der Zuschreibung der ersten Überlieferung an R. Yose in C1 nichts geblieben. Eine solche markante Abweichung ist aufgrund der vorliegenden Lesart in Lo., nämlich als Korrektur derselben, nachvollziehbar. Die Version in Ox. setzt also die in Lo. voraus.

[19] Weder die an sich hinnehmbare Erstreckung dieser Bestimmung auf beide in Lev 1 erwähnten Kategorien der Brandopfer vom Vieh (vgl. z. B. sNed V,6 [7d]) noch die Erwei-

§9 Das Schlachten auf dem Altar

Wie ist der Midrash R. Yoses zu verstehen? Die vollständige Ortsangabe על ירך המזבח צפונה schließt eindeutig den in B2 besprochenen Fall vom Schlachten auf dem Altar aus. Ob das Wort ירך hier den unteren Teil eines Gegenstandes meint[20] oder »Seite« bedeutet,[21] ist in bezug auf den Altar nicht eindeutig, aber in beiden Fällen ist die geschilderte Möglichkeit in B2 durch diese Angabe ausgeschlossen. Ist die Auslegung also nur unter der Voraussetzung der bewußten Ignorierung des vollständigen biblischen Ausdrucks zu verstehen? Handelt es sich lediglich um die Anwendung jenes für die rabbinische Exegese typischen hermeneutischen Prinzips der Herauslösung einzelner Redeteile aus dem syntaktischen Kontext, dem sie »untrennbar« angehören?

Daß R. Yose den Hinweis צפונה im Zusammenhang mit dem ihm vorausgehenden Wort מזבח betrachtet und letzteres als dessen Bezugswort versteht, ist deutlich.[22] Daß er auf den Ausdruck ירך nicht explizit eingeht, bedeutet jedoch keineswegs, daß er nicht über die Art und Weise nachgedacht hat, wie die Wendung המזבח צפונה, die er als eine Einheit ansieht, mit dem ihr vorangehenden Ausdruck zu lesen ist.

R. Yose ist sich des hypothetischen Charakters seiner Schlußfolgerung, die er aus dem Fall vom Schlachten auf dem Altar zieht, bewußt, denn er behauptet nur, daß das Schlachten auf dem Altar als legitim hingenommen werden soll. Daß dies nicht der übliche Ort sei, wo geschlachtet wird, ist in der Formulierung שאם שחט ... כשר unmißverständlich impliziert. Daß das Schlachten nördlich vom Altar stattfindet, ist für ihn so selbstverständlich, daß er in die Rede Gottes eindringen will, um in der Angabe über den Ort des Schlach-

---

terung auf alle hochheiligen Opfer (wie beispielsweise in sNed 17,11–2 [13d]) sind im Sifra exegetisch begründet. Die Legitimität der Ausdehnung des Fälligkeitsbereichs dieser Bestimmung auf die Gruppe aller Sündopfer ist jedoch in Lev 6,18 במקום אשר תשחט העלה תשחט החטאת) explizit gegeben (damit befaßt sich eine lange Passage in sHova VI,10–11 – 8,1–5 [20d–21b]), und ähnlich verhält es sich mit der Übertragung des für das Sünd- und Brandopfer geltenden Schlachtorts auf die Schuldopfer nach Lev 14,13 (vgl. dazu die Auslegung zu Ex 20,21 in MekhY Yitro 11, S. 243).

[20] Eine solche Sinngebung ist in Ex 37,17: עשה את המנורה ירכה וקנה und in den anderen Parallelen zur Beschreibung der Tempel-Lampe eindeutig belegt.

[21] Von diesem Verständnis zeugt der wiederholte Ausdruck על ירך המשכן (Ex 40,22; 40,24; Num 3,29; 3,35). Auf diese Weise wurde der Hinweis in Lev 1,11 traditionell immer verstanden (Onkelos, Rashi, Ramban, Komm. z. St.; s. a. Hoffmann, ספר ויקרא, I, S. 98, und Gesenius, "ירך" S. 2b.

[22] Die Endung ה in צפונה, die eine Richtung ausdrückt, erschwert es zwar, die Intention R. Yoses, d.h. die Einbeziehung des Altars im Bereich des Nordens, zu verstehen. Man beachte jedoch, daß die Endung ה bei manchen Wendungen wie z.B. in Lev 1,9: והקטיר הכהן את הכל המזבחה eine Bedeutung erhält, derzufolge nicht ausschließlich die Richtung zum Ausdruck kommt, sondern auch der Ort, wo etwas geschieht. So z.B. bezeichnet der Ausdruck המזבחה in Lev 1,9 (והקטיר הכהן הכל המזבחה) die Richtung wie auch den Ort, wo alle Teile des Ganzopfers in Rauch aufgehen.

tens eine neue Halacha zu finden. Den Hinweis על ירך läßt er nicht außer acht; er setzt lediglich ein Komma dahinter und liest den Vers etwa wie folgt: »Und er schlachte es an der Seite [*jeder* weiß von welcher Seite hier die Rede ist], der Altar ist [jedoch als sich] im Norden [befindlich anzusehen].« An der Grundregel ושחט אתו על ירך wird bei dieser Auslegung weiter festgehalten; der halachische Gehalt der biblischen Aussage wird jedoch durch diese originelle Leseweise erheblich bereichert.[23]

Was die Struktur des Textes anbelangt, so ist sie bis zu diesem Punkt schlicht und eindeutig. A stellt das Lemma dar. B1 ist als dessen Deutung darauf bezogen, und B2 gilt als eine Ergänzung zu B1, um die halachische, hypothetische Implikation in B1 zu verdeutlichen. Die Zuschreibung in D3 erstreckt sich zweifellos auf B1–2. Problematisch wird aber die textuelle Einordnung der an diese Tradition anschließenden Meinung R. Yoses bar Yehuda. Geht man den Sifra-Text mit dem Vorwissen der parallelen Überlieferung in der Mishna an, so wird das Problematische gar nicht wahrgenommen. Nach der Mishna-Überlieferung beziehen sich die Worte R. Yoses bar Yehuda eindeutig auf den Fall vom Schlachten des Opfers oben auf dem Altar. Übertragen auf die Struktur des Sifra-Textes heißt es: C2 ist direkt auf B2 bezogen. Die Entscheidung R. Yoses bar Yehuda weicht von der R. Yoses insofern ab, als sie das Schlachten auf dem Altar auf dessen nördliche Hälfte einschränkt.

Nun gilt es aber, vor allem im Rahmen unseres Anliegens, den Text des Sifra für sich zu betrachten. Sobald man dieser methodischen Forderung folgt, zeigt sich eine völlig andere Möglichkeit, die Worte des zweiten Tradenten in C2 strukturell einzuordnen. Der Satz C2 kann als direkt auf B1 bezogen betrachtet werden. Trifft dies zu, so ist die Aussage in C2 anders zu verstehen. Demnach geht R. Yose bar Yehuda nicht auf den besonderen Fall des Schlach-

---

[23] In dem traditionsgeschichtlichen Rahmen, in dem der Mishna-Text rezipiert wurde, hat sich die Ansicht durchgesetzt, daß die Quelle zu der Bestimmung R. Yoses, wie auch zu der des R. Yose bar Yehuda, der Vers in Ex 20,21 war, in dem explizit vom Schlachten auf dem Altar (וזבחת עליו...) die Rede ist. So überliefert R. Ashi im Namen R. Yoḥanans eine Auslegungstradition zu diesem Vers in bZev 58a, und auf diese Weise kommt sie als Erklärung in Mishna-Kommentaren (s. z.B. Bertinoro z. St.) und in Mishne-Tora (פסולי המוקדשין, 3,1) vor. Eine Ausnahme dazu bildet die Überlieferung in der Tosefta (tZev 7,1), wo wie im Sifra (aber deutlich in der Art einer nachträglichen Erklärung) Lev 1,11 als Bezugsvers gilt. Was die anderen tannaitischen Quellen anbelangt, findet sich in MekhY Yitro 11, S. 242, ähnlich wie in der o.g. Talmud-Stelle die Rückführung von R. Yoses halachischer Bestimmung auf Ex 20,21. Die dort R. Yose zugeschriebene Überlieferung wurde nachträglich in den Text eingeschoben (Über den Sinn der Präposition עליו wird in der dem Midrash von R. Yose vorangehenden anonymen Auslegung erschöpfend diskutiert, um gerade den wörtlichen Sinn dieser Präposition auszuschließen; die Rückkehr zu dem wörtlichen Sinn in dem sich anschließenden Midrash R. Yoses wirkt unharmonisch). Hinzu kommt, daß es lediglich die Bestimmung über die Legitimität des Schlachtens auf dem Altar ist, die an besagter Stelle R. Yose zugeschrieben wird; die Begründung mittels Ex 20,21 (והכתוב מסייעו שנאמר ...) hat der Redaktor selbst geliefert.

tens auf dem Altar ein, sondern allgemeiner auf die Teilung des Altarbereichs in »Norden« und »Süden«. Er bestreitet das in B1 Gesagte und seine Ansicht ist die folgende: Nicht der ganze Altar soll so angesehen werden, als befände er sich im Norden, sondern die Grenzlinie zwischen Norden und Süden halbiert den in der Mitte des Vorhofs befindlichen Altar in zwei Hälften. Die sich aus dieser Ansicht ergebende halachische Implikation ist dann nicht spezifisch auf den Fall des Schlachtens oben auf dem Altar bezogen, sondern ist grundsätzlicher zu verstehen. Ob man ganz oben oder auf dem sogenannten Rundgang (סובב), nämlich dem zweiten Absatz des Altars,[24] schlachtet, ob dies auf dem untersten Absatz, dem Grund (יסוד),[25] oder an dessen Seite geschieht, wäre nach diesem Verständnis der Einordnung der Ansicht von R. Yose b. Yehuda im Text völlig einerlei.

Es ist in der Tat nicht einfach, sich zwischen den zwei Zuordnungsmöglichkeiten des Ausspruchs R. Yoses bar Yehuda zu entscheiden. Trotzdem spricht einiges für die letztgenannte. Es sind zunächst rein sprachliche Gründe. Die Ansicht R. Yoses bar Yehuda ist auf eine Art und Weise formuliert, die uns zwingt, sie im direkten Zusammenhang mit B1 zu betrachten. Wie in B1 von המזבח כולו die Rede ist, so entsprechend in C2 von חצי המזבח. Bedeutsamer noch ist die Parallelität zwischen B1 und C2 in der Formulierung des Urteils. Die Kontroverse besteht in der Frage, welcher Teil des Altars als »Norden« gilt. Das Urteil wird in B1 und C2 mit dem Begriff des Nordens zum Ausdruck gebracht. Demgegenüber begegnet man in B2 dem Urteil כשרין. Es gilt daher, eine direkte Linie von B1 zu C2 zu ziehen.[26]

Zu diesen textsyntaktischen Überlegungen kommt noch eine weitere Überlegung hinzu, die den Stellenwert der Worte R. Yoses b. Yehuda als Auslegung betrifft. Soweit ich es beurteilen kann, läßt sich nicht erkennen, inwiefern der Satz R. Yoses bar Yehuda eine Auslegung zu dem besagten Versteil darstellt. Die Setzung der Worte המזבח צפונה als Lemma des Textes hat zur Folge, daß der vollständige Ausdruck ירך המזבח seine ihm ursprünglich zukommende semantische Einheit verliert. Die räumliche Zuordnung צפונה bleibt nur auf מזבח bezogen. Mag die Aussage מחצי המזבח ולצפון כצפון an und für sich einsichtig sein, so steht sie aber in keinem Zusammenhang mit Lev 1,11.

Was in dieser Überlieferung vorliegt, ist kein exegetischer Disput. Dem Midrash R. Yoses hat der Redaktor eine abweichende Ansicht angeschlossen. Man könnte nun behaupten, daß das Ergebnis (die Behauptung des direkten Bezugs von C2 auf B1) die Möglichkeit vom indirekten Bezug auf den

---

[24] Vgl. mMid 3,1.
[25] Ebd.
[26] Um die Richtigkeit dieses Arguments zu prüfen, führe man eine Gegenprobe durch, indem man sich den Fall ausdenkt, wonach das Urteil in C2 folgenden Wortlaut hätte: מחצי המזבח ולצפון כשרין, מחצי המזבח ולדרום פסולין. In diesem Fall wäre sicher, daß sich der Satz in C2 direkt auf B2 und nicht auf B1 bezieht.

geschilderten Fall in B2 nicht ausschließt. Warum ist es nicht denkbar, daß sich R. Yose b. Yehuda direkt gegen die Auslegung seines Disputanten wendet (B1) und sich dabei gleichzeitig auch auf den spezifischen Fall bezieht, den sich R. Yose als die konkrete Konsequenz aus seiner Auslegung (B2) gedacht hat? Mit dieser Frage trifft man in der Tat den Kern des Problems. Die Frage setzt voraus, daß der Dialog zwischen den beiden Tradenten stattgefunden hat. Dieser Einwand ist nur dann gültig, wenn der Text für die authentische Wiedergabe eines wirklichen Disputs gehalten wird. Wenn R. Yose b. Yehuda dem ersten Tradenten tatsächlich widersprochen hat, dann war ihm der Fall vom Schlachten oben auf dem Altar präsent. Daß er auch bei seiner Auslegung denselben Fall im Sinne hatte, wäre dann eine schlichte Schlußfolgerung aus der dialogischen Situation, in der sich beide befanden. Diese Prämisse teile ich jedoch keineswegs.

Abgesehen von dem spekulativen Moment, das einer solchen Prämisse anhaftet, beachte man, daß der Text keine deutlichen Zeichen für die Existenz einer solchen außertextuellen Realität bietet. Hier wird weder der bekannte mehrstufige Dialog beschrieben, in dem die Formel אמר לו mehrmals verwendet wird,[27] noch sind hier jene lebhaften Redewendungen zu finden, die den Eindruck eines echten Dialogs vermitteln.[28] Der Text gehört auch nicht zu jener großen Gruppe von Texten, die auf schlichte Weise verschiedene oder einander widersprechende Auslegungen zu einem bestimmten Bibelvers zeigen; die zweite Überlieferung ist überhaupt kein Midrash. Die dargestellte Meinungsverschiedenheit legt kein Zeugnis von etwas Realem ab: sie wurde literarisch komponiert.

Eine Bestätigung dieses Ergebnisses liegt in der Tatsache, daß beide Rabbinen verschiedenen Zeiten angehören. R. Yose, der nur beim Vornamen (סתם) genannt wird, ist R. Yose ben Ḥalfata,[29] einer der fünf bedeutenden Schüler R. Aqivas, zu denen auch der berühmte R. Yehuda bar Ilai zählt, der wie sein Zeitgenosse, R. Yose, der vierten Generation angehörte und kein anderer war als der Vater des zweiten Tradenten im Text. Der Sohn also, R. Yose b. Yehuda, ist ein Tannait der letzten Generation, von dem erzählt wird, daß er zusammen mit Rabbi (Yehuda haNasi über das Land wanderte[30] und mit ihm disputierte.[31] Schon aufgrund der Tatsache, daß beide Dialogpartner verschiedenen Generationen angehören, wird die Möglichkeit unwahrscheinlich, daß die vorliegende Meinungsverschiedenheit einen echten Disput widerspiegelt.

---

[27] Vgl. z.B. sHova XII,1–2 (26b-c).
[28] Vgl. z.B. den Dialog zwischen Tarfon und Aqiva in sNed IV,4–5 (6b), wo der aufgeregte Ruf R. Tarfons עקיבא, עד אימתי אתה מגבב ומביא עלינו; אקפח את בני אם לא שמעתי שיש הפרש בין קבלה לזריקה ואין לי לפרש vorkommt.
[29] Angaben darüber bei Heimann, תולדות תנאים ואמוראים, II, 705ff.
[30] BerR 76,8 (147a).
[31] Vgl. z.B. die lebhaften Disputationen in bNed 62a.

Von derselben Art einer literarischen Konstruktion einer Kontroverse ist eine in der Tosefta (tBekh 7,9) überlieferte Meinungsverschiedenheit über die Termine, an denen das Vieh verzehntet werden soll. Es gab drei Termine dafür, und zwar vor jedem der drei Wallfahrtsfeste. Darüber war man sich einig, jedoch nicht darüber, ob man die Verzehntung ganz nah an den Festtag heranrücken dürfte. Erstere Ansicht vertrat R. Aqiva: שלש גרנות למעשר בהמה בפרס הפסח בפרס העצרת ובפרס החג אין להן קצבה. Im Text schließt sich daran die entgegengesetzte Ansicht des R. Yose b. Yehuda an: ...דברי ר׳ עקיבא ר׳ יוסי בר׳ יהודה אומר אין פחות מחמשה עשר יום קודם לרגל. Die Struktur ist hier ebenso wie im behandelten Sifra-Text dieselbe. Wenn nun R. Yose b. Yehuda, von dem überliefert ist, daß er in seinem Vermächtnis bestimmte Anweisungen an R. Yehuda haNasi gegeben hat,[32] den um 135 nC getöteten R. Aqiva überhaupt gekannt hat, dann sicherlich nur als Kind.

Die interessante Frage, ob der uns vorliegenden Überlieferung ein wirklicher Disput zugrundelag, ist nicht unser primäres Anliegen. Die vorangehenden Ausführungen sollten lediglich zur Beantwortung der Frage beitragen, ob der Ausspruch R. Yoses b. Yehuda (מחצי המזבח ולצפון כצפון) auf den spezifischen Fall des Schlachtens auf dem Altar bezogen ist oder allgemein nur die Festlegung der Grenze zwischen »Süden« und »Norden« meint. Nach der Art und Weise, wie beide Ansichten im Sifra überliefert sind, ist – trotz des ersten Eindrucks – zu konkludieren, daß R. Yose bar Yehuda die Kühnheit eines R. Yose ben Ḥalfata nicht besaß und die komische Möglichkeit des Schlachtens auf dem Altar offensichtlich gar nicht in Erwägung gezogen hat.

Vergleich

Die Verwandtschaft beider Überlieferungen liegt auf der Hand. Die auffallenden Unterschiede hängen lediglich mit der Verschiedenheit der Überlieferungsform zusammen und sind als solche im Rahmen unseres Anliegens unerheblich. Der für den Sifra notwendige exegetische Rahmen fehlt – wie erwartet – in der Mishna. Dies hat unmittelbar zur Folge, daß die Einleitungsfunktion, die im Sifra dem ausgelegten Versteil zukommt, in der Mishna durch die unmittelbare Nennung des Falles, »Schlachten auf dem Altar«, erfüllt wird. Konkret bedeutet dies, daß die Worte, die den zum Disput stehenden Fall schildern, nur im Sifra dem Referenzbereich dessen, was dort R. Yose zugeschrieben wird, angehören und daß das Urteil von R. Yose jeweils anders formuliert wird. Nach der überwiegenden Zahl der Textzeugen in der Mishna ist die Aufeinanderfolge der zwei Sätze R. Yoses b. Yehuda umgekehrt als im Sifra. Sonst ist der Wortlaut identisch, und auch der Inhalt des ganzen bleibt auf dieser anfänglichen Betrachtungsebene derselbe. Bliebe es dabei, dann bestünde keine Möglichkeit – und wohl bemerkt, kein Bedarf – sich um die Aufdeckung eines Abhängigkeitsverhältnisses zu bemühen.

---

[32] Vgl. bPes 112b ... שלשה דברים צוה רבי יוסי בר׳ יהודה את רבי.

Nicht umsonst kreisen all die Bemühungen bei der Analyse des Sifra-Textes darum, festzustellen, was mit den Worten R. Yoses bar Yehuda gemeint ist. Denn es ergab sich, daß sie dort nur als prinzipielle Aussage über den Beginn des »Nordens« zu verstehen sind, also nicht wie in der Mishna, wo der Sinn derselben Worte durch ihre eindeutige Zuordnung zum Fall des Schlachtens auf dem Altar gravierend eingeschränkt wird. Problematisch dabei ist nicht der Unterschied an sich, sondern die Tatsache, daß die Texteinheit, die jeweils anders zu verstehen ist, in beiden Versionen identisch ist und allein durch ihre unterschiedliche Konfiguration in beiden Texten einen anderen Sinn erhält.

Das besagte Problem bedarf einer Erklärung. Es gilt daher, die Möglichkeit zu prüfen, ob die Entstehung dieser Differenz die Folge der Bearbeitung einer Vorlage ist. Fest steht, daß dieser Unterschied nicht die Folge der Bearbeitung des Mishna-Textes sein kann. Der Sinn der Worte R. Yoses bar Yehuda ist in der Mishna eindeutig. Bleibt man bei der Annahme der Priorität der Mishna, so kann man grundsätzlich nichts anders tun, als die Entstehung dieser Differenz auf außertextuelle Umstände zurückzuführen, was dann notwendigerweise – eben wegen des Festhaltens an diesen äußeren Faktoren – eine spekulative Entstehungsgeschichte zur Folge hat, von der grundsätzlich – wie in der Einleitung zu diesem Teil der Arbeit erörtert – kein direktes Verhältnis behauptet werden kann.

So verhält es sich aber nicht bei der umgekehrten Annahme. Die Zuordnung der Worte R. Yoses bar Yehuda im Sifra-Text ist problematisch. Dieses Ergebnis, daß sich diese Worte im Textteil C2 auf die Auslegung R. Yoses in B1 beziehen, fällt keineswegs sofort ins Auge. Vielmehr wäre es sicherlich nicht falsch zu sagen, daß der unbefangene Leser des Sifra-Textes geneigt ist, den Ausspruch R. Yoses bar Yehuda unmittelbar auf den in B2 angeführten Fall zu beziehen. Zweifellos hängt diese Unbefangenheit mit dem Eindruck zusammen, den dieser Text vermittelt, nämlich den eines tatsächlichen Disputs. Betrachtet man diese Überlieferung als einen Dialog, so wird klar, daß beide Disputanten über ein und denselben Fall streiten. Was es uns ermöglicht hat, die »Wahrheit« über diesen Text zu finden, waren einige »kritische« Überlegungen, die dem natürlichen Verlauf der Lektüre eigentlich fremd sind. In der Annahme, daß der Mishna-Redaktor den Sifra als Vorlage hatte, läßt sich die Transformation des Inhalts so verfolgen, als wäre sie fast unvermeidbar. Vom Standpunkt seiner Rezeption aus betrachtet kann man sagen, daß der so strukturierte Sifra-Text schon die besagte Transformation in sich trägt. Daß der Unterschied auf diese Weise zustandegekommen ist, ist daher mehr als wahrscheinlich.

§ 10 Die Defintion des Nasi

Im Traktat Horayot, in dem v. a. die Frage nach der öffentlichen Verantwortung des Gerichtshofs und des Hohenpriesters thematisiert und die Rechtslage im Falle einer versehentlichen Übertretung erörtert wird, begegnet man auch mehrmals dem Amt des Nasi. Dessen Nennung neben dem Hohenpriester, dem Gerichtshof und dem Privatmann rührt von der Anlehnung des Traktats an das 4. Kapitel in Levitikus her, in dem von diesen vier Klassen die Rede ist. In mHor 3,3 wird die Frage gestellt, was mit dieser Kategorie gemeint ist. Der kurze Text, bestehend aus dieser Frage, der Antwort darauf und einer exegetischen Begründung derselben, lautet wie folgt:

mHor 3,3; Ka., S. 349

A אי זה הוא[33] הנשיא
B 1 זה המלך
2 שנ[אמר] ועשה אחת מכל מצות יי א[לה]יו
3 נשיא שאין על גביו אלא יי א[לה]יו

A Und wer ist der »Nasi«?
B 1 Das ist der König,
   2 denn es heißt: »Und wenn er eins von all den [in den] Geboten Gottes, seines Gottes, [genannten Dingen, die man nicht tun darf, unabsichtlich] getan hat« (Lev 4,22):
   3 [Gemeint ist] ein »Nasi«, der keinem anderen als seinem Gott untersteht.

Die exegetische Logik ist nachvollziehbar: Ausgelegt wird der Ausdruck אלהיו. Zwar scheint er keine spezifische Auskunft zu enthalten, doch gerade deshalb bedarf er wegen seiner attributiven Eigenschaft der Auslegung. Die Auslegung beruht auf dem hermeneutischen, in der rabbinischen Schriftauslegung herrschenden Prinzip, nach dem es gilt, den als überflüssig scheinenden Ausdruck hervorzuheben, um seinen spezifischen, bedeutenden Hinweis aufzudecken.[34] Liest man den Vers, indem man den Ausdruck אלהיו akzentuiert, so ergibt sich folgende Leseweise: ועשה אחת מכל מצות ה' [שרק הוא!] אלהיו (»Und wenn er eins von all den [in den] Geboten Gottes, der – und kein anderer! – sein Gott ist, [genannten Dingen, die man nicht tun darf, unabsichtlich] getan hat ...«). Der Ausdruck אלהיו weist also darauf hin, daß sich der Nasi keiner anderen Instanz unterwirft als der göttlichen. Eine solche Stellung entspricht dem Status des Königs, von dem gilt: לא דן ולא דנין אותו, לא מעיד ולא מעידין אותו.[35]

---

[33] P138: ואי הוא; Par.: אי זהו; Cam.: ואי זה הוא; P984: ואיזה הוא הנשיא; Ed. pr.: ואיזהו הנשיא.
[34] Zu Beispielen aus dem aggadischen Midrasch, die diese exegetische Vorgehensweise demonstrieren, vgl. Y. Heinemann דרכי האגדה, S. 97–8.
[35] Vgl. mHor 2,5 und mSan 2,2.

Man ist vielleicht geneigt, an der Überzeugungskraft dieser Auslegung zu zweifeln, denn die häufig vorkommende Wendung ה׳ אלהיו wird nicht nur bei Königen verwendet,[36] und die andere, mit dem Suffix der zweiten Person belegte Wendung ה׳ אלהיך bezieht sich in noch auffälligerer Weise meistens völlig unspezifisch auf jeden Menschen aus Israel.[37] Man beachte jedoch, daß in Lev 4, im Rahmen dessen der ganze Traktat steht, von einer versehentlichen Übertretung eines der »Gebote Gottes« viermal (V. 2, 13, 22, 27) die Rede ist, und zwar jeweils auf eine der vier dort genannten Kategorien (den Hohenpriester, die Gemeinde, den Nasi und den einfachen Mann) bezogen, wobei man bei allen der Formulierung מצות ה׳ אשר לא תעשינה begegnet, aber nur im Falle des Nasi mit dem Zusatz אלהיו!

Im Sifra wird nun im Rahmen der Auslegung zu Lev 4,22 dieselbe Gleichsetzung, Nasi = König, behauptet. Die exegetische Begründung ist verschieden, und der Unterschied ist interessant.

sHova V,1; Ass. 66, S. 85

A 1   נשיא
  2   יכול נשיא שבטים כנחשון
  3   (תל[מוד] לו[מר]) ועשה אחת מכל מצות יי אלהיו
B   ולהלן הוא אומר
        למען ילמד ליראה את יי אלהיו
C 1   מה אלהיו[38] (ה)אמור להלן נשיא שאין על גביו אלא יי אלהיו
  2   אף אלהיו[39] האמור כן נשיא שאין על גבי אילא יי אלהיו

A 1 »Ein Fürst« (Lev 4,22):
  2 Man könnte meinen, [daß hier von] ein[em] Stammesfürst wie Nakhshon [die Rede ist].
  3 Die Schrift [aber] sagt: »Und wenn er eins von all den [in den] Geboten Gottes, seines Gottes, [genannten Dingen, die man nicht tun darf, unabsichtlich] getan hat« (ebd.).
B   Und ferner sagt sie: »Damit er Gott, seinen Gott, fürchten lernt« (Dtn 17,19):
C   Wie dort von einem Fürst die Rede ist, der keinem anderen als seinem Gott untersteht, so ist auch hier ein Fürst gemeint, der keinem anderen als seinem Gott untersteht.

Beim Verstehensprozeß des Textes soll man das Wissen über die Art und Weise, wie die Mishna den Vers in Lev 4,22 zur Begründung ihrer Definition des Nasi verwendet, ausklammern. Es gilt zunächst, den Text für sich zu verstehen. Dieses methodische Postulat ist in diesem Fall geradezu von entscheidender Bedeutung.

Der Auslegung in diesem Text liegt ein klassischer Analogieschluß zugrunde: Die Widerlegung der Möglichkeit, daß der »Nasi« in Lev 4 ein Stam-

---

[36] Wie z.B. in Ex 32,11, 2Kön 5,11, Jon 2,2.
[37] Wie z.B. in Ex 15,26; 20,2; Lev 19,12; 21,8; Dtn 5,6; 5,9; 5,11.
[38] Lo.: נשיא.
[39] Br. und Lo.: נשיא.

mesfürst sei (A2), vollzieht sich in mehreren Schritten. Als beim ersten Schritt (A3) die Worte in Lev 4,22 angeführt werden, weiß man noch nicht, inwiefern sie die Hypothese יכול נשיא שבטים falsifizieren. Diese »Unwissenheit« gehört wesentlich zur Logik des Analogieschlusses. Es muß vorher auf einen anderen Vers, der einen gemeinsamen Ausdruck mit Lev 4,22 hat, verwiesen werden – dies ist der zweite Schritt der Argumentation –, um erst dann – als dritten und letzten Schritt – den im zuletzt herangezogenen Vers vorkommenden Sachverhalt auf den ersten Vers zu übertragen. Dem an zweiter Stelle herangezogenen Vers kommt in diesem logischen Vorgang die wesentliche, vermittelnde Funktion zu, nämlich den mit ihm verbundenen Sachverhalt mit dem ersten Vers zu verknüpfen. Die Legitimität dieser Übertragung liegt in der Tatsache begründet, daß ein bestimmter Ausdruck beiden Versen gemeinsam ist. Im vorliegenden Fall ist es die Wendung ה' אלהיו. Dtn 17,19 steht im Kontext der Königsvorschriften (Dtn 17,14–20). Die Bezugsperson im Vers aus Dtn ist der König.[40] Damit ist die Frage nach dem Sinn der Kategorie »Nasi« in Lev 4,22 beantwortet und die mit יכול eingeführte Möglichkeit widerlegt. In Lev 4,22 ist mit Nasi ein König gemeint, weil in gleicher Weise formuliert ist, daß sich der Nasi Gott unterwirft, wie an einer anderen Stelle, wo explizit der König gemeint ist.

Vergleich

Die inhaltliche und sprachliche Verwandtschaft beider Überlieferungen ist verhältnismäßig groß. In beiden Texten wird dieselbe Gleichsetzung, Nasi = König, behauptet; in beiden kommt sie als Antwort auf die gemeinsame Ausgangsfrage vor. Der Erwägung der Möglichkeit יכול נשיא שבטים im Sifra (sA2) liegt die Frage אי זה הוא הנשיא (mA) zugrunde. In beiden Texten ist es der in Lev 4 erwähnte Nasi, nach dessen Funktion gefragt wird. Daß dem im Sifra-Text so ist, ist offensichtlich, aber auch im Mishna-Text wird die Frage אי זה הוא הנשיא im Zusammenhang mit der biblischen Quelle gestellt, denn es ist unverkennbar, daß der gesamte Traktat Horayot auf die Vorschriften in Lev 4 bezogen ist. Zur Beantwortung dieser Frage wird in beiden Texten ein Midrash verwendet, dessen zwei Teile im Mishna-Text – das Schriftzitat (mB2) und die daraus gezogene Konklusion (mB3) – auch im Sifra in demselben Wortlaut zu finden sind (mB2 = sA3; mB3 = sC).

Auf den ersten Blick scheint es, als handelte es sich um dieselbe Auslegungstradition, die in zwei voneinander unwesentlich abweichenden Fassungen vorliegt. In beiden Überlieferungen spielt der Ausdruck אלהיו in Lev 4,22 die entscheidende Rolle. Man könnte meinen, die Anführung des parallelen

---

[40] Im Sifra-Text ist nicht ausdrücklich von מלך die Rede, sondern von dem »Fürst, der allein seinem Gott unterworfen ist«. Diese Formulierung wurde sicherlich deshalb gewählt, um den Gegensatz zu der in A2 formulierten Möglichkeit deutlich zu artikulieren.

Verses in Dtn 17,19 im Sifra-Text (B) würde eine bloße Erweiterung oder Erhärtung des exegetischen Verfahrens bedeuten, ohne daß sich das Grundargument durch diesen Umweg entschieden ändern würde.

Dieser *Eindruck* trifft nicht zu. Es besteht ein gravierender Unterschied hinsichtlich der Funktion, die der Ausdruck ה׳ אלהיך in beiden Auslegungen erfüllt. Nach der Auslegung in der Mishna impliziert er den überlegenen Rang, der der Person, auf die sich das Suffix in אלהיך bezieht, zukommt. Mit diesem Ausdruck wird die Stellung des in Lev 4,22 genannten »Nasi« angedeutet: er unterwirft sich nur Gott und ist insofern als König zu verstehen. Nach der Überlieferung im Sifra kommt dem Ausdruck אלהיך diese Deutung nicht zu. Seine Bedeutung erhält er nur im Kontext des Analogieverfahrens. Wegen seines Vorkommens in Dtn 17,19 erlaubt er die Vermittlung zwischen beiden Versen. Während die Gleichsetzung des Nasi mit dem König nach dem Midrash in der Mishna schon gänzlich in Lev 4,22 enthalten ist, kann sie nach dem Sifra nur aufgrund der Analogie zwischen Lev 4,22 und Dtn 17,19 behauptet werden.

Der Vergleich zwischen beiden Auslegungen wird interessanter, sobald man feststellt, daß der Text im Sifra nicht so eindeutig wirkt wie eben beschrieben. Strukturell ist das Analogieverfahren zwar einwandfrei aufgebaut, doch in der Formulierung des Schlusses in sC (נשיא שאין על גביו אלא ה׳ אלהיו) ist ein täuschendes Element enthalten, auf das im folgenden hingewiesen wird.

Daß in diesem Schlußsatz nicht ausdrücklich von dem in Dtn 17,19 gemeinten König gesprochen wird, rührt vom Anliegen des Midrash her, den Begriff des Nasi näher bestimmen zu wollen. Es geht darum, eine Entscheidung zwischen den zwei Möglichkeiten zu treffen: Entweder ist »Nasi« ein Stammesfürst oder ein Fürst, der sich, wie die Wurzel es andeutet und wie es übrigens manche Bibelstellen auch meinen,[41] über alle erhebt. Die Vermeidung des Begriffes »König« geschieht also absichtlich. Das Verwirrende an dieser Formulierung ist, daß in den Worten אין על גביו אלא ה׳ אלהיו der beiden Bibelversen gemeinsame Ausdruck aufgegriffen wird. Dadurch konstituiert sich ein täuschender Zusammenhang zwischen der Wendung ה׳ אלהיו und dem Ergebnis, in dessen Formulierung diese Wendung vorkommt. Es entsteht der Eindruck, als ob sich die Schlußfolgerung, es handele sich um einen »Fürsten«, der allein seinem Gott untersteht, direkt aus der biblischen Wendung ableiten läßt.

Hätte ein solcher Zusammenhang tatsächlich bestanden, so würde damit die Logik des Analogieverfahrens aufgehoben. Implizierte der Ausdruck ה׳ אלהיו die Folgerung שאין על גביו אלא ה׳ אלהיו, dann wäre der Umweg über Dtn 17,19 entbehrlich. Der Sifra-Text ist nicht so zu lesen, als ob in sC der in sB

---

[41] Vgl. z. B. Ez 34,24 und 37,25, wo David ausdrücklich als Nasi bezeichnet wird, und 1Kön 11,34 in bezug auf Jerobeam.

genannte Ausdruck gedeutet werden würde. Die Struktur des Textes duldet eine solche Leseweise nicht. Hätte man auf dem Vorhandensein dieses Zusammenhangs bestanden, so hätte dies nur um den Preis der Kohärenz des Textes geschehen können.

Der weitgehenden Übereinstimmung zwischen beiden Überlieferungen steht also eine bedeutende Differenz in der zu demselben Ergebnis führenden exegetischen Logik gegenüber. Eine Erklärung für dieses Phänomen wurde in den letzten Ausführungen über die in dem Sifra-Text enthaltene Unklarheit angedeutet. Der Sifra-Text ist so aufgebaut, daß er eine direkte Ableitung der Gleichsetzung zwischen Nasi und König aus dem Ausdruck אלהיו *gegen seinen ursprünglichen Sinn* zuläßt. Ein solches Verständnis artikuliert sich beim Übergang von sB zu sC. Wurde beim Verstehensprozeß eine solche Möglichkeit wahrgenommen und akzeptiert, so hat sie zur Folge, daß die Analogie mit Dtn 17,19 völlig überflüssig erscheint. So betrachtet, wird man bei der neuen Wiedergabe der Auslegung das Störende auslassen, also den ganzen Umweg über Dtn 17,19. Die Entscheidung, die der Mishna-Redaktor mit der verkürzten Wiedergabe der ihm vorliegenden Auslegung traf, beruht zwar auf einem »inkorrekten« Verständnis der Auslegung, gleichzeitig muß man aber einsehen, daß der Text des Sifra zu einer Korrektur zwingt. Entweder läßt man die Logik der Analogie bestehen, dann muß man die Worte in sC umformulieren, oder man läßt die Worte in ihrer Beziehung auf die Bibelverse gelten und gibt das Analogieverfahren auf. Für letzteres hat sich der Mishna-Redaktor entschieden.

§ 11 Das Losverfahren mit den zwei Ziegenböcken

mYoma 6,1; Ka., S. 128

A 1	שני שעירי יום הכיפורים	
	מצותן שיהו שווים במראה	
	ובקומה ובדמין (ו)לקיחתן כאחת	
2	אף על פי שאינן שווים כשירים	
3	לקח אחד היום ואחד למחר כשירים	
B 1	מת אחד מהם	
2	אם עד שלא הגריל מת יקח זוג לשיני	
C 1	ואם משהגריל מת	
2	יביא שנים ויגריל עליהם כתחילה ויומר	
3	אם שלשם מת	
	זה שעלה עליו הגורל לשם יתקיים תחתיו	
4	ואם שלעזאזל מת	
	זה שעלה עליו הגורל לעזאזל יתקיים תחתיו	
5	השיני ירעה עד שיסתאב וימכר	
	ויפלו דמיו לנדבה	
6	שאין חטאת ציבור מתה	

Die Entstehung einer semantischen Differenz

7   ר[בי] יהודה אומ[ר]
8   תמות
D 1   ועוד אמ[ר] ר[בי] יהודה
2   נשפך הדם ימות המשתלח
3   מת המשתלח ישפ[י]ך הדם[42]

A 1 [Für die] zwei [Ziegen]böcke des Versöhnungstags [gilt] das Gebot, daß sie gleich sein sollen, [und zwar] dem Aussehen, dem Wuchs und dem Preis nach, und ihr Kauf [soll] gleichzeitig [stattfinden].
2 Auch wenn sie nicht gleich sind, sind sie tauglich.
3 Hat er [= der Hohepriester][43] einen für heute gekauft und einen für morgen, so sind sie [trotzdem] tauglich.
B 1 Ist einer von beiden gestorben:
2 Wenn er vor der Auslosung gestorben ist, dann soll er [= der Hohepriester] einen zweiten für den anderen kaufen.
C 1 Aber wenn er nach der Auslosung gestorben ist,
2 dann soll er zwei [andere Ziegenböcke] bringen und über sie – wie am Anfang – das Los werfen und
3 [folgendes] – wenn der für Gott bestimmte [Bock] gestorben ist – sagen: »Der [Bock], auf den das Los ›für Gott‹ gefallen ist, soll an seine Stelle kommen.«
4 Und wenn der für Azazel bestimmte [Bock] gestorben ist, [so hat er zu sagen:] »Der [Bock], auf den das Los ›für Azazel‹ gefallen ist, soll an seine Stelle kommen.«
5 Und der andere soll weiden, bis er alt wird [und als Opfer nicht mehr tauglich], worauf er [dann] verkauft werden soll und sein Erlös soll für freiwillige Opfer in die Tempelkasse fließen,
6 denn man läßt ein Sündopfer der Gemeinde nicht sterben.
7 R. Yehuda sagt: Man läßt es [doch] sterben.
D 1 Und noch [dies] sagte R. Yehuda:
2 Wurde das Blut [des für Gott bestimmten Opfers] verschüttet, so soll der fortzuschikkende [Bock] sterben;
3 ist der fortzuschickende [Bock] gestorben, so soll man das Blut [des für Gott bestimmten Opfers] ausgießen.

Den Mittelpunkt des Tempelkultes am Versöhnungstag bildeten die Darbringung eines jungen Stieres, der als Sündopfer des Hohenpriesters galt, und die Opferung von zwei Ziegenböcken, die zuvor am Eingang des Stiftzeltes (= im Tempelvorhof) einem Losverfahren unterzogen worden waren. Durch dieses Losverfahren wurde bestimmt, welcher von den beiden Böcken – analog zur

---

[42] Die anderen Textzeugen (P138, Par., Cam. Jer., Ed. Pr.) zeigen es so gut wie keine Abweichungen. Im »Konstantinopel«-Druck wird der Schlußsatz ואין הלכה כרבי יהודה hinzugefügt, der offensichtlich auf die abschließende Anmerkung Rambams (Komm. z. St.) zurückgeht. Die in der Albeck-Edition vorliegende Lesart ובלקיחתן (A1) ist ungenau: die zwei Böcke sind nicht »hinsichtlich ihres gleichzeitigen Kaufes gleich« (שווים ... בלקיחתן כאחת); sie sollen gleichzeitig gekauft werden. Auch die dort vorkommende Lesart זוג אחר (C2) ist der Lesart שנים unterlegen. Der Begriff זוג erhält in C1 einen eindeutigen Sinn (»ein zweiter«), daher ist die Anwendung desselben Wortes im Sinne von »Paar« unwahrscheinlich. Auf welche Textzeugen sich diese Lesarten in der Ausgabe beziehen, entzieht sich meiner Kenntnis.

[43] In allen beschriebenen kultischen Handlungen im Traktat (v. a. in den Kapiteln 3–6) ist der Handelnde der Hohepriester.

§ 11 Das Losverfahren mit den zwei Ziegenböcken

Funktion des Stieropfers des Hohenpriesters – zur rituellen Reinigung des Heiligtums von den vom Volk begangenen Übertretungen benutzt werden sollte und welcher, die Sünden Israels tragend,[44] in die Wüste fortzuschicken war.[45]

Sich auf das Losverfahren konzentrierend, stellt die vorliegende Überlieferung zunächst fest, daß beide Böcke in verschiedener Hinsicht (Aussehen, Wuchs, Preis) gleich sein sollen und daß sie gleichzeitig zu kaufen sind (A 1).[46] Unmittelbar darauf folgt jedoch das Zugeständnis, daß die Opfertauglichkeit auch bei der Vernachlässigung dieser Bestimmungen aufrechterhalten bleibt (A 2–3). Der Grund, warum eine solche vorschriftswidrige Handhabung bei der Wahl, Erwerbung und Zustellung der zwei Ziegenböcke die mit ihnen verbundenen kultischen Verrichtungen nicht verhindert, ist der parallelen Überlieferung im Sifra[47] leicht zu entnehmen. Im biblischen Text ist von Gleichheit zwar nicht die Rede, zwei Sachverhalte jedoch finden dort in einem Midrash eine originelle Erklärung. Hingewiesen wird zuerst auf die Nennung von *zwei* Ziegenböcken. Da der Exeget schon aus einer unbestimmten Pluralform das Minimum »zwei« zu deduzieren gewöhnt ist, scheint ihm der Hinweis auf die genaue Zahl überflüssig.[48] Deswegen sieht er darin ein Indiz für eine andere Bestimmung, und zwar – da mit dieser Nennung die Ziegenböcke *zusammen* erwähnt werden – für ihre Gleichheit. Gleich darauf will er jedoch der anderen, entgegengesetzten Tatsache gerecht werden, daß nämlich jeder dieser »zwei« in der darauf folgenden Beschreibung *für sich* erwähnt und behandelt wird. Dies wird mit dem Zugeständnis geleistet, der Fall einer Ungleichheit sei halachisch hinnehmbar.[49]

Die letzten Ausführungen, wiewohl sie die Ansicht nahelegen, daß dem Midrash in diesem Fall eine konstitutive Funktion im Prozeß der Rechtsschöpfung zukommt, und damit selbstverständlich auch die Auffassung, daß die Mishna-Fassung lediglich die Konklusionen dieser Auslegungs*tradition* darstellt, haben zunächst *nur* einen traditionsgeschichtlichen Wert. In dem Argument für eine literarische Abhängigkeit zwischen zwei parallelen Überlieferungen dürfen sie keine Rolle spielen.[50] Traditionsgeschichtliche Überlegungen über die Entstehung der in der Mishna – in der Regel – apodiktisch

---

[44] D. h. alle anderen Übertretungen, die nicht mit der »Verunreinigung des Tempels und seiner heiligen Geräte« zusammenhängen. Zu dieser Abgrenzung vgl. mShevo 1,6.

[45] Vgl. Lev 16.

[46] Zum Sinn von לקיחה als »Erwerb« und »Kaufen« vgl. Gen 25,20, Ps 31,16 und mHul 11,2.

[47] In sAharMot II,1 (80d).

[48] Vgl. die Angaben auf Seite 60, Anm. 65.

[49] Vgl. den in seiner Struktur völlig identischen Midrash (sMesora I,11 [70b]) zu den in Lev 14,4 erwähnten zwei Vögeln, derer sich der Priester zur Reinigung des Aussätzigen bedient, und die parallele Überlieferung dazu in mNeg 14,5, die strukturell mit der uns vorliegenden Mishna-Überlieferung gleichfalls identisch ist.

[50] Vgl. die Ausführungen auf Seite 88ff.

vorkommenden Bestimmungen sind gefordert, wenn die Überlieferungen nicht aus sich selbst verstanden werden können. Einen paradigmatischen Fall für dieses Phänomen stellen die in der Mishna häufig vorkommenden Konzessivsätze (in der Regel mit אף על פי) dar.[51]

Zurück zum Mishna-Text: Im Anschluß an diese Bestimmungen wird weiter festgesetzt, wie zu verfahren ist, wenn einer der Ziegenböcke stirbt, sei es vor oder nach der Auslosung. Dies ist ein ziemlich hypothetischer Sachverhalt, der jedoch für die Erörterung der Halacha nicht ungewöhnlich ist. Stirbt einer der beiden Ziegenböcke, ehe die Auslosung vollzogen wurde, so gilt es, einen anderen zu holen (B1–2). Das versteht sich nicht von selbst. Es bietet sich die Alternative dar, zwei neue Ziegenböcke für die Auslosung zu bestimmen, um die halachische Bestimmung vom gleichzeitigen Kauf (A1) aufrechtzuerhalten. Doch das Zugeständnis in A3 läßt zu, daß der Kauf nicht unbedingt zu gleicher Zeit stattfinden muß. Das Urteil im Falle des Todes eines Ziegenbockes vor der Auslosung (B1) ist wohl – wie dies Hameiri kommentiert[52] – eine Implikation aus dem in A3 Festgestellten.

Der Tod einer der beiden Ziegenböcke kann auch nach der Auslosung eintreten. Nachdem der Hohepriester das Los geworfen hat, vergeht noch eine gewisse Zeit, bis der Kult mit beiden Opfern fortgesetzt wird. Der Hohepriester hat zunächst sein eigenes Sündopfer zu verrichten und mit dessen Blut ins Allerheiligste hineinzugehen.[53] Stirbt einer der beiden in dieser Zeit, so ist ein wiederholtes Losverfahren mit zwei neuen Ziegenböcken erforderlich. Man darf nicht bloß einen neuen Bock bringen. Man schließt dem übriggebliebenen Gott oder Azazel bestimmten Opfer das entsprechende Opfer durch eine neue Auslosung an. Warum ein solches Verfahren notwendig ist, ist auf der Ebene des Mishna-Textes nicht ersichtlich. Mit der Betrachtung der parallelen Überlieferung im Sifra wird sich dieser Sachverhalt klären.

Durch die erforderliche zweite Auslosung entsteht ein Problem. Was geschieht mit dem aus dieser Auslosung übriggebliebenen, weder für den Tempelkult weiter brauchbaren noch im profanen Bereich nutzbaren Bock? Die Begründung שאין חטאת צבור מתה für das anonym überlieferte, geltende Verfahren (ירעה עד שיסתאב וימכר), die an einer anderen Stelle in der Mishna in Form einer für sich stehenden halachischen Entscheidung vorkommt,[54] bekräftigt diese Vorgehensweise gegen die von R. Yehuda vertretene harte Alternative (C7).[55]

---

[51] V. a. sind sie im Bereich der Reinheitsbestimmungen verbreitet. Vgl. z.B mKel 3,3; 3,4; 4,2; 6,1.

[52] Vgl. Komm. z. St.

[53] Vgl. mYoma 4,2; 5,1; 5,3.

[54] Vgl. mTem 2,2. Dort wiederholt sich der Ausspruch Yehudas, und darauf wird ein Argument im Namen R. Shimons überliefert, das die halachische Norm begründet, warum nur bestimmte Arten der Sündopfer des einzelnen diesem Verdikt unterworfen sind. Vgl. auch die Aufzählung dieser Opferarten in mTem 4,1.

[55] Das Tier soll danach verhungern. Vgl. die Beschreibung in bKid 55b: כונסה לכיפה והיא מתה מאליה, wobei כיפה hier wie gewöhnlich (vgl. mSan 9,3 und 9,5) als Bezeichnung für

§11 Das Losverfahren mit den zwei Ziegenböcken

Der Anteil R. Yehudas an dem vorliegenden Sachverhalt erschöpft sich in diesem Punkt. Das ist auf der Betrachtungsebene der Überlieferungsweise der Mishna sowohl selbstverständlich als auch nicht von besonderem Belang. Man sollte dies jedoch im Auge behalten; der Vergleich mit dem parallelen Text im Sifra wird sich gerade um die Frage nach dem Beitrag R. Yehudas zu dieser Diskussion drehen.

Interessant ist der Anschluß zum letzten Teil des Textes: ועוד אמר רבי יהודה.[56] Der Ansicht Yehudas über die erforderliche Tötung des aus der zweiten Auslosung übriggebliebenen Ziegenbockes wird eine andere Entscheidung angeschlossen, in der es sich gleichfalls um eine unter anderen Bedingungen erforderliche Tötung des Opfers handelt. Es scheint, als wollte der Redaktor, wenn nicht die Strenge R. Yehudas,[57] so doch seine konsequente Denkweise zum Ausdruck bringen. Was R. Yehuda in diesem ihm zugeschriebenen Ausspruch postuliert, ist der Gedanke, daß der Kult mit beiden Böcken ein untrennbares Ganzes bildet.[58] Die zwei mit beiden Böcken zusammenhängenden Verrichtungen bedingen sich gegenseitig. Der Kult mit dem für Gott bestimmten Opfer besteht ausschließlich aus einer Reihe von Handlungen, die mit dessen Blut verbunden sind. Wird das Blut verschüttet, so darf man die Verrichtungen mit dem für Azazel bestimmten Opfer nicht vollziehen. Es gilt dann, den Bock zu töten. Diese Bedingtheit ist gegenseitig. Stirbt der fortzuschickende Bock während der Ausführung der mit dem Blut des anderen Bockes zusammenhängenden Verrichtungen, so muß man auch hier den Kult durch Ausgießen des Blutes unterbrechen und dann gilt wahrscheinlich, die Auslosung mit zwei neuen Ziegenböcken zu wiederholen.[59]

sAharMot 2,5; Ass. 66, S. 341–2

A 1	ועשהו
2	שאם מת אחד מהם מש(ה)יגריל
3	יביא שנים ויגריל עליהם כתחילה ויאמר
4	אם שלשם מת
	זה שעלה עליו הגורל לשם יתקיים תחתיו
5	ואם שלעזזאל מת
	זה שעלה עליו הגורל לעזזאל יתקיים תחתיו

Gefängnis (so genannt nach seiner gewölbten Decke) verwendet wird. Töten darf man das geheiligte Tier nicht, so wie es auch verboten ist, geheiligtes Geld, das für das Heiligtum nicht verwendbar ist, zu vernichten (vgl. mTem 4,2–3).

[56] Zu dieser Wendung vgl. mEr 3,8; 9,4; mPes 1,5; mMeg 3,3.

[57] Von genau derselben »Strenge« zeugt übrigens R. Yehuda haNasi selbst. Vgl. mTem 4,3.

[58] Das halachische Motiv gegenseitiger Bedingtheit zwischen zwei gesetzlichen Bestandteilen eines Ritus wird normalerweise durch die Wendung מעכבין זה את זה ... zum Ausdruck gebracht. Vgl. die lange Liste solcher halachischen Bestimmungen in mMen 3,5–4,4.

[59] So nach Rashis Kommentar (in bYom 62a zu ימות המשתלח).

6 והשני ימות
7 דברי רבי יהודה
B 1 וחכ[מים] או[מרים]
2 ירעה עד שיסתאב וימכר
ויפלו דמיו לנדבה[60]

Aus der Tatsache, daß nur ein Wort aus Lev 16,9 das Lemma der vorliegenden Auslegung darstellt, ist nicht zu schließen, daß dieses Wort allein das Thema der Auslegung bildet. Der Vers, aus dem das Verb ועשהו entnommen ist, schreibt die Darbringung des aus der Auslosung »für Gott« bestimmten Opfers und dessen Bestimmung als Sündopfer vor: והקריב אהרן את השעיר אשר עלה עליו הגורל לה׳ ועשהו חטאת. Den Kern des Midrash bildet das Suffix in ועשהו, so wie dieses in bezug auf die Worte השעיר אשר עלה עליו הגורל zu verstehen ist. Das Demonstrativpronomen in dem Hinweis ועשהו deutet darauf hin, daß nur jenes Opfer als Sündopfer bestimmt werden kann, auf das die Worte אשר עלה עליו הגורל zutreffen. Indem der Exeget auf diese Verknüpfung hinweist und sie hervorhebt, deckt er einen Zusammenhang auf, der weit über die bloße Feststellung der grammatikalischen Kongruenz zwischen dem Subjekt und dem pronominalen Suffix hinausgeht. Daraus ergibt sich nämlich die folgende Bedingung: Nur einen solchen Bock, dessen Funktion sich aus der Auslosung (= אשר עלה עליו הגורל) ergibt, darf man für den weiteren Verlauf des Kults benutzen.

Die Bedeutsamkeit dieser Konklusion für die halachische Erhellung des Sachverhalts zeigt der Fall, in dem einer der beiden Böcke nach der Auslosung stirbt. Man könnte meinen, daß lediglich ein neuer Bock in einem solchen Fall als Ergänzung zu holen wäre, um die Zeremonie fortzusetzen. Würde man aber so verfahren, dann käme das Schriftwort nicht zur Geltung. Man hätte einen Bock als Opfer bestimmt, auf den kein bestimmtes Los gefallen ist. Das Suffix in ועשהו klärt die Bedingung, unter der die Böcke zur Verwendung in der Zeremonie erlaubt sind.

Obwohl der Vers nur von dem »für Gott« bestimmten Opfer handelt, bezieht der Exeget die Konklusion auch auf das für Azazel bestimmte Opfer (A5), denn es handelt sich bei dieser Auslegung lediglich um die Hervorhebung des Zusammenhangs zwischen der Auslosung (אשר עלה עליו הגורל) und der Opferung (ועשהו). Daß damit der spezifische Kontext, in dem die Bedingung geäußert wird (es handelt sich in Lev 16,9 um das »für Gott« bestimmte Opfer, das man dann als ein Sündopfer verwendet), nicht berücksichtigt wird, soll nicht verwundern. Ein Wesensmerkmal rabbinischer Exegese besteht bekanntlich in der Befreiung des Schriftwortes von dem ihm auferlegten Kontext.

---

[60] Ass. 66 ist die einzige Hs., die die Lesart עזאזל belegt; sonst kommt das übliche עזאזל und in Cam. einmal auch לעזאל vor. Interessant ist die aus der Mishna in Ox. übernommene Begründung שאין חטאת הצבור מתה, die der Schreiber der Ansicht der Weisen (B) hinzufügte. In Ox. und Lo. wurde die Präposition כ in כתחילה (A3) mit ב verwechselt.

§ 11 Das Losverfahren mit den zwei Ziegenböcken

Für das Verständnis dieses Midrash sei angemerkt, daß die Hervorhebung der sich ergebenden Bedingung nur dann sinnvoll ist, wenn der normale Verlauf der Zeremonie gestört wird. Solange die Zeremonie planmäßig verläuft, erfüllt sich die Bedingung, daß nur das ausgeloste Opfer darzubringen ist, zwangsweise automatisch. Der Exeget hat sich offensichtlich den Fall vom Tod einer der beiden Böcke ausgedacht, um auf die Umstände hinzuweisen, bei denen die Ergebnisse seiner Schrifterforschung ihre Relevanz zur Geltung bringen. Die Möglichkeit, daß es sich in diesem Midrash bloß um die Konstruktion eines Zusammenhangs zwischen dem Schriftwort und einer bestehenden Halacha handelt, erweist sich somit als geradezu undenkbar.

Die letzte Bemerkung – dies sei wiederum betont – ist nicht so zu verstehen, als ob sie auch zur Argumentation für die Priorität der Sifra-Überlieferung gehört. Relevant für die Frage nach dem literarischen Verhältnis zwischen beiden Überlieferungen ist lediglich die Feststellung der Tragweite der Worte R. Yehudas. Die Frage ist, ob die »Worte des Rabbi Yehuda« sich auf den ganzen Midrash (A1–6) beziehen oder nur auf seine Meinung über das Schicksal des nach der zweiten Auslosung übriggebliebenen Bockes (A6). Gehört die eigentliche Auslegung (A1–5) dem anonymen Teil der Exegese im Sifra an, oder ist sie vollständig R. Yehuda zuzuschreiben? Betrachtet man den Text für sich, so bietet sich kein ausreichendes Kriterium an, zwischen beiden Möglichkeiten zu entscheiden; sie sind in gleichem Maße wahrscheinlich! Die Frage nach der Abgrenzung des Referenzbereichs, auf den die einer bestimmten Autorität zugeschriebene Tradition zutrifft, ist gerade in solchen Fällen, in denen die Zuschreibung am Ende und nicht am Anfang steht, schwierig zu beantworten. Es bieten sich prinzipiell nur zwei Wege an, sich der Beantwortung dieser Frage, bezogen auf einen derartigen spezifischen Fall wie den unseren, zu nähern.

Zunächst gilt es festzustellen, wie die »problematische Tradition« in dem Werk eingebettet ist. Diese Betrachtung ist vor allem in Werken wie dem Sifra wichtig, die weit davon entfernt sind, eine bloße Sammlung von Auslegungstraditionen zu einem bestimmten biblischen Buch zu sein. Der anonyme Teil der Exegese im Sifra zeichnet sich dadurch aus, daß er ein fast lückenloses und auf jeden Fall konsequentes exegetisches Kontinuum darstellt. Zu diesem Charakteristikum gehört, daß der exegetische Fortlauf verbietet, dasselbe textuelle Phänomen zweimal verschieden auszulegen. Wenn verschiedene Auslegungen zu demselben Wort vorkommen, dann werden sie entweder mit der Formel דבר אחר dargestellt, einer Formel, die aber nicht so häufig wie im Falle der anderen halachischen Midrashim vorkommt, oder durch Zuordnung zu den verschiedenen Autoritäten.[61]

---

[61] So z.B. der Beginn der vierten Parasha in Aharei Mot, wo die Worte וכלה מכפר את הקדש (16,20) zunächst von R. Aqiva und dessen Schüler ausgelegt werden und erst dann zum zweiten Mal das Thema der darauf folgenden Exegese bilden (sAharMot IV,1 [81d–82a]).

114 *Die Entstehung einer semantischen Differenz*

In unserem Fall schließt sich dem Disput zwischen R. Yehuda und den Weisen ein anonymer Midrash an, in dem eben derselbe Ausdruck ועשהו – diesmal im Zusammenhang mit dem Wort חטאת – ausgelegt wird. Dieser kurze Midrash hat folgenden Wortlaut: ועשהו חטאת: שיאמר לה׳ חטאת. Das Suffix im Wort ועשהו besteht aus zwei Buchstaben des Tetragramms. So verwandeln sich die zwei Worte in drei: ועשה ה׳ חטאת, was sich dann wie folgt liest: »und er soll das Opfer [als ein Sündopfer bestimmen, indem er sagt:] ›für Gott ist dieses Sündopfer‹.« Dieser zum anonymen Teil der Exegese gehörende Midrash legt also genau dasselbe Suffix aus. Daraus läßt sich schließen, daß der ihm vorangehende Midrash gänzlich R. Yehuda zugeschrieben werden soll.

Der zweite Weg zur Beantwortung dieser Frage besteht in der Untersuchung der Verwendungsweise der Formel »das sind die Worte ...« in dem besagten Werk. Wie den exegetischen Termini kommt auch dieser Formel eine konstante Funktion zu. Ihr geht in der Regel eine selbständige exegetische Tradition voraus, und auf sie folgt die ablehnende Entscheidung der »Weisen«, die sich meistens nicht als eine entgegengesetzte Auslegung artikuliert, sondern apodiktisch festgestellt wird.[62] Daß sich der Referenzbereich dieser Zuschreibung auf die gesamte, ihr vorausgehende Auslegung erstreckt, versteht sich von selbst im Falle von kurzen Auslegungstraditionen, die lediglich in der Darstellung des auszulegenden Versteils und der daraus abgeleiteten Konklusion bestehen.[63] Die Länge der Auslegungstraditionen, denen die Zuschreibung »das sind die Worte ...« vorangeht, spielt aber keine Rolle. Auch im Falle eines aus einer Kette von kleinen, aufeinander folgenden exegetischen Schritten bestehenden Midrash trifft dies zu. Hierzu zwei Beispiele.

1. sAharMot V,1 (82c): Die für das Fortschicken des Bockes zuständige Person verunreinigt sich durch die Verrichtung ihrer Aufgabe. Deswegen muß sie sich und ihre Kleider waschen, um erst danach »ins Lager« kommen zu dürfen (Lev 16,26). Auf das Lemma והמשלח את השעיר לעזאזל יכבס בגדיו folgt ein üblicher, in mehrere Teile gegliederter Vorgang:

1 יכול יטמא בגדיו משיצא חומת העזרה
2 תלמוד לומר
לעזאזל יכבס בגדיו
3 יכול לא יטמא בגדים עד שיגיע לצוק
4 תלמוד לומר
והמשלח את השעיר לעזאזל יכבס בגדיו
5 הא כיצד
כיון שיצא חומת ירושלים מטמא בגדיו

---

[62] Vgl. z. B. folgende Auseinandersetzungen: Yehuda/Weisen in sNed 20,6, (15a); sEmor 3,11 (96c); a.a.O., 7,8 (99a); a.a.O., 16,1 (102c); Meir/Weisen in sHova 21,4 (27b); sEmor 6,5 (97d); Yose/Weisen in sNeg I,5 (60b).
[63] Vgl. sAharMot IV,1 (81d).

§ 11 Das Losverfahren mit den zwei Ziegenböcken

Der Midrash besteht in der Problematisierung von zwei einander widersprechenden Implikationen, die zwei Ausdrücke in einem Vers beinhalten, wobei die Lösung (eine Art Kompromiß) erst am Schluß (5) ausgesprochen wird. Insofern besteht hier eine untrennbare Einheit, so daß die darauf folgende Formel דברי רבי יהודה unbedingt als auf die gesamte Tradition bezogen anzusehen ist.[64]

2. sAharMot VIII,3 (84c): Hinsichtlich des Verbots, Blut zu essen (Lev 17,10–12), begegnet man im Sifra einem Disput, der wiederum zwischen R. Yehuda und den Weisen stattfindet. Die dort vorkommenden Worte אשר יאכל כל דם werden dahingehend gedeutet, daß das Verbot auf alle »Blut-Arten« auszuweiten ist. Der Midrash lautet wie folgt:

1   אשר יאכל כל דם
    מה תלמוד לומר
2   לפי שנאמר כי נפש הבשר בדם
    שיכול אין לי חייבין אלא על דם הנפש במוקדשים
3   מנין על דם הנפש בחולין ועל דם התמצית
    בחולין ועל דם התמצית במוקדשים
4   תלמוד לומר אשר יאכל כל דם
    דברי רבי יהודה וחכמים אומרים
    על כולם אינן חייבים אלא על דם הנפש בלבד

Der logische Aufbau des aus vier aufeinander bezogenen Schritten bestehenden Midrash zwingt uns, alles dort Dargestellte R. Yehuda zuzuschreiben.

In solchen Überlieferungen läßt sich der Referenzbereich der Formel »die Worte des Rabbi ...« aufgrund der Texteinheit, die die exegetische Logik konstituiert, eindeutig feststellen. Das Prinzip der Verwendung dieser Formel bleibt stets dasselbe. Die Formel דברי רבי פלוני bezieht sich auf die gesamte, ihr vorangehende, eine Einheit bildende Tradition. Aber auch in Fällen, in denen diese Tradition keine Einheit in dem eben gemeinten strengen Sinn des Wortes darstellt, läßt sich zuweilen nachweisen, daß die prinzipielle Möglichkeit, nur den letzten Bestandteil der Tradition zum Referenzbereich der Zuschreibungsformel zuzuerkennen, nicht zutrifft. Einen solchen Beleg bietet beispielsweise ein Disput zwischen R. Yehuda und den Weisen über die Frage an, ob die Aufrechterhaltung der das Jobeljahr (שנת היובל) betreffenden Vorschriften von der Einhaltung des Brachjahres (שנת השמיטה) abhängig ist und ob eine solche Abhängigkeit auch umgekehrt gilt. Die Tatsache, daß sich die Vorschriften über das Jobeljahr in Lev 25,8f. an die des Brachjahres anschließen ([25,10] וקדשתם את שנת החמשים שנה ... [25,8] וספרת לך שבע שבתות שנים), legt nahe, daß das Jobeljahr halachisch erst dann stattfinden kann, wenn ihm sieben Brachjahre – die man gezählt hat – vorangegangen sind.

---

[64] Die Fortsetzung des Midrash רבי יוסי אומר לעזאזל יכבס בגדיו אינו מטמא בגדים עד שיגיע לצוק kann als zusätzliche Bestätigung für die hier aufgestellte Behauptung gelten.

Gegen dieses Schriftverständnis wendet sich R. Yehuda. Der o.g. Vers (25,8), in dem die Zählung von sieben Brachjahren vorgeschrieben ist, endet mit einer völlig überflüssig scheinenden Berechnung: Sieben Zyklen von sieben Brachjahren ergeben neunundvierzig Jahre (והיו לך ימי שבע שבתות השנים תשע וארבעים שנה). R. Yehuda ignoriert diese Verbindung bewußt und betrachtet jeden der zwei Bestandteile der Gleichung für sich, um daraus die Unabhängigkeit des Brachjahres vom Jobeljahr und das Umgekehrte abzuleiten. Sein Midrash (sBehar II,2 [106d]) hat folgenden Wortlaut:

מניין עשה שביעית אע״פ שאין יובל
תלמוד לומר והיו לך שבע שבתות שנים
ומנין עשה יובל אע״פ שאין שביעית
תלמוד לומר תשע וארבעים שנה
דברי ר׳ יהודה

Trotz der thematischen Einheit, die die beiden, jeweils mit der Frage מנין eingeleiteten Auslegungen bilden, ließe sich bestreiten, daß sich die Worte R. Yehudas unbedingt und eindeutig auf die Gesamtauslegung beziehen. Die sich daran anknüpfende Erwiderung der Weisen hebt diesen Zweifel auf:

... וחכמים אומרים
שביעית נוהגת אע״פ שאין יובל
והיובל אינו נוהג אלא אם כן יש עמו שביעית

Im ersten Teil ihrer Äußerung stimmen sie dem ersten Ergebnis der vorangehenden Exegese zu, im zweiten Teil stellen sie ihre Auffassung von der Abhängigkeit des Jobeljahres vom Brachjahr dem zweiten Ergebnis entgegen. Wenn R. Yehuda nur der zweiten Auslegung angehörte, dann bliebe das Einverständnis der Weisen hinsichtlich der ersten Konklusion unbegreiflich.

Es zeigt sich also ein einheitliches Bild bezüglich der Art und Weise, wie die Zuschreibung דברי רבי פלוני im Sifra zu verstehen ist. Wie R. Yehuda in allen herangezogenen Beispielen als Träger der in ihnen gebrachten Midrashim anerkannt werden soll, darf man ihm dies auch in der uns beschäftigenden Überlieferung über die Vorgehensweise am Yom Kipur im Falle des Todes einer der beiden Böcke nicht absprechen.

Vergleich

Fast alle Bestandteile des Midrash im Sifra finden sich wörtlich in der Mishna wieder. Ausgenommen sind das Lemma (sA1) und der Hinweis auf die Weisen (sB1). Ihrer Meinung, daß man den aus der zweiten Auslosung übriggebliebenen Bock nicht töten darf, geht in der Mishna die Ansicht von R. Yehuda voran und ist dort mit der dem anonymen Teil zugehörigen Halacha verschmolzen. In einem Punkt weichen beide Überlieferungen entschieden voneinander ab. In der Mishna beschränkt sich die R. Yehuda zugeschriebene Tradition auf seine Auffassung vom Schicksal des übriggebliebenen Ziegenbockes, im Sifra dagegen gilt er als der Tradent der gesamten Tradition.

§ 11 Das Losverfahren mit den zwei Ziegenböcken

Es stellt sich die Frage, wie dieser Unterschied zu erklären ist. Sobald man dieses erklärungsbedürftige Phänomen zum Thema macht, sieht man, worin der Ursprung für diese Abweichung liegt. Aus dem Sifra-Text läßt sich der Geltungsbereich der Worte R. Yehudas auf zweierlei Weisen verstehen. Bei der Analyse des Sifra-Textes wurde ausführlich auseinandergesetzt, daß sich »die Worte R. Yehudas« auf den gesamten, mit der Anführung des auszulegenden Versteils beginnenden, halachischen Midrash beziehen. Maßgebend für diese Feststellung war v. a. eine Betrachtung der Verwendungsart der Zuschreibungsformel ... דברי רבי im Sifra. Der Text für sich bleibt in diesem Punkt jedoch zweideutig. Man kann ihn so lesen, daß man den Anteil R. Yehudas an der Tradition auf die kurze Anmerkung über die Zukunft des nach der zweiten Auslosung übriggebliebenen, geheiligten, jedoch nicht mehr verwendbaren Bockes beschränkt. Die Anordnung der Bestandteile der vorliegenden Tradition in der Mishna mit dem Ergebnis des geringen Anteils R. Yehudas an der Gesamttradition deckt sich mit einer solchen Leseweise des Sifra-Textes. Die Frage nach einer Erklärung der genannten Differenz findet somit eine höchst plausible Antwort.

Es ist einsichtig, warum der Mishna-Redaktor eine solche Lektüre des Textes gewählt hat. Der Wiedergabe der Sifra-Überlieferung schließt sich das Interesse an, den Traditionsstoff zu normieren. Das Zeugnis des R. Yoḥanan in bHul 85a ראה רבי דבריו של ר״מ ב... ושנאו בלשון חכמים ודר׳ שמעון ב... ושנאו בלשון חכמים erhält somit seine Bestätigung, denn es ist unter dem Gesichtspunkt der Normierung der Halacha einerlei, ob der Mishna-Redaktor die Zuschreibung einer Tradition zu einem bestimmten Rabbi wegläßt oder sie in eine Zuschreibung zu den Weisen korrigiert. Der These Albecks, dergemäß der Mishna-Redaktor seine Meinung in der Kodifikation zurücktreten ließ, kann daher nicht ohne weiteres zugestimmt werden.[65]

Der Text wird ferner als eine Einheit gelesen. Die eigentliche Exegese (die Teile sA1–5) wird nicht von der auf sie folgenden Meinungsverschiedenheit getrennt betrachtet. Über den exegetischen Teil mit seinem zweifachen Ergebnis herrscht zwischen beiden Parteien volle Übereinstimmung. Dieser Teil ist also gültig. An dem auf einen ganz spezifischen Sachverhalt sich konzentrierenden Streit nehmen nun zwei Parteien verschiedener Größe teil. Gemäß der Regel [66] אחרי רבים להטות überwiegt bei der Rezeption des Textes die Meinung der Mehrheit. Daraus ergibt sich der einfache Bearbeitungsschritt: Voranstellung der Ansicht der Weisen vor der Yehudas bei gleichzeitiger Auslassung der Nennung der Weisen.

---

[65] Vgl. *Untersuchungen über die Redaktion der Mishna,* S. 81ff., und die Auseinandersetzung mit seiner These bei A. Guttmann, *Das Problem der Mišnaredaktion,* S. 98ff.

[66] Vgl. die Verwendung dieser Formel in tBer 4,15 und tBes 2,12 und ferner mEd 1,5. Zu weiteren Stellen sowie zur Beschreibung von Ursprung und Entwicklung dieses Prinzips im halachischen Entscheidungsprozeß vgl. A. Urbach, מסורת והלכה, S. 139–142.

Der Hinweis auf dieses bei der Bearbeitung der Sifra-Vorlage mitspielende Interesse bzw. dessen Aufdeckung stellt keinen Bestandteil des Arguments für die Benutzung der Sifra-Vorlage bei der Redaktion der Mishna dar. Dies anzumerken ist wichtig, um Mißverständnissen vorzubeugen. Mein Argument basiert lediglich auf der Tatsache, daß eine wichtige Abweichung zwischen den zwei sonst fast identischen Überlieferungen als ein Ergebnis einer inkorrekten, doch durchaus möglichen Lektüre der ursprünglichen Überlieferung gesehen werden kann.

Das bewußte Bestreben, die Überlieferungsform so zu gestalten, daß die halachische Norm klar hervortritt, verleiht dem an sich inkorrekten Verständnis des Textes eine Legitimität, so daß das sonst mögliche Urteil, der Bearbeiter dieser Überlieferung habe die Vorlage strukturell mißverstanden, in diesem Fall auszuschließen ist.

§ 12 Das »Ausbreiten« des Aussatzfleckes

mNeg 8,5; Ka., S. 499–500

A 1 כל הראויי ליטמא בנגע (ה)בהרת מעכבת[67] [מעכב =P138]
את הפריחה
2 וכל שאינו ראוי ליטמא בנגע (ה)בהרת אינו מעכב את הפריחה
B 1 כיצד
2 פרחה בכלו אבל לא בראש ובזקן
השחין והמכוה והקדח (ו)המוררין[68]
[.Par= בשחין ובמכוה ובקדח המורדין]
3 חזר הראש והזקן ונקרחו
השחין והמכוה והקדח ונעשו צרבה
4 טהורין
C 1 פרחה בכלו[69] אבל לא בכחצי עדשה סמוך לראש ולזקן
לשחין ולמכוה ולקדח
2 חזר הראש והזקן ונקרחו
השחין (ו)המכוה והקדח (ו)נעשו צרבה
3 אף על פי שנעשה מקום המחיה בהרת טמא
4 עד שתיפרח בכלו

---

[67] Die falsche Lesart מעכבת in A1 findet sich nur in Ka. Die Wahl der weiblichen Endung läßt vermuten, daß der Schreiber das Verb direkt auf בהרת bezieht. Daraus ergibt sich folgende, unsinnige Artikulation des Satzes: כל הראוי ליטמא בנגע, בהרת מעכבת את הפריחה.

[68] Das nachträglich hinzugefügte ו (ebenso in P138: והמורדים) zeigt ein Mißverständnis, denn das Wort המוררין, richtig המורדין (wie in Par.), ist ein Adjektiv, das die zuvor genannten Hautverletzungen bezeichnet (s. die Übersetzung) und keineswegs eine weitere Hautverletzung. P497, Cam. und Antonin Nr. 91: ובמורדין.

[69] In P497 falsche Lesart: פרחה בכולן.

§ 12 Das »Ausbreiten« des Aussatzfleckes

A 1 Alles, was durch den Aussatzschaden verunreinigungsfähig ist [und davon unbeschadet bleibt], verhindert [die Reinheit, die] das »Ausbreiten« [des Fleckes über die ganze Haut mit sich bringt].
2 Alles, was durch den Aussatzschaden nicht verunreinigungsfähig ist, verhindert nicht das »Ausbreiten«.
B 1 [Also,] wie ist das?
2 Hat er [= der helle Fleck[70]] sich über die ganze [Haut] ausgebreitet, aber nicht auf den Kopf und [= oder] am Bart, [oder] auf der Entzündung, dem Brandgeschwür und der Hitzwunde, während sie [noch der Heilung] widerstreben,
3 [und dann] ist der Kopf [oder] der Bart kahl geworden, [oder] aus der Entzündung, dem Brandgeschwür und der Hitzwunde eine Vernarbung geworden,
4 [so] sind sie [= ist er, der Angesteckte] rein.
C 1 Hat er [= der helle Fleck] sich über die ganze [Haut] ausgebreitet, aber nicht auf [einer Hautstelle von der Größe] einer halben Linse, [die] nah am Kopf [oder] am Bart, an der Entzündung, [oder] am Brandgeschwür, [oder] an der Hitzwunde [liegt],
2 [und dann] ist der Kopf [oder] der Bart kahl geworden, [oder] aus der Entzündung, dem Brandgeschwür und der Hitzwunde eine Vernarbung geworden,
3 [so bleibt der Angesteckte] – selbst wenn an der Stelle des gesunden Fleisches ein Fleck entstanden ist – unrein,
4 bis er [= der helle Fleck] sich über die ganze [Haut] ausgebreitet hat.

Mit der Ausbreitung des grundsätzlich verunreinigungsfähigen hellen Fleckes über die ganze Haut ändert sich laut Lev 13,12–13 sein halachischer Status. Der helle Fleck kann nicht die Person verunreinigen, wenn er sich über die ganze Haut ausgebreitet hat. Eine Erscheinung dieser Art, genannt פריחה (= Aufblühen, im Sinne von »Ausbreiten«) kehrt den Reinheitsstatus des Aussätzigen um. Die Unreinheit des Aussätzigen wird somit aufgehoben.

Im achten Kapitel des Traktats Negaim werden ausschließlich Halachot diskutiert, die mit diesem Phänomen zusammenhängen. Im vorliegenden Text wird einleitend (A) die grundsätzliche Bedingung überliefert, von der die reinigende Wirkung der »Priḥa« abhängig ist. Das Problem ist das folgende: Bestimmte Körperstellen wie Kopf und Bart sowie Hautverletzungen sind in ihrem normalen Zustand, d.h., solange Haare den Kopf oder der Bart die entsprechende Hautfläche bedecken und solange die Hautverletzungen noch nicht geheilt sind (המורדין), nicht verunreinigungsfähig.[71] Mit כל שאינו ראוי ליטמא בנגע הבהרת wird auf sie in A2 Bezug genommen. In Lev 13,13 steht zwar geschrieben, daß der Priester die betreffende Person für »rein« erklären soll, wenn der Aussatz[72] den ganzen Leib bedeckt (כסתה הצרעת את כל בשרו), es stellt sich jedoch die Frage, ob sich der helle Fleck auch über die genannten Körperstellen erstrecken muß, damit die reinigende Wirkung der »Priḥa« zur Geltung kommen kann. Der Satz in der Mishna stellt fest, daß mit »Priḥa« nur die Erstreckung des hellen Fleckes über die verunreinigungsfähigen Stellen am Körper gemeint ist. Der helle Fleck muß sich nicht über den ganzen

---

[70] Gemeint ist hier immer die »Baheret«.
[71] Vgl. die Aufzählung in mNeg 6,8.
[72] Was in Lev mit צרעת gemeint ist, bezeichnen die Rabbinen mit בהרת.

Körper erstrecken, um die Reinheit des Aussätzigen zu bewirken, oder negativ ausgedrückt: die »Priḥa« verliert ihre reinigende Wirkung nicht, wenn sie sich beispielsweise über den behaarten Kopf nicht ausgebreitet hat.

Auf diese Regel folgen im Text zwei Fälle (B2–4 und C), die sie – wie das Verknüpfungswort כיצד eindeutig zeigt – verdeutlichen sollen.[73]

In B2–4 erfährt man, daß die Ausbreitung des Fleckes über den ganzen Körper bis auf den Kopf, den Bart und die Hautverletzungen auch dann die Reinigung mit sich bringt, wenn eine der folgenden Veränderungen – der Kopf wurde kahl, der Bart fiel aus, die Verletzungen wurden geheilt – erst danach eingetreten ist.

Das unter diesen Bedingungen gefällte Urteil ist im Kontext des bisher Gesagten nicht auf den ersten Blick verständlich. Wird der Kopf kahl, so wird er damit auch verunreinigungsfähig.[74] Durch diese Veränderung kehrt sich der halachische Status um. Dem Kopf kommt das in A1 genannte Prädikat ראוי ליטמא בנגע הבהרת zu. Solange sich der Aussatz nicht über ihn erstreckt hat, sollte eigentlich der kahl gewordene Kopf die reinigende Wirkung der »Priḥa« verhindern (מעכב את הפריחה). Wie ist das unerwartete Urteil in B zu verstehen? Weshalb wird die durch die »Priḥa« eintretende Reinheit trotzdem erreicht?

Zum Verständnis des Falles soll man den Zeitpunkt berücksichtigen, zu dem die Kahlheit des Kopfes im Verhältnis zur Ausbreitung des hellen Fleckes entstanden ist. Die reinigende Wirkung der »Priḥa« wird nicht aufgehoben, wenn der Kopf erst nach Vollendung des Vorgangs kahl wird. Der halachische Status, der der »Priḥa« zukommt, hängt von den Umständen ab, unter denen sie ihren Endzustand erreicht. Nach der Schilderung in B2–4 ist dies geschehen, ehe der Kopf kahl wurde. Wird der Zustand der Reinheit erreicht, so bleiben die danach eintretenden Erscheinungen wirkungslos.

Es drängt sich nun die Frage auf, ob dieser Fall die ihm vorausgehende Regel verdeutlicht, so wie dies die Struktur des Textes postuliert. In der Tat stellt man fest, daß der Fall in seiner Komplexität weit über die einfache, in der einleitenden Regel formulierte Logik hinausgeht.[75] B2–4 ist eigentlich kaum mit der simplen Dichotomie »A1 versus A2« vereinbar. Durch diesen Fall wird gerade das Gegenteil gezeigt, daß nämlich *nicht »alles,* was durch den Aussatzfleck unrein werden kann, die ›Priḥa‹ verhindert«. Die Regel, daß der verunreinigungsfähig gewordene Kopf die durch »Priḥa« erreichte Rein-

---

[73] Diese Formel ist für die Mishna charakteristisch. Zu ihrer Funktion als Ankündigung einer Verdeutlichung vgl. z.B. mMen 2,3; 2,4; mMeil 5,1; mToh 6,4; 8,6.

[74] Vgl. mNeg 6,8. Dasselbe gilt für die Hautfläche im Gesicht, wenn darauf kein Bart ist und für die geheilte Hautentzündung.

[75] Vgl. Neusner, *Purities,* VI, S. 144: "The issue of A-B [= A1–2] is not the state of the man at the particular *moment* of the breaking forth. The issue of A-B is the places on the body which are susceptible and insusceptible." Demnach handelt es sich nach Neusner um ein "clearly defective statement of the law" (ebd.).

heit verhindert, trifft auf die Fall-Bedingungen in B2–4 nicht zu. In B wird das Gegenteil behauptet. Beim Übergang von A zu B zeigt sich eine deutliche Kohärenzlücke. Es scheint, daß Rambam mit diesem Problem konfrontiert wurde, denn bei der Wiedergabe des Falles B2–4 in seinem System hat er wahrscheinlich deshalb das Urteil umgekehrt![76]

Man wende sich nun dem zweiten Fall (C) zu. Dieser unterscheidet sich vom ersten durch die Einführung eines neuen Umstands. In der ersten Phase breitete sich der Fleck nicht vollständig aus: אבל לא בכחצי עדשה הסמוך ... לראש (C1). Danach wurde der Kopf kahl, und erst dann (oder gleichzeitig) ist jene übriggebliebene, winzige Stelle von der Größe einer halben Linse hell wie die restliche Körperhaut geworden. Der Endzustand ist mit dem des vorigen Falles (B2–4) identisch: Der Aussatz hat sich bis auf den Kopf erstreckt, wobei der Kopf kahl ist.[77]

Im Gegensatz zum ersten Fall wird jedoch das Urteil »Unrein« gefällt. Es wird festgestellt, daß die »Priḥa« auch dann nicht die Reinheit herbeiführt, wenn sie sich über diese Stelle in der Größe einer halben Linse erstreckt hat. Sie soll auch den kahl werdenden Kopf einbeziehen: עד שתיפרח בכלו (C4). Nach dem vorangehenden Fall hätte diese Bedingung nicht erfüllt werden müssen, damit die »Priḥa« ihre reinigende Wirkung behält.

Der Endzustand ist in beiden Fällen gleich. Der Unterschied in der Beurteilung ist auf die Krankheitsentwicklung zurückzuführen. Die »Priḥa« erstreckt sich über die bisher gesund gebliebene, kleine Stelle, entweder gleichzeitig oder nachdem der Kopf kahl geworden ist. Im Text ist das zeitliche Verhältnis in dieser Hinsicht nicht eindeutig. Dies ist aber weniger von Belang. Entscheidend ist die Tatsache, daß der Kopf kahl geworden ist, ehe die »Priḥa« ihren Endzustand erreicht hat. In diesem Zustand verhindert der kahl werdende Kopf das Eintreten der Reinheit.

Die gemeinsame, den zwei Fällen zugrundeliegende Frage – »Unter welchen Bedingungen beeinflussen verunreinigungsfähig gewordene Körperstellen die reinigende Wirkung der ›Priḥa‹?« – hat eine prinzipielle Antwort: Es hängt von dem Zeitpunkt ab, an dem eine solche Stelle im Verhältnis zur Ausbreitung des Fleckes verunreinigungsfähig geworden ist. Im ersten Fall wurde der Kopf sozusagen zu spät kahl, zu spät verunreinigungsfähig, um den schon eintretenden reinen Status modifizieren zu können. Im zweiten Fall dagegen spielt die Verunreinigungsfähigkeit des Kopfes noch eine Rolle, da sie vor der Beendigung der »Priḥa« auftrat. Auf der vorliegenden Überlieferungsebene ist die Logik in der unterschiedlichen Beurteilung beider Fälle nur auf diese Weise zu verstehen.

---

[76] Mishne Tora, הלכות צרעת, 7,6.

[77] Der Übersichtlichkeit halber konzentriere ich die Analyse – wie schon bemerkt – auf den Fall des Kopfes und lasse die Hinweise auf die analogen Vorgänge aus.

Auch in bezug auf den letzten Textteil C bleibt noch nach dessen Verbindung zu A zu fragen. Die aufgedeckte Unvereinbarkeit der einleitenden Regel A mit dem ersten Fall B hinsichtlich dessen Funktion als Verdeutlichung gilt offensichtlich auch für das Verhältnis zwischen A und C. Beide Fälle gehen weit über die Regel hinaus. Sie sind keineswegs als Erläuterungen derselben zu verstehen. Zwischen der allgemein formulierten Regel und diesen Fällen liegt vielmehr eine logische Spannung vor, denn die Gegenüberstellung dieser Fälle zeigt gerade, daß die Regel in ihrer Allgemeinheit nicht gültig ist. Der kahl werdende Kopf ist verunreinigungsfähig (ראוי ליטמא בנגע הבהרת). Nach der Regel in A1 »verhindert er die ›Priḥa‹«, oder mit anderen Worten: Er läßt die Unreinheit trotz Erscheinung der »Priḥa« weiter gelten. Die zwei besprochenen Fälle zeigen jedoch, daß dieses Urteil so undifferenziert nicht haltbar ist, denn einmal verhindert der kahle Kopf die »Priḥa« (C), ein andermal (B2–4) nicht. Die Struktur des Textes weckt also eine bestimmte Erwartung, wie man den Zusammenhang zwischen dem Beginn des Textes und seiner Fortsetzung verstehen soll. Wir können jeden Teil für sich verstehen, den Text in seiner Ganzheit aber nicht.

Zu jedem der drei Teile, aus denen sich der Mishna-Text zusammensetzt, begegnet man im Sifra einer parallelen Überlieferung. Die Betrachtung dieser Parallelen wird dazu beitragen, die Entstehung der lückenhaften Überlieferungsstruktur des Mishna-Textes rekonstruieren zu können. Das schon an dieser Stelle zu ahnende Resultat sollte aber nicht von dem Hauptanliegen des Textvergleiches ablenken. Der zweite von den drei Parallelen gilt das Hauptinteresse der Betrachtung. Dort artikuliert sich trotz fast völliger Übereinstimmung mit dem entsprechenden Wortlaut im Mishna-Text ein ganz anderes Verständnis des Falles C in der Mishna. Die drei Auslegungen im Sifra beziehen sich jeweils auf bestimmte Versteile aus der Passage in Lev 13,12–14, in der die Vorschriften über die »Priḥa« vorkommen. Der Übersichtlichkeit halber gebe ich hier diese Verse wieder und hebe durch Sperrung die Ausdrücke hervor, die das Thema der jeweiligen Auslegung bilden:

Lev 13,12 ואם פרוח תפרח הצרעת בעור
וכסתה הצרעת את כל עור הנגע
מראשו ועד רגליו לכל מראה עיני הכהן
Lev 13,13 וראה הכהן והנה כסתה הצרעת את כל בשרו
וטהר את הנגע כלו הפך לבן טהור הוא
Lev 13,14 וביום הראות בו בשר חי יטמא

Die zwei ersten markierten Stellen legen dar, was unter Ausbreitung des Aussatzes zu verstehen ist. Mit der Schwierigkeit, die der Ausdruck עור הנגע im Kontext der dargestellten Umstände aufweist (von עור הבשר sollte eigentlich die Rede sein), befaßt sich der erste Midrash. Der zweite Ausdruck את כל בשרו ist dann im Gegenteil so klar, daß er den tannaitischen Exegeten motiviert, darin einen Hinweis auf einen ganz spezifischen Fall zu sehen. Im dritten Vers (Thema der dritten Auslegung) ist von dem Fall die Rede, daß der

§ 12 Das »Ausbreiten« des Aussatzfleckes   123

sich ausbreitende Aussatz sich zurückzubilden beginnt. Sodann wandelt sich die Reinheit wieder in Unreinheit um. Dabei achtet der Exeget auf das dort vorkommende Pronomen בו und schließt aus dessen Hervorhebung, daß diese Erscheinung nur die verunreinigungsfähige Hautfläche betrifft und nicht z. B. den kahl werdenden Kopf.

Um die folgenden Texte richtig zu verstehen, sollte man sie für sich betrachten, ohne bereits gewonnene Erkenntnisse aus der Beschäftigung mit der Mishna-Überlieferung in sie hineinzulesen. War es bei der Analyse der Mishna-Fassung notwendig, den zeitlichen Faktor ins Spiel zu bringen, um den Unterschied in der Bewertung der zwei dort dargestellten Fälle begreifen zu können, so wird sich zeigen, daß dieser in den entsprechenden exegetischen Traditionen im Sifra gar keine Rolle spielt.

sNeg 4,2; Ass. 66, S. 262 (= sI)

A 1   את כל עור הנגע
  2   עור הראוי לקבל נגע
  3   פרט לשחין המורר [המורד = Ass. 31]
        ולמכוה המוררת [המורדת = Ass. 31]
B 1   או אינו או[מר] את כל עור הנגע אילא
  2   עור הראוי לקבל נגע כגריס יעכב
  3   פחות מכגריס לא יעכב[78]
  4   תל[מוד] לו[מר]
        כולו הפך לבן

A 1 »[Wenn der Aussatz] die ganze Haut des [Aussatz]schadens [bedeckt]« (Lev 13,12):
  2 [Gemeint ist] die Haut, die fähig ist, [Aussatz]schaden aufzunehmen.
  3 Ausgenommen ist die Entzündung, während sie [der Heilung] widerstrebt und das Brandgeschwür, während es [der Heilung] widerstrebt.
B 1 Oder sagt die Schrift: »Die ganze Haut des [Aussatz]schadens« [und meint damit],
  2 daß nur die Haut, die fähig ist, einen [Aussatz]schaden von [der Größe] einer Graupe aufzunehmen, [die Reinheit] verhindert,
  3 [und daß eine Hautstelle, die] kleiner ist als eine Graupe, [die Reinheit] nicht verhindert?
  4 Die Schrift [aber] sagt: »Alles ist in Weiß verwandelt« (Lev 13,13).

Die Formulierung וכסתה הצרעת את כל עור הנגע ist schwierig. Welche Hautfläche soll durch den Aussatzschaden bedeckt werden, etwa die schon angesteckte Haut? Daß es sich um die vollständige Ausbreitung des hellen Fleckes handelt, macht die Fortsetzung מראשו ועד רגליו klar. Was bedeutet dann עור הנגע in diesem Zusammenhang? Das Problem wird elegant gelöst. Die Einschränkung des Wortes עור durch das Attribut הנגע wird dahingehend gedeu-

---

[78] Hier fügt Ox. das Fragewort מנין hinzu. Auf diese Weise kehrt sich das logische Verhältnis zwischen dem in B 3 Festgestellten und dem folgenden Schriftzitat in B 4 um: Statt als Widerlegung der in B 1–3 dargestellten Möglichkeit fungiert B 4 nach dieser Version als Begründung dafür.

tet, daß nur die verunreinigungsfähigen Hautstellen zu dem Wirkungsbereich der »Priḥa« gehören. עור הנגע ist gleich עור הראוי לקבל נגע.

Die genannten Fälle der zwei Hautverletzungen שחין und מכוה (A3) dienen der Konkretisierung und sind als Beispiele zu betrachten. Die Erstreckung des Aussatzes über solche Stellen, die in ihrem ungeheilten Zustand nicht verunreinigungsfähig sind, ist also nicht notwendig, um die Reinheit herbeizuführen.

Im zweiten Teil (B) wird eine alternative Deutung zu demselben Versteil dargestellt. Demnach soll der schwierige Ausdruck עור הנגע etwa wie עור כנגע gelesen werden, denn aus dieser Leseweise ergibt sich, daß jede Hautfläche, die kleiner als die genannte Größe ist und auf der sich der Aussatzschaden nicht ausgebreitet hat, die reinigende Wirkung der »Priḥa« nicht verhindert. Danach muß sich der helle Fleck nicht vollständig ausbreiten, um den Status der Unreinheit zu ändern. Der uneingeschränkte Sinn der Worte כלו הפך לבן in Lev 13,13 macht aber deutlich, daß diese alternative Deutung abzulehnen ist. Die Größe der übriggebliebenen gesunden Hautstelle ist für die Verhinderung der Reinheit durch die »Priḥa« unerheblich. Solange eine verunreinigungsfähige Hautstelle, egal von welcher Größe, mit dem Aussatzschaden nicht behaftet ist, kann die Ausbreitung des hellen Fleckes die betreffende Person nicht reinigen.

Soviel zur Klärung dieses Midrash. In Lev 13,13 wird nun die Notwendigkeit der vollständigen Ausbreitung des Fleckes zur Hervorbringung der Reinheit mit anderen Worten formuliert: וראה הכהן והנה כסתה הצרעת את כל בשרו .... Der Ausdruck את כל בשרו wird im Sifra zunächst so gedeutet, als würde die Schrift auch die Hautstellen zwischen den Fingern und Zehen einbeziehen.[79] Daran schließt sich in Form einer alternativen Deutung die uns interessierende Auslegung an.

sNeg 4,5; Ass. 66, S. 263 (= sII)

A 1 דבר אחר
2 מה תל[מוד] לו[מר] את כל בשרו
3 מנ[י]ן] אתה או[מר]
4 פרחה בכולו אבל לא כבחצי עדשה סמוך לראש ולזקן
לשחין ולמכוה ולקדח ולמוררים[80]

---

[79] Vgl. sNeg 4,5, (63c).
[80] ולמוררים: Diese Lesart ist nur in Ass. 66 belegt. Sie ist sicherlich inkorrekt, denn mit der Wurzel מרד/ר kann in diesem Zusammenhang nur ein Attribut zu den genannten Hautverletzungen gebildet werden und nicht ein Substantiv (vgl. die parallele Lesart bei Ka. im Mishna-Text [B2] und Anm. 68 dazu). In den übrigen Hss. fehlt dieses Attribut. Diese Abweichung impliziert jedoch keinen inhaltlichen Unterschied. Die in A4 genannten Hautverletzungen sind noch nicht geheilt, egal ob man das ausspricht oder nicht. Interessant und von Belang ist, daß die verkürzte Lesart in den übrigen Hss. mit der parallelen Lesart im Mishna-Text (mC1), so wie sie die Misha-Textzeugen belegen, identisch ist. Somit wieder-

§ 12 Das »Ausbreiten« des Aussatzfleckes 125

5 חזר הראש והזקן ונקרחו
　 השחין והמכוה והקרח [והקדח = P139] ונעשו צרבה
6 יכול יהא טהור[81]
7 תל[מוד] לו[מר]
　 את כל בשרו
8 עד שתיפרח בכולו

A 1 Eine andere Auslegung:
　 2 Was lehrt die Schrift, wenn sie sagt: »[Und siehe, der Aussatz bedeckte] sein ganzes Fleisch« (Lev 13,13)?
　 3 Woher sagst Du [folgendes]?
　 4 Hat er [= der helle Fleck] sich über das ganze [Fleisch] ausgebreitet, aber nicht über [eine Stelle so groß wie] eine halbe Linse, [die] nah am Kopf und am Bart [liegt], oder an einer Entzündung und einem Brandgeschwür und einer Hitzwunde, die [der Heilung noch] widerstreben,
　 5 [und] sind der Kopf und der Bart [dann] kahl geworden, oder ist aus der Entzündung, dem Brandgeschwür und der Hitzwunde eine Vernarbung geworden,
　 6 [so] könnte man meinen, daß er [= der Aussätzige] rein wird.
　 7 Die Schrift [aber] sagt: »Das ganze Fleisch« (ebd.):
　 8 [Der Aussätzige ist unrein], bis er [= der helle Fleck] sich über das ganze [Fleisch] ausgebreitet hat.

Auf den ersten Blick scheint es unverständlich, warum der Exeget einen solch komplizierten Fall herbeiführt, um den Geltungsbereich des verallgemeinernden Ausdrucks את כל בשרו hervorzuheben. Könnte er sich nicht mit dem in A4 genannten Umstand begnügen, um den vollen Sinn des Schriftwortes durch den Fall einer unvollständigen Ausbreitung des Fleckes zu veranschaulichen? Hätte es nicht ausgereicht, die Bedingung פרחה בכולו אבל לא כבחצי עדשה in Erwägung zu ziehen, um dadurch zu demonstrieren, daß die Schriftworte את כל בשרו im strengen Sinne aufrechtzuerhalten sind?

Da wir schon wissen, daß derselbe Fall in der Mishna, dort aber freilich ohne das exegetische Gewand, vorkommt, ist man auf dieser oberflächlichen Betrachtungsebene selbstverständlich dazu geneigt, die genannte Schwierigkeit zu beheben, indem man den Text als einen nicht besonders gelungenen Verknüpfungsversuch einer gegebenen Halacha mit der Schrift auffaßt.[82]

Eine solch voreilige Klärung des Zusammenhangs zwischen dem auszulegenden Versteil und der aus ihm vermeintlich abgeleiteten halachischen Konklusion trägt nicht der Exegese Rechnung. Eine Vertiefung in die Logik der Argumentation mag erhellen, inwiefern die geschilderte zweistufige Entwicklung der Krankheit in diesem Kontext doch sinnvoll ist.

---

holt sich, was wir in § 7 (S. 79, Anm. 92) festgestellt haben: die fünf Textzeugen des Sifra (Br., P139, Ox., Lo., Ass. 31) folgen der parallelen Lesart in der Mishna, in Ass. 66 ist diese Korrektur nicht gemacht worden!

[81] A6 fehlt in Lo.

[82] Genau auf diese Weise verfährt Neusner, *Purities,* VII, S. 57: "Since for Sifra's purpose, we need say only 'a half lentil', without regard to the specified places, to which the exegesis is not particularly relevant, we have to conclude that K [= A4–5] is primary to M. [= Mishna] and secondary to Sifra ..."

Zunächst sei folgende Frage gestellt: Wie hätte man den Fall beurteilen sollen, wenn er tatsächlich auf die in A4 genannte Bedingung reduziert worden wäre? Eine winzige Stelle nah am behaarten Kopf ist von der Ausbreitung des Aussatzschadens nicht betroffen. Ist die Person in diesem Zustand für »rein« oder für »unrein« zu erklären? Im vorigen Midrash wurde deutlich festgestellt, daß die Größe einer verunreinigungsfähigen Hautstelle in diesem Zusammenhang irrelevant ist. Bleibt eine solche Stelle von der »Priḥa« verschont, so wird dadurch die Reinheit trotz der geringen Größe dennoch verhindert.

Diese einfache Schlußfolgerung, die sich aus einer gemeinsamen Lektüre beider Midrashim ergibt, ist jedoch inkorrekt. Unbeachtet bleibt dabei die spezifische Angabe im Text über die genaue Stelle (... סמוך לראש ולזקן), an der die Haut gesund bleibt. Die folgende, R. Yose b. Yehuda zugeschriebene Auslegung[83] zu den Worten וראה הכהן את הנגע בעור הבשר in Lev 13,3 zeigt deutlich, daß die an einer solchen Stelle übriggebliebene Hautfläche nicht verunreinigungsfähig ist.

ר[בי] יוסה בירבי יהודה או[מר]
מה תל[מוד] לו[מר] בעור הבשר
שיהא כל החוצה לו סמוך לעור הבשר
וסמוך [וראוי = P139] לפיסיון
שאם היה סמוך לראש ולזקן ולשחין ולמכוה
ולקדח אינו טמא

Um verunreinigungsfähig zu sein, soll der helle Fleck von der »Haut des Fleisches« umgeben sein. Grenzt er an den Kopf, so geht die biblische Vorschrift וראה ... בעור הבשר nicht in Erfüllung. Eines der Zeichen für die Unreinheit des Fleckes ist dessen Ausbreitung (פסיון). Befindet sich der Fleck dicht am Kopf, so wird seine mögliche Vergrößerung verhindert.

Wenn wir uns unserem Text wieder zuwenden, wird klar, daß der in A4 beschriebene Umstand die reinigende Wirkung der »Priḥa« nicht aufzuhalten vermag. Daß an dieser Stelle gesunde Haut übrigbleibt, ist wirkungslos. In diesem Zustand ist der Aussätzige rein. Den Zweifel in A6, יכול יהא טהור, hätte man nicht in Erwägung gezogen, wäre mit A4 die Beschreibung des Falles beendet.

Mit dem in A5 dargestellten Vorgang tritt aber etwas Neues ein. Der Kopf beispielsweise wird kahl (A5). Die Haut auf dem kahl werdenden Kopf hat nun denselben Status wie die Haut des Fleisches. Dies hat unmittelbar zur Folge, daß die Sonderstellung der gesunden, an den Kopf grenzenden Hautstelle aufgehoben wird. Von ihrer Größe abgesehen wird die Stelle durch diese Veränderung prinzipiell verunreinigungsfähig.

---

[83] sNeg 1,1 60c (in der Weiss-Ausgabe tritt hier ein Fehler auf; die Angabe »Pereq 2« auf S. 60b sollte in »Pereq 1« korrigiert werden, sowie »Pereq 1« auf S. 59d in »Parasha 1«). Das Zitat ist dem Wortlaut in Ass. 66, S. 253, entnommen.

Diese Stelle ist jedoch kleiner als die Größe einer Linse. Aus einem Disput zwischen R. Yose und R. Meir[84] im Zusammenhang mit der Erscheinung gesunder Haut nach einer vollständigen Ausbreitung des Aussatzschadens, die grundsätzlich laut der Vorschrift in Lev 13,14–15 die Reinheit der »Priḥa« aufhebt, erfahren wir, daß die minimale Linsengröße erforderlich ist, um dies zu bewirken. Man könnte wohl meinen, daß sich diese Bedingung auch auf den Fall einer nicht ganz vollendeten »Priḥa« übertragen läßt. Träfe dies zu, dann bliebe die an den Kopf grenzende Hautstelle, die kleiner als die Linsengröße ist, auch nach dem Kahlwerden des Kopfes wirkungslos und hätte die Reinheit nicht verhindern können. In diesem Zusammenhang ist der Einwand יכול יהא טהור (A6) doch verständlich. Diese nachvollziehbare Möglichkeit wird jedoch abgelehnt. Der Ausdruck את כל בשרו lehrt, daß eine vollständige Ausbreitung erforderlich ist, um den Aussätzigen zu reinigen. Die den Text einleitende Frage (A2) wird somit beantwortet.

Nach dieser Textinterpretation müßten die in A5 genannten Umstände eingeführt werden, damit ein Zweifel entsteht, ob die übriggebliebene, in A4 genannte Hautstelle die Reinigung der Person überhaupt aufhalten kann. Der beschriebene Vorgang in A5 kehrt den Status dieser Hautstelle um. Mit dieser Umkehrung wird die Frage nach der Wirkung der kleinen gesunden Hautstelle beim Vorgang der Reinigung relevant. Diese Funktion – und keine andere – kommt dem Textteil A5 zu.

Diese Deutung des Textes hängt nun mit der bislang noch nicht geklärten Schwierigkeit zusammen, wie man den letzten Satz im Text, die Bedingung עד שתיפרח בכולו, verstehen soll. Vom Verständnis dieser Worte hängt das Verständnis der halachischen Bestimmung ab. Es gilt, die folgende Frage zu beantworten: Was beinhaltet die Aussage עד שתיפרח בכולו? Ist damit gemeint, daß sich die »Priḥa« nur über die übriggebliebene kleine Hautstelle erstrecken soll, um dann die Reinigung zu bewirken, oder reicht dies nicht aus, oder ist gemeint, daß sie sich auch über den kahl werdenden Kopf ausbreiten muß? Bezieht sich die in diesen Worten implizierte Aufforderung lediglich auf A4 oder auf A4–5?

Einerseits liegt nahe, den Hinweis בכולו in einem uneingeschränkten Sinn aufzufassen. Die Besonderheit des diskutierten Falles suggeriert ein solches Verständnis. Die Haut des kahl werdenden Kopfes ist verunreinigungsfähig. Wenn nun gefordert wird, daß sich der Aussatzschaden über »das Ganze« erstrecken soll, um die Reinheit hervorbringen zu können, ist es dann nicht wahrscheinlich, die Forderung einer vollständigen Ausbreitung auch auf diese Hautfläche zu übertragen?

Gegen ein solches Verständnis spricht zunächst folgendes Argument auf der sprachlichen Betrachtungsebene: Das Pronomen כולו im letzten Textteil ist sicherlich in demselben Sinn zu verstehen, wie es in A4 verwendet wird (A4:

---

[84] In sNeg 5,1 (63d).

פרחה בכולו ≅ A8: עד שתיפרח בכולו). Als Bezugswort für das wiederholte Vorkommen des Pronomens gilt das in A2 erwähnte »Fleisch«. Gemeint ist genauer die »Haut des Fleisches« (עור הבשר), ein Ausdruck, der bei den weiteren exegetischen Diskussionen im Kontext dieser Reinheitsvorschriften im Sifra von der Haut des kahl werdenden Kopfes, der Entzündung usw. deutlich abgegrenzt wird.[85] Gemäß dieser Erörterung verlangt die Bedingung עד שתיפרח בכולו nur die Erstreckung des Aussatzschadens auf die besagte Stelle von der Größe einer halben Linse.

Daß dieses Verständnis das richtige ist, gründet sich darüberhinaus auf die Auslegungslogik dieser Überlieferung, so wie sie in den vorausgegangenen Ausführungen rekonstruiert wurde. Die Analyse des Textes hat zu dem Ergebnis geführt, daß das Kahlwerden des Kopfes lediglich im Hinblick auf die dadurch eintretende Veränderung des Status der an den Kopf grenzenden Hautstelle eingeführt worden ist. Die Erkenntnis von dieser Funktion, die dem Kahlwerden des Kopfes im Rahmen der vorliegenden Auslegung zukommt, impliziert eindeutig, daß die Reinheit eintritt, sobald die »Priḥa« die kleine Stelle von der Größe einer halben Linse bedeckt. Auch wenn die Haut des kahl werdenden Kopfes gesund bleibt, wird dadurch die Reinheit nicht verhindert.

Auf diesen entscheidenden Punkt werde ich beim Vergleich mit der Mishna zurückkommen. Es bleibt nun, die dritte Auslegungstradition im Sifra darzustellen, einen Midrash zu Lev 13,14, wo der Fall der Aufhebung der durch »Priḥa« eintretenden Reinheit infolge der Erscheinung einer gesunden Hautfläche besprochen wird.

sNeg 5,3; Ass. 66, S. 264 (= sIII)

A 1 בו
2 מה ת[למוד] ל[ומר]
3 מנ[ין] אתה או[מר]
4 פרחה בכולו אבל לא בראש ובזקן
בשחין ובמכוה ובקדח המוררון [המורדים = .Br]
5 חזר הראש והזקן ונקרחו
השחין והמכוה והקדח ונעשו צרבה
6 יכול יהא טמא
7 תל[מוד] ל[ומר]
בו
8 בו בהופיך אם הפך טמא
9 הא
אם חזר לראש ולזקן[86] ולשחין ולמכוה ולקדח אינו טמא

---

[85] Vgl. die häufige Verwendung dieses Ausdrucks in diesem engen Sinn besonders in sNeg IV (64c-d) und a.a.O., Pereq 11 (67c-d).
[86] חזר הראש והזקן :in Br.: ... חזר לראש ולזקן.

A 1 »[Und an dem Tage, da] an ihr [= an der Haut] [gesundes Fleisch gesehen wird, wird er unrein]« (Lev 13,14):
2 Was lehrt [die Schrift], wenn sie [dies] sagt?
3 Woher sagst Du [folgendes]?
4 Hat er [= der helle Fleck] sich über die ganze [Haut] ausgebreitet aber nicht auf den Kopf, den Bart, [oder] auf eine Entzündung, ein Brandgeschwür und eine Hitzwunde, während sie [noch der Heilung] widerstreben, [und dann] sind der Kopf und der Bart kahl geworden, [oder] ist aus der Entzündung, dem Brandgeschwür und der Hitzwunde eine Vernarbung geworden,
6 [so] könnte man meinen, [daß] er unrein wird.
7 Die Schrift [aber] sagt: »an ihr« (ebd.):
8 An ihr, [d. h.] an der [in Weiß] verwandelten [Haut]; wenn sie [= eine in Weiß verwandelte Hautstelle] sich [wieder] verwandelt [und gesund wird], so wird er [wieder] unrein.
9 Also: Wenn [die gesunde Stelle] auf dem Kopf, dem Bart, [oder] auf der Entzündung, dem Brandgeschwür und der Hitzwunde wieder auftritt [weil der Kopf und der Bart kahl geworden sind und aus den Hautverletzungen eine Vernarbung geworden ist, so] wird er nicht unrein.

In den Worten וביום הראות בו בשר חי יטמא ist vor allem die Angabe בו auslegungsbedürftig. Warum begnügt sich die Schrift nicht mit: וביום הראות בשר חי? Was wird durch וביום הראות בו ausgesagt?

Das Demonstrativpronomen בו wird dahingehend gedeutet, daß die Erscheinung einer gesunden Hautstelle nur dann die erreichte Reinheit durch die »Priḥa« aufhebt, wenn sie an der angesteckten Haut, also »an ihr«, בו, entstand. Könnte man sich aber andere Umstände vorstellen, unter denen die gesunde Stelle entsteht? Durchaus. Man nehme z. B. den Fall eines kahl werdenden Kopfes. Durch die eintretende Kahlheit entsteht eine große gesunde Hautfläche. Dieser Zustand entspricht den Worten וביום הראות בשר חי, nicht aber derselben Formulierung mit dem entscheidenden Zusatz בו. Wird der Kopf nach der vollständigen Ausbreitung der »Priḥa« kahl, so hat die betreffende Person sozusagen nichts zu befürchten. Ihre Reinheit bleibt gültig.

Vergleich

Jeder der drei Teile des Mishna-Textes hat eine Parallele in einem der drei Auslegungen im Sifra. Die einleitende Regel in der Mishna entspricht dem Resultat des ersten Midrash (mA ≅ sI,A). Der erste Fall in der Mishna findet sich wörtlich in dem dritten Midrash (mB 2–3 = sIII,A 4–5), und bis auf eine kleine, jedoch entscheidende Änderung ist der zweite Fall in der Mishna mit dem dargestellten Fall in sII identisch (mC 1–2 = sII,A 4–5). Die Tatsache, daß sich die den Textteilen im Mishna-Text klare zugrundeliegende Struktur nicht aufrechterhalten läßt, gilt als Indiz für das Verhältnis zwischen diesem Text und seinen Parallelen im Sifra. Ursprünglich, wie dies der Sifra zeigt, bestand zwischen diesen Auslegungen kein derartiger Zusammenhang; erst der Mishna-Redaktor hat ihnen einen solchen, wenn auch ohne Erfolg, auferlegt. Der Mishna-Redaktor wollte die halachischen Resultate dieser Auslegungen mittels eines systematischen Gewandes überliefern, so, als ob sich die beiden komplexen Fälle (sII–III) aus der allgemeinen Bestimmung in sI ergäben. Das ist ihm offensichtlich nicht gelungen.

Zum Vergleich des ersten in der Mishna-Überlieferung dargestellten Falles mit seinen Parallelen im Sifra sei auf die Differenz in den Gründen für seine Beurteilung hingewiesen. Trotz völliger Übereinstimmung zwischen mB2–4 und sIII,A4–7 steht eine implizite logische Begründung in der Mishna einer expliziten biblischen im Sifra gegenüber. Wird der Kopf nach Entstehung der vollständigen »Priḥa« kahl, so bleibt nach der Mishna-Überlieferung die erreichte Reinheit erhalten, weil die Ausbreitung des Fleckes beendet ist, bevor der Kopf kahl wird. Die Reinheit ist eingetreten und deshalb durch eine spätere Entwicklung nicht aufhebbar. Im Sifra dagegen wird der Fall in einen spezifischen exegetischen Kontext eingebettet. Das Urteil erklärt sich als Ausnahme von der biblischen Vorschrift, derzufolge die Reinheit, die nach Vollendung der »Priḥa« eingetreten ist, mit dem Wiedererscheinen einer gesunden Hautstelle aufgehoben wird. Es erscheint zwar eine gesunde Hautstelle, aber nicht an der angesteckten Haut, was in den Worten וביום הראות בו בשר חי יטמא (Lev 13,14) mittels des Pronomens בו verlangt wird. Somit liegen für denselben Fall zwei völlig verschiedene Erklärungen vor.

Ein Unterschied anderer Art ergibt sich aus dem Vergleich des zweiten Falles im Mishna-Text (mC) mit seiner parallelen Überlieferung im Sifra (sII). Hier stellt man zunächst fest, daß die den besagten Fall zusammensetzenden Bedingungen nicht identisch sind. In der ersten Phase erscheint eine »Priḥa«, die sich bis auf eine winzige, an den Kopf grenzende Stelle ausbreitet. Diese Stufe wird in beiden Überlieferungen durch genau denselben Wortlaut geschildert (mC1 = sII,A4). In der zweiten Stufe wird der Kopf kahl. Auch hier weichen beide Überlieferungen voneinander nicht ab (mC2 = sII,A5). In der Sifra-Überlieferung enden damit die Angaben über die Umstände des Falles. Die betreffende Person ist unrein (A7). In der Mishna wird dasselbe Urteil gefällt (C3), zuvor aber wird ein zusätzlicher Umstand in Form einer konzessiven Bemerkung eingefügt: אף על פי שנעשה מקום המחיה בהרת (C3).

Diese Bemerkung ist von Belang. Im Sifra wird das Urteil »unrein« für den Fall gefällt, daß der Kopf kahl ist und die besagte, an ihn grenzende Hautstelle noch gesund bleibt. Daß dem so ist, setzt die Mishna wohl voraus; sie geht aber darüber hinaus, indem sie die Unreinheit von der Erstreckung der »Priḥa« über die besagte winzige Hautstelle nicht abhängig macht. Solange die »Priḥa« sich auf den kahl werdenden Kopf nicht erstreckt hat, ist die Person unrein.

Die volle Tragweite dieses Unterschieds zeigt sich nun, wenn wir die Aufmerksamkeit auf den Sinn der Bedingung עד שתיפרח בכולו lenken, mit der beide Überlieferungen enden (mC4 = sII,A8). Diese Worte haben in beiden Texten denselben funktionellen Stellenwert. Solange die Bedingung עד שתיפרח בכולו nicht erfüllt wird, bleibt der Aussätzige unrein. Ein wesentlicher Unterschied besteht jedoch hinsichtlich der Bedeutung von תיפרח בכולו. In der

Mishna ist der Sinn eindeutig. Durch die Bemerkung in C3 (אף על פי שנעשה מקום המחיה בהרת) wird klar, daß die einzige Stelle, auf die sich die »Priḥa« noch nicht ausgebreitet hat, der Kopf selbst ist. Mit der Bedingung עד שתיפרח בכולו wird die Erstreckung der »Priḥa« auf den kahl werdenden Kopf verlangt, um den Reinheitszustand herbeizuführen. Anders verhält es sich im Sifra. Aus der Analyse des Sifra-Textes ergab sich, daß sich das Erfordernis עד שתיפרח בכולו allein auf die Bedeckung der winzigen Hautstelle durch den Aussatzschaden bezieht, denn das Kahlwerden des Kopfes hat in der Sifra-Überlieferung nur in bezug auf die Änderung des Status dieser Hautstelle einen Sinn. Dadurch wird diese Stelle nämlich verunreinigungsfähig, und folglich hält sie das Eintreten des Reinheitszustandes auf. Ob sich die »Priḥa« nach dem Kahlwerden des Kopfes auf dem Kopf weiter ausbreitet, ist nach dem Sifra-Text irrelevant.

Mit diesem Unterschied wird offensichtlich, daß zwischen beiden Überlieferungen eine tiefgreifende Diskrepanz besteht. Was nach der Sifra-Überlieferung verlangt wird, um die Reinheit hervortreten zu lassen, also die Ausbreitung des hellen Fleckes über die kleine Hautstelle, ist schon mit der Bemerkung in der Mishna אף על פי שנעשה מקום המחיה בהרת erfüllt; laut der Mishna ist aber die betreffende Person in diesem Zustand immer noch unrein! In bezug auf den Fall, daß die »Priḥa« die kleine, an den Kopf grenzende Stelle bedeckte, den kahlen Kopf jedoch nicht, liegen im Sifra und in der Mishna zwei einander widersprechende Urteile vor. Nach dem Sifra ist die Person in diesem Zustand rein, nach der Mishna dagegen unrein.

Dieser Widerspruch wirkt deswegen überraschend, da die wörtliche Übereinstimmung zwischen beiden Überlieferungen das Vorhandensein einer solchen Unvereinbarkeit gar nicht zuzulassen scheint. Wie läßt sich diese Spannung zwischen der fast vollständigen textuellen Identität beider Traditionen und ihrer gravierenden inhaltlichen Differenz erklären? Wie läßt sich erklären, daß die Worte עד שתיפרח בכולו jeweils einen ganz anderen Sinn haben?

Es gilt also, die Möglichkeit der Entstehung dieser Differenz als Folge einer Bearbeitung einer der beiden Quellen zu überprüfen. Aus der Annahme, daß der Mishna-Text als Vorlage für die Redaktion des Sifra diente, läßt sich keine Erklärung für die vorgenommene Änderung liefern. Daß die Ausbreitung des Aussatzschadens auch auf den kahlen Kopf als Bedingung für die Reinheit erforderlich ist, ist nach der Mishna-Überlieferung eindeutig. Anders läßt sich der Text nicht lesen. Anders steht es im Falle der Sifra-Überlieferung. Die Antwort auf die Frage nach dem Sinn der Bedingung עד שתיפרח בכולו ist dort nicht unmittelbar gegeben. Das Pronomen כולו kann man entweder auf die »Haut des Fleisches« beziehen, ohne daß der kahle Kopf einbezogen wäre, oder auf den ganzen Leib, den Kopf eingeschlossen. Ich habe argumentiert, daß nur ersteres zutrifft. Diese Erkenntnis wird v. a. durch die Vertiefung in die Logik der Exegese erreicht. Es hat sich gezeigt, daß die zweite Stufe in der Entwicklung der Krankheit, nämlich das Kahlwerden des Kopfes, allein deshalb eingeführt wurde, um die Änderung im Reinheitsstatus der kleinen, an den Kopf grenzenden Stelle zu bewirken. Infolge dieser Interpretation besagt das Erfordernis zur Hervorbringung der Reinheit עד שתיפרח בכולו nur dies, daß die Stelle in der Größe einer halben Linse vom Aussatzschaden bedeckt werden soll.

Dabei ist wichtig, im Auge zu behalten, daß die korrekte Bestimmung der Bedeutung des letzten Satzes in der Sifra-Überlieferung nur über diese etwas mühsame Rekonstruktion der exegetischen Logik gesichert werden könnte. Ist man dieses Entzifferungsverfahren nicht durchgegangen, so schwankt man beim Lesen dieses Satzes zwischen den zwei Alternativen. Wenn sich nun in der Mishna-Überlieferung genau eine solche alternative Leseweise des Satzes präsentiert, so ist dies bestimmt kein Zufall. Man muß daraus schließen, daß der Mishna-Redaktor die Sifra-Überlieferung als Vorlage benutzt hat.

Die Erkenntnis, daß der Mishna-Text eine Zusammenstellung der drei voneinander unabhängigen Überlieferungen im Sifra ist, erhält mit den letzten Ausführungen weitere Unterstützung. Es wurde ein Überlieferungsprozeß geklärt, der zur Entstehung einer halachischen Differenz führte. Konkret ist die entstandene Transformation darauf zurückzuführen, daß der letzte Textteil der Sifra-Überlieferung nicht korrekt mit den anderen Komponenten des Textes in Beziehung gesetzt worden ist.

Ein solches Mißverständnis kann sicherlich die zufällige Folge der Tatsache sein, daß der letzte Satz im Sifra-Text in zweierlei Weise verstanden werden kann. Man sollte dennoch die Möglichkeit in Erwägung ziehen, ob eine solche Lektüre des Textes auf der Grundlage einer bestimmten Hermeneutik zustandegekommen sein könnte. Die Vorstellung, daß der Mishna-Redaktor bei der Konfrontation mit der Sifra-Vorlage vor die Wahl zwischen zwei Alternativen gestellt wurde und sich dann mehr oder weniger willkürlich für die falsche entschieden hat, trägt dem Sachverhalt eventuell nicht voll Rechnung. Indem der Mishna-Redaktor die Worte עד שתיפרח בכולו auf beide bislang gesund gebliebenen Hautflächen bezieht (A4–5), wird der Sinn des in diesen Worten Gemeinten verstärkt. Das Pronomen בכולו erhält einen uneingeschränkten Sinn. Diese Art, den Sinngehalt eines Redeteils zu steigern, erinnert unmittelbar an einen Wesenszug der rabbinischen Exegese. Beispiele für diese Vorgehensweise sind uns schon mehrmals im Lauf der Untersuchung begegnet. Dasselbe hermeneutische Prinzip wurde verwendet, als die folgenden »Hinweise« aus Levitikus ausgelegt wurden: והיא (13,10: והיא הפכה שער) (19,9: ולקט קצירך לא) קצירך,[87] (2,2: וקמץ משם מלא קמצו) מלוא קומצו,[88] (לבן והקריב ... השעיר ... אשר (16,9:),[90] עשהו (טמא הוא ... מושבו (13,46: מושבו),[89] תלקט)

---
[87] Vgl. S. 61.
[88] Vgl. S. 67.
[89] Vgl. S. 72
[90] Vgl. S. 82–83.

(הנה כסתה הצרעת את כל בשרו) [91] את כל בשרו: 13,13) ,(עלה עליו הגורל ועשהו [92]
und בו (13,14: וביום הראות בו בשר חי).[93]

Es scheint, daß der Mishna-Redaktor mit seiner Deutung des letzten Satzes der ihm vorliegenden Sifra-Überlieferung in gleicher Weise operiert. Aufgrund des vorliegenden Falles ist es schwer, hier etwas Sicheres zu behaupten. Die nächsten Textvergleiche sollen die Wahrscheinlichkeit dieser Vermutung belegen, daß der Mishna-Redaktor in seiner Bearbeitung der Sifra-Vorlage zuweilen genauso verfährt wie der Schriftexeget im Sifra in seinem Umgang mit der Tora.

§ 13 Das Schlachten durch Unreine

mZev 3,1; Ka., S. 351

A   כל הפסולים ששחטו שחיטתן כשירה
B 1   שהשחיטה כשירה בזרים בנשים ובעבדים [ובטמאים] [94] [Par. =
2   אפילו בקודשי קדשים
3   ובלבד שלא יהוא טמאים נוגעים בבשר
C   לפיכך הן פוסלין במחשבה

A [In bezug auf] alle untauglichen [Priester], die geschlachtet haben, [gilt, daß] ihr Schlachten tauglich ist,
B 1 denn das Schlachten durch Nichtpriester, Frauen, Sklaven und Unreine ist zulässig,
2 selbst bei hochheiligen [Opfern];
3 nur dürfen die Unreinen das Fleisch nicht berühren.
C Deswegen machen sie [das Opfer] durch den [verbotenen] »Gedanken« untauglich.

Mit den »Untauglichen«, von denen im ersten Satz (A) die Rede ist, sind jene Priester gemeint, die am Beginn des vorangegangenen zweiten Kapitels des

---

[91] Vgl. S. 111–113.
[92] Vgl. S. 124–125.
[93] Vgl. S. 128–130.
[94] In Ka, Cam. und Ed. pr. fehlt die Nennung der Unreinen in der Aufzählung in B1. In Par., Jer., Mün., O404 und Antonin Nr. 138a kommt sie vor; in P138 wurde sie nachträglich hinzugefügt. Ob die »Unreinen« zu der ursprünglichen Aufzählung gehörten, läßt sich zwar auf der Ebene dieses textkritischen Befundes nicht beantworten, doch dazu hilft in diesem Fall die Literarkritik: Die Einschränkung in B3 setzt die grundsätzliche Zulassung der Unreinen zum Schlachten voraus. Die Unreinen dürfen schlachten, solange sie das Fleisch nicht berühren. Dieser Lektüre des Textes in bezug auf den Fall der Unreinen ist wenig entgegenzuhalten. Deutet man B3 als Hinweis auf den Ausschluß der Unreinen von der Zulassung zum Schlachten, so bleibt der Unterschied zwischen »schlachten« (B1) und »berühren« (B3) unverständlich. Auch der talmudische Kommentar zu dieser Mishna (bZev 32a), der sich mit dem Problem der Zulassung der Unreinen auseinandersetzt, läßt außer Zweifel, daß in B1 die »Unreinen« mitgenannt wurden. Die Weglassung dieser Kategorie in den o. g. Hss. (auch bei Rambam, Mishne Tora, ביאת המקדש, 9,6) ist wegen der Problematik dieser Zulassung (vgl. die Analyse zum Text) nachvollziehbar.

Traktats aufgezählt wurden und denen das Dienstverbot im Tempel gemeinsam ist. Zwar gehört das Schlachten zu den mit dem Tempeldienst zusammenhängenden kultischen Verrichtungen, doch zeichnet sich das Schlachten gerade dadurch aus, daß es keine spezifische Aufgabe der Priester darstellt. Diese Sonderstellung, die dem Schlachten zukommt, spricht B aus. In B wird an sich eine besonders hervorstechende Aussage gemacht. Trotzdem fungiert B im Text lediglich als Begründung für die Zulassung der untauglichen Priester zum Schlachten.

Das Pronomen הן in C bezieht sich also primär auf die in A genannten Priester. Es liegt nahe, daß damit auch die anderen in B vorkommenden halachisch-sozialen Kategorien gemeint sind. Mit diesem letzten Satz wird die Brücke von der in A und B dargestellten halachischen Bestimmung über die Zulassung aller genannten Kategorien zum Vollzug des Schlachtgebots zum eigentlichen Thema der ersten drei Kapitel des Traktats geschlagen, nämlich der Besprechung der mit »verbotenen Gedanken« zusammenhängenden Übertretungen. Wenn jemand das Tieropfer schlachtet und dabei daran denkt, von dessen Fleisch außerhalb der zulässigen Zeit (z. B. am dritten Tag im Falle des Friedensopfers) oder des zulässigen Ortes zu essen, hat dieser »Gedanke« oder diese Absicht die Untauglichkeit des Opfers zur Folge.[95] Die Wirksamkeit dieser Absicht hängt jedoch davon ab, ob es sich bei ihrer Erscheinung um eine gültige kultische Verrichtung handelt.[96] Angenommen, das Schlachten durch untaugliche Priester wäre verboten, dann hätten alle möglichen »verbotenen Gedanken« keinen Einfluß mehr auf die Tauglichkeit des Opfers. Das ist jedoch nicht der Fall, und darum geht es dem Tradenten hier.[97]

Im Rahmen des Vergleichs mit der parallelen Überlieferung im Sifra steht der Textteil B im Mittelpunkt unseres Interesses. Dabei geht es um die Tatsache, daß die Unreinen in der Aufzählung der zum Schlachten zugelassenen Kategorien einbezogen sind. Daß Unreine schlachten dürfen, ist an sich verwunderlich, zumal auf diese Zulassung die einschränkende Bemerkung folgt:

---

[95] Vgl. mZev 2,2–5.

[96] Vgl. die Regel in mZev 3,3 und den Ausspruch R. Eliezers in mZev 1,4.

[97] In anderer Hinsicht ist es schwierig, die hier gefällte Entscheidung zu verstehen. Entsprechend der Regel in mZev 12,1 (וכל שאינו ראוי לעבודה אינו חולק בבשר; vgl. auch im Sifra [sSav 16,9 (39d)] den Ausspruch von R. Shimon) dürfen die untauglichen Priester am Fleisch des Opfers nicht teilhaben. Infolgedessen sollte es eigentlich keine Rolle spielen, ob sie während des Schlachtens an das Essen des Fleisches zu unzulässiger oder zulässiger Zeit denken, denn beide »Absichten« beziehen sich auf etwas Verbotenes. Die Logik der Bestimmungen über den »verbotenen Gedanken« gründet sich aber auf die Differenz zwischen dem Erlaubten (Essen an einem zulässigen Ort und zu einer zulässigen Zeit) und dem Verbotenen. Mit der Aufhebung dieses Unterschieds in bezug auf untaugliche Priester sollte eigentlich auch die grundsätzliche Wirkung des »verbotenen Gedankens« außer Kraft treten. Dasselbe betrifft die in B genannten Unreinen, und hinsichtlich der Nichtpriester (זרים) sollte die Tragweite dieser Übertretung auf die minderheiligen Opfer beschränkt sein, deren Fleisch vom Inhaber des Opfers gegessen wird.

שלא יהיו טמאים נוגעים בבשר. Auch wenn man voraussetzt, daß der Unreine das Tieropfer mit dem Schlachtmesser schlachten kann, ohne das Tier dabei zu berühren, so bleibt angesichts der Tatsache, daß das Schlachten im Tempelvorhof ausgeführt wird, zu dem Unreinen der Eintritt verboten ist,[98] unklar, inwiefern die getroffene Entscheidung überhaupt sinnvoll ist. Diese Schwierigkeit wird in der talmudischen Besprechung der Stelle thematisiert und auf zweierlei Weise gelöst. Zunächst wird die Schwierigkeit behoben, indem man es ermöglicht, daß der Unreine außerhalb des Vorhofs bleibt, während er das Tier innerhalb des Vorhofs durch die Benutzung eines langen Schlachtmessers schlachtet.[99] Hinzu kommt die ernsthaftere Erwägung, ob die Zulassung der Unreinen zum Schlachten nicht doch im nachhinein zu dulden ist.[100] Ein näheres Eingehen auf diese und andere Lösungsmöglichkeiten der genannten Schwierigkeit ist im Rahmen unseres Anliegens nicht erforderlich.

Der parallele Text im Sifra besteht aus zwei aufeinanderfolgenden Auslegungen. Im Gegensatz zum Mishna-Text werden in der ersten Auslegung nur Reine zum Schlachten zugelassen. In der sich anschließenden Tradition begegnet man dem parallelen Satz zum Textteil B 1 in der Mishna, wobei dort das Motiv der Unreinen fehlt.

sNed IV,1–2; Ass. 66, S. 20–1

A	וסמך [...] ושחט
B 1	במקום שס[ומ]כין שוחטין
2	ותכף לסמיכה שחיטה
C	מה סמיכה בטהורים אף [שחי]טה בטהורים
D 1	ושחט
2	שחיטה בכל כשירה
3	בזרים בנשים בעבדים אפילו בקודשי קדשים
4	או אינה אלא בכהן
5	וכי מניין באת
6	מכלל שנ' ואתה ו[בני]ך א[ת]ך תשמרו את כהנתכם לכל דבר המזבח ול[כל]
7	{ו}לכל דבר המזבח
8	אף לשחיטה
9	כשהוא אומר והקריבו בני אהרן הכהנים את הדם אליו וזרקו
10	מיכן והלך מצות הכהנה
11	אבל שחיטה כשירה בכל אדם[101]

---

[98] Vgl. mPara 11,4; sTazria 1,8 (58d); bZev 32b.

[99] bZev 32a. Vgl. auch die Ausführungen Rashis bezüglich der Bedingungen, unter denen die Nicht-Übertragung der Unreinheit auf das Opfer gesichert werden kann (bZev 31b zu ובטמאים).

[100] Ebd.

[101] Außer Ass. 66 und der ihr nahe verwandten Hs. Br. weichen die vier anderen Hss., Ass. 31, P139, Ox. und Lo., von der vorliegenden Fassung in einem entscheidenden Punkt ab, und

A »Und er lege [seine Hand] auf ... und er schlachte« (Lev 1,4–5):
B An dem Ort, wo man [die Hände] auflegt, dort schlachtet man, und gleich nach dem »Auflegen« [folgt] das »Schlachten«.
C Wie das »Auflegen« [nur] durch Reine [auszuführen ist], so soll auch das »Schlachten« [nur] durch Reine [ausgeführt werden].
D 1 »Und er schlachte« (ebd.):
2 Das Schlachten ist durch jeden zulässig,
3 durch Fremde [= Nichtpriester], durch Frauen, durch Sklaven, sogar bei hochheiligen [Opfern].
4 Oder ist es nur durch einen Priester [zulässig]?
5 Und woher kommst Du [zur Erwägung einer solchen Möglichkeit]?
6 Von der Regel, die gesagt wurde: »Und Du und Deine Söhne mit Dir, Ihr sollt Euer Priestertum wahren, und Ihr dient in allen Verrichtungen am Altar« (Num 18,7);
7 »In allen Verrichtungen am Altar«:
8 [Das bedeutet] auch das Schlachten.
9 Wenn die Schrift [aber] sagt: »Und die Söhne Aarons, die Priester, sollen das Blut nahebringen und auf ihn [= den Altar] sprengen« (Lev 1,5),
10 [so meint sie:] Von hier und weiter [gilt] das Gebot des Priestertums,
11 aber das Schlachten ist durch jeden Menschen zulässig.

Der erste Auslegungskomplex A-C weist manche Schwierigkeiten auf. Es ist zunächst nicht ganz klar, wie sich die zwei halachischen Bestimmungen in B1–2 aus A ergeben. Was wird eigentlich in A ausgelegt? Zwei, auf die zwei ersten kultischen Verrichtungen hinweisende Verben aus Lev 1,4 und 5 werden angeführt. Auf den ersten Blick scheint es, als wollte der Exeget dadurch auf ihre völlige grammatische Kongruenz hindeuten, um daraus auf die in B1

---

zwar insoweit, als bei ihnen in D das Motiv von der Zulassung der Unreinen zum Vollzug des Schlachtgebots wie in der Mishna vorkommt. Damit wird der entscheidende Unterschied zwischen den Überlieferungen in der Mishna und im Sifra aufgehoben. An der Ursprünglichkeit der Lesart in Ass. 66 und Br. ist aber nicht zu zweifeln. Die Version in den anderen Hss. hat einen auffälligen und unwahrscheinlichen Widerspruch zwischen D und dem vorausgehenden Midrash in C zur Folge, denn dort ist das Schlachten ausdrücklich auf die Reinen beschränkt! Im Sifra würde man sonst zwei einander widersprechende, aufeinander folgende und dem anonymen Teil angehörende Auslegungen nicht finden. Anders als die einwandfrei aufgebaute Version in Ass. 66 weisen die Versionen in diesen vier Hss. auch einige Kohärenzlücken auf, die an sich von ihrer Sekundarität zeugen. In Ass. 31 und P139 wird D3 durch ein weiteres אפילו erweitert: אפילו בזרים בנשים ובעבדים אפילו בקודשי קדשים. Eine solche Verbindung von D2 zu 3 steht im Widerspruch zur Logik des Übergangs zwischen beiden Textteilen. Aus der Feststellung der uneingeschränkten Zulassung in D2 ergibt sich zwangsläufig, daß die Nichtpriester einbezogen sind. אפילו ist hier fehl am Platze. Der Textteil D7, in dem der relevante Hinweis aus dem in D6 angeführten Zitat aufgegriffen wird, fehlt in Ass. 31. In Ox. wird der Übergang von D6 zu 7 durch die Konjunktion או vermittelt, was unsinnig ist. In Lo. wird dieselbe Konjunktion או beim Übergang von D3 zu 4 weggelassen; dort ist sie aber unentbehrlich. In dieser Hs. hat der Schreiber die Worte ובלבד שלא טמאין נוגעין בבשר aus der Mishna in die Sifra-Version integriert, doch sollte er der vorausgehenden Aufzählung in D3 (... בזרים בנשים) die Kategorie der Unreinen hinzufügen, was er anscheinend vergessen hat. Das Vorkommen des Motivs der Unreinen in diesen Hss. ist sicherlich auf den Einfluß der Mishna-Version zurückzuführen. Dieses Beispiel zeigt wieder, wie sehr der Überlieferungszweig von Ass. 66 den anderen vorzuziehen ist.

festgestellte Analogie zu schließen. Die Ähnlichkeit in der Form (וסמך ושחט =) rechtfertigt nach diesem Verständnis die Schlußfolgerung, daß beide Handlungen an demselben Ort ausgeführt werden sollen. Nach diesem Verständnis bleibt aber unklar, wie sich der zweite Satzteil B2 auf A bezieht. Die Feststellung ותכף לסמיכה שחיטה kann nicht das Ergebnis eines Analogieschlusses sein. Während der Analogieschluß darin besteht, daß man aufgrund einer zwischen zwei Sachverhalten bestehenden Ähnlichkeit dem einen das zuschreibt, was dem anderen zukommt, ist die Behauptung in B2 eine solche, die aussagt, wie sich beide Handlungen zueinander verhalten.

Dem Textteil B kommt die Funktion zu, eine Auslegung zu dem zu sein, worauf in A hingewiesen wird. Diese Funktion bezieht sich sowohl auf B1 als auch auf B2. Die Tatsache, daß das Lemma in A allein aus zwei Zeitwörtern besteht, besagt nicht, daß nur diese Wörter ausgelegt werden. Jedes dieser Wörter markiert einen Versanfang. Auf die Beschreibung des Gebots des Auflegens in Lev 1,4 (וסמך את ידו על ראש העלה ונרצה לו לכפר עליו) folgt in V. 5 unmittelbar die Schilderung des Schlachtens (ושחט את בן הבקר לפני ה׳). Mit den Worten וסמך und ושחט wird auf unmittelbare Aufeinanderfolge verwiesen. Somit wird die Logik des gesamten ersten Midrash (A-B) ersichtlich. Aus der textuellen Verknüpfung beider beschriebener Handlungen ergibt sich eine parallele Korrelation auf der Ebene des tatsächlichen Geschehens, und zwar, sowohl in bezug auf den Ort (במקום שסומכין שוחטין) als auch in bezug auf die Zeit (ותכף לסמיכה שחיטה).

Hinsichtlich des letzten Satzes in diesem Komplex (C) ist nicht klar, in welchem exegetischen Kontext er steht und wie er strukturell einzuordnen ist. Die behauptete Analogie zwischen beiden Verrichtungen, dem »Auflegen« und dem »Schlachten«, in bezug auf die Beschränkung ihrer Durchführung auf Reine kann als unmittelbares Ergebnis aus der Anführung in A sein. Die formale Affinität zwischen beiden Verben erlaubt durchaus eine solche Schlußfolgerung. Doch sprachlich gesehen muß sich die Formulierung auf den ihr unmittelbar vorhergehenden Teil beziehen, also auf B. Ob sich aber C aus B logisch ergibt, liegt nicht auf der Hand.

Auf den ersten Blick scheint ein logischer Zusammenhang zu bestehen. Wenn man das Tieropfer dort schlachtet, wo man ihm die Hände auflegt, und zwar so, daß beide Handlungen unmittelbar aufeinander folgen, so scheint sich aus dieser Verknüpfung zu ergeben, daß die als bekannt vorausgesetzte Beschränkung des Gebots des Auflegens auf Reine auch auf das Schlachten zu übertragen sei. In einem Punkt ist dieses Argument jedoch nicht folgerichtig. Es wird damit stillschweigend vorausgesetzt, daß dieselbe Person, die dem Opfer die Hände auflegt, nämlich der Inhaber, es auch schlachtet. Möglich ist aber durchaus, daß der Priester z.B. das Schlachtgebot vollzieht.

Der logische Übergang von B zu C ist m.E. anders zu konzipieren. Man bedenke zunächst, daß es nicht klar ist, woher die als bekannt dargestellte Lehre (מה סמיכה בטהורים) stammt. Im Sifra wird diese Bestimmung exegetisch nicht begründet. Daß allein Reine das Gebot des Auflegens vollziehen dürfen, wird wahrscheinlich aus der im Zusammenhang mit der Ausführung des Gebots vorkommenden Ortsangabe in Lev 1,3 (אל פתח אהל מועד יקריב אתו) als selbstverständlich vorausgesetzt. Am Eingang zum »Zelt der Zusammenkunft«, d. h. in rabbinische Termini übersetzt, im Vorhof des Tempels, dürfen sich nur Reine aufhalten.[102] Ob auch das Schlachten nur durch Reine auszuführen ist, hängt von dem Ort ab, an dem man sich gerade befindet. Nun hat die erste Auslegung ergeben: במקום שסומכין שוחטין. Folglich ist das Schlachten nur durch Reine zulässig.

Im nächsten Midrash D geht es darum, darauf hinzuweisen, daß das Verb ושחט in Lev 1,5 nicht auf ein spezifisches Subjekt bezogen ist. Daraus ergibt sich die Folgerung in D2: שחיטה בכל כשירה, und diese allgemein formulierte Schlußfolgerung wird in D3 spezifiziert. Gegen diese Schlußfolgerung wird in dem darauf folgenden Textteil D4–8 durch den Verweis auf einen Vers aus dem Buch Bamidbar (18,7) ein Einwand erhoben, in dem ausdrücklich mitgeteilt wird, daß *alle* mit dem Altar verbundenen Verrichtungen ausschließlich durch Priester auszuführen sind. Folglich sollte diese Einschränkung auch für das Schlachten gelten.

Nun gilt es in der letzten, dritten Stufe dieser Art dialektischer Exegese, den in D4–8 erhobenen Einwand zu widerlegen. Zur Erhärtung der ersten These dient wieder eine Bibelstelle aus der Schilderung der Opferung des Viehs im ersten Kapitel im Buch Wayiqra. In diesem kultischen Geschehen treten die Priester tatsächlich erst nach dem Schlachten auf. Sie sind es, die das Blut auffangen, es zum Altar bringen und dann auf den Altar sprengen. Hinsichtlich der Arbeitsteilung zwischen dem Nichtpriester und dem Priester stellt der fünfte Vers das »Schlachten« den anderen darauf folgenden Verrichtungen deutlich gegenüber: ושחט את בן הבקר ... והקריבו בני אהרן הכהנים .... Insofern kann der uneingeschränkte Hinweis in Num 18,7 (לכל דבר המזבח) in der Tat nicht undifferenziert zur Geltung kommen.

In bezug auf die abschließenden Worte dieser Auslegung, D10–11, sei noch eine gewisse Ungenauigkeit hinsichtlich der in D10 festgelegten Abgrenzung angemerkt. Wörtlich genommen trifft die Aussage מיכן והלך מצות הכהנה nicht zu. In dem Abschnitt Lev 1,1–9 begegnet man noch weiteren Verrichtungen, die, wie die Handlungen des »Auflegens« und des »Schlachtens«, in Verben der Singularform artikuliert sind, deren Subjekt gleichermaßen unspezifisch bleibt. Das Abziehen des Felles (והפשיט את העלה), die Zerlegung des Opfers (ונתח אתה) sowie das Waschen der Eingeweide und der Schenkel (וקרבו וכרעיו ירחץ במים), alle diese Vorbereitungsmaßnahmen, die nicht direkt mit der Arbeit am Altar zusammenhängen, sind gleichfalls durch jeden Menschen zulässig. Teilweise entspricht dieser Sachverhalt der rabbinischen Auffassung über die diesbezügliche Arbeitsteilung.[103] Wahrscheinlich bezieht sich die

---

[102] Vgl. die Anm. 98 in der Analyse des Mishna-Textes.
[103] Die Zusprechung der zwei Verrichtungen נתוח והפשט an den Nichtpriester wird in der ausführlichen Schilderung der Opferung in mTam 4,2–3 in Formulierungen wie חתך את

besagte Abgrenzung im Sifra-Text lediglich auf die vier wesentlichen, mit der Opferung zusammenhängenden Verrichtungen, das »Schlachten«, das »Auffangen« (des Blutes = קבלה), das »Hinbringen« (הלוך) und das »Sprengen« (זריקה),[104] von denen dann nur die erste, durch »jeden Menschen« zulässig ist, die anderen aber allein durch den Priester.

Vergleich

Man begegnet in beiden Texten in zwei völlig verschiedenen Zusammenhängen eine in ähnlicher Weise formulierten Auflistung derjenigen Sozialkategorien, denen der Vollzug des Schlachtens erlaubt ist. Doch zeigt sich darin eine auffällige halachische Differenz. Nach der Mishna-Version darf sogar der Unreine diese Verrichtung ausführen (mB1), er solle nur aufpassen, das Fleisch nicht zu berühren (mB3). In dem entsprechenden Satz im Sifra (sD2–3) kommen nur Nichtpriester, Frauen und Sklaven vor, und davor (in sC) wird hervorgehoben, daß der Vollzug des Schlachtens auf Reine beschränkt ist. Die Tatsache, daß die Unreinen nach der Mishna-Version in den Geltungsbereich des Schlachtgebots fallen, verleiht dem Mishna-Satz den Charakter einer uneingeschränkten Assertion. Wenn die Unreinen schlachten dürfen, dann ist das Schlachten durch alle zulässig. Eben dieser Aussage, das Schlachten sei durch alle zulässig, begegnet man im Sifra-Text zweimal (sD2 und 11).

Auf zwei verschiedenen Ebenen wird in beiden Überlieferungen mitgeteilt, daß »alle zum Vollzug des Schlachtens zugelassen sind«. Im Sifra wird dies explizit gesagt, und gleich darauf wird die Aussage modifiziert. In der Mishna kommt der Satz nicht vor, doch inhaltlich ist es genau das, was dort behauptet wird. Mit diesem komplexen Sachverhalt von Übereinstimmung und Differenz wird man bei der Gegenüberstellung beider Überlieferungen konfrontiert.

הידים ונתון למי שזכה בהן (4,2) als selbstverständlich vorausgesetzt. Auch im Sifra wird dies als bekannt vermittelt (vgl. sNed 5,4 [6d]: שהפשט ונתוח כשרים בכל אדם). Im Gegensatz zu diesen Verrichtungen ist das Waschen der Eingeweide in der Mishna (Tam 4,2) Aufgabe des Priesters. Hier ist es interessant, auf die entsprechende Stelle im Sifra hinzudeuten. An der Stelle, wo die Worte וקרבו וכרעיו ירחץ במים (Lev 1,9) ausgelegt sind (sNed 6,6–7 [7c]), wird auf die Frage nach dem Handelnden weder thematisch eingegangen, noch wird explizit bekanntgegeben, wer der Handelnde ist. Das Subjekt bleibt dort – wie im Bibeltext – anonym. Darauf folgt im Sifra-Text die Exegese zu den Worten והקטיר הכהן את הכל המזבחה (ebd.), wobei in der Auslegung vom Priester wieder nicht die Rede ist. Das Subjekt bleibt hier ebenso anonym, wie der Handelnde beim Waschen der Eingeweide und der Schenkel. Dadurch konstituiert sich eine textuelle Gleichsetzung zwischen beiden Handelnden, so daß man daraus schließen könnte – was wahrscheinlich gar nicht gemeint war! –, daß das Waschen der besagten Teile so wie das Verbrennen des Opfers durch den Priester zu vollziehen ist.

[104] Vgl. dazu sSav VIII,4–5 (36b) und die parallele Überlieferung in mZev 1,4.

Der genaue Sinn des Satzes שחיטה בכל כשירה in sD2 wird durch die Fortsetzung in D3 (בזרים בנשים בעבדים) näher bestimmt. Da wir D3 als Spezifizierung der zunächst allgemein festgestellten halachischen Bestimmung in D2 verstehen, zweifeln wir nicht an der Eindeutigkeit der Aussage. Wir wissen – und auch dies ohne Zweifel –, daß das Anliegen der Auslegung in der Abgrenzung des Priesterdienstes im Tempel besteht. Wenn also am Ende des Textes (sD10–11) das Schlachtgebot aus dem Geltungsbereich des »Gebots des Priestertums« ausgenommen wird, so verstehen wir, daß sich der Exeget des Ausdrucks בכל אדם bedient, um eben diese Abgrenzung deutlich zum Ausdruck zu bringen. Der exegetische Kontext der Worte שחיטה כשירה בכל אדם erlaubt und rechtfertigt ein modifiziertes Verständnis des Ausdrucks בכל אדם, zumal der Textteil D3 von einer solchen Modifikation explizit zeugt.

Diese begründete Gewißheit, daß im Sifra-Text das Wort »alle« nur die drei dort genannten Kategorien beinhaltet, ist aber eine auf einer bestimmten Hermeneutik basierende Deutung, die der Berücksichtigung des Kontextes bei der Erfassung des Sinnes einer Äußerung den entscheidenden Wert beimißt. Demnach sind die einzelnen Einheiten eines zusammengeordneten Komplexes der Allgemeinheit des Kontextes unterworfen. Dieses Kontextprinzip erlaubt, wenn die »Sache« es verlangt, den wörtlichen Sinn eines Ausdrucks zu modifizieren. Auf diese Weise vollzog sich die Analyse des letzten Satzes im Sifra-Text. Da schon in sD2 der Ausdruck »alle« durch die Aufzählung in D4 näher bestimmt wurde, gilt es, den Ausdruck בכל אדם nicht gemäß seinem einfachen Gehalt wahrzunehmen, sondern entsprechend des allgemein Intendierten.

Mit diesen Ausführungen tritt die Zweideutigkeit im Sifra-Text hervor. Die Zulassung zum Schlachten wird zwar explizit eingeschränkt, gleichzeitig aber am Ende des Textes auch uneingeschränkt zum Ausdruck gebracht. In gleicher Weise sind die zwei Überlieferungen in der Mishna und im Sifra hinsichtlich der Frage nach der Einschränkung des Schlachtgebots gleichzeitig miteinander identisch und nicht identisch.

Wenn sich die Spannung zwischen beiden Überlieferungen in dem Sifra-Text selbst als Konkurrenz zweier einander ausschließender Textverständnisse widerspiegelt, dann ist es durchaus möglich, daß die Entstehung des Mishna-Textes auf die Aufnahme einer der Deutungen der Sifra-Vorlage zurückzuführen ist.

Wird bei der Lektüre des Sifra-Textes der Akzent auf die Textteile D2 und D11 gelegt, so besteht die Aussage des Textes in der uneingeschränkten Zulassung zum Vollzug des Schlachtgebots. Statt durch D3 die Aussagen in D2 und D11 zu modifizieren, kann man umgekehrt eine Korrektur dieser Näherbestimmung verlangen. Eine solche Korrektur unternahm der Mishna-Redaktor durch die Hinzufügung der Unreinen zu der Liste der zum Vollzug des Schlachtens zugelassenen Personen. Im Mishna-Text kommt der Ausdruck »alle« nicht vor. Er wird durch das Motiv der Unreinen ersetzt.

Mit diesen Überlegungen wurden noch nicht alle bei der Entstehung der Mishna-Version mitbestimmenden Faktoren aufgedeckt. Wenn der Mishna-Redaktor den Midrash D als Hinweis auf die unbeschränkte Zulassung zum Schlachten verstand, dann steht eine so gewonnene Erkenntnis im Widerspruch zu der festgestellten Einschränkung in sC. Entweder ist das Schlachten durch alle zulässig oder nur durch Reine. Die Einschränkung in der Mishna ובלבד שלא יהוא טמאים נוגעים בבשר ist als ein Versuch zur Lösung dieses Widerspruchs zu bewerten. Ein Widerspruch wird stets so gelöst, indem man eine neue Differenzierung in den Sachverhalt hineinfließen läßt, mittels derer es möglich wird, daß sich die zwei einander ausschließende Glieder des Widerspruchs nicht auf genau denselben Sachverhalt beziehen. Beide halachischen Bestimmungen lassen sich aufrechterhalten, indem man die Ausführungsweise des Schlachtens differenziert und die Möglichkeit vom Schlachten ohne direkte Berührung wahrnimmt.

Die Konfrontation mit dem Widerspruch zwischen den zwei Auslegungen im Sifra (so wie sie sich nach der alternativen Lektüre des Midrash D ergibt) stellte wahrscheinlich bei der Bearbeitung der Sifra-Vorlage den entscheidenden Punkt dar. Durch sie wurde der Gedanke, daß die Unreinen schlachten dürfen, motiviert. Man versetze sich in die Lage des Redaktors, wie er den Sifra-Text gelesen hat: Das Schlachten ist durch Reine auszuführen, aber das Schlachten ist durch jeden zulässig. Sind also die Unreinen ausgeschlossen? Nein, sie dürfen schlachten, solange sie das Fleisch nicht berühren.

§ 14 Die Darbringung des Opfers außerhalb des Tempels

mZev 13,4; Ka., S. 363

A אחד קדשים כשרים (ו)אחד קדשים פסולים
שהיה פסולן בקודש והקריבן בחוץ חייב
B המעלה כזית מן העולה מן האמורין בחוץ חייב
C הקומץ והלבונה והקטרת (ו)מנחת כהנים (ו)מנחת כהן משיח
(ו)מנחת נסכים שהקריב מאחת מהן כזית בחוץ חייב
D ר(ב)ין לעזר פוטר עד שיקריב את כולו[105]
E וכולן שהיקריבן בפנים ושייר מהן כזית והקריבו בחוץ חייב
F וכולם שחסרו כל שהן {שהן} והקריבן בחוץ פטור

A   Gleiches gilt für taugliche Heiligtümer und für untaugliche Heiligtümer, deren Untauglichkeit im Heiligtum entstand: Hat jemand sie draußen dargebracht, so macht er sich [dadurch] strafbar.

---

[105] כולו: so auch in Jer., Mün. und wahrscheinlich auch nach der schwer lesbaren Lesart in P138; in Cam.: כולם in Par.: כולן. Die Pluralform כולם/כולן ist sicherlich falsch. Es geht nicht darum, daß man alle Opferteile draußen darbringen soll, um die Übertretung zu bewirken, sondern um die Bedingung, daß das Ganze von dem jeweils genannten Opfer dargebracht wird.

B Derjenige, der vom Brandopfer [und] von den Opferstücken [ein Stück] in Olivengröße draußen darbringt, macht sich [dadurch] strafbar.
C [Im Falle der] Handvoll, des Weihrauchs und des Räucherwerks, des Mehlopfers der Priester, des Mehlopfers des gesalbten Priesters und des Mehlopfers, das mit Gießopfern zusammenkommt, [gilt folgendes]: Hat jemand eine Olivengröße von einem von ihnen draußen dargebracht, so macht er sich strafbar.
D R. Elazar erklärt ihn für straffrei, bis er das Ganze dargebracht hat.
E Und bei allen, die er drinnen dargebracht hat, [wobei] eine Olivengröße übriggeblieben ist, die er [dann] draußen dargebracht hat, macht er sich strafbar.
F Und bei allen, von denen etwas fehlt und die er draußen dargebracht hat, ist er straffrei.

Die sechs vorliegenden Bestimmungen, von denen eine (D) R. Elazar zugeschrieben wird, stellen Spezifizierungen des Verbots dar, Opfer außerhalb des Tempels darzubringen.[106] In der ersten Überlieferungseinheit (A) wird festgestellt, daß nicht nur taugliche Opfer in den Geltungsbereich des Verbots fallen, sondern auch untaugliche, allerdings nur solche, die schon in den Tempel hineingebracht wurden, so daß deren Untauglichkeit im Tempel selbst eingetreten ist (שהיה פסולן בקודש).[107] Die Textteile B-C führen das eigentliche Thema in den Komplex ein. In bezug auf bestimmte Opfer (עולה, מנחת כהנים ...), bestimmte Opferteile (אמורין, קומץ) und die den Opferkult begleitenden Bestandteile (הלבונה והקטרת) wird ein minimales Maß einer Olivengröße festgestellt, deren Opferung außerhalb des Tempels erforderlich ist, um die Übertretung in Kraft zu setzen. R. Elazar ist aber der Ansicht, daß die Darbringung des ganzen Opfers und nicht nur eine Olivengröße davon nötig ist (D).

An seine abweichende Auffassung schließen sich zwei weitere, zum anonymen Überlieferungsteil gehörende Bestimmungen an.[108] Da in ihnen – zumindest auf den ersten Blick – dieselbe Ansicht R. Elazars implizit vertreten zu sein scheint, wird man mit der Schwierigkeit konfrontiert, sie mit den vorhergehenden, gleichfalls anonym überlieferten Bestimmungen in Einklang zu bringen. Ob der Text in dieser Hinsicht eine Kohärenzlücke aufweist, soll im folgenden geprüft werden.

Zunächst die Bestimmung in E: וכולן שהיקריבן בפנים ושייר מהן כזית והקריבו בחוץ חייב. Der Satz stellt einen Fall dar, demzufolge die Darbringung des Opfers sowohl im Tempel als auch außerhalb vollzogen worden ist. Hier wie

---

[106] Vgl. Lev 17,1–6.
[107] Eine Liste der verschiedenen Übertretungen, die zu dieser Untauglichkeit führen, kommt in mZev 9,2 vor. Die Liste ist allerding nicht vollständig. Für andere Arten vgl. z.B. mZev 2,1.
[108] Daran, daß die zwei Bestimmungen (E und F) zum anonymen Teil der Überlieferung gehören, ist kaum zu zweifeln. Man hätte sie R. Elazar nur dann zuschreiben können, wenn R. Elazar auf eine andere Weise, etwa in der Art רבי אלעזר אומר, eingeführt worden wäre. Die vorliegende Einleitung רבי אלעזר פוטר schränkt die Reichweite seiner Aussage auf die Freisprechung in dem gemeinten spezifischen Fall ein. Die zwei darauf folgenden Bestimmungen haben dagegen dieselbe Überlieferungsform wie die vorhergehenden Halachot, bei denen das gefällte Urteil am Ende steht.

im Ausspruch R. Elazars ist von der Darbringung des ganzen Opfers die Rede. Wie in der unmittelbar vorangehenden Überlieferung scheint auch hier dasselbe Kriterium von der Darbringung des ganzen Opfers verwendet zu sein; dann aber tritt E in ein Gegensatzverhältnis zu den Bestimmungen in B und C. Entweder reicht die Olivengröße aus, wie es in B-C klar steht, oder es muß das ganze Opfer dargebracht werden.

Der gegebene Zusammenhang von E mit D läßt sich jedoch anders deuten: In beiden Sätzen ist zwar von der Darbringung des ganzen Opfers die Rede, aber anders als D muß das Motiv von der Darbringung des ganzen Opfers nicht gleich als Kriterium für die Gültigkeit der Übertretung interpretiert werden. Wie in B und C handelt es sich in E um die Darbringung des minimalen Maßes außerhalb des Tempels. Die zusätzliche Bedingung von einer vorausgehenden Opferung im Tempel in E kann man als Erschwerung der Bedingungen auffassen, unter denen die besagte Rechtswidrigkeit trotzdem aufrechterhalten bleibt: Die Opferung außerhalb des Tempels hebt auch dann nicht die Rechtswidrigkeit der Handlung auf, wenn zuvor ein Teil des Opfers innerhalb des Tempels dargebracht wurde. So verstanden, stellt E eine sinnvolle Bestimmung dar, die dem in B-C Gesagten nicht widerspricht.

Eine ähnliche Schwierigkeit bereitet der letzte Teil F. Hier wird ein neuer Aspekt eingeführt. Ein Teil des Opfers fehlt; das unvollständige Opfer wird außerhalb des Tempelbereichs dargebracht; der Opfernde macht sich nicht strafbar. Die Freisprechung unter diesen Bedingungen wird gewöhnlich mit dem Hinweis auf die Untauglichkeit eines solchen Opfers erklärt.[109] Geht ein Stück des Opfers verloren, wodurch das Opfer untauglich wird,[110] so wird der Darbringung außerhalb des Tempels ihre grundsätzliche Rechtswidrigkeit abgesprochen.

In dem gegebenen Kontext, in dem der Satz F steht, ist jedoch zu bezweifeln, ob die Untauglichkeit des Opfers, die durch das Fehlen eines Teils davon verursacht wird, für die Beurteilung des Falles maßgebend ist. Man bedenke, daß in A schon klargestellt wurde, daß eine bestimmte Art von Untauglichkeit, die im Tempelbereich entstand, die besagte Übertretung nicht außer Kraft setzt. Will man nun die Freisprechung im Falle F auf die Untauglichkeit des Opfers zurückführen, so muß man zugestehen, daß der Ort, wo diese Untauglichkeit entstand, auf die Bereiche außerhalb des Tempels beschränkt sein soll. Diese für ein solches Verständnis des Falles unerläßliche Spezifizierung wird aber nicht erwähnt.

---

[109] Vgl. Bertinoro, Komm. z. St.; J. Cohn, *Mischnajot*, V, S. 85, Anm. 39; Albeck, Komm. z. St.; Neusner, *Holy Things*, I, S. 223.

[110] Bertinoro verweist auf den Sifra-Kommentar (sNed 11,1 [10b]) zu Lev 2,3 (מן והנותרת המנחה). Aus den Worten מן המנחה wird dort die Schlußfolgerung gezogen, daß ein unvollständiges Speiseopfer untauglich ist.

Nun muß man auch in bezug auf den Textteil F die Tatsache berücksichtigen, daß der Satz in einem bestimmten Kontext D (E) → F steht. Der Fall F wirkt als konkrete Erläuterung für das Kriterium von R. Elazar: עד שיקריב את כולו. Der Grund, warum der Opfernde sich nicht strafbar macht, wenn ein Teil des Opfers fehlt, ist durch diesen unverkennbaren Zusammenhang scheinbar gegeben. Der Kontext scheint zu der Annahme zu zwingen, daß der Opfernde deshalb keine Übertretung begeht, weil das Kriterium von R. Elazar עד שיקריב את כולו nicht erfüllt ist.

Soweit der Satz in F voraussetzt, daß die Darbringung des ganzen Opfers außerhalb des Tempels und nicht nur eine Olivengröße davon erforderlich ist, um die Übertretung zu bewirken, steht er jedoch im direkten Widerspruch zu den Aussagen in B-C. Hinsichtlich des vorigen Satzes E wurde das Problem behoben, indem wir annahmen, daß sich der Zusammenhang zwischen D und E anders artikuliert, als es auf den ersten Blick scheint. Betrachtet man den Satz F näher, so sieht man, daß dort lediglich davon die Rede ist, daß das *Vorhandensein* eines vollständigen Opfers notwendig ist, um die Rechtswidrigkeit herbeizuführen. Es wird dort nicht gesagt, daß das ganze Opfer geopfert werden muß, um diese Rechtswidrigkeit zu bewirken. Diese bedeutsame Unterscheidung zwischen der tatsächlichen Darbringung des ganzen Opfers und dem Vorhandensein des ganzen Opfers erklärt, wie die Bestimmung in F mit dem Maßstab in B-C in Einklang stehen kann. In F geht es nicht um die Bestimmung des erforderlichen Maßes, sondern um die Festsetzung einer Bedingung ganz anderer Art: Wenn man ein Opfer draußen darbringt, so ist die damit verbundene Übertretung von dem Vorhandensein eines vollständigen Opfers abhängig. Soviel gilt als sicher. Mehr als dies wird dort nicht gesagt. Wieviel man nun vom Opfer darbringt, ist nicht wesentlich. Es kann eine Olivengröße sein oder mehr. Die Formulierung in F legt nahe, daß man das ganze übriggebliebene Opfer dargebracht hat. Darin besteht aber gerade das Verwirrende an dieser Überlieferung. Es geht eben nicht um die geopferte Menge.

Aus diesen Erörterungen ergibt sich also folgendes: Eine Ähnlichkeit zwischen R. Elazars Ansicht und den Bestimmungen in E und F liegt also nur insofern vor, als sich das Motiv von dem ganzen Opfer in allen Sätzen wiederholt. In jeder dieser drei Einheiten ist von dem ganzen Opfer die Rede; das Motiv taucht allerdings jeweils anders auf. Nur in D fungiert die vollständige Darbringung als ein Kriterium. In E wird eine andere Aussage gemacht: Die Opferung im Tempel, die der Darbringung des Opfers draußen vorausgeht, hebt die Rechtswidrigkeit der Opferung außerhalb des Tempels nicht auf. In F kommt wiederum das Motiv des ganzen Opfers vor, aber um die Rechtswidrigkeit der Handlung lediglich vom Vorhandensein des ganzen Opfers abhängig zu machen. Nicht dieselbe Logik verbindet die drei Sätze, sondern die Wiederholung desselben Motivs.

Diese Analyse war erforderlich, um feststellen zu können, ob ein Widerspruch im Verhältnis zwischen B-C und E-F besteht. Dies ist nicht der Fall.

§ 14 Die Darbringung des Opfer außerhalb des Tempels   145

Der Text ist in diesem Punkt kohärent. Doch an zwei anderen Stellen, die beim Vergleich mit der Parallele im Sifra relevant sein werden, stößt man auf Schwierigkeiten struktureller Art.

Es geht zunächst um den ersten Satz A; er ist problematisch formuliert: אחד קדשים כשרים ואחד קדשים פסולים שהיה פסולן בקודש והקריבן בחוץ חייב. Welche Opfer sind es, von denen gesagt wird, daß sie draußen dargebracht werden? Die Antwort auf diese Frage hängt davon ab, ob man die Äußerung auf der Ebene der Satzbedeutung oder auf der Ebene der Satzstruktur betrachtet. Inhaltlich ist klar, daß sich die Bedingung והקריבן בחוץ auf die tauglichen wie auch auf die untauglichen Opfer bezieht. Syntaktisch verhält es sich jedoch anders. Wir haben hier einen zusammengesetzten Satz, der aus einem Hauptsatz (אחד קדשים כשרים ואחד קדשים פסולים) und zwei Attributsätzen besteht, die durch die nebenordnende Konjunktion ו miteinander verbunden sind (שהיה פסולן בקודש והקריבן בחוץ). Durch diese Konjunktion ו wird der zweite Nebensatz dem ersten zugeordnet. Es entsteht ein erweiterter Attributsatz, in dem das Pronomen in והקריבן dasselbe Bezugsobjekt hat wie das in פסולן: in beiden sind es die untauglichen Opfer, die als Bezugswort gelten. Daß dies gar nicht gemeint ist, behebt die Schwierigkeit nicht, sondern zeigt gerade, worin sie verankert ist. Es besteht keine Kongruenz zwischen der semantischen und der syntaktischen Ebene.

Eine andere strukturelle Unklarheit betrifft die Textteile B und C. Beide stellen in bezug auf verschiedene Opfer oder Opferteile den gleichen Fall dar. Von einem Opferteil wird eine Olivengröße in dem verbotenen Bereich geopfert. Sowohl die jeweils genannte Bedingung (המעלה כזית resp. שהקריב מאחת מהן כזית) als auch das Urteil (חייב) sind dieselben. Weshalb sind also die halachischen Bestimmungen in B und C in zwei getrennten Überlieferungseinheiten dargestellt?[111]

Ob dabei tatsächlich ein Problem vorliegt, hängt jedoch davon ab, wie die halachische Bestimmung in B zu verstehen ist. Da ist von der Darbringung der Fettstücke die Rede, aber die Fettstücke von welchem Opfer? Normalerweise verstehen die Kommentatoren die an dieser Stelle genannten Fettstücke (האמורין) als die des zuvor genannten Brandopfers.[112] Dementsprechend han-

---

[111] Charakteristisch für die Mishna ist die Erstellung von Listen, bei denen unterschiedliche Einzelheiten denselben Bedingungen und folglich demselben Urteil subsumiert sind. (vgl. z.B. mZev 2,1; 2,2; 3,4; 3,6). Es gibt zwar Mishna-Stellen, wo Fälle ähnlicher Art, denen dasselbe Urteil zukommt, auch in getrennten literarischen Einheiten überliefert sind (vgl. mMen 1,2; mDem 1,3). Dort fällt jedoch sofort auf, daß der Grund dafür lediglich sprachlicher Natur ist.

[112] Diese Interpretation geht auf bZev 109a zurück. Vgl. auch J. Cohn, *Mischnajot,* V, S. 84, Anm. 27; Albeck, Komm. z. St.; Neusner, *Holy Things* I, S. 223. Nur im Bavli wird diese Deutung begründet, und zwar durch die Anführung einer entsprechenden Barayta. Interessant ist dabei, daß der talmudische Kommentar mit der Anführung der Parallele im Sifra beginnt, demgemäß (s. dazu den folgenden Kommentar zum Text) diese Deutung nicht haltbar ist. Der Talmud bevorzugt aber die andere Quelle.

delt es sich in B um die Darbringung des Brandopfers außerhalb des Tempels, von dem ein Teil aus dessen Fleisch und ein anderer aus dessen Fett – zusammen sollen sie eine Olivengröße bilden – abgesondert und draußen dargebracht werden.

Der Vorzug dieser gängigen Deutung ist offenkundig: sie behebt die Schwierigkeit, auf die oben hingewiesen wurde. So verstanden, stellt B einen besonderen Fall dar, der sich mit den Fällen in C nicht deckt. Nach dieser Deutung soll von zwei Teilen des Brandopfers, von dessen Fleisch und Fettstücken, das minimale Maß einer Olivengröße zusammengesetzt werden. Diese besondere Bedingung ist die Eigenart dieses Falles. Im Falle der anderen in C genannten Opferteile ist davon nicht die Rede. Trifft dieses Verständnis von B zu, so ist die getrennte Überlieferung des Falles B nachvollziehbar.

Der Satz B stellt jedoch die »Fettstücke« neben das »Brandopfer«; es ist vom Brandopfer *und* von Fettstücken die Rede.[113] Die »Fettstücke« sind nicht dem »Brandopfer« untergeordnet. Es liegt nicht eine Lesart vor, wie beispielsweise in der fünften Mishna in diesem Kapitel: המקריב קדשים ואן{ומריהן.[114] Überhaupt ist daran zu zweifeln, ob von »Emurei Ola« die Rede sein kann.[115] Schließt man von der unverständlichen Trennung zwischen B und C auf ein solches Verständnis, um die Struktur (die Trennung zwischen B und C) verständlich zu machen,[116] so überschreitet man die Grenze kritischer strukturalistischer Vorgehensweise.

Das Problem der unverständlichen Trennung zwischen B und C bleibt bestehen und läßt sich nicht auf der Ebene der Mishna-Überlieferung erklären.

Selbstverständlich ist ein formales Problem dieser Art nicht gleichermaßen gravierend wie die Kohärenzlücken, auf die in den Textvergleichen des ersten Teils der Arbeit hingewiesen worden ist, wo die grundlegende Bedingung der Einheitlichkeit des Textes nicht erhalten bleibt. Doch wird man nicht bestreiten, daß auch hier ein Phänomen vorliegt, das eine Erklärung verlangt. Was hat den Redaktor veranlaßt, die halachischen Bestimmungen in B und C in zwei getrennten Überlieferungseinheiten darzustellen? Der Grund dafür wird sich bei der Betrachtung des parallelen Textes im Sifra zeigen.

---

[113] In P138 und Cam. kommt die Lesart mit der Konjunktion ו (מן העולה ומן האמורין) vor. Die Formulierung ohne die Konjunktion מן העולה מן האימורין bezeugen Ka. und Par. Der Unterschied hat im gegebenen Kontext keine Bedeutung.

[114] So nach Ka., S. 363.

[115] »Emurin« kommen in Verbindung mit verschiedenen Opferarten, אמורי שלמי יחיד (mMen 5,6), אימורי הרגלים (mSuk 5,7) usw., vor. In mZev 10,2 stellt man die Opferteile des Sündopfers, die auf dem Altar verbrannt werden, denjenigen des Brandopfers gegenüber; man spricht von אמורי חטאת und von עולה (!) איברי.

[116] Ein solches Argument ist nur eine zu überprüfende Möglichkeit. Es wird von niemandem ausdrücklich vertreten.

§14 Die Darbringung des Opfer außerhalb des Tempels

sAharMot 10,3–5 und 9; Ass. 66, S. 361–2

A	1	אשר יעלה עולה
	2	אין לי אילא עולה
	3	מנ[ין] אמורי חטאת אמורי אשם אמורי קדשי קדשים אמורי קדשין קלין
	4	תל[מוד] לו[מר] זבח[117]
B	1	מנ[ין] לרבות את הדם
	2	תל[מוד] לו[מר] או זבח[118]
C	1	מנ[ין] הקומץ והלבונה והקטרת ומנחת כהנים ומנחת כהן משיח ומנחת נסכים ושלושת לוגין מים[119] ושלושת לוגין יין
	2	תל[מוד] לו[מר] פתח אהל מועד לא יביאנו כל שהוא בא אל פתח אהל מועד חייבין עליו
	3	
D	1	אין לי אילא כשירין פסולין מנ[ין]
	2	הלן והיוצא והטמא ושנשחט חוץ לזמנו וחוץ למקומו ושקיבלו פסולין וזרקו את דמו הניתנין למטן שנתנן למעלן הניתנין למעלן שנתנן למטן הניתנין בפנים שנתנן בחוץ הניתנין בחוץ שנתנן בפנים הפסח והחטאת ששחטן שלוא לשמן[120]
	3	תל[מוד] לו[מר] לא יביאנו לעשות
	4	כל המיתקביל לבוא אל פתח אהל מועד חייבין עליו
		...[121]
E	1	יכול המעלה פחות (מכזית מן העולה פחות) מכזית מן האמורין פחות מכזית מן הקומץ פחות משלושת לוגים מים פחות משלושת לוגים יין יהא חייב
	2	תל[מוד] לו[מר] אתו
	3	על השלם הוא חייב אינו חייב על המיקצת

---

[117] In P139 wurde die Formel תלמוד לומר weggelassen.

[118] Der Schreiber von Lo. läßt bei der Anführung des Schriftbeweises die Konjunktion או weg, worauf sich die Auslegung gründet.

[119] שלושת לוגין מים: fehlt in Br.

[120] Die Liste (D2) wurde vom Schreiber von Ass. 31 gekürzt.

[121] An dieser Stelle bricht der normale Ablauf der Exegese ab, und ein mehrgliedriger Disput wird eingefügt, der bis auf zwei Traditionen mit mZev 13,1–2 identisch ist. Da es in dieser Passage um eine ganz andere Thematik geht, habe ich sie aus Platzmangel und der Übersichtlichkeit halber ausgelassen. Es sei nur angemerkt, daß eine der beiden Traditionen, die in der Mishna nicht vorkommen, Rabbi Yehuda haNasi zugeschrieben wird! Die Tatsache, daß gerade in der ihm zugeschriebenen Tradition ein Argument vorgestellt wird, das das Gegenteil von dem ist, was in der Mishna als anonym geltend gemacht wird, ist sehr interessant.

148   *Die Entstehung einer semantischen Differenz*

A 1 »[Jeder Mann aus Israel,] der ein Brandopfer darbringt [und es nicht in den Eingang des Stiftzeltes hineingebracht hat]« (Lev 17,8):
  2 Ich habe nur das Brandopfer, [dessen Darbringung außerhalb des Tempels verboten ist];
  3 woher [sagst Du], daß [auch] die Fettstücke des Sündopfers, die Fettstücke des Schuldopfers, die Fettstücke der Hochheiligen [und] die Fettstücke der Minderheiligen [in dieses Verbot einbezogen sind]?
  4 Die Schrift sagt: »ein Schlachtopfer« (ebd.).
B 1 Woher [sagst Du], daß [auch] das Blut in dieses Verbot einbezogen ist]?
  2 Die Schrift sagt: »oder ein Schlachtopfer« (ebd.).
C 1 Woher [sagst Du], daß [auch] die Handvoll, der Weihrauch, das Räucherwerk, das Mehlopfer der Priester, das Mehlopfer des gesalbten Priesters, das Mehlopfer, welches mit Gießopfer dargebracht wird und [auch] die drei Log Wasser und die drei Log Wein [in dieses Verbot einbezogen sind]?
  2 Die Schrift sagt: »[Und zum] Eingang des Stiftzeltes hat er es nicht gebracht« (Lev 17,9).
  3 [Das bedeutet: in bezug auf] alles, was [in der Regel] zum Eingang des Stiftzeltes gebracht wird, macht man sich strafbar[, wenn man es draußen darbringt].
D 1 Ich weiß nur von den tauglichen [Opfern, daß sie nicht draußen dargebracht werden dürfen]; woher [sagst Du], daß [auch die folgenden] untaugliche[n] Opfer [in dieses Verbot einbezogen sind]:
  2 das über Nacht liegen Gebliebene [= Opfer] und das [Opfer], das hinausgebracht wird, das Unreine, [das Opfer], das außerhalb seiner [zulässigen] Zeit oder außerhalb seines [zulässigen] Ortes geschlachtet wurde, und das [Opfer,] dessen Blut Untaugliche aufgenommen und versprengt haben, [die Opfer,] deren Blut unten [auf den Altar] zu sprengen ist, die man [aber vorschriftswidrig] oben versprengt hat, [die Opfer,] deren Blut oben zu sprengen ist, die man unten versprengt hat, [die Opfer,] deren Blut drinnen [auf den inneren Altar] zu sprengen ist, die man [jedoch] draußen versprengt hat, [und die Opfer,] deren Blut draußen [auf den äußeren Altar] zu sprengen ist, die man drinnen versprengt hat, das Pesachopfer und das Schuldopfer, welche nicht um ihrer Bestimmung willen geschlachtet wurden?
  3 Die Schrift sagt: »[Welches] er nicht bringt, um [für Gott] zu bereiten« (ebd.).
  4 [In bezug auf] alles, was zugelassen wird, in den Eingang des Stiftzeltes hineingebracht zu werden, macht man sich strafbar[, wenn man es draußen darbringt].
    ...
E 1 Man könnte meinen, daß [sich auch] derjenige strafbar macht, der weniger als eine Olivengröße vom Brandopfer [draußen] darbringt, [sowie] weniger als eine Olivengröße von den Fettstücken, weniger als eine Olivengröße von der Handvoll, weniger von drei Log Wasser und weniger als drei Log Wein;
  2 Die Schrift [aber] sagt: »es« (ebd.).
  3 Wegen des Ganzen macht er sich strafbar, [wenn er es draußen darbringt]; er macht sich nicht strafbar, wenn er einen Teil davon darbringt.

Der Text stellt eine für den Sifra sehr charakteristische exegetische Prozedur dar, deren Ziel die Präzisierung des Geltungsbereichs des behandelten Gesetzes ist. Hier geht es um die Forderung, den Opferkult auf einen bestimmten Ort zu konzentrieren. Explizit ist in Lev 17,8 nur von עולה (A2) und זבח die Rede, wobei man aus זבח auf die Fettstücke aller Tieropfer schließt (A3). Doch wird der Vers weiterhin in seine Bestandteile zerlegt, um den Geltungsbereich der besagten Übertretung zu erweitern.

Es wird die nebenordnende Konjunktion או ausgelegt (B1–2). Dem Ausdruck »oder« wird seine verbindende Funktion genommen. Man verleiht ihm eine Selbständigkeit, die er nicht hat, und betrachtet ihn, als hätte er – so wie die zwei Substantive, die er ursprünglich in Beziehung gebracht hat – die Aufgabe, auf einen bestimmten Gegenstand hinzuweisen. Wenn der Exeget ihn nun als Hinweis auf das Blut deutet, so versteht es sich von selbst, daß dabei kein zwingender Zusammenhang besteht.[122]

Auch der nächste Schritt der Exegese (C) gründet sich auf die Herauslösung eines Versteils aus seinem Kontext. Trennt man die Worte פתח אהל מועד לא יביאנו von dem zuvor genannten Bezugsobjekt עולה או זבח, so kann man in dem Pronomen in לא יביאנו einen Hinweis auf jedes Opfer sehen, das in den Tempel hineingebracht wird.

Im letzten Schritt dieses Erweiterungsvorgangs (D) geht es um die Worte לעשות אתו לשם. Der ihnen vorausgehende Versteil ואל פתח אהל מועד לא יביאנו hätte genügt, um auf die Bedingungen des besprochenen Falles hinzuweisen. Es ist völlig klar, warum das Opfer in den Eingang des Zeltes gebracht werden soll; die Fortsetzung לעשות אתו לשם scheint entbehrlich zu sein. Doch in dem Ausdruck לעשות findet der Exeget eine neue Spezifizierung. Man beachte den Unterschied zwischen den Formulierungen in C3 (כל שהוא בא אל פתח אהל מועד) und D4 (כל המתקבל לבוא אל פתח אהל מועד). Daß ein Opfer in den Eingang des Stiftzeltes gebracht wurde, besagt noch nicht, daß dieses Opfer tatsächlich zur Opferung zugelassen wird. Durch das Wort לעשות wird klar, daß sich das Verbot, Opfer außerhalb des Tempels darzubringen, nur auf die tatsächlich zur Opferung im Tempel zugelassenen Opfer bezieht. Es gibt viele Opfer, deren Untauglichkeit sie von der Opferung ausschließt: רובע נרבע מוקצה ... בעלי מומין usw.[123] Die Hinzufügung mehrerer untauglicher Opfer in D zum Geltungsbereich des besprochenen Verbots ist deswegen verständlich, weil ihre Untauglichkeit im Tempel entstand (שהיה פסולן בקודש), und weil sie nicht vom Altar heruntergebracht werden, wenn sie versehentlich auf ihn gelangt sind.[124] Da die genannten Opfer in dieser Hinsicht prinzipiell »annehmbar« sind, sind sie in den Worten לעשות אתו לשם einbezogen.

Nachdem man festgestellt hat, welche Opfer zum Geltungsbereich des besprochenen Verbots gehören, wird nun in E nach der Bestimmung des Maßes gefragt, das zur Herbeiführung der Übertretung erforderlich ist. Nicht jede beliebige, außerhalb des Tempels dargebrachte Menge vom Fleisch des Brandopfers z. B. reicht aus, um den Opfernden für strafbar zu erklären. Ausgelegt wird das Demonstrativpronomen אותו in לעשות אותו ... ולא יביאנו. Betrachtet man אותו im Kontext dieser Fragestellung, so beinhaltet das Pro-

---

[122] Weitere Auslegungen zu dieser Konjunktion in: sHova IX,5 (23c); sShemini II,10 (48b); sShemini VI,8 (53a).
[123] Vgl. sSav I,8 (29b) und mZev 9,3.
[124] Vgl. sSav I,7–8 (29a-b) und mZev 9,2.

nomen, daß das erforderliche Maß nicht weniger als das ganze Opfer sein soll. In E3 wird das Ergebnis dieser Auslegung deutlich ausgesprochen: על השלם הוא חייב אינו חייב על המיקצת.

Doch hier ist eine auffällige Schwierigkeit festzustellen: In E1–2 wird in bezug auf das Brandopfer, die Fettstücke und die »Handvoll« gesagt, daß der dargebrachte Opferteil lediglich die minimale Größe einer Olive erreichen soll. Die zwei Aussagen in E, daß einerseits eine Olivengröße ausreicht (E1–2), aber daß andererseits das ganze Opfer erforderlich ist (E3), widersprechen einander. Wie ist diese Spannung zu verstehen?

Daran, daß E3 die Funktion zukommt, das implizite Ergebnis des Vorgangs in E1–2 explizit auszusprechen, ist nicht zu zweifeln.[125] Die Gegenüberstellung in E3 zwischen השלם und המיקצת soll klarstellen, daß das Demonstrativpronomen אותו die Darbringung jeder beliebigen Menge ausschließt. Um diesen Punkt deutlich zu machen, bedient sich der Exeget dieser krassen Dichotomie: על השלם [ולא] על המיקצת. Das »Ganze«, welches das Schriftwort fordert, ist in diesem Fall das biblische Äquivalent zu der halachischen Größe כזית.

Die Gleichsetzung שלם = כזית mag auf den ersten Blick merkwürdig wirken, da ja das ganze Opfer ein Maximum darstellt, während die Olivengröße ein Minimum ist. Von halachischem Standpunkt aus stellt aber dieses Minimum die ausreichende Größe dar. Wenn z.B. in bezug auf das Verbot, das Aas zu berühren[126] oder von dessen Fleisch zu essen[127] festgestellt wird, daß die Olivengröße maßgebend ist,[128] so ist es halachisch unbedeutend, ob und wieviel man über das genannte erforderliche Maß hinausgegangen ist. Die Größe einer Olive ist dann das einzig Entscheidende, um die Grenze zwischen dem Gültigen und dem Unzureichenden festzusetzen.

---

[125] Vgl. den identischen Aufbau der Auslegungen in sHova 9,1 (23c) und sAharMot VI,5 (83d). Auslegungen wie E liegt ein festes terminologisches Schema zugrunde, und entsprechend wird jedem Textteil eine bestimmte Funktion zugewiesen. Die Struktur solcher Auslegung setzt sich aus den Formeln יכול und תלמוד לומר zusammen. Mit יכול wird eine Möglichkeit erwogen, die dann durch das Schriftzitat immer widerlegt wird. Was auf diesen im Sifra am häufigsten vertretbaren exegetischenn Schritt (er kommt an die tausendmal vor) nun folgt, hängt davon ab, ob er in der Mitte einer exegetischen Entfaltung einer Thematik vorkommt, oder die Thematik zu einem gewissen Ende bringt. Im ersteren Fall wird das exegetische Resultat in dem terminoligischen Gewebe des sich auf ihn anschließenden Schritt wieder aufgegriffen (vgl. z.B. sHova III,10 [18a]; 6,1 [19b]; 6,6 [19,2]). Im anderen Fall – wie in unserem Text – wird das Resultat in einem abschließenden Textteil – in unserem Text E3 – ausgesprochen. In der überwiegenden Zahl der Fälle handelt es sich um reine Wiederholung, die über eine Klarstellung bzw. Hervorhebung des schon in dem vorangehenden Widerlegungsschritt Impliziten nicht hinausgeht. Dabei handelt es sich fast immer um eine positive Wiedergabe der gefolgerten Negation (vgl. z.B. sNed 5,7 [7a]; 6,7 [7c]; 6,8 [7c]; V,7 [7d]; VI,3 [8b]; 8,1 [8c]; VII,9 [9a]; VIII,3 [9c]).
[126] Lev 5,2.
[127] Lev 17,15.
[128] Vgl. sHova 12,4 (23a); sAharMot 12,2 (84d); sShemini X,7 (57a).

Demselben Phänomen sind wir schon in §4 (»Weiße Haare auf dem hellen Fleck«) begegnet, wobei dort in dem zweiten, zum Vergleich mit der Mishna herangezogenen Sifra-Text (sNeg III,5–6) zwischen dem »Ganzen« und dem »Teil« des Haares unterschieden wurde (שהפך כולה [= כל הבהרת] את כולו =], כל השער] לא שהפך כולה את מקצתו =]), wobei unter כולו die erforderliche minimale Zahl von zwei Haaren gemeint ist.[129] Es ist also verständlich, inwiefern die Dichotomie שלם/מקצת mit der Grenzziehung zwischen »mehr als eine Olivengröße« und »weniger als eine Olivengröße« übereinstimmt.

Um es noch nachvollziehbarer zu machen, denke man an die drei Log Wasser, die man während der sieben Tage des Laubhüttenfestes auf den Altar gießt. Diese Menge, die immerhin ca. anderthalb Liter beträgt, ist gleichzeitig das erforderliche Minimum und praktisch auch das Maximum, da ja das Wasser mit einem goldenen Teller auf den Altar kam, der genau für diese Menge reichte. Hinsichtlich der in E1 genannten Wassermenge bereitet die Gleichsetzung שלם = שלשה לגין gar keine Schwierigkeiten. Beide Mengen, die Olivengröße und die drei Log, sind aber halachisch vollkommen äquivalent. Beide stellen jeweils sozusagen »das Ganze« dar.

Vergleich

Die thematische Übereinstimmung fällt auf: Die zwei Aspekte, die Frage nach den Opferarten, deren Darbringung außerhalb des Tempels verboten ist, und die Frage nach dem erforderlichen, minimalen Maß, dessen Darbringung draußen zur Strafbarkeit führt, werden im Sifra aneinandergereiht; in der Mishna werden sie miteinander verwoben. Dabei ändert sich kaum etwas am Inhalt. Die erwähnten Opfer und ihre Bestandteile bleiben – bis auf das »Blut« und die drei Log Wasser und Wein (nur im Sifra) – dieselben; so auch ihre Einteilung in drei Gruppen: bestimmte untaugliche Opfer (mA ≅ sD), Brandopfer und Fettstücke (mB ≅ sA) sowie Bestandteile und Arten des Speiseopfers (mC ≅ sC). Zudem gilt es, auch die Übereinstimmungen auf der strukturellen Ebene vor Augen zu stellen.

Der ersten Bestimmung im Mishna-Text (mA), derzufolge eine bestimmte Gruppe von untauglichen Opfern in den Geltungsbereich des Verbots fällt, begegnet man im Sifra in sD. Im Sifra werden die einzelnen Opferarten dieser Klasse aufgelistet; in der Mishna begnügt sich der Tradent mit dem Hinweis auf die Charakteristik שהיה פסול בקודש. In beiden Texten wird diese Bestimmung in einem bestimmten Rahmen überliefert: die Gleichsetzung der untauglichen Opfer mit den tauglichen Opfern. Während aber in der Mishna die Gleichsetzung im Vordergrund steht, ist dieser Punkt im Sifra viel weniger gewichtig. Der Fall der tauglichen Opfer bildet hier lediglich den Ausgangspunkt (אין לי אילא כשירין) und erfüllt die strukturelle Funktion eines Anschlusses. Im Sifra geht es primär um die untauglichen Opfer.

---

[129] Vgl. auf Seite 61–62.

Bei der Analyse des Mishna-Textes wurde festgestellt, daß die Bedingung והקריבן בחוץ, die ihrem Sinn und ihrer Intention gemäß sowohl auf die tauglichen als auch auf die untauglichen Opfer bezogen ist, syntaktisch jedoch nur die untauglichen Opfer betrifft. Liest man den Mishna-Satz entsprechend dem nicht gemeinten, aber syntaktischen Stellenwert, der diesen Worten zukommt, so verschiebt sich der Schwerpunkt. Das Hauptgewicht liegt dann völlig bei den untauglichen Opfern; nur auf sie bezieht sich die Bedingung, folglich auch das Urteil. Die tauglichen Opfer erhalten nur eine vermittelnde Funktion, denn sie werden weiter nicht behandelt. Daß eine solche Struktur mit dem textuellen Aufbau der entsprechenden Stelle im Sifra völlig übereinstimmt, ist kein Zufall. Man bedenke, daß der Tradent, der den Mishna-Satz formuliert hat, diesen Artikulationsfehler leicht hätte umgehen können, wenn er anstelle der Konjunktion ו z.B. den Bedingungspartikel אם gesetzt hätte. Die Tatsache, daß er die Bedingung durch das ו dem vorangehenden Attributsatz zuordnet, verrät, daß ihm doch v.a. an der Bestimmung betreffs der untauglichen Opfer gelegen ist.

Die Entstehung des strukturellen Fehlers in der Gestaltung des Satzes erklärt sich als Folge einer Bearbeitung der Sifra-Vorlage, in der zwei miteinander konkurrierende Interessen mitgewirkt haben. Einerseits will der Tradent das Endergebnis überliefern, also die Gleichsetzung beider Opferarten hinsichtlich des besagten Verbots. Mit der Behauptung der Gleichsetzung wird zwar der vorliegende Sachverhalt thematisch vollständig zusammengefaßt, jedoch nicht die Tatsache, daß es in diesem exegetischen Schritt im Sifra eigentlich nur um die untauglichen Opfer geht. Davon hat sich der Redaktor nicht vollständig gelöst. Der textuelle Aufbau der Sifra-Stelle zeichnet sich durch die Konzentrierung auf den Fall der untauglichen Opfer aus, dessen Behandlung durch den Fall der tauglichen Opfer vermittelt wird. Dies hat der Tradent unbewußt mitübertragen. Zwischen dieser unbewußten Übernahme und der thematischen Zusammenfassung liegt eine Spannung vor, die in der Inkongruenz zwischen der Satzstruktur und der Satzbedeutung zum Ausdruck kommt.

Auf eine ähnliche und leichter nachvollziehbare Weise läßt sich auch die zweite Schwierigkeit im Mishna-Text erklären, nämlich die Teilung desselben Sachverhalts (mB-C) in zwei eigenständige Überlieferungseinheiten. Im Sifra vollzieht sich der Vorgang zur Erweiterung des Geltungsbereichs des Verbots stufenweise. Die Gliederung der in den Geltungsbereich des Verbots einbezogenen Opfer und Opferarten in getrennte Gruppen ergibt sich aus der Logik der Exegese. Im ersten Schritt der Auslegung wird sowohl auf das ausdrücklich im Bezugsvers genannte Brandopfer als auch auf das erwähnte Schlachtopfer Bezug genommen. Daß das Blut, die Bestandteile und die bestimmten Arten der Speiseopfer und schließlich die bestimmten untauglichen Opfer in drei weiteren getrennten Schritten zum Geltungsbereich hinzugefügt werden, liegt daran, daß man jeweils einen anderen Bestandteil des Verses heranzieht, um sie einzuschließen. Nun hat der Mishna-Redaktor die ihm vorliegende

§ 14 Die Darbringung des Opfer außerhalb des Tempels 153

Gliederung beibehalten, somit auch die auf der Ebene der Mishna-Überlieferung unverständliche Teilung zwischen B und C.[130]

Die Hypothese, daß der Mishna-Text auf eine Bearbeitung der Sifra-Vorlage zurückgeht, erklärt auch ein weiteres Phänomen in der Mishna. Bei der dreigliedrigen Einteilung in der Mishna (A-C), die, wie eben gezeigt, auf die entsprechende Strukturierung der Auslegung im Sifra (A,C,D) zurückzuführen ist, sind die Fälle nicht unter derselben Bedingung subsumiert. Im Falle der untauglichen Opfer (mA) kommt allein die allgemeine Bedingung vor, daß sie in den Geltungsbereich des Verbots fallen, und nur bei den zwei folgenden Opfern wird die Bestimmung des Maßes hinzugefügt. Bei den Fällen in B-C hat der Mishna-Redaktor die Spezifikation von der Olivengröße offenbar deshalb integriert, weil nur auf diese Teile im Sifra in E Bezug genommen wird.[131]

Der Grund, weshalb dieser Textvergleich in diesen Teil der Arbeit eingeordnet wird, hängt nun mit einem ganz anderen Aspekt des Vergleichs zusammen. Bei der Darstellung des Sifra-Textes wurde auf den scheinbaren Widerspruch hingedeutet, der sich in dem letzten Textteil E zwischen seinen Bestandteilen zeigt. Während sE1-2 die Olivengröße (und die drei Log) als das erforderliche Maß zur Herbeiführung der Übertretung festgesetzt wird, scheint der abschließende Satz (E3: על השלם הוא חייב אינו חייב על המיקצת) den entgegengesetzten Maßstab, die Opferung des *ganzen* Opfers, festzulegen. Diese Konkurrenz, in die beide Sätze treten, ergibt sich, wenn dem Satz E3 sein struktureller Stellenwert im Kontext der Gesamtauslegung genommen wird. Die Berücksichtigung des Kontextes zwingt aber zu einem modifizierten Verständnis des substantivierten Adjektivs השלם. Wie in dem vorigen Textvergleich (§ 13) das Pronomen *jeder* in der Satzkonstruktion – »aber das Schlachten ist durch jeden Menschen zulässig« – eine inhaltliche Verschiebung erleidet, so wird auch im vorliegenden Text der Sinngehalt von »das Ganze« erheblich modifiziert. Nicht das ganze Opfer ist gemeint, sondern das minimal erforderliche, gleichzeitig ausreichende Maß einer Olivengröße. Der Exeget stellt in E3 *das Ganze* und *das Wenige* einander gegenüber, um die Ableitungsweise der schon in E1-2 impliziten halachischen Bestimmung aus dem Schriftwort אותו hervorzuheben.

---

[130] Aus der Erörterung des Verhältnisses zwischen der Mishna- und der Sifra-Überlieferung ergibt sich von selbst, daß die Fettstücke, von denen im Mishna-Text die Rede ist, nicht – wie gewöhnlich verstanden (vgl. die Analyse zum Mishna-Text) – diejenigen sind, die dem Brandopfer gehören, sondern im Gegenteil Fettstücke aller anderen Tieropfer.

[131] Im Sifra-Kommentar (E) über das erforderliche Maß werden die zwei Kategorien עולה ואימורין genannt, auf deren Einschließung im ersten Schritt (sA) geschlossen wurde, und drei Objekte aus der Liste, deren Einbeziehung im dritten Schritt (sC) gezeigt wurde. Die Erwähnung von allein drei Objekten wird als Indiz für die Einschließung der gesamten Gruppe verstanden.

Diese inhaltliche Schwankung des Satzes E3 ist nun für unser Anliegen deshalb relevant, weil man in dem abschließenden Satz F im Mishna-Text einer Rechtsentscheidung begegnet, die zwar etwas völlig anderes als E3 bedeutet, dem äußeren Anschein nach jedoch eine auffällige Ähnlichkeit mit diesem Satz aufweist. Sieht man von der Modifizierung, die sE3 in seinem gegebenen Kontext erfährt, ab, so wird die sprachliche Kongruenz präsent: In beiden Sätzen ist dem *Wortlaut gemäß* von einem vollständigen Opfer als Bedingung die Rede.

Die Übereinstimmung ist noch weitreichender. Man bedenke, daß es sich in mF nicht um die Bestimmung des Maßes, die man außerhalb des Tempels darbringt, handelt, sondern um die Bedingung, daß ein vollständiges Opfer vorhanden sein soll. Ob man von dem vorhandenen Opfer (sei es ein vollständiges oder ein unvollständiges Opfer) eine Olivengröße draußen darbringt, oder mehr, oder alles, ist an dieser Textstelle irrelevant. Der Akzent liegt nicht bei der allgemeinen Bedingung והקריבן בחוץ, sondern bei der spezifischen Bedingung וכולם שחסרו כל שהן. Man extrahiere also das wesentliche: וכולם שחסרו כל שהן ... פטור und stelle es dem ersten Teil im parallelen Satz sE3 gegenüber: על השלם הוא חייב.

sE3 ist ein elliptischer Satz. Die Hauptbedingung, die Darbringung außerhalb des Tempels, deren Erfüllung zur Strafbarkeit führt, ist ausgelassen. Auf die zwei möglichen, einander ausschließenden Aussagen des Satzes wurde schon mehrmals hingewiesen. Beide Leseweisen teilen die Voraussetzung, daß es um die Darbringung des »Ganzen« als Bedingung für die Strafbarkeit geht. Sie treten in Konkurrenz nur hinsichtlich des Sinnes, der dem Ausdruck »das Ganze« zukommt. Indem man nun diesen Satz dem parallelen in der Mishna gegenüberstellt, zeigt sich eine weitere, über beide Leseweisen hinausgehende Möglichkeit. Man kann den Satz wie folgt lesen: »[Nur dann,] wenn das ganze Opfer [vorhanden ist], macht man sich strafbar, [wenn man es draußen darbringt].« Die ausgelassene Hauptbedingung, die Darbringung außerhalb des Tempels, wird damit irrelevant. Die Aussage bezieht sich primär auf die Nennung eines neuen Kriteriums: Ein vollständiges Opfer muß vorhanden sein, wenn man die Übertretung begeht. Sonst ist man straffrei. Wenn man den Satz so liest, wird genau dieselbe halachische Bestimmung im Sifra (E3) und in der Mishna (F) überliefert. Doch der Sifra-Satz hat in Wirklichkeit einen ganz anderen Sinn. Wie läßt sich also dieses komplexe Phänomen erklären?

Der große Vorzug der eben genannten alternativen Leseweise von E3 besteht darin, daß sie dem wörtlichen Sinn des Ausdrucks השלם gerecht wird und gleichzeitig den Widerspruch zu der vorangehenden Bestimmung über das erforderliche minimale Maß der Olivengröße auflöst. Ich erspare mir an dieser Stelle eine erneute Begründung, warum diese Leseweise nicht zutrifft: E3 fungiert lediglich als Hervorhebung des schon in E1–2 Gesagten und bringt nichts Neues. Will man jedoch den wörtlichen Sinn von השלם unbedingt gelten lassen, so bietet sich die alternative Leseweise als subtile Lösung an. Nach diesem Verständnis geht E3 über E1 hinaus, indem in ihm zu der Hauptbedingung eine zusätzliche Bedingung hinzugefügt wird. Man macht sich nur dann strafbar, wenn man von einem Opfer ein bestimmtes minimales Maß außerhalb des Tempels darbringt (E1–2) *und* wenn gleichzeitig ein vollständiges Opfer vorhanden ist (E3).

Um die Wahrscheinlichkeit einer solchen Leseweise des Sifra-Textes einzuschätzen, die ich dem Mishna-Redaktor zuschreibe, denke man an eine Version des Sifra-Textes, die von der vorliegenden lediglich durch die Setzung der Konjunktion ו beim Übergang von E1–2 zu E3 abgewichen wäre. Auf Anhieb würde sich die gegebene kontextuelle Bindung auflösen und es ergäbe sich genau das Verständnis, das eben dargestellt wurde.

Hinzu kommt folgende Überlegung: Zur rabbinischen Schriftauslegung gehört die besondere Vorliebe zur Hervorhebung von textuellen Problemen. Unvereinbarkeiten und Widersprüche liefern den Stoff zu der Schriftauslegung.[132] Genau wie im vorigen Textvergleich scheint auch hier der Mishna-Redaktor zu verfahren. Konfrontiert mit dem Widerspruch zwischen sE1–2 und sE3 hat er nicht versucht, ihn zu glätten. Dies – mit der Rede von einer notwendigen *Modifizierung* – haben wir uns selbst zuzuschreiben. Da wir E3 als die explizite Formulierung des schon im vorangehenden exegetischen Schritt E1–2 impliziten Resultats auffassen, sind wir gezwungen, den Sinn des Ausdrucks השלם in E3 zu relativieren. Wenn aber das Kontextprinzip für einen anderen Rezipienten des Textes nicht – wie für uns – verbindlich ist,[133] dann läßt sich der Übergang von E1–2 zu E3 auch anders deuten. Um dem Sinngehalt des Wortes השלם Rechnung zu tragen, befreit man – wahrscheinlich bewußt – den abschließenden Satz von den Fesseln des Kontextes und betrachtet ihn als Zusatzbedingung. Was können wir bei einer solchen דרש-Methode tadeln? Höchstens dies, daß sie dem פשט nicht folgt.

Ergebnisse und Bewertung der methodischen Vorgehensweise

Im Unterschied zu dem im ersten Teil verwendeten Untersuchungsmodell basierten die »Beweise« für die These von der Benutzung von Sifra-Überlieferungen seitens des Mishna-Redaktors hier auf einem ganz anderen, methodisch komplizierteren Erklärungsverfahren, dem trotz seiner Komplexität und wegen seines höheren Leistungsgrads eine höhere Beweiskraft zuzuschreiben ist. Nach dem Erklärungsverfahren im ersten Teil wurde von der strukturellen

---

[132] Vgl. z.B. die behandelten Midrashim auf Seite 44ff. und 66–67.
[133] Für krasse Beispiele der Ignorierung des Kontextes vgl. z.B. den besprochenen Midrash von R. Yose über die Zulassung zum Schlachten auf dem Altar auf Seite 96ff. und den Midrash R. Yehudas über die Unabhängigkeit der Vorschriften des Jobeljahres von der Einhaltung des Brachjahres auf Seite 115–117.

Lücke des Mishna-Textes ausgegangen, so daß die Betrachtung der parallelen Überlieferung im Sifra die Rekonstruktion der Entstehung des Mishna-Textes ermöglichte. Demselben Phänomen begegneten wir auch hier in § 12 und § 14, doch das Hauptanliegen in diesen Fällen wie das ausschließliche Interesse in den anderen Textvergleichen galt der Erklärung des Problems, das sich erst durch die Gegenüberstellung der parallelen Überlieferungen zeigte.

Obwohl das »Problematische« in beiden Vorgehensweisen seiner Natur nach jeweils verschieden ist (vgl. die Einleitung zu diesem Teil) und auf einer anderen Ebene lokalisiert ist, zeigt sich eine gewisse Ähnlichkeit, was seine »Aufdeckung« anbelangt. Wie die Kohärenzlücken in den Mishna-Texten des ersten Teils erst durch eine nähere Analyse derselben festzustellen waren, so bedurfte es auch hier einer ziemlichen Anstrengung bei der literarkritischen Betrachtung der Sifra-Texte, um zu der Erkenntnis zu gelangen, daß in ihnen trotz der verblüffenden Affinität mit den parallelen Mishna-Überlieferungen in ganz entscheidenden Punkten eine andere Aussage gemacht wird. Die äußerliche Affinität entpuppte sich als Schein.

So hat in § 9 z. B. der mit demselben Wortlaut tradierte Ausspruch des R. Yose b. Yehuda (מחצי המזבח לדרום כדרום מחצי המזבח לצפון כצפון) einen ganz anderen Sinn in beiden Überlieferungsstadien erhalten. Nur in der Mishna bezieht er sich auf die Beurteilung des Falles vom Schlachten auf dem Altar. In diesem spezifischen Sinn war der Ausspruch ursprünglich, nämlich im Sifra, gar nicht gemeint. Im Rahmen der allgemeinen Frage nach dem Ort, wo bestimmte Opfer im Vorhof des Tempels geschlachtet werden dürfen, zielte der Ausspruch des R. Yose b. Yehuda lediglich auf eine grundsätzliche Abgrenzung des Bereichs des »Nordens« ab. Diese bedeutende Differenz fällt nicht auf, und gerade daran war uns gelegen: Die Hypothese von der mishnischen Bearbeitung der Sifra-Vorlage gründet sich auf ein Argument, dessen Folgerichtigkeit wesentlich davon abhängt, ob die Feststellung dieser Differenz zutrifft.

Dabei ist zu beachten, daß die eben genannte semantische Differenz nicht darauf zurückzuführen ist, daß denselben Worten in zwei verschiedenen Zusammenhängen eine andere Bedeutung zukommt. Das Verblüffende besteht gerade darin, daß man auch im Sifra demselben Zusammenhang begegnet – der Fall vom Schlachten auf dem Altar wird dort unmittelbar vor dem besagten Ausspruch besprochen –, und deshalb scheint es, als ob es sich dort gleichfalls um eine Kontroverse zwischen zwei Weisen über den besagten Fall handelt. Dieser Schein erweist sich jedoch als unzutreffend, wodurch folglich das Problem hervortritt.

Anders als in § 12, wo der halachische Unterschied zwischen den parallelen Überlieferungen (das Schlachten durch Unreine ist zulässig/unzulässig) auf der Hand liegt, und anders als im Textvergleich § 14, dessen Besonderheit darin bestand, daß man in bezug auf die zwei, den jeweiligen Text abschließenden Sätze zunächst der Verschiedenheit begegnet, bilden die Textvergleiche in §§ 9–11 und 13 insofern eine Gruppe, als bei ihnen der Entdeckung des

Unterschieds ein entscheidender Stellenwert beizumessen war. Es war erforderlich, jeweils durch den Schleier der Affinität hindurchzudringen und erst dann nach einer Erklärung für die vorliegende Differenz zwischen beiden Überlieferungen zu suchen. Hier galt aber: Je unauffälliger diese Abweichung war, desto schärfer trat das Problematische nach ihrer Aufdeckung hervor.

Mit dem zuletzt Gesagten verbindet sich folgendes methodisches Problem: In den besagten Fällen, in denen sich die semantische Abweichung zwischen den Überlieferungen erst nach einer näheren Analyse des jeweiligen Sifra-Textes ergab, nahm diese Analyse schon selbst in gewissem Maße vorweg, wie das Problem der semantischen Differenz erklärt werden soll. Dieses Ineinandergehen des Problematischen und seiner Erklärung erschwert die übersichtliche Darstellung des Vergleichs, ist aber, soweit ich es beurteilen kann, nicht als grundsätzliches Hindernis für die Verwendung der Literarkritik nach dem hier entfalteten Untersuchungsmodell zu bewerten. Die Langwierigkeit der Analyse des jeweiligen Sifra-Textes bestand sowohl im Hinweis auf die problematische Bestimmbarkeit der Textbezüge als auch in der Darbietung mehrerer Argumente für die richtige Lektüre. Dies war erforderlich, um die Differenz zwischen der Mishna und dem Sifra zu behaupten. Somit zeigt sich die Kompliziertheit des literarkritischen Anliegens; seine Verwendbarkeit wird jedoch dadurch nicht beeinträchtigt.

Am Ende der Darstellung und Analyse der beiden parallelen Überlieferungen gelangt man zu einer Zäsur. Man wird mit einem Problem konfrontiert, für das es gilt, eine Erklärung zu finden. Die aufgestellte Hypothese, daß der inhaltliche Unterschied die Folge einer inkorrekten Lektüre der Vorlage war, ist in keinem geringeren Maße nachprüfbar als die Hypothese, die im vorigen Teil für die Entstehung einer Kohärenzlücke dargelegt wurde: beide stellen sich als Erklärungen für ein vorhandenes Problem dar, und der kritische Leser hat immer die Möglichkeit, ihren Erklärbarkeitsgrad für sich und im Vergleich zu anderen Alternativen zu bewerten.

In einer anderen Hinsicht besteht zwischen beiden Erklärungsmodellen jedoch ein wesentlicher Unterschied. Damit meine ich die Leistung, die jedes der Modelle für sich beanspruchen kann. Von dem Erklärungsmodell in diesem Teil der Arbeit wurde mehr verlangt, als sich in den anderen Fällen als erforderlich erwies. Mit den im ersten Teil aufgestellten Hypothesen ließ sich zeigen, wie es zu einer mißlungenen Weitertradierung des überlieferten Sachverhalts gekommen ist. Die redaktionellen Schritte, die zu der Entstehung der Kohärenzlücke führten, konnten genannt werden, ohne erklären zu können, aber auch ohne erklären zu müssen, warum es dem Redaktor nicht gelungen ist, eine kohärente Überlieferungsstruktur zu gestalten. Die Vorgehensweise des Mishna-Redaktors in diesen Fällen ist unterschiedlich. Entweder nimmt der Mishna-Redaktor eine Überlieferungseinheit aus ihrem ursprünglichen Kontext und stellt sie in einen neuen, unangemessenen Zusammenhang, oder er verkürzt die vorliegende Überlieferung auf eine unangemessene Weise, oder er behält zwar die volle, ursprüngliche Überlieferungsstruktur bei, aber nimmt punktuell inhaltliche Änderungen vor, die dem eigenen Verstehensprozeß der Vorlage nicht immanent sind. Sein Verhalten gegenüber dem Überlieferungsstoff ist grundsätzlich ein äußerliches. In den hier untersuchten Fällen handelt es sich um einen Eingriff ganz anderer Natur. Es geht um eine Änderung des überlieferten Sachverhalts, die zur Rezeption der Vorlage selbst gehört. Es wird behauptet, daß dieser Rezeption selbst schon die inhaltliche Transformation anhaftet. Daher läßt sich in diesem Fall der Bearbeitungsprozeß viel lückenloser verfolgen.

Die Behauptung, daß sich die inhaltliche Transformation schon im Verstehensprozeß der Vorlage vollzieht, ist nicht einfach. Sie impliziert, daß sich die Vorlage auf zwei verschiedene Weisen lesen läßt, daß die Verschiedenheit in der unterschiedlichen Entzifferung des Bezugsgeflechts des Textes besteht und daß wir in der Lage sind, dieses Bezugssystem korrekt zu bestimmen. Der anderen Lektüre des Textes, die mit der Aussage der parallelen Überlieferung in der Mishna übereinstimmt und deren Wahrheitsanspruch wir aufgrund der Argumente für unsere Lektüre widersprechen, wird aber gleichzeitig große Wahrscheinlichkeit und Legitimität zuerkannt.

Die Wahrscheinlichkeit, die der alternativen Lektüre zugeschrieben wird, gründet sich zunächst auf die Möglichkeit, einen anderen Bezugspunkt für den »problematischen Satz« des jeweiligen Sifra-Textes zu bestimmen: In § 9 sind es die o. g. Worte des R. Yose b. Eliezer, die man auf den unmittelbar zuvor genannten Fall beziehen kann. In § 10 ist es das zuerst angeführte Schriftzitat, dessen Bezug auf die vorher genannte Möglichkeit als dessen Widerlegung verstanden werden kann, wodurch sich dann die Fortsetzung – der Hinweis auf eine parallele Schriftstelle – erübrigt. In § 11 ist es die Zuschreibung דברי רבי יהודה, deren Referenzbereich sich auf den unmittelbar davor genannten kurzen Satz einschränken läßt. In § 12 ist es die Bedingung in dem abschließenden Satz עד שתיפרח בכולו, deren Sinn sich gravierend ändert, wenn man sie auf alle davor genannten Umstände – d.h. einschließlich des kahlen Kopfes – bezieht. In § 13 es ist wieder der abschließende Satz אבל שחיטה כשירה בכל אדם, der nicht unbedingt der kontextuellen Modifizierung, die wir verlangt haben, unterworfen werden muß. In § 14 ist es noch einmal der abschließende Satz על השלם הוא חייב אינו חייב על המיקצת, der gleichfalls dem Zwang des Kontextes nicht unbedingt gehorchen muß und als eine für sich stehende Aussage verstanden werden kann.

Alle diese Möglichkeiten, die das besondere textuelle Gewebe des Sifra-Textes jeweils zuläßt, werden darüber hinaus von einer bestimmten Hermeneutik, mit der der Rezipient an den Text herangeht, weiter unterstützt: In § 9 ist es die Prämisse, daß der Sifra-Text eine wirkliche Kontroverse wiedergibt. In § 10 ist es die mögliche Einsicht in die Logik der Exegese, die sich im Verstehensprozeß etabliert. In § 11 ist es das auf eine Normierung der Halacha abzielende Interesse, mit dem der Redaktor an die Bearbeitung der Vorlage herangeht und jenen Teil der Kontroverse, über den sich beide Parteien einig sind, anonym überliefert. In § 12 ist es das für die rabbinische Exegese Typische, die Aussagekraft eines einzelnen Redeteils zu maximieren.

In diesem Fall handelt es sich um das Pronomen כולו, das in uneingeschränktem Sinn aufgefaßt wird. Die Wiederholung desselben Phänomens in § 13 in bezug auf הכל und in § 14 in bezug auf השלם legt die Vermutung nahe, daß hier eine Tendenz vorliegt. In § 13 tritt noch deutlicher als in § 12 ein Rezeptionsvorgang hervor, der an die Praxis der Schriftexegese erinnert: Durch eine bewußte Ignorierung des Kontextes wird dem Indefinitpronomen הכל in dem Satz אבל שחיטה כשירה בכל אדם Rechnung getragen. Die sich dadurch ergebende halachische Bestimmung tritt infolgedessen in Konkurrenz zu der vorangehenden exegetischen Folgerung, derzufolge nur Reine das Schlachtgebot ausführen dürfen. Die scheinbare Spannung wird gelöst, indem der Mishna-Redaktor die Unreinen zum Vollzug des Schlachtens hinzuzählen läßt, ihnen aber die Berührung des Fleisches verbietet.

Es genügt, sich an den analysierten Midrash in § 2 zu erinnern, um einzusehen, daß sich der halachische Midrash auf die gleiche hermeneutische Herangehensweise gründet. Auch in § 14 wiederholt sich dasselbe: Der Satz על השלם הוא חייב, אינו חייב על המיקצת wird aus seinem offensichtlichen Kontext herausgelöst. Seine Funktion, das implizite Ergebnis auszusprechen, wird ihm bewußt abgesprochen. Als ein für sich stehender Satz wird er als Träger einer weiteren zusätzlichen halachischen Bestimmung verstanden. Wie der charakteristische Umgang des »Sifra-Exegeten« mit dem biblischen Text trägt auch diese Leseweise zur weiteren Präzisierung der Halacha bei.

Dieser auf dem Denkprinzip der rabbinischen Exegese beruhenden mishnischen Bearbeitung werden wir noch einmal in dem letzten Textvergleich des dritten Teils begegnen, in dem der Mishna-Redaktor u. a. einen im Sifra halachisch ungeklärten Sachverhalt in Form einer erfundenen Kontroverse zwischen zwei Weisen überliefert. Angesichts der wenigen Fälle, in denen sich dieses Phänomen gezeigt hat, soll man sich vor einer Überbewertung dieses Befundes hüten. Wir sind noch nicht in der Lage einzuschätzen, wie oft oder typisch ein derartiger hermeneutischer Zugang bei der Redaktionsarbeit der Mishna mit der Sifra-Vorlage angewendet wurde. Dies geht weit über die Fragestellung dieser Arbeit hinaus.

Der Einblick in das hermeneutische System, in dessen Rahmen sich die Rezeption und Bearbeitung der Sifra-Überlieferungen vollzogen haben, reflektiert unsere eigene Hermeneutik. Dadurch wird deutlich, worauf sich die unterschiedlichen Interpretationen des jeweiligen Sifra-Textes gründen. Es geht nicht darum, wer den Text besser versteht; die miteinander konkurrierenden Deutungen der Sifra-Texte rühren von der Anwendung unterschiedlicher hermeneutischer Systeme her. Das Wissen um die Schranken, in denen sich unsere Rezeption der Texte bewegt, beeinträchtigt nicht ihren Wahrheitsanspruch, den ich bewußt – mag es auch im Hinblick auf den Zeitgeist etwas befremdlich wirken – erhebe, aber es hilft sehr – mag es auf der Grundlage einer dichotomischen und einseitigen Logik als Widerspruch klingen – zur Anerkennung der Legitimität von alternativen Wegen.

Die mishnische Bearbeitung von Sifra-Überlieferungen, bei denen sich die Hand eines Redaktors bemerkbar macht

Nachdem in den vorangehenden zwei Teilen die literarische Abhängigkeit mehrerer Mishna-Überlieferungen von ihren Parallelen im Sifra gezeigt wurde, wird nun folgende Frage gestellt: Läßt sich aus einer nachweisbaren literarischen Abhängigkeit zwischen parallelen Überlieferungen einer »Tradition«, die in zwei Werken vorkommen, ein allgemeiner Schluß über das Verhältnis dieser Werke zueinander ziehen? Die Beantwortung dieser Frage hängt von der Bewertung des Anteils des Redaktors an der Gestalt des einzelnen »Textes« ab, dem man die Priorität in diesem Sinne zuerkennt. Geht man davon aus, daß das Werk ein organisches Ganzes im strengen Sinn des Wortes ist, daß die Arbeit des Redaktors der eines Verfassers gleich ist und daß dem Redaktor die volle Verantwortung für die Verschriftung der ihm vorliegenden mündlichen Traditionen zugeschrieben werden kann, dann trägt literarisch gesehen jede einzelne Text-Einheit die Komposition des Ganzen in sich, und folglich ist jedes Indiz oder jeder Beweis für die Benutzung einer einzelnen Stelle zugleich auch ein Indiz oder Beweis dafür, daß dem Bearbeiter der besagten Stelle das Gesamtwerk vorgelegen hat.

Kann von diesem ideellen Fall in bezug auf kein Werk der rabbinischen Literatur die Rede sein, so daß man der Redaktionsarbeit – wenn auch nicht ausschließlich – die gewöhnliche letzte, relativ äußere Bearbeitung der Vorlage durch Zusätze, Zusammenstellungen, Interpolationen usw. einräumt, so ist klar, daß man über die Grenzen dessen, was eine einzelne nachweisbare Abhängigkeit besagt, nur in solchen Fällen hinausgehen kann, in denen sich zweierlei zeigen läßt: daß in dem »Text«, auf dessen Grundlage die parallele Version in dem anderen Werk entstanden ist, ein redaktioneller Eingriff wahrnehmbar ist und daß der besagte Text in diesem endredaktionellen Stadium als Vorlage benutzt wurde.

Die zuletzt genannte Bedingung impliziert, wie man den Nachweis über die Abhängigkeit erbringen kann. Es genügt nämlich nicht zu zeigen, daß Text B von Text A abhängig ist *und* daß in A ein redaktioneller Eingriff feststellbar ist, als stünden beide Erkenntnisse bloß nebeneinander. Vielmehr soll die nachweisbare Tatsache des redaktionellen Eingriffs selbst einen Bestandteil in der Beweisführung der literarischen Abhängigkeit bilden. Nur dann läßt sich behaupten, daß der Redaktor von Text B die ursprüngliche Fassung (Text A)

§ 15 Der nur aus »Nachlesetrauben« bestehende Weinberg

benutzt hat, nachdem diese selbst der besagten redaktionellen Bearbeitung unterzogen war.

In den vorangehenden zwei Teilen wurden die zwei möglichen Wege zum Nachweis einer literarischen Abhängigkeit zwischen parallelen Überlieferungen demonstriert. Die Rekonstruktion des Werdegangs des Textes B kann entweder als Erklärung für eine vorhandene Lücke in dem Text fungieren oder als Erklärung für das Phänomen einer semantischen Differenz zwischen zwei sprachlich verwandten und einem Überlieferungszusammenhang angehörenden Texten. Entsprechend diesen zwei Wegen – einen anderen Weg kann es nicht geben – werden die folgenden Textvergleiche vor sich gehen. Der erste Fall (§ 15) entspricht dem Untersuchungsschema des ersten Teils. Es wird dabei gezeigt, wie sich eine Kohärenzlücke in einem Mishna-Text auf eine Sifra-Überlieferung gründet, in der zwei ursprünglich unabhängige Traditionen durch einen Sifra-Redaktor zu einer Einheit verschmolzen wurden. Auch im zweiten Vergleich (§ 16) wird auf eine Kohärenzlücke im Mishna-Text hingewiesen, doch dort ist sie ein Begleiterergebnis der mishnischen Bearbeitung der Sifra-Vorlage, in deren Rahmen eine viel gewichtigere halachische Differenz infolge einer inkorrekten Lektüre des Sifra-Textes entstanden ist. Um ein Erklärungsmodell für eine vorliegende halachische Differenz geht es ebenfalls in den zwei folgenden Vergleichen (§ 17–18). In dieser Hinsicht konkretisieren diese drei Fälle das Untersuchungsmodell des zweiten Teils weiter.

§ 15 Der nur aus »Nachlesetrauben« bestehende Weinberg

mPea 7,7; Ka., S. 17

A 1 כרם שכולו עוללת
2 ר[בי] אליעזר אומ[ר] לבעל הבית
3 ר[בי] עקיבה אומ[ר] לעניים

B 1 אמר ר[בי] אליעזר
2 {ו}כי תבצור {ו}לא תעולל
3 אם אין בציר מנין עוללות
4 אמ[ר] לו ר[בי] עקיבה
5 וכרמך לא תעולל
6 אפילו כלו עוללת

C 1 אם כן למה נאמר
כי תבצור לא תעולל
2 אין לעניים בעוללות קודם לבציר[1]

---

[1] Unerhebliche Abweichungen in den anderen Textzeugen (Par., Cam., P138, O393 und Ed. pr.).

A 1 [Im Falle] ein[es] Weinberg[s], an dem nur »Nachlesetrauben« vorhanden sind,
   2 sagt Rabbi Eliezer: [Die Nachlesetrauben gehören] dem Besitzer.
   3 Rabbi Aqiva sagt: [Sie gehören] den Armen.
B 1 Es sagte Rabbi Eliezer:
   2 [Es heißt:] »Wenn Du Lese hältst, so sollst Du nicht nachlesen« (Dtn 24,21):
   3 Wenn keine Weinlese [stattfindet], wie [kann] von »Nachlesetrauben« [die Rede sein]?
   4 Es sagte Rabbi Aqiva:
   5 [Es heißt:] »Deinen Weinberg sollst Du nicht nachlesen« (Lev 19,10):
   6 Selbst wenn er ganz aus »Nachlesetrauben« besteht[, ist das Verbot rechtsgültig].
C 1 Wenn dies zutrifft, wozu wurde gesagt: »Wenn Du Lese hältst, so sollst Du nicht nachlesen«?
   2 [Um zu lehren, daß] die Armen keinen Anspruch auf die Nachlesetrauben haben, bevor die Weinlese [stattgefunden hat].

»Nachlesetrauben« sind nach Lev 19,10 und Dtn 24,21 grundsätzlich den Armen zu überlassen. Nach der im Traktat Pea überlieferten Defintion[2] sind unter »Nachlesetrauben« nicht die Trauben zu verstehen, die nach Beendigung der Weinlese übriggeblieben sind, sondern unvollkommen ausgebildete Trauben, die weder »Katef« (= »Schulter« = die Struktur der senkrecht zum Hauptstiel stehenden Seitenranken am oberen Teil der Traube) noch »Natef« (= »tropfenartiges Aussehen« = der untere Teil der Traube, wo die Beeren vom Mittelstiel [= Langtrieb] herabhängen) haben.[3]

Im vorliegenden Text disputieren R. Eliezer und R. Aqiva über den Fall eines Weinbergs, der nur solche mangelhaft ausgebildeten »Nachlesetrauben« hat. Nach R. Eliezer haben die Armen unter dieser Bedingung keinen Anspruch auf die Nachlesetrauben. Für das Gegenteil entscheidet sich R. Aqiva.

Beide Ansichten werden exegetisch begründet. Die Auslegung R. Eliezers basiert auf der Gliederung des Verses in Dtn 24,21, in dem die Bedingung כי תבצור dem ausdrücklichen Verbot לא תעולל vorangeht. Dem wörtlichen Sinn gemäß wird mit den einleitenden Worten (כי תבצור כרמך) lediglich der Rahmen genannt, in dem das darauf folgende Verbot לא תעולל אחריך לגר ליתום ולאלמנה יהיה zur Geltung kommt. Diese Art »Einleitung« soll jedoch nach rabbinischer Hermeneutik mehr besagen, als bloß den Kontext einer speziellen Rechtsentscheidung zu definieren. Es gilt, in diesen Worten einen spezifischen halachischen Gehalt zu finden, und dieser zeigt sich, sobald die in den Worten כי תבצור enthaltene Bedingung hervorgehoben wird. So macht es R. Eliezer und liest den Vers wie folgt: »Nur dann, wenn die Bedingung כי תבצור erfüllt wird, tritt das Verbot der Nachlese in Kraft.« Aussagekräftig ist eine solche

---

[2] mPea 7,4.
[3] So nach der Verdeutlichung in tPea 3,11. Tatsächlich sind die Beeren an der unteren Seite der Traube nicht direkt mit dem Langtrieb verbunden, sondern wachsen wie die oberen auch an Seitenranken; doch sind die unteren Seitenranken weicher und hängen vom Hauptstiel herab. In dieser Hinsicht weicht die Erklärung zu נטף in yPea 7,4 (20a) von der Tosefta ab: dort ist von den herabhängenden Seitenranken und nicht von den herabhängenden Beeren die Rede.

§ 15 Der nur aus »Nachlesetrauben« bestehende Weinberg 163

Lesart in bezug auf den Fall, daß die Weinlese nicht ihren normalen Verlauf nehmen kann. Einen solchen Fall stellt der eines Weinbergs dar, an dem nur »Nachlesetrauben« vorhanden sind.

Im Kontext des vorliegenden Disputs enthält der Midrash R. Eliezers eine weitere Dimension, die seinem halachischen Anliegen eine gewisse Besonderheit verleiht. Seine Auslegung artikuliert sich in Form einer Frage (אם אין בציר מנין עוללות). Die Frage setzt voraus, daß die »Nachlesetrauben« als die am Ende der Lese zurückgebliebenen Trauben zu verstehen sind. Ein solches Verständnis kontrastiert scharf mit dem der Einführung des Disputs zugrundeliegenden Sinn der »Nachlesetrauben«. Welche spezifischen Kennzeichen man den »Nachlesetrauben« auch zuschreiben mag, in den einleitenden Worten כרם שכולו עוללות können die »Nachlesetrauben« nur ihren besonderen Eigenschaften entsprechend verstanden werden. Definiert man »Nachlesetrauben« in bezug auf das Stattfinden der Lese (= die nach der Lese zurückbleibenden Trauben), so kann nicht von einem nur aus »Nachlesetrauben« bestehenden Weinberg die Rede sein.

Diese Schwierigkeit wird behoben, wenn man R. Eliezers Anliegen so versteht, als wolle er bestreiten, daß man beim Einhalten des Nachleseverbots immer und unbedingt entsprechend der gewöhnlichen Bedeutung von »Nachlesetrauben« als unvollkommen ausgebildeten Trauben – mit der er grundsätzlich einverstanden ist – verfahren soll. Trifft diese Deutung zu, dann ist die halachische Disputation zwischen R. Eliezer und R. Aqiva gleichfalls oder sogar primär eine meta-halachische. R. Eliezer weist auf den Fall eines Weinbergs hin, der nur aus »Nachlesetrauben« (im Sinne von unvollkommen ausgebildeten Trauben) besteht, um zu zeigen, daß der Begriff der »Nachlesetrauben« in diesem Grenzfall ins Wanken gerät. Mit Hilfe des Verses in Dtn behauptet er, daß von Nachlesetrauben im gewöhnlichen Sinn des Wortes in diesem Fall nicht die Rede sein kann. Zu betonen ist, daß es ihm dabei nicht daran gelegen ist, mittels des Verweises auf Dtn 24,21 die »Nachlesetrauben« anders zu definieren. Wenn der Streitpunkt in der grundsätzlichen Definition von »Nachlesetrauben« bestünde, dann hätte die Überlieferungsform des Disputs eine andere Gestalt bekommen. Die Behauptung R. Eliezers ist die folgende: Die Armen haben kein Anrecht auf Trauben, die man wegen bestimmter äußerer Merkmale als »Nachlesetrauben« bezeichnet, wenn am Weinberg nur solche vorhanden sind, denn *in diesem Fall* sind sie halachisch eigentlich keine »Nachlesetrauben«.

Dem Schriftbeweis aus Dtn widerspricht R. Aqiva nicht direkt. Er verweist auf Lev 19,10, wo die Bedingung כי תבצור entfällt. Dadurch versucht er, die von R. Eliezer aufgezeigte Schwierigkeit zu beheben.

Die Textstruktur ist bis zu diesem Punkt klar. Auf die Darstellung der zwei entgegengesetzten Urteile (A) folgt die Überlieferung des exegetischen Rechtsstreits (B). Schwierig ist es, den letzten Teil (C) in den Kontext dieser Auseinandersetzung einzuordnen. An sich bietet C eine andere Auslegung zu Dtn 24,21. Demnach besagt die Bedingung כי תבצור, daß das Anrecht der

Armen auf die Nachlesetrauben – im Falle einer normalen Weinlese – zeitlich beschränkt ist. Sie dürfen die ihnen zustehenden Nachlesetrauben erst dann sammeln, wenn die Weinlese beendet wurde.

Diese Auslegung handelt von einem normalen Weinberg. Die einleitenden Worte אם כן למה נאמר stellen jedoch diese Auslegung in den Kontext des Disputs zwischen R. Aqiva und R. Eliezer. Die Frage, wie man diesen Textteil in bezug zu den vorhergehenden Textteilen setzen soll, hängt nun nicht davon ab, ob man diese alternative Auslegung als den Weg R. Aqivas betrachtet, um der Aussage in Dtn gerecht zu werden,[4] oder als einen nachträglichen Beitrag seitens des Tradenten dieser Überlieferung. In beiden Fällen besagt die Art und Weise, wie die Rückkehr in C zu der Schriftstelle in Dtn formuliert ist, daß die erste Deutung dieser Stelle (die von R. Eliezer) abgelehnt wird. Mit der Frage אם כן למה נאמר äußert sich ein Einverständnis mit der Auslegung R. Aqivas. Es geht in C darum, die Worte in Dtn auf solche Weise zur Geltung zu bringen, daß sie in Einklang mit dem Ergebnis aus R. Aqivas Auslegung zu Lev 19,10 stehen.

Diese alternative Auslegung, die die Worte כי תבצור als zeitliche Bedingung deutet, bleibt jedoch in einem grundlegenden Punkt der Auslegung R. Eliezers gleich. Mit der R. Eliezer zugeschriebenen Auslegung teilt sie weiterhin die grundlegende Ansicht, daß das Anrecht der Armen auf die Nachlesetrauben vom Stattfinden der Lese abhängig ist. Die Aussage, die Armen hätten keinen Anspruch auf die Nachlesetrauben, ehe die Weinlese begonnen hat, impliziert eindeutig, daß die Armen keinen Anspruch auf die Nachlesetrauben haben, wenn die Lese nicht stattfinden kann, wie sich das im Falle des Weinbergs verhält, der nur aus »Nachlesetrauben« besteht. Das Urteil R. Aqivas und die sich aus dieser alternativen Auslegung zu Dtn 24,21 ergebende halachische Bestimmung schließen einander aus. Bezogen auf den Fall des Weinbergs, der nur aus Nachlesetrauben besteht, wird den Armen auch laut dieser alternativen Deutung der Worte in Dtn 24,21 ihr grundsätzliches Anrecht auf die Nachlesetrauben abgesprochen.

Der einzige Weg, diesen Widerspruch zu beheben, besteht darin, den Fall des Weinbergs, der nur aus Nachlesetrauben besteht, aus dem Geltungsbereich der Bestimmung in C herauszunehmen. Es ist auch anzunehmen, daß der Redaktor, der diese »Traditionen« zusammengestellt hat, es in diesem Sinne gemeint hat. Beim Übergang vom Disput in C ist aber vom Wechsel von dem besagten Fall des besonderen Weinbergs zu dem Fall eines normalen Weinbergs überhaupt nicht die Rede. Mit der alternativen Auslegung in C wird eine Entscheidung grundsätzlicher Natur getroffen: Zunächst findet die Lese statt, dann erst haben die Armen das Recht, die zurückgelassenen Beeren aufzusammeln. Bei der Überlegung, ob ein Text eine Kohärenzlücke aufweist, darf die mögliche Intention des Redaktors, wie in der Einleitung zum ersten Teil der

---

[4] Dies ist die traditionelle Auffassung; vgl. yPea 7,7 (20d).

§ 15 Der nur aus »Nachlesetrauben« bestehende Weinberg 165

Arbeit erörtert,[5] keine Rolle spielen. Auf der Text-Ebene duldet die Bestimmung אין לעניים בעוללות קודם לבציר keine Beschränkung. Die Bestimmung in C ist inhaltlich mit dem Urteil R. Aqivas nicht vereinbar. Die Struktur des Textes postuliert eine Harmonie, die jedoch nicht existiert.

sKed 3,1; Ass. 66, S. 395

```
A 1    וכרמך לא תעולל
  2    מיכן אמרו
  3    כרם שכולו עוללות
  4    ר[בי] אליעזר או[מר]
       לבעל הבית
  5    ר[בי] עקיבה או[מר]
       לעניים
B 1    אמר ר[בי] אליעזר
  2    כי תבצור לא תעולל
  3    אם אין בציר מניין עוללות
  4    אמר לו ר[בי] עקיבה
  5    כרמך לא תעולל
  6    אפילו כולו עוללות
C 1    שיכול הואיל והתיר הכתוב העולילות לעניים
  2    יכול יבואו העניים ויטלו אותן
       כל שעה ושעה שירצו
  3    אם כן למה נאמר
       כי תבצור לא תעולל
  4    אין לעניים בעוללות קודם ל[בציר][6]
```

Die Formel מיכן אמרו leitet dieselbe Tradition über den exegetischen Rechtsstreit zwischen beiden Weisen ein, wie wir ihr in der Mishna begegnet sind. Auf die Begründung R. Aqivas aus Lev 19,10 – sie ist zweifellos der Grund für die Einbettung der Kontroverse an dieser Stelle (A1) im Sifra – folgt die Erwägung der Möglichkeit, ob die Armen die ihnen grundsätzlich zustehenden Nachlesetrauben zu jeder Zeit sammeln dürfen; sie wird durch den Hinweis auf Dtn 24,21 negiert (C3–4).

Der Text ist so strukturiert, als bildetete dieser Anhang (C), die Besprechung über die Zeit, in der die Armen zu ihrem Recht kommen, die Fortsetzung der Auseinandersetzung zwischen den zwei Weisen (A-B). Nachdem R. Aqiva gezeigt hat, daß die Beeren in einem Weinberg, der nur aus »Nachlesetrauben« besteht, den Armen gehören (B4–6), fährt man in demselben

---

[5] Siehe auf Seite 28, Anm. 15.

[6] Die Versionen in Ass. 31, Br., P139 und Lo. sind mit der Lesart in Ass. 66 geradezu identisch. In Ox. wurde die Überlieferung gawaltig geändert. Die Formel מיכן אמרו läßt der Schreiber weg; C3 (die im zweiten Stadium der Exegese den Vers aus Dtn eingeleitete Frage) stellt er – wohl im Sinne der Mishna-Version – direkt nach B6 um und an der Stelle von C3 setzt er תלמוד לומר.

Thema fort; man fragt (C1–2), ob die Armen zu jeder Zeit ihr Anrecht *im besprochenen Falle des nur aus Nachlesetrauben bestehenden Weinbergs* einlösen dürfen und antwortet verneinend (C3–4), indem man auf die zeitliche Beschränkung in Dtn 24,21 verweist.

Auf solche Weise läßt sich der Text jedoch nicht lesen. Nach der zeitlichen Beschränkung in C4 (אין לעניים בעוללות קודם לבציר), wird das Armenrecht auf die Nachlesetrauben vom Stattfinden der Lese abhängig gemacht. Impliziert man diese Bedingung auf den Fall von einem nur aus »Nachlesetrauben« bestehenden Weinberg, an dem ja keine Lese stattfindet, so wird den Armen ihr Anrecht hier abgesprochen, was jedoch mit der halachischen Bestimmung des R. Aqiva, deren Fortsetzung diese Überlieferung textuell bildet, nicht zu vereinbaren ist.

Somit liegt hier eine deutliche Kohärenzlücke vor, die in seiner Natur mit der Lücke, die dem Mishna-Textes anhaftet, identisch ist. Der entscheidende Unterschied besteht jedoch darin, daß die hier vorliegende Lücke auf der eigenen Überlieferungsebene erklärbar ist.

Sobald man C1 auf A1 bezieht, wird deutlich, daß A3–B und A1 → C zwei voneinander unabhängige Traditionen sind, die miteinander redaktionell verknüpft wurden. Beiden Auslegungen ist gemeinsam, daß sie die zwei Bezugsversen zu dem Nachleseverbot, Lev 19,8 und Dtn 24,21, einander gegenüberstellen. Auch die Art und Weise, wie der Vers in Dtn ausgelegt wird, ist insofern im Grunde ähnlich, als in beiden die vorkommende Bedingung כי תבצור hervorgehoben und folglich das Stattfinden der Lese zu einem unabdingbaren Kriterium für das Recht der Armen auf die Nachlesetrauben erhoben wird. In der anonymen Exegese wird diese Schlußfolgerung ausgesprochen. R. Eliezer geht darüber hinaus, indem er die Bedingung auf den Fall des besonderen Weinbergs bezieht, um – wie in der Analyse des Mishna-Textes erörtert – die Problematik des Begriffes der »Nachlesetrauben« zu zeigen. In beiden Überlieferungen wird eine Möglichkeit, die ein Vers motiviert, durch den anderen Vers widerlegt. Der Unterschied besteht hauptsächlich darin, daß man die Auslegung jeweils mit einem anderen Vers beginnt, so daß jeweils nur die in dem abschließenden Vers enthaltene Aussage zur Geltung kommt. Der Verknüpfung beider Traditionen zu einer Einheit lag wahrscheinlich das Interesse zugrunde, *beide* Verse eben durch diese Verbindung zur Geltung zu kommen.

Die Verknüpfung wurde durch eine Interpolation des vorgefundenen מיכן אמרו-Disputs (A3–B) innerhalb des eigentlichen anonymen exegetischen Verlaufs (A1 → C) geleistet. Beim Übergang von B zu C hat der Redaktor außerdem die Formel שיכול gesetzt. Dieselbe Formel יכול kommt in C2 schon vor. Die Wiederholung ergibt keinen Sinn. Sie ist aber im Rahmen des redaktionellen Anliegens, beide Traditionen als einander zugehörig zu tradieren, gut erklärbar.

Die relative Leichtigkeit, in der die Schwierigkeit, den Textteil C als Entfaltung des ihm vorangehenden Disputs zu lesen, durch eine andere Betrachtung des textuellen Bezugsgeflechts behoben wurde, darf nicht zu dem Irrtum verleiten, als würde damit die Kohärenz des Textes wiederhergestellt. Der Text ist fehlerhaft aufgebaut, weil er eine strukturelle Erwartung herstellt, die nicht erfüllt werden kann. C1 soll die thematische Forsetzung zu B6 sein, sein ursprünglicher Bezugspunkt war jedoch A1. Beide Traditionen gehören nicht zusammen und wuchsen auch nicht zusammen.

Vergleich

Alle Bestandteile des Mishna-Textes finden ihre Entsprechung in der Sifra-Parallele. Die Übereinstimmung ist wörtlich (mA-B = sA3–B; mC = sC3–4). Der Disput zwischen R. Eliezer und R. Aqiva im Sifra ist durch die Formel מיכן אמרו an den Bezugsvers Lev 19,10 geknüpft. Die Formel מיכן אמרו erhält in diesem Fall einen technischen Sinn, denn »daher haben sie gesagt« bezieht sich lediglich auf den Ausspruch R. Aqivas, der aber in der angeführten Tradition durch eben dieselben Worte in Lev 19,10 begründet wird. Der dem Disput angehängten, alternativen Auslegungstradition zu Dtn 24,21 in der Mishna (mC) geht im Sifra ein Einführungsschritt (sC1–2) voran. Darin besteht die wesentliche Abweichung.

Beide Texte weisen eine Kohärenzlücke auf. Die Entstehung des strukturellen Fehlers im Sifra wurde durch die Analyse des Textes geklärt. Zwischen dem Lemma וכרמך לא תעולל und seiner anonymen Auslegung (C) wurde die Kontroverse der beiden Weisen mittels מיכן אמרו so eingefügt, als bildete die anonyme Auslegung deren organische Fortsetzung. Für die Klärung dieses Sachverhalts war die Zuhilfenahme von anderen Überlieferungen nicht erforderlich.

Durch die Analyse des Sifra-Textes wurde klar, daß die Kontroverse zwischen R. Eliezer und R. Aqiva über den besonderen Fall eines Weinbergs, an dem nur »Nachlesetrauben« vorhanden sind, mit der anderen Auslegungstradition, die ebenfalls dieselben zwei Bezugsverse einander gegenüberstellt, doch sich keineswegs auf den Fall des besonderen Weinbergs bezieht, in keinem ursprünglichen Zusammenhang stand. Die sich aus dieser anonymen Auslegungstradition ergebende Konklusion über die Beschränkung der Zeit, in der die Armen ihr Recht auf die Beeren geltend machen dürfen, schließt den Fall des besagten Weinbergs aus, in dem eine solche Zeit gar nicht eintreten kann. Es versteht sich von selbst, daß die hier gewonnene Erkenntnis über die Nicht-Zusammengehörigkeit beider Traditionen auch auf den Mishna-Text zu übertragen ist. Die Kohärenzlücke im Mishna-Text, die darin besteht, daß sich an den Disput A-B eine halachische Bestimmung anschließt, die aufgrund der strukturellen Verknüpfung mit der Ansicht R. Aqivas in Einklang stehen soll, was jedoch inhaltlich nicht aufrechterhalten wird, ist in einer ähnlichen Weise die Folge der Verschmelzung beider Traditionen zu einer Einheit.

Mit der Erkenntnis, daß dieser »Anhang« ursprünglich nicht zu der ihm vorangehenden Kontroverse gehörte, wird jedoch noch nicht die Frage beantwortet, wie eine solche Verschmelzung zustande gekommen ist. Geht man von der Annahme der Benutzung der Sifra-Vorlage seitens des Mishna-Redaktors aus, so läßt sich diese Frage leicht und m. E. auch überzeugend beantworten. Der Mishna-Redaktor übernahm die ihm vorliegende, durch den Sifra-Redaktor geschaffene Überlieferungseinheit und ließ den ersten Teil der anonymen Auslegungstradition weg. Der Grund für die Weglassung ist ersichtlich: C 1–2 (הואיל והתיר הכתוב העולילות לעניים יכול יבואו העניים ויטלו אותן כל שעה ושעה שירצו) hat nur vermittelnde Funktion und dies auch nur im Rahmen des exegetischen Verfahrens; halachisch erneuert dieser Textteil nichts.

Durch die Weglassung erhält die Frage אם כן למה נאמר ein ganz anderes Bezugssystem. Während sie im Sifra innerhalb der Grenzen der für sich stehenden Tradition gestellt wird – sie bezieht sich ja auf die zur Diskussion gestellte Möglichkeit, die der Mishna-Redaktor ausgelassen hat – bindet sie sich in der Mishna unmittelbar an die exegetische Begründung R. Aqivas. Stehen beide Traditionen im Sifra in ihrer vollständigen Gestalt nebeneinander und sind lose miteinander durch שיכול verknüpft, was die Entstehung der literarischen Einheit so durchsichtig macht, so sind sie in der Mishna durch die Weglassung des besagten Teils eng miteinander verschmolzen. Die Erkenntnis, daß der abschließende Teil im Mishna-Text ein Überbleibsel einer nicht zu der Kontroverse zwischen R. Eliezer und R. Aqiva gehörenden Traditionseinheit darstellt, impliziert eindeutig, daß die Frage אם כן למה נאמר...? ursprünglich in einem anderen literarischen Kontext stand. Dieser ursprüngliche Kontext ist im Sifra trotz des redaktionellen Eingriffs des Sifra-Redaktors erhalten geblieben.

§ 16 Der Reinheitsstatus des hellen Fleckes

mNeg 7,1–2; Ka., S. 498–9

A 1 אילו בהרות טהורות
2 שהיו בו קודם למתן תורה
3 בגויי ונתגייר
4 בקטן ונולד
5 בקמט ונגלה
6 בראש ובזקן
7 בשחין ובמכוה ובקדח המודרין [המורדין](7) [Par. =
B 1 חזר הראש והזקן ונקרחו
2 השחין והמכווה והקרח [והקדח = P138] ונעשו צרבה
3 טהורין

---

[7] P138: ובמורדים P497 und Antonin Nr. 90 ובמורדין Mün.: במורידין. Die Lesart in Par. (in der Text-Wiedergabe eingefügt) ist die richtige. Vgl. dazu die textkritischen Anmerkungen zu § 12, Anm. 68 und 80.

§16 Der Reinheitsstatus des hellen Fleckes 169

C 1 הראש[8] [והזקן = P138] עד שלא העלו שיער
  העלו שער ונקרחו
 2 השחין והמכוה והקרח [והקדח = P138]
  עד שלא נעשו צרבה
  נעשו צרבה וחיו
 3 ר[בי] אליעזר בן יעקב מטמא
 4 שתחילתן וסופן טמא
 5 וחכמים מטהרין
D 1 נשתנו מראיהן בין להקל בין להחמיר
 2 כיצד להקל
 3 היתה כשלג ונעשת כסיד ההיכל
 4 כצמר לבן וכקרום ביצה
 5 ונעשת מספחת שאת או מספחת עזה
 5 כיצד להחמיר
 6 היתה כקרום ביצה ונעשת כצמר לבן
  כסיד ההיכל כשלג[9]
 7 ר[בי] אלעזר בן עזריה מטהר
 8 ר[בי] לעזר חסמה אומ[ר]
  להקל טהור
  להחמיר תראה כתחילה
 9 [ר(בי) עקיבה או(מר)
  בין להקל ובין להחמיר תיראה בתחילה[10] = P138]

A 1 Folgende Flecke sind rein:
 2 [die Flecken,] die sich auf ihm vor der Gabe der Tora befanden,
 3 [die Flecken] auf einem Nichtjuden, der [zum Judentum] konvertiert ist,
 4 [die Flecken] auf einem Kleinen [= Embryo], der geboren ist,
 5 [die Flecken] auf einer [Haut]falte, die bloßgelegt wurde,
 6 [die Flecken] auf dem Kopf und am Bart
 7 [sowie die Flecken] auf einer Entzündung [oder] einem Brandgeschwür [oder] einer Hitzwunde, während sie noch der Heilung widerstreben.
B 1 Ist der Kopf oder der Bart wieder kahl geworden,
 2 [oder sind] die Entzündung und das Brandgeschwür und die Hitzwunde [wieder zu ihrem geheilten Zustand gekommen, so daß aus ihnen] eine Vernarbung geworden ist,
 3 [so] sind [die Flecken auch in diesem Zustand] rein.

---

[8] Die Fortsetzung והזקן, die aufgrund von A6 (בראש ובזקן) und wegen der Pluralform des Verbes העלו mit Sicherheit zur ursprünglichen Lesart gehörte, hat der Schreiber von Ka. im Unterschied zu den übrigen Hss., P138, P497, Cam., Par., Mün. und Antonin Nr. 90, weggelassen. Die Weglassung ist wahrscheinlich auf die schwierige Formulierung הראש והזקן עד שלא העלו שער zurückzuführen, denn von einem Bart, der kein Haar wachsen ließ, kann kaum die Rede sein. Gemeint ist selbstverständlich die Stelle, wo der Bart wächst. Diese Wendung kommt nur noch einmal in mNeg 6,8 vor, und ebenfalls im Unterschied zu allen o. g. Textzeugen, die diese Formulierung beibehalten haben, ändert sie der Schreiber von Ka., diesmal in הראש והזקן שלא העלו שער. Mit der Weglassung von עד ist die Formulierung etwas leichter hinnehmbar.
[9] In P138 ונעשת כסיד ההיכל כשלג.
[10] Der ganze Schlußteil D9 kommt in Ka. nicht vor. Der Grund für die Weglassung ist nicht ersichtlich. בתחילה: P497, Par., Mün., Antonin Nr. 90 lesen כתחילה. Diese scheint die richtige Lesart zu sein.

C 1 [In bezug auf Flecken, die] auf dem Kopf und am Bart, [= die Stelle, wo der Bart wächst] [entstanden sind], bevor Haare darauf gewachsen sind,
  2 [und] sind Haare darauf gewachsen,
  3 und nachher sind [der Kopf und der Bart wieder] kahl geworden,
  4 [so wie in bezug auf Flecken, die] auf der Entzündung, dem Brandgeschwür und der Hitzwunde [entstanden sind], bevor sie vernarbt sind,
  5 [und] sind sie vernarbt, und nachher wurden sie geheilt,
  6 erklärt [sie] R. Eliezer b. Ya'aqov für unrein,
  7 denn sie sind am Anfang und am Ende unrein.
  8 Die Weisen [aber] erklären [sie] für rein.
D 1 Haben sich ihre Helligkeitsgrade geändert, sei es zur Erleichterung, sei es zur Erschwerung,
  2 – wie ist es zur Erleichterung?
  3 War er [= der Fleck] schneeweiß und ist wie der Kalk des Tempels geworden,
  4 [oder] war er wie weiße Wolle und [= oder] wie ein Eihäutchen und ist wie die Unterart von »Se'et«[11] oder die Unterart von einem hellen [Fleck] geworden.
  5 Wie ist es zur Erschwerung?
  6 War er wie ein Eihäutchen, und ist wie weiße Wolle oder wie der Kalk des Tempels oder wie Schnee geworden –
  7 so erklärt ihn [= den Fleck] R. Elazar b. Azarya für rein.
  8 R. Elazar Ḥisma sagt: [Wenn die Änderung] zur Erleichterung [neigt], [so ist er] rein, und [wenn die Änderung] zur Erschwerung [neigt], [so] muß er wie ein neuer besichtigt werden.
  9 R. Aqiva sagt: [Es ist gleich,] ob [die Änderung] zur Erleichterung oder zur Erschwerung [neigt]; er [= der Fleck] soll wie ein neuer besichtigt werden.

Erscheint ein heller Fleck auf der Haut und fällt sein Helligkeitsgrad in den Bereich der vier Helligkeitsgrade (מראות נגעים), so ist er verunreinigungsfähig,[12] d. h., der Priester soll ihn für unrein erklären, wenn im Zusammenhang mit ihm eines der Unreinheitszeichen (שער לבן, פיסיון, מחיה) auftritt.[13]

Im ersten Teil (A) sind sechs Fälle aufgelistet (A2–7), auf die die Verunreinigungsfähigkeit des hellen Fleckes nicht zutrifft. Der erste Fall besagt, daß der vor der Inkraftsetzung des Reinheitsgesetzes entstandene Fleck rein ist (A2). Die halachische Bestimmung geht auf eine exegetische Tradition im Sifra zurück, in deren Rahmen das Imperfekt יהיה in Lev 13,2 (אדם כי יהיה בעור בשרו) dahingehend gedeutet wird, daß die Zeit vor dieser Rede Gottes an Mose und Aaron von dem Geltungsbereich des verkündeten Gesetzes ausgenommen ist.[14] Die Tragweite der Bestimmung über den halachischen Status

---

[11] Se'et (שאת) ist einer der in Lev 13,2 vorkommenden Ausdrücke, die den Aussatzschaden beschreiben. Da diese verschiedenen Ausdrücke nach rabbinischer Auffassung als Hinweise auf verschiedene Helligkeitsgrade des Fleckes gedeutet werden (vgl. sNeg II,1–6 [61a-b]), wird der Begriff Se'et, der ursprünglich eine Art »Erhöhung« bedeutete (Näheres dazu bei Hoffman, ספר ויקרא, Bd. I, S. 255–6), zu einem Terminus Technicus. Über die Definition des Helligkeitsgrads (»Eihäutchen« oder »weiße Wolle«) gab es eine Meinungsverschiedenheit (vgl. mNeg 1,1).

[12] Vgl. mNeg 1,1–3.

[13] Vgl. mNeg 3,3.

[14] Vgl. sNeg I,2 (60a). Mit diesem Hinweis ist die Abhängigkeit dieser Mishna-Stelle von dem Sifra-Text natürlich nicht angedeutet.

solcher, vor dem Inkrafttreten des Gesetzes entstandenen Flecken geht aber darüber insofern hinaus, als mit ihr der halachische Status dieser Flecken *in der Zeit danach* impliziert ist: solche hellen Flecken *bleiben* auch in der Zeit nach der Verkündung des Gesetzes rein.

Daß dem so ist, bestätigt die Verbindung dieser halachischen Bestimmung mit den drei auf sie folgenden. Diesen drei Fällen (A3–5) liegt offensichtlich ein Prinzip zugrunde, das besagt, daß die ursprüngliche, dem hellen Fleck zukommende Reinheit trotz des Eintretens neuer Bedingungen, unter denen ein neu entstandener Fleck sonst verunreinigungsfähig wäre, nicht aufgehoben ist. Entsteht der Fleck bei einem Proselyten vor seinem Übertritt zum Judentum, dann bleibt der Fleck – *so wie bei seiner Entstehung* – rein (A3). Der Übergang in den neuen Zustand hebt die ursprüngliche Reinheit nicht auf.

Auf derselben Logik basiert A4: Die hellen Flecken auf einem Embryo sind rein.[15] Sie bleiben auch nach der Geburt in diesem Zustand. Und beruhend auf derselben Logik wird das Urteil in A5 gefällt: Die Flecken auf einer Falte lassen sich wegen dieser Befindlichkeit nicht prüfen und sind daher rein.[16] Sie behalten ihre Reinheit auch dann bei, wenn die Falte bloßgelegt wird und die Hautstelle sich besichtigen läßt.

Die Beurteilung der letzten zwei Fälle in der Liste, die Flecken auf dem Kopf und auf dem Bart (A6) und die drei Hautverletzungen (A7), ist schon aus der vorangehenden Mishna (6,8) bekannt. Die Flecken auf dem behaarten Kopf und auf der Stelle, wo sie durch den Bart unsichtbar sind, und die Flecken auf den Hautausschlägen sind – wie die Flecken unter den vorangehenden Bedingungen – rein. Im Unterschied zu den ersten Fällen, in denen die hellen Flecken einer äußerlichen Änderung der Umstände unterliegen, stellen diese keinen vergleichbaren Vorgang dar.

In B ist nochmals von Kopf, Bart und Hautverletzungen die Rede, hier jedoch mit dem Unterschied, daß sich die entscheidende Bedingung, unter der die Flecken erscheinen, geändert hat: Der Kopf ist kahl geworden, die Haare des Bartes sind auch schon ausgefallen, und die Verletzungen sind geheilt. Helle Flecke, die auf diesen Hautstellen in diesem Zustand entstehen, sind grundsätzlich verunreinigungsfähig,[17] doch hier ist von Flecken die Rede, die schon zu der Zeit entstanden sind, *bevor* der Kopf kahl geworden ist, *bevor* die Haare des Bartes ausgefallen und *bevor* die Hautverletzungen geheilt sind.[18]

---

[15] Die Unreinheit des Fleckes ist nach rabbinischem Verständnis keine dem Fleck zukommende reale Eigenschaft, sondern ein infolge einer priesterlichen Entscheidung entstandener rechtlicher Status (vgl. mNeg 3,1). Die Entscheidung selbst wird getroffen, nachdem der Fleck besichtigt worden ist (vgl. ebd.). Einem Fleck auf dem Embryo kann folglich keine Unreinheit zugesprochen werden.

[16] Vgl. mNeg 2,4 und 6,8.

[17] Vgl. die vorangehende Mishna (6,8). Dort wird allerdings nicht deutlich festgestellt, daß der verunreinigungsfähige helle Fleck auf dem z. B. kahlen Kopf erst dann entstanden ist, nachdem der Kopf kahl geworden ist.

[18] Daß solche schon vorhandenen Flecken und nicht neue Flecken gemeint sind, ist in der sprachlichen Abhängigkeit B von A1,6–7 begründet. Liest man B als eine völlig selbstän-

Eine gewisse Unklarheit liegt in der Art und Weise, wie sich B zu A6–7 verhält. Strukturell gesehen soll B als eine Restriktion des in A6–7 dargestellten Urteils fungieren. Mit B erwartet man eine einschränkende Bemerkung, die aufgrund der Einführung neuer Bedingungen zu einer neuen Beurteilung des Sachverhalts führt. Neue Bedingungen treten zwar ein, das Urteil bleibt aber unverändert. Es stellt sich daher die Frage, ob A6–8 und B überhaupt zwei voneinander getrennte Fälle beschreiben. Es wird in der Tat versucht, beide Textteile als eine Einheit zu betrachten,[19] so als würde der einleitende Satz (אילו בהרות טהורות) in diesem Komplex mit A5 enden, woran sich dann mit A6 der folgende Satz anschließen würde: »Die Flecken auf dem Kopf und am Bart (A6), die dann kahl geworden sind (B1) oder die Flecken auf den Hautverletzungen (A7), die dann geheilt sind (B2), sind rein (B3)«. Diese Leseweise gründet sich auf die an sich nachvollziehbare Voraussetzung, daß mit A6–7 die den vorangehenden Fällen (A3–5) zugrundeliegende Logik nicht gebrochen wird, denn auf diese Leseweise nennt A6–7 die Anfangsbedingungen, und B stellt die Änderung dar. Trifft diese Leseweise zu, so stellt sich jedoch die Frage, warum sich der Redaktor für eine solch schwerfällige Überlieferungsweise entschieden hat. Er hätte ja die Worte ונקרחו und ונעשו צרבה, die die Änderung in B darstellen, einfach an den Textteil A6–7 anhängen können, wodurch die Gesamtliste (A) dann eine viel glattere Gestalt bekäme: ... בקטן ונולד, בקמט וניגלה, בראש ובזקן ונקרחו בשחין ובמכוה ובקדח המורדין ונעשו צרבה. Aus diesem Grund scheint mir die erste Leseweise, die in A6–7 und B zwei verschiedene Fälle sieht, plausibler.

In C wird dieselbe grundlegende Fragestellung, ob und wie Änderungen an einer Körperstelle den Status eines auf ihr schon vorhandenen Fleckes beeinflussen, weiter differenziert. Ursprünglich war der Fleck unrein. Dann traten neue Bedingungen ein, unter denen ein neu entstandener Fleck nicht verunreinigungsfähig war. Und schließlich entfielen sie wieder. Unter diesen Bedingungen werden entgegengesetzte Ansichten über den Status des Fleckes vertreten.[20]

---

dige literarische Einheit, so ergibt sich ein ganz anderes Verständnis des Falles, demzufolge der Fleck erst dann entsteht, nachdem der Kopf kahl geworden ist. Folglich muß man den Schluß ziehen, daß B in direktem Widerspruch sowohl zu der halachischen Bestimmung in mNeg 6,8 (הרי אלו מטמאין בנגעים .. חזר הראש והזקן ונקרחו) als auch zu der Begründung R. Eliezer b. Ya'aqovs in C4 (שתחילתן וסופן טמא) steht. Auch läßt sich nach dieser Leseweise B mit A6–7 nicht vereinbaren. Sind die auf dem behaarten Kopf entstandenen Flecken rein, so sollen die auf dem kahlen Kopf entstandenen Flecken unrein sein. Neusners Auseinandersetzung mit diesen Schwierigkeiten beruht auf diesem Mißverständnis (vgl. *Purities*, VI, S. 120–1).

[19] Vgl. Mishne Tora, הלכות מצורע, 6,4 und die Besprechung dazu bei Neusner, a.a.O., S. 122. Vgl. ferner die Übersetzung von J. Cohn, *Mischnajot*, VI, S. 275 und die Anm. 5–6 dazu.

[20] C3 ist sehr problematisch. Da diese Meinungsverschiedenheit zwischen R. Eliezer b. Ya'aqov und den Weisen zum Vergleich mit dem Sifra völlig irrelevant ist, gehe ich darauf nicht ein.

In D werden drei unterschiedliche Urteile über den Reinheitsstatus eines hellen Fleckes tradiert, dessen Helligkeitsgrad sich geändert hat. D2–6 wirkt wie eine eingeschobene Glosse,[21] denn D1 findet seine unmittelbare Fortsetzung in D7.

Eine strukturelle Schwierigkeit entsteht hinsichtlich der Einleitung zu diesem Überlieferungsteil. Mit נשתנו מראיהן (D1) müssen helle Flecke gemeint sein, die schon vorher genannt wurden. Das in מראיהן enthaltene Demonstrativpronomen bezieht sich offensichtlich auf die reinen Flecke, von denen in A1 die Rede ist, jene Flecken also, die der Änderung der in A genannten spezifischen Umstände unterliegen.

Wie ist aber die Änderung im Helligkeitsgrad des hellen Fleckes, von der in D die Rede ist, zu verstehen? Die eine Möglichkeit, nach der die Änderung erst dann eintritt, nachdem der Übergang der genannten Flecken in den neuen Zustand stattgefunden hat, ist ausgeschlossen. Infolge der Änderung, von der in A die Rede ist, kommt den hellen Flecken Reinheit zu. Sie unterliegen nicht weiter der Verunreinigungsfähigkeit. Eine Änderung im Helligkeitsgrad innerhalb der Skala der verunreinigungsfähigen Helligkeitsgrade ist hinsichtlich ihres Status irrelevant.

Es scheint daher, daß die Änderung im Helligkeitsgrad des Fleckes nur so zu verstehen ist, als deckte sie sich mit der Änderung der Umstände, die in der Liste (A) genannt sind.[22] Dieser sich strukturell konstituierende Bezug kann jedoch m.E. inhaltlich auch nicht zutreffen. Das Urteil über den Reinheitsstatus des hellen Fleckes, dessen Helligkeitsgrad sich geändert hat, kann nur dann gefällt werden, wenn diese Transformation feststellbar ist. Der Nichtjude unterliegt nicht diesen Reinheitsvorschriften.[23] Erscheinungen von Aussatz bei ihm unterliegen nicht der »Besichtigung des Fleckes« (ראית הנגע).[24] Die Feststellung des Helligkeitsgrades eines auf ihm befindlichen Fleckes liegt außerhalb des festgesetzten rechtlichen Rahmens. Dasselbe gilt für die »Falte«, eine Hautstelle, die sich nicht einsehen läßt. Die Worte in Lev 13,12 (לכל מראה עיני הכהן) werden dahingehend gedeutet, daß Hautstellen, die man nicht sieht, von der Prüfung auszuschließen sind, d.h., der Priester besichtigt nur das, was sichtbar ist.[25] Man unterzieht diese verborgene Stelle nicht der Besichtigung. Folglich ist es halachisch unmöglich, daß von einer Änderung des Helligkeitsgrades eines in einer Hautfalte befindlichen Fleckes die Rede ist. Diese rechtliche Unmöglichkeit hat auch in bezug auf den Fall des Embryos ein reales

---

[21] So auch bei Neusner, a.a.O., S. 124.
[22] So nach Rambam, ebd., Bertinoro, Albeck, Komm. z. St. Neusners Position (a.a.O., S. 122) ist wahrscheinlich wegen eines Druckfehlers unklar.
[23] Vgl. mNeg 3,1.
[24] Zu diesem Begriff vgl. mNeg 2,4.
[25] Vgl. sNeg 4,3 (63b) und die Parallele in mNeg 2,4.

Korrelat. Gleichwohl ist es angesichts der Sorgfalt, mit der man die Besichtigung der Flecken geprägt hat – z. B. durch die Forderung, sie zu bestimmten Zeiten, wie etwa an einem wolkenreichen Tag, nicht stattfinden zu lassen[26] –, nicht denkbar, daß man den Helligkeitsgrad eines am behaarten Kopf befindlichen Fleckes überhaupt feststellen könnte.

Wenn also die Änderung im Helligkeitsgrad der Flecken sich nicht auf die in A genannten reinen Flecken beziehen kann, so könnte man versuchen, das Thema der in D tradierten Meinungsverschiedenheit auf den unmittelbar vorangestellten Fall in C zu beziehen, nämlich auf die Ansicht der Weisen, daß die bleibenden hellen Flecken auf dem Kopf, der die drei Stufen – Kahlheit, Behaarung und nochmals Kahlheit – durchlaufen hat, rein sind. Es ist jedoch kaum anzunehmen, daß der Mishna-Redaktor die grundsätzliche Frage, welche Konsequenzen eine Änderung in der Erscheinungsweise des Fleckes für seinen Reinheitsstatus hat, auf einen solch außerordentlich spezifischen Fall reduzieren wollte. Diese Unwahrscheinlichkeit ist auch weiter darin begründet, daß man erwartet, einer solchen typischen, differenzierenden Diskussion auf ein anonym festgestelltes Urteil in der Mishna zu begegnen (also auf A1 und nicht auf C3). Unter der Annahme, daß sich D auf das Urteil der Weisen in C8 bezieht, würde man schließlich eine andere Formulierung des von Elazar b. Azarya in D7 gefällten Urteils erwarten, nicht רבי אלעזר בן עזריה מטהר, denn in dieser Form wurde schon das Urteil der Weisen (C5) ausgesprochen, sondern eher רבי אלעזר בן עזריה אומר טהור.

Bezieht man D1 ausschließlich auf C, so legitimiert sich dieser Bezugsakt nur aus dem strukturalistischen Zwang, für das Demonstrativpronomen in מראיהן den Bezugsfall finden zu müssen. Wenn man aber den strukturalistischen Ansatz nicht um jeden Preis verfolgen will, dann sollte man hier feststellen, daß sich im vorliegenden Text ein Bezug zwischen D1 und A1 konstituiert, der aber, wie erörtert, nicht haltbar ist, und daß der Text in diesem Punkt eine nicht aufzulösende Kohärenzlücke aufweist.

sNeg I,1; Ass. 66, S. 250–1

A 1 וידבר יי אל משה ואל אהרן לאמר
אדם כי יהיה בעור בשרו
2 מה ת[למוד] ל[ומר]
3 לפי שנ[אמר] ואיש או אשה כי יהיה בעור בשרם
בהרות בהרות טהורות[27]
4 אין צורך לומר בהרות שאין בהם מראות נגעים

---

[26] Vgl. mNeg 2,2.

[27] Die nicht-wörtliche Wiedergabe des Schriftzitats aus Lev 13,38 (בהרות בהרות טהורות) anstelle von בהרות לבנות) ist auf die Klärung des Gemeinten zurückzuführen (vgl. in der Analyse). Der Schreiber von Br. hat das Zitat entsprechend dem Wortlaut korrigiert; der Schreiber von Ox. hat beide Lesarten miteinander kombiniert: בהרות בהרות לבנות טהורות.

§16 Der Reinheitsstatus des hellen Fleckes

5 שלא באו לכלל אילא בהרות שיש בהם מראות נגעים[28]
B 1 [29]שהיו בגוי וניתגייר
2 בקטן ונולד
3 בקמט וניגלה
4 בראש ובזקן
5 בשחין ובמכוה ובקדח ובמורדין[30] [Br. = המורדים]
C 1 נישתנו מראיהן בין להקל בין (להחמיר)
2 ר[בי] אלעזר בן עזריה מטהר
3 ר[בי] אלעזר חסמא או[מר]
4 [להקל טהור ולהחמיר [31]= .Br] תראה כתחילה
5 ר[בי] עקיבה או[מר]
6 בין להקל בין להחמיר [תיראה כתחילה = .Br]
7 לכך נא[מר]
אדם כי יהיה

A 1 »Und Gott sprach zu Mose und Aaron, indem er sagte: Wenn bei einem Menschen [ein heller Fleck] auf der Haut seines Fleisches sein wird« (Lev 13,1–2).
2 Was besagt die Schrift?
3 Da es [schon] gesagt wurde: »Und wenn bei einem Mann oder bei einer Frau auf der Haut ihres Fleisches Flecken sein werden, reine Flecken« (Lev 13,38),
4 [dann] besteht kein Bedürfnis, [hier] von Flecken zu sprechen, die keine verunreinigungsfähigen Helligkeitsgrade besitzen.
6 Eingeschlossen sind [folglich] nur [diejenigen] Flecken, die die verunreinigungsfähigen Helligkeitsgrade aufweisen,
B 1 [wie die Flecken] bei einem Nichtjuden, der [zum Judentum] konvertiert ist,
2 [die Flecken] bei einem Kleinen [= Embryo], der geboren ist,
3 [die Flecken] auf einer [Haut]falte, die bloßgelegt wurde,
4 [die Flecken] auf dem Kopf und am Bart,
5 [die Flecken] auf der Entzündung, dem Brandgeschwür und der Hitzwunde, während sie noch der Heilung widerstreben.
C 1 Haben sich ihre Helligkeitsgrade geändert, ob zur Erleichterung oder zur Erschwerung, [so] erklärt [sie] Rabbi Elazar ben Azarya für rein.
2 Rabbi Elazar Ḥisma sagt:
3 [Wenn die Änderung] zur Erleichterung [neigt], [so ist der Fleck] rein; [neigt sie] zur Erschwerung, so soll man ihn [= den Fleck] wie einen neuen [Fleck] ansehen.
4 Rabbi Aqiva sagt:
5 [Es ist gleich], ob [die Änderung] zur Erleichterung oder zur Erschwerung [neigt]; [der Fleck] soll wie ein neuer besichtigt werden.
6 Dafür wurde gesagt:
7 »Wenn bei einem Menschen sein wird« (Lev 13,2).

---

[28] A5 wurde in Lo. weggelassen.
[29] In Ass. 31 und P139: שאם היה. Diese Lesart bricht die kontinuierliche Lektüre von A → B.
[30] ובמורדין ist für Ass. 66 eigentümlich. Die richtige Lesart hat Br. (in der Text-Wiedergabe eingefügt). In Ox. und P139 (המוררים) wurde das ד mit ר verwechselt. In Lo. ist die Stelle nicht lesbar.
[31] Die Stelle hier und in C6 wurde durch die Hs. Br. ergänzt, weil sie in Ass. 66 nicht lesbar ist.

Durch einen Vergleich mit Lev 13,38 wird in dem einleitenden Midrash (A) des vorliegenden Komplexes festgestellt, daß die Flecken in Lev 13,2 im Gegensatz zu denen in Lev 13,38 verunreinigungsfähig sind (A4= יש בהרות בהם מראות נגעים). Auf den ersten Blick ist die Logik des Vergleichs leicht nachvollziehbar: Da in der Rede Gottes Wiederholungen zu vermeiden sind und von reinen Flecken in Lev 13,38 schon die Rede ist (A3: ... לפי שנאמר), so müssen die in Lev 13,2 gemeinten Flecken verunreinigungsfähig sein. Weniger verständlich ist jedoch die Notwendigkeit, den Vergleich überhaupt anzustellen, denn in Lev 13,2 ist von שאת או ספחת או בהרת die Rede, d. h. von Ausdrücken, die nach rabbinischem Verständnis das Spektrum der Heiligkeitsgrade von verunreinigungsfähigen Flecken abdecken.[32]

Um diese Schwierigkeit zu überwinden, sollte man genauer betrachten, worin die Analogie zwischen beiden Versen besteht. In beiden wiederholt sich die Äußerung כי יהיה בעור בשרו/בשרם. Der Unterschied zwischen den verschiedenen Subjekten אדם/איש או אשה kann in diesem Kontext keine Relevanz haben.[33] In Lev 13,38 wird das Bezugsobjekt explizit genannt: בהרות לבנות. Es fungiert dort als Oberbegriff, der in dem unmittelbar darauf folgenden Vers (וראה הכהן והנה בעור בשרם בהרות כהות לבנות בהק הוא פרח בעור טהור הוא) determiniert wird: Unter den in V. 38 genannten בהרות לבנות sind die in V. 39 genannten בהרות כהות לבנות zu verstehen, und diese als »Bohaq«[34] bezeichneten Flecke sind rein.[35]

Der Abschnitt in Lev 13,38–9 weist insofern eine determinierende Struktur auf, einen Fall von »Kelal uFerat«, und genau in diesem Punkt sieht der Exeget in unserem Midrash die Grundlage für die Analogie mit Lev 13,2. An

---

[32] Vgl. mNeg 1,1 (... מראות נגעים שנים שהן ארבעה) und den parallelen Komplex in sNeg II,1–5 (61a-b). Die exegetische Erläuterung dieses Satzes findet sich in sNeg I,4 (60a): [:שאת] זו שאת, בהרתן[:] זו בהרת, ספחתן[:] זו שני לבהרת, ומראהו עמוק[:] שני לשאת ... Mit der Formulierung שאת [:]זו שאתן will man dabei das biblische שאת mit dem rabbinischen Terminus identifizieren (ähnlich in sNed IV,4 [6b]: (והקריבון[:] זו קבלת הדם). Als bekannt wird also vorausgesetzt, daß mit שאת einer von den vier Heiligkeitsgraden gemeint ist. Auch in dem Dialog zwischen R. Aqiva und seinem Sohn in sNeg II,6 (61b) wird der Satz מראות נגעים שנים שהן ארבעה als bekannt vorausgesetzt. Es ist also anzunehmen, daß auch der Exeget in unserem Text dieses Vorwissen hat.

[33] Dieser Unterschied bildet nach Neusner (*Purities,* VII, S. 15) den Kern der Auslegung. Die Frage מה תלמוד לומר (A2) versteht er wie folgt: "Why has Scripture used the future tense and referred to *an Adam* when later on it will refer to *man* (or woman)?" Stellt man die Frage auf diese Weise, so verwundert es nicht, wenn Neusner sie nicht beantworten kann: "But I do not see how that question is answered" (ebd.). In diesem Sinne auch bei Rabad (Komm. z. St.).

[34] Mit בהק ist im Sifra der Heiligkeitsgrad gemeint, dem der Bereich der vier מראות נגעים am nächsten liegt. (vgl. sNeg II,3 [61a]).

[35] Von den beiden Versen 13,38–39 werden im Sifra an der entsprechenden Stelle nur die letzten Worte in V. 39 (בהק הוא ... טהור הוא) angeführt und kommentiert (vgl. sNeg 10,1 [67a]). Daß hier nicht der ganze Vers aus Lev 13,38 dem exegetischen Verfahren unterliegt, ist für die sonst höchst lückenlose Levitikus-Exegese im Sifra ungewöhnlich. Dies erklärt sich zum Teil dadurch, daß dieser Vers in dem uns vorliegenden Midrash behandelt wird.

§ 16 Der Reinheitsstatus des hellen Fleckes 177

der Stelle des Bezugsobjekts בהרות in Lev 13,38 kommen in Lev 13,2 zwar die Ausdrücke שאת או ספחת או בהרת vor, aber diese bezeichnen nach der schon erwähnten, etablierten Auslegungstradition[36] nicht verschiedene *Aussatzschäden,* sondern – ähnlich wie der Begriff בהק in Lev 13,39 – bestimmte *Helligkeitsgrade* (מראות נגעים). So verstanden, ergibt sich eine Leseweise des Verses, derzufolge die Verbindung zwischen כי יהיה בעור בשרו und den einschränkenden Bestimmungen ohne den Oberbegriff בהרת unmöglich wird. Dieser zwischen den beiden Versteilen כי יהיה בעור בשרו und ... שאת או ספחת einzusetzende Oberbegriff gilt als das implizierte, unmittelbare Bezugsobjekt zu den Worten כי יהיה בעור בשרו. Auf ihn richtet der Exeget seine Frage מה תלמוד לומר.

Nur auf der Basis einer solchen Leseweise, die ihrerseits selbst schon voraussetzt, daß die Flecken, von denen in Lev 13,2 die Rede ist, unter die vier verunreinigungsfähigen Helligkeitsgrade fallen, kann die Analogie mit Lev 13,38 aufgestellt werden. Damit zeigt sich, worin die Leistung dieser Auslegung besteht: Sie schafft nicht etwas Neues, sondern legitimiert das schon gegebene Verständnis der in Lev 13,2 vorkommenden Begriffe als Bezeichnungen für die verunreinigungsfähigen Helligkeitsgrade.

Zudem sei noch folgendes angemerkt:

1. Der Vergleich mit Lev 13,38 dient der Beantwortung der Frage מה תלמוד לומר (A2). Durch den Vergleich erfährt man, welcher mögliche Sinn dem auszulegenden Vers, Lev 13,2, nicht zukommt (A4=אין צורך לומר בהרות שאין בהם מראות נגעים).[37] Die Antwort auf die Frage in A2 wird aber erst in A5 ausgesprochen: שלא באו לכלל אילא בהרות שיש בהם מראות נגעים. Neusner dagegen begeht bei seiner Textanalyse einen verhängnisvollen Fehler, der auf ein Mißverständnis der Formel לפי שנאמר zurückzuführen ist.[38] Er versteht den Terminus לפי שנאמר so, als ob er dazu diente, eine direkte Antwort auf מה תלמוד לומר zu vermitteln. Daraus ergibt sich eine völlig andere Lektüre des Textes: A1–3 wird als eine selbständige, mit A4–5 nicht zusammenhängende Einheit verstanden.

2. A3 ist eigentlich ein Gemisch zwischen einem Schriftzitat (Lev 13,38) und einer Paraphrase. In Lev 13,38 heißt es בהרות בהרות לבנות, doch diese Flecken werden durch die folgenden Worte in Lev 13,39 (בהק הוא טהור הוא)

---

[36] Vgl. oben Anm. 32.
[37] Als terminologisches Gerüst, auf dem sich der Gesamtmidrash aufbaut, kommt die Aufeinanderfolge der Formel לפי שנאמר ... אין צורך/צריך לומר nur an dieser Stelle im Sifra vor. Auf die Formel לפי שנאמר, die immer eine Gegenüberstellung von zwei Versen bzw. Versteilen einleitet, folgt in der Regel die Erwägung einer mit יכול eingeführten Möglichkeit, die dann durch den Verweis auf den anderen Vers widerlegt wird (vgl. z.B. sNeg 1,4 [60a]; IV,6 [64d]; 12,5 [67d]). Wie sich in den Fällen, in denen auf לפי שנאמר die Formel יכול folgt, ein Gegensatzverhältnis zwischen den zwei einander gegenübergestellten Versen bzw. Versteilen artikuliert, so gilt es auch hier, auf den Gegensatz im Referenzbereich der zwei Verse, Lev 13,2 und 38, hinzuweisen.
[38] Vgl. *Purities,* VII, S. 13–15.

näher bestimmt. Die Ersetzung לבנות durch טהורות ist gerade aufgrund der oben erläuterten strukturellen Analogie verständlich.[39]

Nun zum weiteren Verlauf des Textes: Das in A6 ausgesprochene Resultat leitet eine Liste (B) von fünf Fällen ein. Die Aufzählung dieser Fälle hat zur Folge, daß der Geltungsbereich der Flecken, auf die Lev 13,2 hinweist, beträchtlich eingeschränkt wird.

Der Übergang von A6 zu B kann ohne die Rückkehr zu dem ausgelegten Vers nicht verstanden werden. In den drei ersten Fällen wird ein gleicher Vorgang beschrieben. Der Fleck unterliegt einer Änderung äußerlicher Bedingungen. Lev 13,2 verweist – zu diesem Ergebnis ist man eben gekommen – auf verunreinigungsfähige Flecken. In diesem Vers kommt aber auch das Imperfekt כי יהיה vor. Das Verb יהיה deutet darauf hin, daß es sich im Vers nicht um verunreinigungsfähige Flecken handelt, die bloß verunreinigungsfähig *sind,* sondern um Flecken, deren Verunreinigungsfähigkeit erst zu einem späteren Zeitpunkt eintritt. Es handelt sich also um Flecken, die verunreinigungsfähig *werden,* wie beispielsweise der helle Fleck bei einem Nichtjuden, der zum Judentum übertritt. Mit dieser Änderung kommt dem schon existierenden Fleck Verunreinigungsfähigkeit zu.

In demselben Sinne sind m.E. auch die Einzelheiten B4–5 der Liste zu verstehen. Dort wird zwar nur der ursprüngliche Zustand genannt, in dem der Fleck noch rein war. So z.B. Flecken auf dem behaarten Kopf: sie sind wie Flecken bei einem Nichtjuden oder bei einem Embryo nicht verunreinigungsfähig. Der Ausdruck בראש ובזקן ist elliptisch zu verstehen: Es wird eine Zeit kommen, in der die Haare ausfallen werden. Dann werden die Flecken auf dem Kopf wie die Flecken bei dem Proselyten unrein. B4 besagt eigentlich בראש ובזקן ונקרחו, und ebendies gilt für B5.

Die Auflistung der Fälle in B setzt zweifelsohne eine Auslegung zu der Wendung כי יהיה voraus. Sie ist von dem exegetischen Rahmen in A2–4 völlig unabhängig. Doch die Worte כי יהיה kommen im Lemma vor. Erst mittels der Rückkehr zu einem anderen Aspekt im Lemma ist also die Verbindung zwischen A2–4 und B begreiflich. A2–4 und B stellen also zwei verschiedene Auslegungen zu zwei verschiedenen Aspekten des angeführten Verses dar. Daß diese ursprünglich voneinander unabhängigen Traditionen zusammen zu einer literarischen Einheit redaktionell verschmolzen wurden,

---

[39] Die Anführung von Versteilen und ihre Setzung als Lemmata der Auslegung in Texten des Sifra geschieht nicht immer in Form eines Zitats (vgl. z.B. die Anführungsweise in den Sifra-Texten in §4 (S. 59, den Textteil C1 und s. dort Anm. 63) und in §18 (S. 205, den Textteil D13 und s. dort Anm. 77); vgl. zudem z.B. sNed V,3 [Weiss: 7d; Ass. 66: 27]). Manchmal werden die Ergebnisse der Auslegung schon bei der Anführungsweise vorweggenommen. Wenn man z.B. aus dem Wortlaut in Lev 19,10 ופרט כרמך לא תלקט לעני ולגר) תעזב אתם) den Textteil לא תלקט לעני extrahiert und als Lemma einer Auslegung bestimmt (sAharMot 3,13–14 [81b]), so hat man damit schon die Gliederung des Verses völlig umgewandelt.

belegt die Tatsache, daß Auslegungen des Sifra sich immer als abgrenzbare literarische Einheiten darstellen. Die Exegese vollzieht sich immer so, daß jeweils nur ein Schriftphänomen behandelt wird. Weist ein literarischer Komplex eine Entwicklung in der Exegese des Verses auf, so geschieht dies durch die Verkettung einzelner Auslegungsschritte, die mittels des terminologischen Apparats miteinander verknüpft werden. Im normalen Fall würde man etwa folgende Textgestaltung erwarten:

... שלא באו לכלל אילא בהרות שיש בהם מראות נגעים
יכול כל הבהרות הללו בכלל
תלמוד לומר
כי יהיה
שהיו בגוי וניתגייר ...

Die tatsächlich vorliegende Textgestalt ist also die Folge eines redaktionellen Eingriffs, der in der Vereinheitlichung beider Auslegungen zu einer literarischen Einheit bestand. Genauer betrachtet ist diese Verschmelzung Folge einer redaktionellen Interpolation des Textteils B in den literarischen Komplex A → C, denn es liegt nahe, daß A4 (שלא באו לכלל אילא בהרות שיש בהם מראות נגעים) den ursprünglichen Bezugspunkt zu der Fortsetzung in C1 (נישתנו מראיהן) bildete.

In dem vorliegenden Stadium bezieht sich die Diskussion zwischen den verschiedenen Rabbinen über die Beurteilung eines Fleckes, dessen Helligkeitsgrad sich geändert hat (C), auf die in B genannten Fälle. Dieses Bezugssystem erinnert sofort an die Problematik, auf die in der Anlayse des Mishna-Textes hingewiesen wurde. Doch hier ist die Problematik dieses Bezugs keinesfalls als gleichwertig mit der des Mishna-Textes einzustufen.

Um diesen Unterschied klarzustellen, müssen wir hier schon kurz das, was eigentlich dem Vergleichsteil angehört, vorwegnehmen. In der Mishna gilt der Fleck auf einem Nichtjuden, der konvertiert ist, als rein, nach der Sifra-Überlieferung ist er verunreinigungsfähig! Da ihm nach dem Mishna-Text Reinheit zukommt, konnte der Fall von der Änderung im Helligkeitsgrad des Fleckes, von dem dort im vierten Teil die Rede ist, nur so verstanden werden, daß sich diese Transformation gleichzeitig mit dem Übergang in den neuen Zustand vollzieht, was sich inhaltlich als problematisch erwies. Nach der Sifra-Überlieferung läßt sich die gemeinte Änderung durchaus so verstehen, als trete sie erst dann ein, nachdem der Nichtjude Proselyt wurde. So verstanden, entsteht nicht die Schwierigkeit, die beiden Teile in Beziehung zu setzen, so wie dies im Falle der Mishna galt.

Und trotzdem gilt auch für den Zusammenhang hier die gleiche Überlegung, die wir bei der Analyse des Mishna-Textes aufgestellt haben: Es wäre unverständlich, wollte man die allgemeine grundsätzliche Problemstellung, die in C zwischen den verschiedenen Autoritäten diskutiert wird, auf die spezifischen Fälle in B reduzieren. Diese Schwierigkeit besteht, solange man den Sifra-Text als organische Einheit liest. Sobald B als Interpolation betrachtet wird, löst sich die Schwierigkeit auf. Offensichtlich hat sich der Textteil C ursprünglich auf das Resultat der ersten Auslegung (A1–5) bezogen.

Die Behauptung, daß B als redaktioneller Einschub anzusehen ist, läßt sich auch durch eine weitere Beobachtung erhärten. Die Diskussion in C endet damit, daß R. Aqivas Diktum (C5–6) in einen exegetischen Zusammenhang (C7) gesetzt wird, so, als leite sich sein Urteil aus dem Ausdruck כי יהיה ab. Die exegetische Logik ist hier nicht leicht zu ermitteln. Geht man von der Vermutung aus, daß der Werdegang in כי יהיה impliziert, daß die Entstehung des hellen Fleckes immer nur im Sinne einer Transformation eines älteren Zustandes anzusehen ist, so verleiht ein solches Verständnis dem Urteil R. Aqivas volle Berechtigung, denn danach soll jede Änderung im Helligkeitsgrad des Fleckes zur Betrachtung des neuen Zustandes als Entstehung eines neuen Fleckes führen. Jedenfalls schließt diese exegetische Einbettung von R. Aqivas Ausspruch die Möglichkeit aus, daß der Ausdruck כי יהיה schon vorher im Text ausgelegt wurde.[40] Der wie nachträglich hinzugefügt wirkende Kommentar לכך נאמר כי יהיה scheint in sich die Spuren des mit dem Textteil B zusammenhängenden redaktionellen Eingriffs zu tragen. Hat der Redaktor in bezug auf B das Lemma כי יהיה von seiner Auslegung getrennt, so hängt er es nun an den Ausspruch des R. Aqiva an.

Vergleich

Ein verblüffendes Phänomen von sprachlicher und struktureller Affinität einerseits und inhaltlicher halachischer Diskrepanz andererseits liegt zwischen den beiden Überlieferungen vor. Bis auf den zuerst genannten Fall in der Mishna (mA2) besteht die in beiden Texten tradierte Liste aus denselben Bestandteilen, die in derselben Reihenfolge (mA3–7 = sB1–5) aufgeführt sind. Es besteht ferner eine wesentliche Übereinstimmung hinsichtlich der überlieferten Meinungsverschiedenheit der drei Weisen über die mit der Änderung im Helligkeitsgrad des Fleckes zusammenhängende Problemstellung. Hier haben beide Texte dasselbe Gerüst (mD1 und 7–9 = sC1–6), dem unterschiedliche Zusätze beigefügt sind: im Sifra die Einbettung des Diktums R. Aqivas in einen exegetischen Kontext (sC7) und in der Mishna die verdeutlichende Anmerkung (mD2–6), die zwischen der Darstellung des Falles und den verschiedenen gefällten Urteilen darüber integriert wurde.

Ein entscheidender Faktor für die Feststellung der hochgradigen Affinität zwischen beiden Texte besteht in dem textuellen Zusammenhang zwischen dem eben erwähnten Disput und der »Liste«. Der Disput ist nicht in Form einer selbständigen Überlieferungseinheit tradiert. Mit Einführung der Fragestellung ... נשתנו מראיהן (mC1 = sD1) entsteht ein Bezug zu einem vorange-

---

[40] Mit der Aussage »dafür wurde gesagt ...« klingt die Fortsetzung an: »und nicht dafür, ...«. Der Akzent in לכך נאמר liegt auf לכך.

henden Textteil. Beiden Texten ist gemeinsam, daß sich die Frage nach dem Status der Flecken, deren Helligkeitsgrad sich geändert hat, auf die spezifischen, in der Liste aufgezählten Fälle bezieht. Den Flecken unter den besagten spezifischen Bedingungen im Mishna-Text kommt Reinheit zu. Im Zusammenhang mit dieser Tatsache wurde argumentiert, daß der Bezug, der sich zwischen dem Demonstrativpronomen in מראיהן (C1) und diesen reinen Flecken konstituiert, aus inhaltlichen Gründen nicht möglich ist. Darin weist die Mishna-Überlieferung eine Kohärenzlücke auf. Wie es zu diesem Fehler gekommen ist, wird erst klar, wenn das Grundproblem in der Gegenüberstellung der beiden Überlieferungen geklärt ist. Darauf wird nun eingegangen.

Trotz aller genannten Übereinstimmungen zwischen beiden Fassungen kommen denselben in der Liste aufgezählten Fällen im Sifra und in der Mishna zwei völlig verschiedene Urteile zu. Helle Flecken auf einem Nichtjuden, der zum Judentum konvertiert ist, sind nach der Mishna rein (mA1). Ihr ursprünglicher Status wird trotz Änderung der Umstände beibehalten. Im Sifra dagegen fallen sie in die Klasse der verunreinigungsfähigen Flecken (sA4). In Anbetracht der großen Affinität zwischen beiden Texten stellt sich die Frage, wie eine solche Diskrepanz überhaupt möglich ist.

Der Schlüssel zur Erklärung dieses Problems liegt in der Betrachtung der Art und Weise, wie sich die Exegese im Sifra-Text artikuliert. Bei der Gegenüberstellung der zwei Verse, Lev 13,2 und Lev 13,38, werden die angeführten Worte aus Lev 13,38 nicht wörtlich wiedergegeben. Statt בהרות בהרות לבנות steht בהרות בהרות טהורות (sA3). Dieselben Worte בהרות טהורות leiten in der Mishna (A1) die Liste ein. Ist das ein Zufall?

Der Vergleich mit Lev 13,38 dient der Ausschließung der Möglichkeit, daß in Lev 13,2 reine Flecke gemeint sind. Der substantielle Gegensatz liegt zwischen den reinen Flecken (בהרות טהורות), von denen in Lev 13,38 die Rede ist, und den verunreinigungsfähigen Flecken (בהרות שיש בהם מראות נגעים), auf die Lev 13,2 verweist.

Im Text werden jedoch nicht nur diese zwei Kategorien eingeführt: Im vorletzten Satz des Midrash (sA4) ist von בהרות שאין בהם מראות נגעים die Rede. Diese sind den verunreinigungsfähigen Flecken in sA5 gegenübergestellt. Mit A4 wird das eigentliche Ergebnis aus dem Vergleich mit Lev 13,38 ausgesprochen: Da in Lev 13,38 von reinen Flecken die Rede ist, ist es entbehrlich, solche Flecken, die keine verunreinigungsfähigen Helligkeitsgrade haben, in den Geltungsbereich dessen, was Lev 13,2 vorschreibt, einzubeziehen. Nach diesem Verständnis der exegetischen Logik ist die Bezeichnung בהרות שאין בהם מראות נגעים in A4 mit dem vorangehenden Begriff בהרות טהורות in A3 gleichgesetzt.

Bei der Anführung des Zitats aus Lev 13,38 ersetzt der Exeget die dort genannten weißen Flecken durch »reine Flecken«. Der Grund für diese Ersetzung wurde schon geklärt: In dem darauf folgenden Vers (13,39) wird der Helligkeitsgrad näher bestimmt. Diese Flecken haben den Helligkeitsgrad von »Bohaq« und sind deswegen nicht verunreinigungsfähig. Diese implizierte

182 *Die mishnische Bearbeitung von Sifra-Überlieferungen*

Logik, die der Ersetzung בהרות לבנות durch בהרות טהורות zugrundeliegt, bestätigt die Behauptung über die Gleichsetzung der in A3 genannten »reinen Flecken« und der in A4 eingeführten Klasse der Flecken, die keine verunreinigungsfähigen Helligkeitsgrade aufweisen.

Nun kann aber dieses komplexe Gefüge völlig anders verstanden werden. Man kann nämlich die dichotomische Gegenüberstellung der zwei einander ausschließenden Klassen (בהרות שאין / שיש בהם מראות נגעים) in A4–5 so deuten, als wäre sie der übergeordneten Kategorie der in A3 genannten *reinen Flecken* untergeordnet. Demnach sind in A5 nicht bloß verunreinigungsfähige Flecken gemeint, so wie wir es verstanden haben, sondern reine Flecken, die aufgrund ihrer Helligkeitsgrade verunreinigungsfähig sind. Die ihnen zugesprochene Reinheit ist dann nicht auf ihre Helligkeitsgrade zurückzuführen (nach diesem Maßstab sollten sie eigentlich unrein sein), sondern sie gründet sich auf andere Faktoren. Und siehe da: die sich in B anschließenden besonderen Fälle eignen sich sehr gut als Bestätigung dieser Leseweise. Im Kontext dieser Lektüre zeigten sie eben die Bedingungen, unter denen von reinen Flecken, die verunreinigungsfähige Helligkeitsgrade aufweisen, die Rede sein kann.

Helle Flecken auf einem Nichtjuden sind – unabhängig von ihrem Helligkeitsgrad – rein. Mit dem Übertritt zum Judentum stellt sich die Frage, ob die vom Helligkeitsgrad der Flecken unabhängige Reinheit beibehalten oder aufgehoben wird. Mit der Entscheidung, daß die Reinheit erhalten bleibt, zeigt sich ein Fall von hellen Flecken, die gleichzeitig verunreinigungsfähige Helligkeitsgrade aufweisen können und dabei rein bleiben. Auf eine überraschende Weise zeigt sich die Möglichkeit, die Logik dieses Falles mit der möglichen Leseweise, auf die eben hingewiesen wurde, zu kombinieren.

Ein solches überraschendes Verständnis des Sifra-Textes setzt voraus, daß man den Ausdruck בהרות טהורות von seiner Zugehörigkeit zum Zitat trennt und als eine für sich stehende sprachliche Äußerung ansieht.[41] Die Plausibilität dieser Leseweise ist damit begründet, daß gerade in diesem Punkt die Anführung des Bibelzitats vom Wortlaut des Verses abweicht.

---

[41] Genau auf diese Weise liest Neusner den Sifra-Text: Die Textteile A1–3 betrachtet er als selbständige Einheit und seine Leseweise lautet wie folgt: "When we come to D [= der Ausdruck בהרות טהורות; bei uns in A3], as noted, we are at the beginning of a new element in the pericope. D says there are bright spots" (*Purities,* VII, S. 15). Der Ausdruck בהרות טהורות wird also vom Schriftzitat Lev 13,38 getrennt. Und wie liest er den Text weiter? "E [= A4] asks what falls into the category of 'clean bright spots' and answers (dies tut nach seiner Einteilung nicht E, sondern G [= A6]) that we cannot possibly speak of bright spots which have never entered the category of uncleanness, that is, Lev 13:38–9. Rather, our attention is focused in Lev. 13:1–2 upon bright spots which under normal circumstances will be *unclean,* but sometimes may not be unclean, thus glossing M. 7:1's [= mA2–7] list" (ebd.).

Zudem gibt es noch einen weiteren Faktor, der eine solche Leseweise motivieren könnte. Wenn der Rezipient bei seiner Lektüre zum Textteil B gelangt, erinnert der zeitliche Ablauf in den besprochenen Fällen unmittelbar an das Zeitwort כי יהיה in A1, das ein Werdungsvorgang impliziert. Der Text suggeriert die Feststellung eines solchen Zusammenhangs. Solange kein Zweifel an der organischen Einheit von A und B entsteht, liegt es nahe, daß der Rezipient auch in A eine sich auf diesen Ausdruck konzentrierende Auslegung sehen würde. Die Frage מה תלמוד לומר würde dann im Kontext einer solchen Deutung so verstanden, als richtete sie sich nach dem Sinn von כי יהיה. Auf diese Weise erhält der Vergleich mit dem Vers in Lev 13,38 einen anderen Stellenwert. In beiden wiederholt sich dieselbe Verbform. Nach dieser Leseweise handelt es sich beim Vergleich zwischen beiden Versen nicht – wie wir es verstanden haben – um eine ausschließende Gegenüberstellung, sondern um ein Analogieverfahren. Die Art und Weise, wie der Rezipient nach dieser Voraussetzung die Textteile A-B liest, läßt sich paraphrasierenderweise wie folgt wiedergeben: »Wenn bei einem Menschen sein wird ...« Was besagt die Schrift, wenn sie diese Futurform verwendet? Da auch in Lev 13,38 dieselbe Futurform erscheint, wissen wir, daß auch hier reine Flecken gemeint sind. Die Nennung von reinen Flecken wäre jedoch entbehrlich, hätte man die reinen Flecken gemeint, die keine verunreinigungsfähigen Helligkeitsgrade besitzen. Folglich schließen wir daraus, daß mit diesen reinen Flecken solche gemeint sind, deren Helligkeitsgrad doch in das Spektrum der verunreinigungsfähigen Helligkeitsgrade fällt, wie z. B. bei einem Nichtjuden, der konvertiert ist usw.

Mehrere Faktoren kommen zusammen und machen eine solche Leseweise hochgradig plausibel. Nach dieser Leseweise kommt den unter B genannten Flecken Reinheit zu. Mit der Hypothese, daß der Mishna-Redaktor den Sifra-Text so gelesen hat, erklärt sich der krasse Widerspruch zwischen beiden Überlieferungen über den Reinheitsstatus der hellen Flecken unter den besagten Bedingungen.

Obwohl der Text gewiß so verstanden werden kann, ist diese Leseweise keine gleichwertige Alternative zu der unsrigen. Die Worte בהרות בהרות טהורות in A3 sind ein Teil des Zitats aus Lev 13,38. Trifft es zu – so wie sich dies aus der Analyse des Sifra-Textes ergab –, daß die Meinungsverschiedenheit der drei Weisen in C sich ursprünglich nicht auf die spezifischen Fällen in B bezogen hat, sondern auf die Konklusion in A5, die besagt, daß es sich in Lev 13,2 um Flecken handelt, die verunreinigungsfähige Helligkeitsgrade aufweisen, so kann es in A5 mit Sicherheit nicht um reine Flecken gehen, denn bei diesen spielt die Änderung im Helligkeitsgrad überhaupt keine Rolle.

Im Zusammenhang mit der Überlieferung dieser Meinungsverschiedenheit in der Mishna haben wir auf ihre problematische Verbindung mit den in der »Liste« genannten Flecken hingewiesen. Nachdem nun geklärt wurde, wie die markante halachische Differenz zwischen der Mishna und dem Sifra zustandegekommen ist, ist es leicht einzusehen, wie darüber hinaus die Bearbeitung der Sifra-Vorlage seitens des Mishna-Redaktors zu der Kohärenzlücke geführt hat. Im ursprünglichen Stadium bezog sich die Debatte der Weisen über den Reinheitsstatus des hellen Fleckes, dessen Helligkeitsgrad sich geändert hat, auf den verunreinigungsfähigen hellen Fleck im allgemeinen (sC → sA5). Der Sifra-Redaktor hat aber zwischen sA und sC die Auslegungstradition über die besonderen Fälle (sB) eingefügt, was zur Folge hat, daß die Kontroverse in sC auf die besonderen Fälle in sB eingeschränkt ist. So disputieren die Weisen auf der Ebene dieses Überlieferungsstadiums über den Status des hellen Fleckes bei einem Proselyten nach dessen Übertritt zum Judentum. In diesem Zustand ist der Fleck nach dem Sifra verunreinigungsfähig, und die Frage, ob die Änderung seines Helligkeitsgrades Konsequenzen für seinen Reinheitsstatus hat, ist sinnvoll. Durch das Mißverstehen der exegetischen Logik des Midrash A im Sifra hat sich der Status des besagten Fleckes bei der Bearbeitung der Sifra-Vorlage in der Mishna umgekehrt. Der Fleck ist rein. Sobald sich nun ein solcher Wandel vollzogen hat, wundert es nicht, wenn die unverändert übernommene Kontroverse in ein Bezugssystem eintritt, das sich inhaltlich nicht aufrechterhalten läßt.

Der Bearbeitung der Vorlage im Sifra hat der Mishna-Redaktor neues Material hinzugefügt. Den Fall A2 (שהיו בו קודם למתן תורה) hat er aller Wahrscheinlichkeit nach eben auch aus dem Sifra übernommen. Der unmittelbar auf den vorliegenden Text folgende Midrash bot ihm den erforderlichen Stoff. Der Midrash (sNeg 1,2–3; Ass. 66, S. 251) hat den folgenden kurzen exegetischen Kern: מן הדיבר והלך   [:]כי יהיו. Eingeleitet durch קל וחומר folgt auf diesen Kommentar der für den Sifra typische dialektische Teil, dessen Anliegen im nächsten Textvergleich thematisiert wird; substantiell erneuert er aber nichts. Der halachische Ertrag ist mit diesen kurzen Worten erschöpft. Die Einschränkung des Geltungsbereichs der verunreinigungsfähigen Flecken auf die Zeit nach der Rede Gottes מן הדיבר והלך hat der Mishna-Redaktor in seiner Sprache (A2: שהיו בו קודם למתן תורה) wiedergegeben.

Die Hinzufügung der in mB beschriebenen Fälle zu der Reihe der Fälle, bei denen den Flecken Reinheit zugesprochen wird, ist im Rahmen der Bearbeitung der Sifra-Vorlage nachvollziehbar. mB stellt genau denselben Sachverhalt dar, den die Textteile B4–5 im Sifra nach unserem Verständnis in elliptischer Form zum Ausdruck bringen. Wird jedoch die elliptische Formulierung im Hinweis sB4 (בראש ובזקן) nicht wahrgenommen, dann wird der Fall so verstanden, als beschriebe er einen statischen Zustand. Die Liste im Sifra steht jedoch in einem exegetischen Kontext, der eine mit einem Werdevorgang zusammenhängende Beurteilungslogik darstellt. Angenommen, daß der Fall im Sifra seitens des Mishna-Redaktors auf diese Weise verstanden wurde, so ist nachvollziehbar, daß er den schon aufgezählten Fällen auch jene hinzugefügt hat, die sich aus der zugrundeliegenden Beurteilungslogik ergeben und zu ihrer Verdeutlichung noch weiter beitragen.

Völlig unabhängig von der Bearbeitung des Sifra-Textes ist die Integrierung des Disputs zwischen R. Eliezer b. Ya'aqov und den Weisen in C. Im Sifra kommt er nicht vor. Dasselbe gilt auch für die verdeutlichende Anmerkung in D2–6. Sie hängt nicht mit den direkten interpretatorischen Schritten, die zur Bearbeitung mit der Vorlage gehörten, zusammen. Man darf jedoch annehmen, daß diese Explikation gleichzeitig mit der Bearbeitung der Sifra-Vorlage in die Überlieferungseinheit eingeschoben wurde.

Die letzten Ausführungen sollen das zuvor Dargestellte nicht in den Hintergrund drängen. Die halachische Diskrepanz zwischen beiden Überlieferungen hinsichtlich des Reinheitsstatus der hellen Flecken bei einem Nichtjuden, der zum Judentum konvertiert ist, bei einem Kleinen [= Embryo], der geboren ist, auf einer [Haut]falte, die bloßgelegt wurde, usw., geht auf ein inkorrektes, doch völlig nachvollziehbares Verständnis des Sifra-Textes seitens des Mishna-Redaktors zurück. Was den Mishna-Redaktor zu dem Irrtum verleitet hat, war zum einen die nicht-wörtliche Anführung des Zitats aus Lev 13,38 und zum anderen die redaktionelle Interpolation des Textteils sB. Letzteres stellt im Rahmen dieses Teils der Arbeit die Hauptsache dar. Damit erweist sich, daß der Entstehung der Mishna eine redaktionelle Bearbeitung des Sifra vorausgegangen ist. Der Antwort auf die Frage, in welchem Entwicklungsstadium sich der Text des Sifra, den der Mishna-Redaktor benutzt hat, befand, werden wir durch den nächsten Vergleich nähern.

§ 17 Die Darbringungspflicht des Hohenpriesters und des Nasi wegen Übertretungen vor dem Amtsantritt

mHor 3,1–3; Ka., S. 349

A 1	כהן משיח שחטא ואחר כך עבר ממשיחותו	
2	וכן הנשיא[42] שחטא ואחר כך עבר מגדלתו	
3	כהן משיח מביא פר	
4	והנשיא (מביא שעיר[43])	
B 1	כהן משיח שעבר ממשיחותו ואחר כך חטא	
2	וכן הנשיא שעבר מגדולתו ואחר כך חטא	
3	כהן משיח מביא פר	
4	והנשיא כהדיוט	
C	חטאו עד שלא נתמנו ואחר כך נתמנו הרי אילו כהדיוט	
D 1	ר[בי] שמעון אומ[ר]	
2	אם נודע להן עד שלא נתמנו חייבין	
3	ומשנתמנו פטורין[44]	

---

[42] Nur in Ka. mit dem bestimmten Artikel. Die übrigen Hss. lesen נשיא. Dies entspricht dem Hinweis auf den Hohenpriester in A1, wo der Artikel gleichfalls nicht vorkommt.

[43] In Cam.: פר.

[44] Über die genannten Varianten hinaus stimmen die Textzeugen (P138, P984, Par., Jer., Ed. pr., Druck Konstantinopol) mit der vorliegenden Fassung völlig überein.

A 1 [Im Falle des] gesalbten [Hohen]priesters, der gesündigt hat, und von seinem Amte zurückgetreten ist,
  2 und ebenso [im Falle des] »Nasi«,[45] der gesündigt hat, und von seiner Würde zurückgetreten ist,
  3 [gilt folgendes:] Der gesalbte Priester bringt einen Stier dar,
  4 und der »Nasi« bringt einen Ziegenbock dar.
B 1 [Im Falle des] gesalbten Priesters, der von seinem Amt zurückgetreten ist und danach gesündigt hat,
  2 und ebenso [im Falle des] Nasi, der von seiner Würde zurückgetreten ist und danach gesündigt hat,
  3 [gilt folgendes:] Der gesalbte Priester bringt einen Stier dar,
  4 der Nasi [dagegen bringt ein Sündopfer] wie eine Privatperson dar.
C Haben sie gesündigt, bevor sie [in das Amt] eingesetzt worden sind und sind danach eingesetzt worden, so sind sie [hinsichtlich der Darbringungspflicht] wie eine Privatperson.
D 1 R. Shimon sagt:
  2 Wenn ihnen [das Vergehen] bewußt geworden ist, bevor sie eingesetzt wurden, so sind sie verpflichtet [ein Sündopfer wie eine Privatperson darzubringen],
  3 und [wenn ihnen das bewußt wurde,] nachdem sie eingesetzt worden sind, so sind sie frei [von der Darbringungspflicht überhaupt].

Infolge versehentlich begangener Übertretungen kommt in der Regel dem Betreffenden die Pflicht zu, ein Sündopfer darzubringen.[46] Die dazu bestimmten Tierarten unterscheiden sich je nach der halachisch-sozialen Einordnung des Subjekts, das dieser Darbringungspflicht unterworfen ist. Die Privatperson bringt eine Ziege oder ein Schaf dar, der Nasi ist zu einem Ziegenbock verpflichtet, und im Falle einer vorschriftswidrigen Rechtsentscheidung, die seitens des Hohenpriesters oder des Gerichtshofs irrtümlich getroffen wurde,[47] gilt es, einen Stier als Sündopfer zu bestimmen.[48]

Von versehentlich begangener Übertretung ist hier in dem Sinne die Rede, insofern die Vorschriftswidrigkeit der Handlung (im Falle der Privatperson und des Nasi) oder die Rechtsentscheidung (im Falle des Hohenpriesters und des Gerichtshofs) erst zu einem späteren Zeitpunkt bekannt geworden ist (nachfolgend der »Bewußtwerdungsmoment« genannt).[49] Da nun eine gewisse Zeit zwischen dem Begehen der Tat und diesem Bewußtwerdungsmoment vergehen muß, stellt sich die Frage, wie zu verfahren ist, wenn sich der Status des betreffenden Subjekts zu dem Zeitpunkt, an dem es das Opfer tatsächlich darbringen soll, geändert hat. Diese Fragestellung liegt nun der vorliegenden Mishna-Überlieferung zugrunde.

---

[45] Über die Defintion des Nasi als König vgl. mHor 3,3 und § 10. Hier wie im folgenden wird der Titel nicht übersetzt.
[46] Diese Regel gilt für Übertretungen, deren vorsätzliches Begehen die Ausrottungsstrafe zur Folge hat (vgl. mHor 2,6; sHova 1,1 [16a]). Manche Übertretungen sind dieser Strafregelung jedoch nicht unterworfen (vgl. mHor 1,3; 2,4–5 und die ausführliche Diskussion über die Abgrenzung des Geltungsbereichs solcher Übertretungen in sHova I–II [15b – 17a]).
[47] Über die vorschriftwidrige Rechtsentscheidung vgl. mHor 2,3 und ausführlich in § 3.
[48] Über diese Regelung vgl. mHor 2,6. Sie geht auf Lev 4 (V. 3; 14; 23; 28; 32) zurück.
[49] Vgl. die Worte des R. Shimon in D2.

In A und C (auf B wird später eingegangen) werden zwei Fälle genannt: 1. ein Vergehen seitens des Hohenpriesters und des Nasi während der Amtszeit und zugleich die Erfüllung der Darbringungspflicht in der Zeit darauf (A);[50] 2. eine Übertretung der beiden vor dem Amtsantritt und zugleich die Opferdarbringung danach. Bei der Urteilsfällung scheint man der Logik zu folgen, daß nach dem Zeitpunkt der Tat gerichtet wird.[51] Wird die Übertretung während der Amtszeit begangen, so bleibt auch dann die übliche Regelung – ein Stieropfer für den Hohenpriester, ein Ziegenbockopfer für den Nasi – bestehen, wenn beide ihre Schuld nach der Amtszeit büßen (A). Und andere Konsequenzen hat dieselbe Logik im Falle eines Vergehens vor dem Amtsantritt (C): Da hier wiederum die Zeit des Vergehens als maßgeblich gilt, haben der Hohepriester und der Nasi nicht das ihrer amtlichen Stellung entsprechende besondere Sündopfer darzubringen, sondern das Ziegen- oder Schafopfer einer Privatperson.

So lautet die anonyme Halacha. R. Shimon (D) ist einer anderen Ansicht. Dem Bewußtwerdungsmoment mißt er eine entscheidende Bedeutung bei. Zu dem Opfer einer Privatperson sind beide nur dann verpflichtet, wenn sowohl die Tat als auch der Bewußtwerdungsmoment vor der Amtszeit eingetreten sind. Seine Forderung, den Bewußtwerdungsmoment mitzuberücksichtigen, sollte jedoch nicht so verstanden werden, als wollte er anstelle des Zeitpunktes, in dem die vorschriftswidrige Handlung resp. Entscheidung eingetreten ist, den Bewußtwerdungsmoment setzen und in dieser Weise dem der anonymen Halacha zugrundeliegenden Kriterium mit einem anderen Maßstab begegnen. Wäre dies so, dann hätte er für den Fall der Bewußtwerdung des Vergehens nach dem Amtsantritt die beiden Amtierenden zu der Darbringung ihres bestimmten Opfers verpflichtet, also im Gegensatz zu der ausdrücklichen Freisprechung von jeder Darbringungspflicht in D3. R. Shimon ist vielmehr der Ansicht, daß beide Komponenten, die tatsächlich begangene Übertretung und der Bewußtwerdungsmoment, zusammen eine nicht zu trennende Einheit bilden.

Die Freisprechung in D3 wird somit verständlich: Die Übertretung wurde vor dem Amtsantritt begangen, jedoch erst nachher als solche wahrgenommen. Als eine Privatperson ist der Hohepriester nicht strafbar, weil ihm zu dieser Zeit nicht bewußt war, daß es sich um eine Übertretung handelte; als ein

---

[50] Was den Fall der Darbringung des Opfers nach Ende der Amtszeit angeht (A), ist er sicherlich nicht so zu verstehen, als wäre der Rücktritt des Hohenpriesters die Folge der begangenen Übertretung. Solche Leseweise wäre denkbar, wenn der Textteil A für sich stünde. Die systematische Behadlung der möglichen Fälle im vorliegenden Mishna-Text, in denen die tatsächliche Darbringung zu einer Zeit geschieht, als sich der Status des Betreffenden geändert hat, zeigt deutlich, daß ein solcher Zusammenhang überhaupt nicht gemeint ist. Der Rücktritt des Hohenpriesters kann z.B. die Folge der Untauglichkeit zur Fortsetzung des Tempeldienstes aufgrund eines körperlichen Fehlers sein (vgl. bHor 13a).

[51] Vgl. z.B. Albeck, Komm. z. St.

Hoherpriester kann er auch nicht strafbar sein, weil er die Übertretung nicht während der Amtszeit beging.[52]

In den genannten Fällen werden der Hohepriester und der Nasi völlig gleich behandelt. Die in B geschilderten Umstände bilden eine Ausnahme: Die Übertretung selbst wird nach Ende der Amtszeit begangen. Der Nasi ist nicht mehr Nasi, und folglich gilt für ihn, was auf die Privatperson zutrifft. Der Hohepriester dagegen behält – wenn man es so sehen will[53] – auch weiter seine Heiligkeit,[54] und so wie andere, in mHor 4,4 genannte Gesetze für ihn auch nach seiner Amtszeit gelten, wird er in dieser Zeit hinsichtlich der von ihm verlangten Buße für versehentlich begangene Übertretungen folglich weiter als Hoherpriester angesehen. Er ist zu der Darbringung eines Stieropfers verpflichtet.

Zu dem gesamten hier vorgetragenen halachischen Sachverhalt begegnet man im Sifra drei parallelen Überlieferungen. Der Vergleich mit einer dieser exegetischen Traditionen wird die Frage nach dem möglichen direkten literarischen Verhältnis nicht positiv beantworten können. Da ihm möglicherweise ein traditionsgeschichtlicher Wert zukommt, scheint es mir trotzdem sinnvoll, diese Parallele kurz darzustellen, ehe wir zum eigentlichen Vergleich übergehen.

Hinsichtlich des in B Festgestellten, der Verpflichtung des Hohenpriesters mit der Darbringung seines bestimmten Sündopfers auch nach dem Ende seiner Amtszeit, begegnet man im Sifra (sHova 2,6 [17a]) im Rahmen einer Auslegung zu Lev 4,3 folgendem Schriftbeweis:[55]

והקריב על חטאתו
מלמד שהוא מביא חטאתו משעבר

Der Bezugsvers lautet אם הכהן המשיח יחטא לאשמת העם והקריב על חטאתו אשר חטא פר בן בקר תמים לה׳ חטאת. Die Art des Vergehens beschreiben die Worte יחטא לאשמת העם, die im Sifra als Hinweis auf irrtümlich begangene Rechtsentscheidung seitens des Hohenpriesters verstanden werden.[56] Während jedoch bei allen drei anderen genannten Kategorien in Lev 4, der Gemeinde,

---

[52] Rashis Kommentar (bHor 10a zu אומר ר״ש) ist in diesem Sinne zu verstehen und so auch Qorban Aaron zu denselben Worten des R. Shimon in sHov II,7 (Komm. z.St.).

[53] Man kann es aber anders sehen. Dazu kommen wir gleich, wenn die Parallele aus dem Sifra besprochen wird.

[54] Vgl. Rambam, Komm. z.St.: כהן גדול אף על פי שעבר במום או מחמת זקנתו או כיוצא בזה הרי הוא נשאר בקדושתו כי שמן המשחה שניתן עליו אין פעולתו בטלה... Vgl. auch Bertinoro und Albeck, Komm. z.St. Diese Erklärung ist schon in yHor 2,1 (47a) belegt. Man beachte jedoch folgendes: Die Mishna selbst bedient sich des Begriffes משיחותו, der ja die Heiligkeit des Hohenpriesters symbolisieren sollte (vgl. Lev 21,10–12 und die Auslegung dazu in yHor 2,1 (11b); vgl. ferner den Artikel zu משח in: *Theologisches Wörterbuch zum Alten Testament*, Bd. V, v.a. Sp. 51–2.), um sein *Amt* zu bezeichnen. Die Heiligkeit geht also in dem Amt auf.

[55] Der Wortlaut ist nach Ass. 66, S. 74.

[56] Vgl. sHova 2,1–4 (17a).

§ 17 Die Darbringungspflicht wegen Übertretungen vor dem Amtsantritt 189

dem Nasi und dem Volk, auf die Opferart unmittelbar nach der Nennung des Vergehens hingewiesen wird (vgl. V. 14, 23 und 28), unterbrechen die Worte על חטאתו אשר חטא im o. g. Vers diesen unmittelbaren Bezug.

In diesem Zusammehang ist die Auslegung zu verstehen. Der Ausdruck חטאתו kann nicht als auf die vorangehende Nennung der Verschuldung יחטא לאשמת העם bezogen verstanden werden. Die rabbinische Hermeneutik verbietet es, da er ja sonst völlig überflüssig wäre. Man ignoriere also diesen Bezug, und folglich läßt sich in den Worten והקריב על חטאתו ein Hinweis auf ein Vergehen seitens des Hohenpriesters aufdecken, das gerade anders ist als jenes, welches die Worte אם יחטא לאשמת העם beinhalten. Während seiner Amtsführung fungiert der Hohepriester als Vertreter des Volkes. Sein Verschulden ist gleichzeitig das Verschulden des Volkes, daher der Ausdruck יחטא לאשמת העם.[57] Wenn nun in der Fortsetzung des Verses von seiner eigenen Sünde die Rede ist (והקריב על חטאתו), dann bezieht sich dieser Fall auf eine Zeit, in der sich die Gleichsetzung seiner Schuld mit der des Volkes nicht deckt, also die Zeit, in der er sein Amt nicht weiter ausübt. Auch in dieser Zeit hat es sein bestimmtes Stieropfer darzubringen.

Hier sei angemerkt: Wenn die vorliegende Auslegung den Weg der Entstehung dieser halachischen Bestimmung rekonstruiert – dies ist gewiß nicht weniger wahrscheinlich, als wenn man den Midrash bloß als Anknüpfung einer bestehenden Halacha an die Schrift versteht –, dann braucht man nicht das erwähnte Motiv der bleibenden Heiligkeit des Hohenpriesters, um zu erklären, warum er auch nach seiner Amtszeit das Stieropfer weiter darzubringen hat.

Im weiteren Verlauf dieser Auslegung wird mittels eines logischen Arguments versucht, diese Konklusion zu widerlegen; erwartungsgemäß wird es mit dem Hinweis auf die Schriftstelle widerlegt. Das Argument, welches insofern interessant ist, als in ihm ein Vergleich zwischen dem Hohenpriester und dem Nasi gezogen wird, lautet[58] wie folgt:

הלוא דין הוא
מה אם הנשיא שהוא מביא על שגגת המעשה
אינו מביא חטאתו משעבר
משיח שאינו מביא על שגגת המעשה
אינו דין שלא יביא חטאתו משעבר

Mit der Widerlegung dieses Arguments תל[מוד] לו[מר] והקריב על חטאתו wird die These מלמד שהוא [הכהן המשיח] מביא חטאתו משעבר abgesichert. Somit liegt hier ein Unterschied zwischen dem Hohenpriester und dem Nasi vor, der dem Überlieferungsteil B in der Mishna entspricht.

---

[57] Dazu vgl. Rashi, (Pentateuch-Kommentar z. St.; Hoffmann ספר ויקרא I, S. 125–6 und ausführlich bei Malbim, התורה והמצוה zu sHova 2,1 in: M. Leibusch, אוצר הפרושים, S. 305.
[58] Auch hier nach Ass. 66, S. 74.

Wichtiger für unser Anliegen und auch – wie ich meine – interessanter an und für sich, ist die Betrachtung der zwei anderen parallelen Überlieferungen im Sifra. Beide stellen zwei völlig gleichartige Auslegungen zu dem Verb יחטא dar, welches einmal in Lev 4,3 hinsichtlich des Hohenpriesters (אם הכהן המשיח יחטא) und einmal bezüglich des Nasi in Lev 4,22 (אשר נשיא יחטא) vorkommt. Abgesehen von dem Wechsel Hohepriester/Nasi sind beide Überlieferungen identisch. Daher genügt es, die Analyse auf einen der Texte zu beschränken. Der Reihenfolge ihres Erscheinens im Sifra nach wird also im folgenden der Midrash zu Lev 4,3 analysiert. Im Verlauf dieser Analyse wird auf den anderen Text Bezug genommen.

sHova II,6–7; Ass. 66, S. 72–73

A	1	משיח יחטא
	2	מה ת[למוד] לו[מר]
	3	שיכול יביא על הקודמות
	4	ודין הוא
	5	מא[59] אם הנשיא שהוא מביא על שגגת המעשה אינו מביא על הקודמות
	6	משיח שאינו מביא על שג[גת] המעשה אינו דין שלא יביא על הקודמות
	7	לא
	8	אם אמרת בנשיא שאינו מביא חטאתו משעבר תאמר במשיח שהוא מביא חטאתו משעבר
	9	הואיל והוא מביא חטאתו משעבר יביא על הקודמות[60]
	10	ת[למוד] לו[מר] משיח יחטא
	11	כשיחטא והוא משיח לא כשיחטא ועודיהו הדיוט
B	1	רבי שמעון אומר
	2	אם נודע לו עד שלא נתמנה ואחר כך נתמנה חייב
	3	ואם משניתמנה נודע לו פטור

A 1 »[Wenn der] gesalbte [Priester] sündigen wird« (Lev 4,3).
2 Was lehrt die Schrift?
3 Denn man könnte meinen, daß [d]er [Hohepriester] wegen [seiner] vorherigen [Übertretungen ein Sündopfer] darbringen soll,
4 und es ist eine Schlußfolgerung:
5 Wenn vom Nasi gilt, daß er wegen einer versehentlich [begangenen, vorschriftswidrigen] Handlung [ein Sündopfer] darbringt, [aber] kein [Sündopfer] wegen seiner vorherigen [Übertretungen],
6 soll nicht für den gesalbten [Priester], der wegen einer versehentlich [begangenen, vorschriftswidrigen] Handlung kein Sündopfer darbringt, [dasselbe] gelten, daß er kein Sündopfer wegen seiner vorherigen Übertretungen darzubringen hat?

---

[59] Die Lesart מא anstelle von מה ist für Ass. 66 ungewöhnlich. In den anderen Textzeugen kommt sie an dieser Stelle nicht vor.

[60] Die zwei logischen Argumenten wurden in Lo. auf eine Weise verkürzt, die keinen Sinn ergibt.

§ 17 Die Darbringungspflicht wegen Übertretungen vor dem Amtsantritt 191

7 Nein [= diese Schlußfolgerung trifft nicht zu].
8 Wenn Du vom Nasi redest, der sein [bestimmtes] Sündopfer [= Sündopfer eines Ziegenbockes] nicht darbringt, nachdem er [von seinem Amt] zurückgetreten ist, sollst Du hinsichtlich des gesalbten [Priesters], der sein [bestimmtes] Sündopfer [= Sündopfer eines Stiers] [auch dann] darbringt, nachdem er [von seinem Amt] zurückgetreten ist [in folgender Weise] argumentieren:
9 Da er sein [bestimmtes] Sündopfer darbringt, nachdem er [von seinem Amt] zurückgetreten ist, soll er ein Sündopfer wegen [seiner] vorherigen Übertretungen darbringen.
10 Die Schrift [aber] sagt: »[Wenn der] gesalbte [Priester] sündigen wird« (ebd.).
11 [Gemeint ist:] Wenn er [zu der Zeit] sündigt, in der er als Gesalbter [= Hoherpriester] fungiert; [und gemeint ist] nicht[:] wenn er [zu der Zeit] sündigt, in der er noch eine Privatperson ist.
B 1 Rabbi Shimon sagt:
2 Wenn ihm [sein Vergehen] bewußt geworden ist, bevor er [in sein Amt] eingesetzt wurde, und wurde er danach eingesetzt, dann ist er verpflichtet[, ein Sündopfer darzubringen],
3 und wenn ihm [sein Vergehen] bewußt geworden ist, nachdem er [in sein Amt] eingesetzt wurde, so ist er frei [von der Pflicht der Darbringung eines Sündopfers].

Thema der vorliegenden Auslegung bildet das Imperfekt des Verbes יחטא. Diese Konjugationsform wird als Futurform verstanden,[61] und folglich, wie beispielsweise die Verbform יהיה in den die Aussatzvorschriften einleitenden Worten in Lev 13,2 ... אדם כי יהיה בעור בשרו – wie in § 16 auf Seite 223 besprochen – dahingehend gedeutet wird, daß der Geltungsbereich der darauf folgenden Anweisungen auf die Zeit nach dem Erlaß dieser Gesetze (nämlich der Offenbarung des Gesetzes) zu beschränken ist ((מן הדיבר והילך,[62] ergibt sich auch hier aus der Form יחטא die Beschränkung der möglichen Übertretungen, die zum Referenzbereich des behandelten halachischen Sachverhalts gehören, auf die Zeit, in der der Hohepriester sein Amt schon innehat.[63]

---

[61] Bekanntlich besteht keine einwertige Koordination zwischen den drei Verbformen, Perfekt, Partizip und Imperfekt des biblischen Hebräischen und den drei Tempi (über den Gebrauch des Imperfekts vgl. Gesenius, *Hebräische Grammatik*, S. 324–330). Eine solche Entsprechung gilt aber für das mishnische Hebräisch (dazu M. H. Segal, *A Grammar of Mishnaic Hebrew*, S. 151 und 153–155).

[62] sNeg I,2 (60a), sNeg III,2 (62c) und sZavim I,2 (74d–75a).

[63] In den traditionellen Kommentaren besteht eine Übereinstimmung darüber, daß in diesem Midrash die Futurform ausgelegt wird. Es wird jedoch in unterschiedlicher Weise versucht, das Auslegungsthema breiter zu erfassen, d.h., die Auslegung des Verbes im Kontext der Syntax des gesamten Verses (einschließlich des einleitenden, vorangehenden Verses 4,2) mitzuberücksichtigen. Vgl. Rabad, Qorban Aharon, Komm. z. St. Am interessantesten ist Malbim (התורה והמצוה § 203), der auf die gängige Artikulation biblischer Bedingungssätze hinweist, bei denen das erste, unmittelbar auf den Bedingungspartikel כי folgende Verb im Imperfekt steht, die anderen jedoch, den halachischen Fall erörternd, darauf folgenden Verben entweder im Perfekt oder im Partizip vorkommen (vgl. auch Gesenius, *Hebräische Grammatik*, S. 518–520). In unserem Fall kommt in Lev 4,2 die übliche Einleitung des Bedingungssatzes נפש כי תחטא vor, und insofern stellt die Fortsetzung אם הכהן המשיח יחטא eine auslegungsbedürftige Abweichung dar. (vgl. auch in seinem אילת השחר (die Auflistung der hermeneutischen Regel, die im Sifra angewendet werden) § 46 und vgl. z. B. die Auslegung R. Yehudas in sNed XIII,1 [12c] zu den Worten ואם תקריב מנחת בכורים). Die gleich

Es ist zu beachten, daß dieses Ergebnis – Übertretungen des Hohenpriesters vor dem Amtsantritt erfordern kein Sündopfer – erst in A11 ausgesprochen wird. In A2–3 wird lediglich die Frage nach dem Sinn der angeführten Worte gestellt und die Möglichkeit genannt, die Darbringungspflicht auch auf diese Übertretungen zu erstrecken. Dieser Punkt wird für das Verständnis der Entstehung der Gesamtkomposition, wie bald gezeigt wird, von Bedeutung sein.

Dem Einwand in A3 שיכול יביא על הקודמות folgt ein Qal waḤomer-Argument: Die Übertretungsart des Nasi unterscheidet sich von der des Hohenpriesters (A5). Die Übertretung des Nasi besteht – wie die einer Privatperson – in einer vorschriftswidrigen Tat (= שגגת המעשה). Dem Hohenpriester kommt – gleich wie dem Gerichtshof – eine konstitutive Funktion im Rechtssystem zu. Er macht sich strafbar wegen einer rechtswidrigen Entscheidung (= שגגת ההוראה).[64]

Zudem wird als bekannt vorausgesetzt, daß der Nasi von der Opferdarbringung wegen Übertretungen vor seinem Amtsantritt befreit ist. Im Falle des Nasi ändert sich die Übertretungsart mit dem Amtsantritt nicht. Vor und nach dem Amtsantritt geht es um שגגת המעשה. Auf den Hohenpriester trifft dies allerdings nicht zu. Mit dem Antritt seines Amtes ist er nicht mehr wie in seinem Vorleben wegen שגגת המעשה verpflichtet, sondern, wie oben erörtert, wegen שגגת ההוראה. Dieser Unterschied wird in dem Argument nicht ausdrücklich genannt. Er ist jedoch der Schlüssel für sein Verständnis. Wenn die Darbringungspflicht wegen vorheriger Übertretungen mit dem Amtsantritt des Nasi *trotz der unveränderten Übertretungsart* aufgehoben wird, sollte dies *umsomehr* für den Fall gelten, in dem der Amtsantritt eine grundlegende Änderung der Natur des Vergehens mit sich bringt, wie sich das im Falle des Hohenpriesters verhält.

Diese in Form einer rhetorischen Frage ausgedrückte Schlußfolgerung in A6 wird dann mittels eines Gegenarguments widerlegt, dessen Logik nicht weniger einleuchtend ist. In anderer Hinsicht besteht ein aufschlußreicher Unterschied zwischen dem Hohenpriester und dem Nasi. Zu der Darbringung des ihm bestimmten Stieropfers ist der Hohepriester im Gegensatz zum Nasi auch nach Ende seiner Amtszeit verpflichtet (מביא חטאתו משעבר).[65] Aus diesem Blickwinkel betrachtet ändert sich der Status des Hohenpriesters mit dem

---

geartete, oben eingeführte Auslegung zu כי יהיה, einer Wendung, die keine Abweichung von der Norm darstellt, problematisiert sein sonst tiefsinniges Verständnis des Midrash.

[64] Im Sifra wird diese Übertretungsart folgendermaßen formuliert: אינו מביא אלא על העלם דבר עם שגגת המעשה (vgl. z.B. sHova 2,1–6 [17a]), wobei der Ausdruck העלם דבר, der Lev 4,13, nämlich der Beschreibung des Vergehens der Gemeinde [= Gerichtshof] entnommen ist, auf die rechtswidrige, irrtümlich getroffene Entscheidung hinweist, und der auf ihn folgende (שגגת המעשה) auf die Tat, die dieser Entscheidung entspricht. Im Unterschied zu den Rechtsentscheidungen des Gerichtshofs sind die getroffenen Rechtsentscheidungen des Hohenpriesters auf seine eigenen Handlungen bezogen (vgl. a.a.O., 2,5).

[65] Dies war das Thema der Auslegung in sHova 2,6 (17a), die am Ende der Analyse des Mishna-Textes dargestellt wurde.

§ 17 Die Darbringungspflicht wegen Übertretungen vor dem Amtsantritt 193

Ende der Amtszeit nicht. Folglich läßt sich diese Tatsache auch auf die Zeit des Amtsantritts übertragen, d. h., daß die Darbringungspflicht wegen begangener Übertretungen vor dem Amtsantritt bei einem Wechsel, der sich im Falle des Hohenpriesters im Gegensatz zu dem des Nasi weniger bemerkbar macht, nicht aufzuheben ist.

Das erste Argument wird somit widerlegt. Das Gegenargument zeigt, wie man zum umgekehrten Ergebnis gelangt. Es bekräftigt somit den Einwand, der anfangs mit der Formel יכול eingeführt wurde. Es sei nachvollziehbar, daß der Hohepriester von seiner Schuld infolge vorheriger Übertretungen nicht befreit werden kann. Erwartungsgemäß wird daher an dieser Stelle auf das Schriftwort hingewiesen, dessen Futurform die Logik der letzten Überlegung vereitelt und zu dem endgültigen Urteil führt.

Was hier mittels der Einführung des dialektischen Diskurses geleistet wird, ist deutlich. Der Terminus ודין הוא greift das Ergebnis der Auslegung auf und deutet an, daß dieselbe Folgerung mittels einer logischen Überlegung erreicht werden kann. Die Darstellung des logischen Arguments zeigt somit eine Alternative zu der Rechtsschöpfung aus der Schriftauslegung auf. Da nun das ganze Szenarium von der Durchsetzung des Ideals der Unerläßlichkeit der Schriftauslegung motiviert wird, muß dann das Argument widerlegt werden. Dies geschieht durch die Darlegung eines Gegenarguments, welches zum entgegengesetzten Ergebnis führt. In diesem Punkt gilt es dann, dieses Argument mittels der Rückkehr zur Schrift zu widerlegen. Somit schließt sich der Kreis; man befindet sich wieder beim Ausgangspunkt. Trotzdem wurde dabei die Erkenntnis gewonnen, daß das offenbarte Wort Gottes unerläßlich ist, daß der menschliche Verstand der Autorität des Wortes nicht standhalten kann.

Bekanntlich ist dieser dialektische Diskurs im Sifra sehr dominant.[66] Solchen Überlieferungen mit einer derartigen dialektischen Struktur liegt immer dasselbe logisch-semantische Schema zugrunde. Auf die Darstellung des Lemmas folgt der Midrash, der in diesen Fällen normalerweise nur in der Feststellung des schon erreichten exegetischen Ergebnisses besteht. Darauf wird mit ודין הוא der dialektische Diskurs eingeleitet, und am Ende der Kette von Argumenten und Gegenargumenten wird auf den Ausgangspunkt mittels תלמוד לומר zurückgegangen. Das Lemma wird wiederholt dargestellt, und genauso wie am Anfang das exegetische Ergebnis formuliert.

Im vorliegenden Text gliedert sich der dialektische Diskurs in die eigentliche Auslegung lückenhaft ein. Das erste Argument nimmt das exegetische Resultat vorweg. Auf dieses Ergebnis baut es sich auf. Das Ergebnis, worauf es sich bezieht, und welches es mit der Formel ודין הוא bestätigt, ist an der Stelle seiner Einführung noch nicht ausgesprochen. Die Formel יכול in A3

---

[66] Gesamtkapitel im Sifra (wie z. B. die ganze Parasha, in der die vorliegende Überlieferung vorkommt (sHova II [16c–17a]) und der auf sie folgende Pereq (sHova 2 [17a-b]) tragen in sich den Stempel dieser Dialektik.

leitet zwar einen Einwand ein, von dem man weiß, daß er im Laufe des exegetischen Diskurses widerlegt werden wird. Insofern deutet die Formulierungsweise in A3 wohl an, welches halachische Ergebnis intendiert ist. Sprachlich und strukturell ist die Textgestaltung jedoch nicht einwandfrei: An der Stelle, an der das Argument eingefügt wird, fehlt dem Argument der Bezugspunkt. Diese Lücke, die Tatsache, daß das Gemeinte strukturell nicht einwandfrei artikuliert wird, ist auf eine redaktionelle Bearbeitung dieser Überlieferung zurückzuführen. Die Tatsache, daß sich beide, die Formel ודין הוא und das mit ihr eingeleitete Argument, sprachlich auf einen Textteil beziehen, der erst am Ende dieser Überlieferung vorkommt, verrät die Entstehungsgeschichte dieser Überlieferung. Ein Bearbeiter dieses Textes hat in dem ursprünglichen Midrash A1–2, 9–11 den dialektischen Diskurs nachträglich eingeschoben.

Die Feststellung, daß die vorliegende Überlieferung eine Kohärenzlücke aufweist, besteht in der Spannung zwischen der strukturellen Erwartung, die mit der Verwendung der Formel ודין הוא zusammenhängt, und der Tatsache, daß diese Erwartung nicht erfüllt wird. Da die Richtigkeit dieser Feststellung davon abhängig ist, ob dem Terminus ודין הוא im Sifra eine feste Verwendungsweise zukommt, soll im folgenden dazu einiges ausgeführt werden.

Man begegnet einer langen Reihe von Überlieferungen, in denen die Formel ודין הוא ein Argument einleitet, welches im Gegensatz zu dem exegetischen Ergebnis steht. Es sind exegetische Überlieferungen, in deren ersten Teil der mit der Formel יכול eingeleitete Einwand steht. Mittels der Formel ודין הוא wird dann ein Argument dargestellt, das zur Bekräftigung des Einwands dient.[67]

In anderen Überlieferungen dieser Gruppe wird unmittelbar auf die Setzung des Lemmas, d.h. an der Stelle des Einwands, das geltende exegetische Ergebnis formuliert. Dieses wird jedoch betont, indem der positiv ausgedrückten Formulierung des Urteils die Negation der umgekehrten Möglichkeit hinzugefügt wird (z.B.: אין לך עוף אלא תורין ובני יונה, תורין גדולים ולא קטנים).[68] Eben diese negierte Möglichkeit wird in solchen Fällen mit der Formel ודין הוא aufgegriffen.[69] Der Terminus ודין הוא hat hier den gleichen funktionellen Wert wie in den zuerst genannten Midrashim. In beiden Fällen gilt es, die später abgewiesene Möglichkeit mittels eines logischen Arguments zu erhärten. Mit dieser Erhärtung durch Vernunftgründe baut sich eine Spannung zwischen zwei miteinander rivalisierenden Quellen der Rechtsfindung auf. Was sich aus dem offenbarten Wort ableitet, steht eine gegenteilige, aus einem logischen Schlußverfahren deduzierte Konklusion gegenüber. Mit der Rückkehr zu der Schrift zeigt sich die Überlegenheit des ersten Weges.[70]

---

[67] Vgl. z.B. sNed VII,3 (8d); VII,4 (8d); 14,4 (12b).
[68] Vgl. sNed 8,3 (8c).
[69] Vgl. sNed V,5–6 (7d); VI,1 (8b); 8,6; 9,2 (9a); 9,4 (9b); 15,3–4 (13a).
[70] Es gibt einige Fälle, in denen das mit ודין הוא eingeführte Argument in seiner Geltung stehenbleibt. (vgl. sNed 5,2–3 [Weiss: 6d, Ass. 66: 23]). In solchen Fällen wird in der Regel

§ 17 Die Darbringungspflicht wegen Übertretungen vor dem Amtsantritt 195

In einer anderen Gruppe von Hunderten von Überlieferungen fungiert die Formel ודין הוא im Rahmen eines dialektischen Diskurses, der mehrgliedrig strukturiert ist, wobei das erste Argument, welches die Formel einleitet, das zuvor ausgesprochene exegetische Ergebnis bestätigt. Auch in dieser Gruppe bezieht sich das Pronomen הוא auf eine vorausgehende Feststellung, die dann durch das mit dieser Formel eingeleitete logische Argument bestätigt wird, eine Bestätigung bzw. Bekräftigung des davor Festgestellten, die gleichzeitig auf das Anliegen des ganzen dialektischen Verfahrens hindeutet, die Notwendigkeit der Schriftauslegung zu problematisieren.

Während in der ersten Gruppe das logische Argument substantiell im Gegensatz zu dem exegetischen Ergebnis steht, erhält es in der zweiten Gruppe eine subtilere Funktion. Es »bestätigt« zwar das exegetische Ergebnis, aber droht dabei, den Weg der Schriftauslegung zu untergraben. Trotz dieser entscheidenden Differenz, die dem mittels ודין הוא eingeleiteten Argument zukommt, bleibt die Vermittlungsfunktion der Formel identisch. Mit ihr wird auf eine Aussage Bezug genommen, wobei es dann gilt, sie logisch zu begründen.

Zu der zuletzt beschriebenen Struktur von Midrashim, bei denen die Formel ודין הוא integriert ist, gehört unsere Überlieferung. In der überwiegenden Zahl solcher Überlieferungen wird zunächst das exegetische Ergebnis ausgesprochen und erst dann der dialektische Diskurs eingeleitet. Auch in Midrashim, bei denen der Teil der eigentlichen Schriftauslegung die Formel יכול enthält, wird der Übergang in den dialektischen Diskurs in der Regel unproblematisch geleistet. In solchen Fällen wird nicht allein der Einwand (... יכול) vorgestellt, sondern gleich darauf die These mittels מנין eingeführt. So ergibt sich die folgende typische Formulierung: שיכול לא יהו כל הפסולין האלו נוהגין אלא בעולת נדבה, עולת חובה מנין.[71] Darauf folgt unproblematisch der dialektische Diskurs. Das mit ודין הוא eingeleitete Argument zeigt, wie die These, welche die Formel מנין vorstellt, anders zu begründen ist.[72]

Problematisch wird die Textstruktur, wenn auf die Einführung des Einwands ein mit der Formel ודין הוא vermitteltes Argument den dialektischen Diskurs eröffnet, in dem die geltende halachische Schlußfolgerung, die noch nicht ausgesprochen ist, begründet wird. Eine Schwierigkeit dieser Art stellt unser Text dar. Ziel und Anliegen bei der Einführung des dialektischen Diskurses an solchen Stellen bleiben zwar genauso einsichtig wie bei allen

---

ein anderer Terminus verwendet, nämlich הריני דן bzw. הרי אני/אתה דן. Dieser im Sifra ca. 23 Mal vorkommende Terminus folgt in der Regel auf einen Einwand und deutet an, daß das durch ihn vermittelte Argument zur Widerlegung des Einwands dient. Vgl. sNed VII,5 (8d–9a); sMil (Shemini) 40 (46a); sAharMot II,2 (80d); sEmor 18,5 (104b).

[71] sNed III,1 (5b). In anderen Fällen kommt die Variante mit אין לי אלא vor. Vgl. sZavim 4,2 (76d): שיכול אין לי אלא ... ... מנין ודין הוא ....

[72] Vgl. z. B. sNed 4,3 (5d); 5,2 (6d); XI,2 (11b).

anderen Überlieferungen, die eine solche dialektische Struktur in sich tragen, doch die auf diese Weise entstandene Kohärenzlücke ist unverkennbar. Dem Ausdruck ודין הוא ist stets dieselbe Funktion zugewiesen. Er ist mit der parallelen, noch verbreiteteren Formel [73] (ו)הלא דין הוא völlig austauschbar und kündigt an, daß die mit dem Demonstrativpronomen הוא gemeinte halachische Feststellung auch durch ein דין zu erreichen ist, wobei der Begriff דין gleichzeichtig den Syllogismus und die sich aus ihm ergebende Konklusion bezeichnet. Unser Text gehört zu jenen problematischen Überlieferungen, bei denen die Formel ודין הוא ihren ihr zukommenden strukturellen Stellenwert nicht aufrechterhält. Die Stellen, in denen diese Kohärenzlücke auftritt, sind die folgenden:

sNed 19,4 (Weiss: 14d; Ass. 66: 64)
sHova 2,7 (Weiss: 17a-b; Ass. 66: 74)
sSav III,3–4 (Weiss: 32b; Ass. 66: 142)[74]
sShemini V,4 (Weiss: 52b; Ass. 66: 217)[75]
sShemini 8,2 (Weiss: 53b; Ass. 66: 222)
sMesora II,7 (Weiss: 71a; Ass. 66: 292)
sZavim I,3 (Weiss: 75a; Ass. 66: 312)
sZavim III,1 (Weiss: 77a; Ass. 66: 321–2)
sZavim IV,9 (Weiss: 78b; Ass. 66: 328)
sEmor VIII,11–12 (Weiss: 99b; Ass. 66: 439)
sEmor 14,1 (Weiss: 102a; Ass. 66: 453)

Die in allen diesen Texten auftretende Lücke ist nur als Folge einer mißlungenen redaktionellen Gestaltung des Textes zu verstehen. Der dialektische Diskurs wurde nachträglich in den ursprünglichen Text eingeschoben.

Dieser kleine Fehltritt, den der Sifra-Redaktor mit dem inkorrekten Einschub des Entfaltungsteils innerhalb der vorgefundenen Kern-Auslegung begangen hat, ist sehr bedeutsam. Die Entstehungsweise solcher Überlieferungen, bei denen sich dieses Straucheln bemerkbar macht, und damit die Hand des Redaktors, läßt sich nämlich auch auf alle anderen Überlieferungen übertragen, in denen in gleicher Weise der dialektische Diskurs in die eigentliche Exegese integriert ist. Somit läßt sich eine wichtige Schlußfolgerung über ein wesentliches Kapitel in der Entstehungsgeschichte des Sifra ziehen.

Um die Folgerichtigkeit dieser Verallgemeinerung – sie ist schon durch die identische Struktur dieser Überlieferungen gegeben – noch plausibler zu machen, muß man sich auf weitere Ausführungen einlassen. Wichtig ist in diesem Zusammenhang, die Tatsache wahrzunehmen, daß der dialektische Diskurs, der immer sowohl in den einwandfreien als auch in den problema-

---

[73] 91 mal gegenüber 142 in der Weiss-Ausgabe.
[74] An dieser Stelle kommt in der Weiss-Ausgabe והלא דין הוא vor.
[75] Siehe die letzte Anm.

§ 17 Die Darbringungspflicht wegen Übertretungen vor dem Amtsantritt 197

tischen Überlieferungen in derselben schematischen Art und Weise in den eigentlichen exegetischen Vorgang integriert wird, zu einem viel fortgeschritteneren Stadium als die jeweilige Kern-Auslegung gehört. Mit der Einführung dieses Diskurses wird nicht versucht, das bestehende halachische Gut zu erweitern. Es handelt sich um eine Reflexion über das, was in der eigentlichen Exegese geleistet wurde.

Dabei meldet sich ein meta-halachisches und hermeneutisches Anliegen an, das darin besteht, die Autorität der schriftlichen Tora gegen die Autorität des menschlichen Verstandes zu setzen. Es gilt, die Unerläßlichkeit des Schriftwortes zu beweisen und die Verbindung zwischen dem Gut halachischer Bestimmungen zu der Tora zu stärken. Die Kritik an der Vernunft ist dann gleichzeitig eine Abwehrstrategie gegen die Verselbständigung der mündlichen Tora! Traditionsgeschichtlich läßt sich diese Ebene hermeneutischer und meta-halachischer Reflexion im Sifra nicht in die gleiche Zeit einstufen, in der die Schriftauslegungen selbst – der Gegenstand dieser Reflexion – entstanden sind.

Daß dem so ist, sieht man am deutlichsten an parallelen Midrashim im Sifra, die in der gleichen Art und Weise zu gleichen Konklusionen kommen, wobei die einzige Differenz darin besteht, daß sich die Auslegung jeweils auf einen anderen Fall bezieht. Wenn der dialektische Diskurs in solche Auslegungen integriert wird, so konstituiert sich zwischen beiden Überlieferungen ein Netz von Bezügen, das logisch nicht haltbar ist. Auch der uns in diesem Textvergleich beschäftigende Midrash bildet mit der parallelen Auslegung zu dem Audruck אשר נשיא יחטא in Lev 4,22 ein solches Paar. Der Wortlaut dieser Überlieferung (sHova IV,2–3; Ass. 66, S. 85) ist wie folgt:

A	1	נשיא יחטא
	2	מה ת[למוד] ל[ומר]
	3	שיכול יביא על הקודמות
	4	ודין הוא
	5	מה אם המשיח שהוא מביא חטאתו משעבר
		אינו מביא על הקודמות
	6	נשיא שאינו מביא חטאתו משעבר
		אינו דין שלא יביא על הקודמות
	7	לא
	8	אם אמרתה במשיח שאינו מביא על שגגת המעשה
		תאמר בנשיא שהוא מביא על שגגת המעשה
	9	הואיל והוא מביא על שגגת המעשה יביא על הקודמות
	10	תל[מוד] ל[ומר]
		נשיא יחטא
	11	כשיחטא והוא נשיא לא כשיחטא ועודיהו הידיוט
B	1	ר[בי] שמעון אומר
	2	אם נודע לו עד שלוא ניתמנה ואחר כך ניתמנה חייב
	3	ואם משניתמנה נודע לו פטור

Der Kern dieses Midrash (nachfolgend mit »Text B« gekennzeichnet), nämlich die Teile A1–3, 10–11 und B1–3, ist mit dem der parallelen Überlieferung (nachfolgend mit »Text A« gekennzeichnet) bis auf den Wechsel משיח/נשיא völlig identisch. In derselben Weise wird das Imperfekt יחטא in Lev 4,3 und Lev 4,22 ausgelegt, und in gleicher Weise sind beide Auslegungen auch schriftlich fixiert.

Der dialektische Entfaltungsteil in beiden Texten besteht zunächst aus zwei gleichen Prämissen, die in umgekehrter Reihenfolge figurieren. In Text A basierte das erste Argument auf der Feststellung, daß die Übertretungsart des Nasi durch den Amtsantritt nicht beeinflüßt wird. Das Gegenargument beruht auf der Tatsache, daß sich der Status des Hohenpriesters nach dem Ende seiner Amtszeit hinsichtlich seiner Darbringungspflicht nicht ändert. In Text B erhält jede dieser Voraussetzungen genau den umgekehrten, strukturellen Stellenwert.

Ungeachtet dieser zwei Motive – die unveränderte Übertretungsart im Falle des Amtsantritts des Nasi einerseits, und der unveränderte Status des Hohenpriesters mit seinem Rücktritt vom Amt andererseits – enthält das erste Argument in jeder der beiden Überlieferungen eben jene Prämisse, die in der anderen Überlieferung als *das zu Beweisende* gilt. So wird man mit einem ziemlich verwirrenden Phänomen konfrontiert: In jeder der beiden Überlieferungen wird als bekannt vorausgesetzt, wonach in der anderen gesucht wird. In Text A geht es darum zu zeigen, daß der Hohepriester nach vorherigen Übertretungen zu der Darbringung eines Sündopfers nicht verpflichtet ist. Im dialektischen Diskurs wird gezeigt, daß sich dies von einem Vergleich mit dem Fall des Nasi ableiten läßt, von dem gilt, daß er von der Darbringungspflicht, die mit solchen Übertretungen zusammenhängt, befreit ist. Um eben die Frage nach dieser Entpflichtung des Nasi handelt es sich in Text B; dort wird versucht, dies mittels eines Arguments zu beweisen, das sich auf die Tatsache der Befreiung des Hohenpriesters von dieser Pflicht stützt. Jede Überlieferung stellt sich dar, als würde sie sich auf die Ergebnisse der anderen stützen. Insofern schließen die beiden Überlieferungen einander logisch aus.

Eine Lösung für eine solche widersprüchliche Erscheinung ist nicht schwer zu finden. Die logische Unmöglichkeit rührt von der Tatsache her, daß die Ergebnisse der Kern-Auslegungen später zu Bausteinen der Reflexion selbst transformiert worden sind. Daß dieses Phänomen deutlich auf das fortgeschrittene Stadium des dialektischen Diskurses hinweist, legt die Möglichkeit nahe, auch die zeitliche Fixierung dieser Überlieferungen als aus zwei Stufen bestehend anzusehen.

Dieser Vermutung könnte man mit dem Hinweis auf die Möglichkeit einer gleichzeitigen schriftlichen Fixierung von zwei, aus verschiedenen Entwicklungsstadien bestehenden Traditionen widersprechen. In diesem Kontext gewinnt der Befund hinsichtlich der Kohärenzlücke in solchen Überlieferungen seine volle Bedeutung. Er zeigt, daß diese Möglichkeit nicht zutrifft und beweist, daß die traditionsgeschichtliche Entwicklung, von der alle dasselbe logisch-semantische Schema aufweisenden Sifra-Überlieferungen zeugen, auch eine analoge Textgeschichte des Sifra widerspiegelt.

Ausgehend von einer Deutung des Midrash und dessen Logik konzentrierten sich die bisherigen Ausführungen auf die aufgedeckte Kohärenzlücke und deren Erklärung. Dabei blieb die Analyse immer noch die Klärung eines bedeutenden Sachverhalts schuldig. Es handelt sich um etwas ganz grundlegendes und zwar die Frage, was in diesem Midrash halachisch festgestellt ist. Ohne den Punkt zu problematisieren, wurde die halachische Konklusion bisher immer so dargestellt, als wäre der Hohepriester von der Darbringungspflicht eines Sündopfers wegen Übertretungen, die er versehentlich vor dem Amtsantritt begangen hat, befreit. Ich meine wohl, daß dies die richtige Art ist, das gefällte Urteil zu verstehen. Gleichwohl sollte man sehen, daß die Art und Weise, in der sich diese Konklusion im Text artikuliert, auch ein anderes Veständnis zuläßt.

Es steht nämlich nicht ausdrücklich geschrieben, wovon der Hohepriester hinsichtlich seiner vorherigen Übertretungen befreit ist. Was steht eigentlich zur Diskussion? Ist es die Frage, ob er überhaupt ein Sündopfer wegen solcher Übertretungen darbringen soll oder ob er wegen dieser Übertretungen zu der Darbringung seines *bestimmten* Sündopfers, nämlich eines Stiers und nicht einer anderen Tierart, verpflichtet ist?

Die Worte יביא על הקודמות sprechen die zu negierende halachische Bestimmung aus. Die Formulierung ist elliptisch. Das Objekt zu יביא wurde ausgelassen. Was ist also gemeint? Sollte man an der Stelle des ausgelassenen Objekts חטאת setzen (אינו] מביא [חטאת] על הקודמות) oder etwa פר (אינו] מביא [פר] על הקודמות)? Aus diesen zwei verschiedenen Leseweisen ergeben sich zwei völlig verschiedene Bestimmungen. Während der Hohepriester nach der ersten Leseweise infolge vorheriger Übertretungen überhaupt kein Opfer darzubringen hat, ist er nach der anderen legitimen Leseweise von der Darbringung eines Stiers als Sündopfer entpflichtet. Das kann dann besagen, daß er nur von dieser spezifischen Darbringungsart befreit und folglich zu der Darbringung eines solchen Sündopfers verpflichtet ist, das, wie im Falle der Privatperson, in einem Ziegen- oder Schafopfer besteht.

Die Frage ist also, ob das elliptisch ausgedrückte Urteil im absoluten oder nur im beschränkenden Sinn zu fassen ist. Wie bedeutend dieses Phänomen von zwei alternativen Leseweisen für den Vergleich mit der Mishna-Überlieferung sein wird, läßt sich vielleicht schon an dieser Stelle ahnen. Auf den Vergleich kommen wir später. Hier gilt es lediglich nachzuweisen, daß nur die erste von beiden Verständnismöglichkeiten zutreffen kann.

Daß das Urteil לא יביא על הקודמות im absoluten Sinn zu verstehen ist, bezeugt zunächst die strukturelle Korrelation des einen Begriffspaars יביא/לא יביא mit dem anderen, חייב/פטור, das in der R. Shimon zugeschriebenen Tradition vorkommt. Dabei spielt es keine Rolle, wie man die Zugehörigkeit der beiden Überlieferungsteile zueinander bewertet, d.h., wie sich die Abweichung in der Verwendung der unterschiedlichen Urteilsformel erklären läßt.

Solange man sich davor hütet, die Ansicht des R. Shimons, wie diese sich aus der Mishna ergibt, in den Text hineinzulegen, ist klar, daß hier mit dem elliptischen Ausdruck חייב nichts anderes gemeint sein kann, als das, was oben mit מביא zu verstehen ist (analog gilt die Gleichsetzung [ואינו] מביא = פטור).

Versucht man, das Urteil אינו מביא על הקודמות in seinem möglichen beschränkenden Sinn [אינו] מביא [פר] על הקודמות [אלא שעירה או כבש] auf die Ansicht R. Shimons zu übertragen, so soll man das in der auf R. Shimons Auffassung bezogenen Tradition das Begriffspaar פטור/חייב entsprechend inhaltlich besetzen. Auf diese Weise ergibt sich jedoch eine Halacha, die in ihrer Absurdität nicht haltbar ist. R. Shimon würde unter dieser Voraussetzung folgendes meinen: Wenn dem Hohenpriester schon vor dem Amtsantritt bewußt wird, daß er gesündigt hat, dann soll er einen Stier darbringen, und wenn der »Bewußtwerdungsmoment« erst danach auftritt, dann ist er von der Darbringung des Stiers befreit, aber zu einem Ziegen- oder Schafopfer wie ein Privatmann verpflichtet.

Wenn es wirklich um die Wahl zwischen den verschiedenen Tierarten ginge, so müßte doch R. Shimon, der dem »Bewußtwerdungsmoment« einen entscheidenden Wert beimißt, gerade die umgekehrte Entscheidung treffen: Die Tierart sollte dann dem Zeitpunkt entsprechen, in dem die Übertretung als solche bewußt wird. Der »Bewußtwerdungsmoment« vor dem Amtsantritt würde dann ein Sündopfer, das dem einer Privatperson entspricht, erfordern; tritt die »Bewußtwerdung« erst danach auf, so wäre die Folge die Verpflichtung zu einem Stieropfer.

Die Worte R. Shimons ergeben nur dann einen Sinn, wenn man die von ihm gefällten Urteile im absoluten Sinn versteht. Verpflichtet zu der Darbringung eines Sündopfers hinsichtlich seiner vorherigen Übertretungen ist der Hohepriester nur für den Fall, daß der Bewußtwerdungsmoment vor dem Amtsantritt liegt, anderenfalls (ואם משניתמנה נודע לו) ist er von der Darbringungspflicht befreit und zwar absolut. R. Shimons Aussage ist eindeutig. Nur wegen Übertretungen, deren »Bewußtwerdungsmoment« nach dem Amtsantritt liegt, ist der Hohepriester zu der Darbringung eines Sündopfers verpflichtet. R. Shimon beschränkt die Tragweite der anonym festgestellten Halacha, die im Kontext seiner Worte nur die völlige Befreiung des Hohenpriesters von seiner Darbringungspflicht wegen vorheriger Übertretungen bedeuten kann.

Ein anderer Weg um nachzuweisen, daß das anonym festgestellte halachische Ergebnis in einer Befreiung des Hohenpriesters im absoluten Sinn verstanden werden soll, ist die Betrachtung der Verwendungsweise der Urteilsformel מביא an sonstigen Stellen im Sifra. Dabei reicht aus, die Betrachtung auf die unmittelbare Umgebung der vorliegenden Überlieferung zu beschränken. In eben derselben Parasha und im Rahmen des schon öfters genannten typischen dialektischen Diskurses kommt diese Formel noch 33 mal vor. Damit werden stets mit Wendungen wie מה יחיד אינו מביא אלא על ... oder הואיל והוא מביא על ... die Geltungsbereiche der Übertretungen der Privatperson, des Hohenpriesters, der Gemeinde und des Nasi miteinander vergli-

§ 17 Die Darbringungspflicht wegen Übertretungen vor dem Amtsantritt 201

chen. Dabei geht es also darum, ob eine bestimmte Übertretungsart die Darbringungspflicht als solche zur Folge hat.

Zudem begegnet man – und das ist entscheidend – dem ständigen Wechsel zwischen elliptischen Urteilsformeln und solchen, bei denen das Objekt genannt wird. 18 mal kommt der Ausdruck elliptisch vor, d. h. mit Auslassung des Objekts, in den anderen 15 mal wird es genannt und bezeichnet immer die Opferart חטאת oder אשם. So entstehen Formulierungen wie: משיח יוכיח שהוא מביא חטאת על לא הודע ואינו מביא על דבר שזדונו כרת ושגגתו חטאת, in denen der Sinn des elliptischen Ausdrucks völlig determiniert ist. Keiner käme in solch einem Fall auf den Gedanken, das Urteil אינו מביא so zu relativieren, als würde es den Hohenpriester von der Darbringungspflicht eines Stieropfers befreien, aber nicht von der eines Ziegenopfers.

Es ist also eindeutig, wie das gefällte Urteil in unserem Text zu verstehen ist. Nach dem anonym überlieferten Midrash im Sifra ist der in seinem Amt fungierende Hohepriester mit der Schuld seiner vorherigen Übertretungen nicht belastet. In der parallelen Sifra-Überlieferung (Text B) ist dasselbe Urteil auf den Nasi bezogen. Beide bringen nur ihre spezifischen Sündopfer dar: der Nasi einen Ziegenbock, der Hohepriester einen Stier, und das tun sie nur wegen Übertretungen, die während der Amtszeit begangen wurden.

Vergleich

Der Sifra überliefert zwei Traditionen, in denen das Imperfekt יחטא, in Lev 4,3 und 4,22, jeweils auf ein anderes Amt (Hohepriester/Nasi) bezogen ausgelegt wird. Aus der Auslegung ergibt sich der Ausschluß jener Übertretungen, die vor dem Amtsantritt des Hohenpriesters resp. des Nasi begangen wurden, von dem Geltungsbereich der Darbringungspflicht des Sündopfers. In bezug auf denselben Fall wird in der Mishna (mC) eine Entscheidung getroffen, doch eine völlig andere: Infolge vorheriger Übertretungen sind beide, der Hohepriester und der Nasi, zu der Darbringung eines Sündopfers verpflichtet. Dieses soll nur so geartet sein wie das Opfer einer Privatperson.

In beiden Sifra-Texten, wie in dem der Mishna, schließt sich an das anonym gefällte Urteil die abweichende, den halachischen Sachverhalt differenzierende Meinung des R. Shimon an. Diesbezüglich weisen die Überlieferungen im Sifra und in der Mishna große sprachliche Affinitäten auf. Die Formulierung in der Singularform in jeder der beiden Sifra-Texte entspricht der Pluralform in der Mishna. In der Mishna ist der Ausspruch R. Shimons etwas knapper formuliert: Der Beschreibung des ersten der beiden Fälle im Sifra אם נודע לו עד שלא נתמנה ... kommt die selbstverständliche Explikation ואחר כך נתמנה hinzu; sonst ist der Wortlaut in beiden Überlieferungen bis auf die Singularform identisch. Entsprechend wird die Schilderung des zweiten Falles ואם משנתמנה ... im Sifra durch נודע לו erweitert.

Die markante, halachische Differenz einerseits und die weitreichende Affinität zwischen der Mishna und den zwei Überlieferungen im Sifra hinsichtlich der äußeren Form (anonyme Halacha → R. Shimons Ansicht) und besonders im Hinblick auf den Wortlaut des Ausspruchs R. Shimons[76] andererseits, bilden zusammen ein komplexes Phänomen, das einer Erklärung bedarf.

Im letzten Teil der Analyse des Sifra-Textes wurde hinlänglich auf dessen zwei alternative Sinngebungen eingegangen. Die zwischen dem Sifra und der Mishna vorliegende Diskrepanz in der Urteilsfällung reflektiert genau denselben Gegensatz, der zwischen den zwei einander ausschließenden Leseweisen des Sifra-Textes besteht. Nach der Art und Weise, wie der halachisch-exegetische Diskurs im Sifra sprachlich erfaßt ist, läßt sich das Urteil [אינו] מביא על הקודמות auf zweierlei Weise verstehen: einmal so, als befreie es den Hohenpriester von der Darbringungspflicht überhaupt – dies ist, wie bewiesen, sicherlich die richtige Leseweise – und einmal so, als bezöge sich die Befreiung lediglich auf die Darbringungspflicht eines Stieropfers, mit der Implikation, daß der Hohepriester mit der Darbringung eines Sündopfers einer anderen Tierart verpflichtet ist.

Letztere Lesart deckt sich völlig mit dem in der Mishna gefällten Urteil. Die Übereinstimmung ist kaum als eine zufällige zu bewerten. Es ergibt sich also eine plausible Art, das Problem der Spannung zwischen der sprachlich-formalen Übereinstimmung und der inhaltlichen Diskrepanz der zwei Überlieferungen zueinander zu erklären: Indem man das Phänomen als Folge einer Bearbeitung der Sifra-Vorlage seitens des Mishna-Redaktors ansieht, der die halachischen Ergebnisse aus der ihm vorliegenden exegetischen Tradition sammelte und dabei das elliptisch gefällte Urteil [אינו] מביא על הקודמות inkorrekt verstand.

Angesichts der eindeutigen Belege, die bei der Analyse des Sifra-Textes ausgeführt worden sind, um zu zeigen, daß nur eine der beiden Leseweisen des elliptisch formulierten Urteils die richtige sein kann, wird man an dieser Stelle mit Recht einen Zweifel anmelden. Ist die alternative Leseweise des Textes, die das Urteil auf eine ungewöhnliche Art deutet, hinter den Ausdruck יביא das spezifische Stieropfer des Hohenpriesters setzt und das Urteil so liest, als ob die Entpflichtung von dieser Art Sündopfer eine Verpflichtung zu einem anderen bedeuten würde, überhaupt wahrscheinlich? In beiden vorliegenden Sifra-Texten ist aber ein täuschendes Element enthalten, eine sich in der Gestaltung des dialektischen Diskurses konstituierende semantische Korrelation, worauf bisher noch nicht hingewiesen wurde und worin das genannte inkorrekte Verständnis mit aller Wahrscheinlichkeit verankert ist.

---

[76] Da die Worte R. Shimons der anonym überlieferten Tradition angehängt werden, führt diese Differenz auch zur Änderung der R. Shimon zugeschriebenen Ansicht. Nach der Mishna ist R. Shimon der Meinung, daß der amtierende Hohepriester, der sich seinen vorherigen Übertretungen schon vor dem Amtsantritt bewußt wurde, zu der Darbringung eines Sündopfers einer Privatperson verpflichtet ist. Nach dem Sifra hingegen meint R. Shimon, daß der Hohepriester in solch einem Falle ein Stieropfer darzubringen hat.

§ 17 Die Darbringungspflicht wegen Übertretungen vor dem Amtsantritt

In dem zweiten Argument aus dem dialektischen Diskurs (A8–9) wird die Pflicht des Hohenpriesters nach seiner Amtsenthebung wegen begangener Übertretungen während der Dienstzeit ausdrücklich – d. h. ohne die sonstige Ersparung – genannt: מביא חטאתו משעבר. Sie wird der entsprechenden Bestimmung hinsichtlich des Nasi gegenübergestellt: אם אמרת בנשיא שאינו מביא חטאתו משעבר תאמר במשיח שהוא מביא חטאתו משעבר. Die Spezifizierung »sein bestimmtes Opfer« besagt eindeutig, daß hier nicht von einer vollständigen Verpflichtung zu bzw. Entpflichtung aus der Darbringung eines Sündopfers die Rede ist. So besagen die Worte שאינו מביא חטאתו משעבר im Falle des Nasi, daß er in dieser Zeit ein Sündopfer wie ein Privatmann darbringt.

Die Tatsache also, daß das Urteil מביא beim Vergleich zwischen dem Hohenpriester und dem Nasi hinsichtlich der Zeit nach der Amtsausübung in diesem Teil der logischen Argumentation mit dem Objekt genannt wird, kann den Rezipienten dieses Textes durchaus zu dem Irrtum verleiten, dasselbe Objekt auch dem elliptisch ausgedrückten Urteil über den Fall der vorherigen Übertretungen anzuhängen.

Man betrachte das Argument und beachte dabei dessen sprachliche Artikulation:

אם אמרת בנשיא שאינו מביא חטאתו משעבר
תאמר במשיח שהוא מביא חטאתו משעבר
הואיל והוא מביא חטאתו משעבר יביא על הקודמות

Ist es wahrscheinlich, die Schlußfolgerung in diesem Argument so zu lesen, daß man der Formulierung יביא על הקודמות das fehlende, im ersten Teil des Schlußsatzes genannte Objekt חטאתו hinzufügt? Unter Berücksichtigung der Tatsache, daß diese Schlußfolgerung durch den auf sie folgenden Schriftbeweis negiert wird, erhält man folgendes Urteil: משיח אינו מביא חטאתו על הקודמות. Wegen der Spezifikation »sein bestimmtes Sündopfer« heißt es positiv: Er bringe ein Sündopfer wie eine Privatperson dar. Daß man in der Mishna genau diesem Urteil begegnet, kann kein Zufall sein.

An dieser Stelle erspare ich mir eine wiederholte Ausführung der Argumente für die Behauptung, daß die in diesen Sifra-Überlieferungen getroffene Halacha den Hohenpriester bzw. den Nasi von sämtlicher Darbringungspflicht befreit. Der besprochene Satz gehört zu jenem Teil der Überlieferung, der nachträglich hineingeschoben worden ist! Im ursprünglichen Stadium der Überlieferung kam der Vergleich nicht vor, und so auch nicht das täuschende Element. Die Möglichkeit, die man beim ursprünglichen Stadium in den Raum gestellt hat יכול יביא על הקודמות (sA3), hatte einen eindeutigen Sinn. Bei der Integrierung des dialektischen Diskurses hat der Sifra-Redaktor die Formulierung der ihm vorgefundenen Fragestellung יביא על הקודמות übernommen und sie mit Formulierungen neuer Unterscheidungen kombiniert. So entstand eine Formulierung, die ein inkorrektes Verständnis nahelegt.

Die halachische Differenz zwischen der Mishna und dem Sifra ist also ein Ergebnis einer mishnischen Bearbeitung der Sifra-Vorlage, die in einem inkorrekten Verständnis der Quelle bestand. Diese Bearbeitung setzt nun eine Textgestalt voraus, wodurch die Hand des Sifra-Redaktors ohne Zweifel wahrnehmbar ist. Der Bearbeiter der Mishna-Stelle beging sozusagen seinen Fehler erst, nachdem der Sifra in sein fortgeschrittenes Stadium gelangt ist, nämlich jenem, in dem zu vielen kurzen Schriftauslegungen der typische lange Nachtrag des dialektischen Diskurses hinzugekommen ist.

§ 18 Der Geltungsbereich der Ausrottungsstrafe im Zusammenhang mit den im Opferkult begangenen Übertretungen

Der folgende Textvergleich stellt einen komplexen Sachverhalt dar. Es handelt sich um drei verschiedene Mishna-Texte aus dem Traktat Zevaḥim, zu denen ein langer Ausschnitt im Sifra den parallelen Stoff bietet. Der exegetische Diskurs im Sifra ist schwierig. Bei dessen Analyse ist ein großer Aufwand nötig, um den genauen Sinn des dort halachisch Festgestellten herauszufinden. Da die Betrachtung des Sifra-Textes als Ganzes für jeden der einzelnen Vergleiche nötig ist, ist eine Abweichung von der bisherigen dreiteiligen Gliederung (Mishna → Sifra → Vergleich) erforderlich. Wir beginnen diesmal mit dem Sifra-Text, und der Übersichtlichkeit halber wird zunächst der erste Teil des Textes zitiert und analysiert. Er ist wesentlich schwieriger als der zweite Teil, dessen Darstellung folgen wird. Am Ende der Untersuchung wird ein Exkurs hinzugefügt. Er besteht aus einer redaktionskritischen Betrachtung des breiteren literarischen Zusammenhangs, in dem der untersuchte Abschnitt aus dem Sifra steht. Mit Hilfe dieser Betrachtungen wird versucht, den Umfang des Sifra-Textes, der dem Mishna-Redaktor vorgelegen hat, etwas zu präzisieren.

sSav 13,1–3; Ass. 66, S. 162–3

A 1 יכול אין לי מחשבה פוסלת אלא חוץ לזמנו
2 חוץ למקומו מנ[ין]
3 ודין הוא
4 הזמן פוסל והמחצה פוסלת
5 מה הזמן המחשבה פוסלת בו
אף המחצה תהא המחשבה פוסלת בה
6 הין אם פסלה המחשבה בזמן שהזמן נוהג בבמה
7 תפסול המחשבה במחיצה שאין המחיצה נוהגת בבמה
8 תל[מוד] לו[מר] בפרשת קדושים
אם האכל יאכל ביום השלישי פגול הוא לא ירצה
9 שאין ת[למוד] לו[מר] אלא
אם אינו עינין חוץ לזמנו תניהו עינין חוץ למקומו

§ 18 Der Geltungsbereich der Ausrottungsstrafe 205

B 1 יכול יהוא חיבין עליו כרת
2 תל[מוד] לו[מר]
בשלישי [...] עונו ישא
3 חוץ לזמנו בהכרית אין חוץ למקומו בהכרת
C 1 יכול השוחט לערלים ולטמאים יהא בלא ירצה
2 תל[מוד] לו[מר]
אותו
3 אותו בלא ירצה
4 אין השוחט לערלים ולטמאים בלא ירצה
D 1 יכול אין לי בלא ירצה אילא שנישחט חוץ לזמנו וחוץ למקומו
2 מנין לשנישחטה בלילה
3 ושנשפך דמה
4 ושיצא דמה חוץ לקלעים
5 הלן והיוצא
6 ושנשחטה חוץ לזמנו וחוץ למקומו
7 ושקיבלו פסולין וזרקו את דמו
8 הניתנין למטן שנתנן למעלן
9 הניתנין למעלן שנתנן למטן
10 הניתנין בפנים שנתנן בחוץ
11 הניתנין בחוץ שנתנן בפנים
12 הפסח והחטאת ששחטן שלא לשמן
13 תל[מוד] לו[מר]
[77] לא ירצה ולא יחשב (ו)לא יאכל
E 1 יכול יהוא חייבין עליו כרת
2 תל[מוד] לו[מר]
אותו
3 (הוא) ואכליו אותו בהכרת[78]
אין הללו בהיכרית

---

[77] Im Bezugsvers Lev 7,18 kommt die Wendung לא יאכל nicht vor. Dieses Verbot ist in der Bedingung אם האכל יאכל impliziert. Die Änderung in לא יאכל ist deshalb verständlich, weil es in diesem Schriftbeweis um den Hinweis auf die Wiederholung der Singularform im Vers geht. Aus dieser Änderung erklären sich die abweichenden Lesarten in den anderen Textzeugen: Br. und Lo.: לא ירצה לא יחשב (לאוכל) הוא P138; לא ירצה ולא יחשב לאוכל; ואוכליו. Die Lesart in Ox. ist unverständlich.

[78] Das hier gemeinte halachische Ergebnis – die Ausrottungsstrafe auf die Personen zu beziehen, die vom Fleisch des Opfers essen – wird durch den Hinweis auf das Pronomen אותו im Bezugsvers erreicht, das sich auf das Opfer bezieht. Daher ist die Nennung des Opfers (הוא) unerläßlich, und so entsteht eine Formulierung, die, wenn sie vom exegetischen Kontext losgelöst und für sich betrachtet wird, hinsichtlich der Nennung des Opfers unsinnig ist: Die Ausrottungsstrafe kann nur eine Person, aber nicht das Opfer meinen. Konfrontiert mit dieser Schwierigkeit wurde das Demonstrativpronomen הוא in Br. Ass.31, Lo. und P139 weggelassen. Auf ähnliche Weise begegneten wir dem Schreiber der Hs. Ka. in § 16, der in der Formulierung הראש והזקן עד שלא העלו שיער das Wort זקן weggelassen hat (vgl. S. 169, den Textteil C1 und die Anm. 8 dazu). In Ox. wurde eine subtilere Lösung gefunden: הוא אוכליו אילו בהכרת. Die Weglassung des ו führt zu einer Leseweise, die dem Sinn des Gemeinten gerecht wird: »Es«, d.h. diejenigen, die von ihm essen, sind in der Ausrottungsstrafe einbezogen.« Mit der Weglassung in den genannten Hss. und der Korrektur in Ox. zeigt sich wiederum die Priorität der Hs. Ass. 66 gegenüber allen anderen Textzeugen.

A 1 Man könnte meinen, daß der »Gedanke« nur [dann das Opfer] untauglich macht, wenn [er sich auf das Essen] außerhalb seiner [zulässigen] Zeit [bezieht].
  2 Woher [sagst Du, daß dies auch auf den Fall des »Gedankens«, vom Fleisch des Opfers] außerhalb seines [zulässigen] Ortes [zu essen, zutrifft]?
  3 Das ist eine Schlußfolgerung:
  4 Die Zeit macht das Opfer untauglich [wenn Übertretungen im Zusammenhang mit ihr begangen wurden],[79] und die »Abteilung« [= der zugewiesene Raum][80] macht das Opfer untauglich.[81]
  5 Wie [in bezug auf] die Zeit: der [unzulässige] Gedanke macht [das Opfer] untauglich, so auch [in bezug auf] die »Abteilung«: der [unzulässige] Gedanke soll [das Opfer] untauglich machen.
  6 Doch wenn der Gedanke [das Opfer] untauglich macht, hinsichtlich der Zeit[, von der wir wissen], daß die [die] Zeit [betreffenden Bestimmungen] bei den Anhöhen gelten,
  7 wird der Gedanke [das Opfer] untauglich machen, hinsichtlich der »Abteilung«[, von der wir wissen], daß die [die] »Abteilung« [betreffenden Bestimmungen] bei den Anhöhen nicht gelten?
  8 Die Schrift [aber] sagt im Abschnitt »Kedoshim«: »Wird [davon] gegessen am dritten Tage, so ist es Verworfenes, es wird nicht wohlgefällig angenommen werden« (Lev 19,7).
  9 Denn die Schrift lehrt [durch die Wiederholung der Sache] nichts anderes als [folgendes]: Wenn der Inhalt [dieses Verses] nicht [der Gedanke] »außerhalb der Zeit« ist, so gib[82] diesem Inhalt [eine Beziehung] zu [dem Gedanken] »außerhalb des Ortes«.

B 1 Man könnte meinen, daß sie sich [in bezug] auf ihn [= den »Ort-Gedanken«] der Ausrottung schuldig machen.
  2 Die Schrift [aber] sagt: »Am dritten Tage ... seine Schuld wird er tragen« (Lev 19,7).
  3 »Außerhalb der Zeit« ist in [dem Geltungsbereich] der Ausrottung[sstrafe einbezogen]; »außerhalb des Ortes« ist in [dem Geltungsbereich] der Ausrottung[sstrafe nicht [einbezogen].

C 1 Man könnte meinen, daß der Schlachtende für Unbeschnittene und Unreine in [dem Urteil] »es findet keine Annahme«[83] [gemeint ist].
  2 Die Schrift [aber] sagt: »Es« (Lev 7,18).
  3 »Es« [das Opfer] ist in [dem Urteil] »es findet keine Annahme« [gemeint]; der Schlachtende für Unbeschnittene und Unreine ist in [dem Urteil] »es findet keine Annahme« nicht [gemeint].

D 1 Man könnte meinen, daß ich unter »es findet keine Annahme« nur [das Opfer zu verstehen] habe, das [mit der Absicht] geschlachtet wurde, [von seinem Fleisch außerhalb seiner [zulässigen] Zeit und außerhalb seines [zulässigen] Ortes [zu essen].
  2 Woher [sagst Du, daß auch die folgenden Opfer einbezogen sind:] das [Opfer], das in der Nacht geschlachtet wurde,
  3 und [das], dessen Blut verschüttet wurde,
  4 und [das], dessen Blut vor die Vorhänge [= außerhalb der Wände der Tempelvorhalle] hinausgebracht wird,

---

[79] Gemeint sind z.B. Fälle wie in D2 und 5, in denen die Abweichung von einer festgesetzten Zeit oder Zeitspanne zur Untauglichkeit des Opfers führt.

[80] Gemeint ist die halachisch festgesetzte räumliche Regelung für den Verzehr verschiedener Opferarten, v.a. die Unterscheidung zwischen Hoch- und Minderheiligen. Vgl. SifDev § 64 (S.130); § 67 (S.132); § 71 (S.134–6).

[81] Vgl. z.B. den Fall D4.

[82] Mit תניהו ist eine Bildung aus נתן und nicht aus תני/תנא gemeint.

[83] Diese etwas ungewöhnliche, technisch klingende Übersetzung von לא ירצה (vgl. den Artikel רצה in: *Theologisches Wörterbuch zum Alten Testament*, VII, Sp. 645) wird dem exegetischen Thema gerecht (vgl. die Analyse).

§ 18 Der Geltungsbereich der Ausrottungsstrafe

5   das über Nacht liegen Gebliebene [= Opfer] und das [Opfer], das hinausgebracht wird,
6   und [das Opfer], das außerhalb seiner [zulässigen] Zeit oder außerhalb seines [zulässigen] Ortes geschlachtet wurde,[84]
7   und [das Opfer], dessen Blut Untaugliche aufgenommen und gesprengt haben,
8   die unten[85] zu gebenden [Blutsprengungen], die man oben gegeben hat,
9   die oben zu gebenden, die man unten gegeben hat,
10 die drinnen [auf den inneren Altar] zu gebenden, die man draußen gegeben hat,
11 die draußen zu gebenden, die man drinnen gegeben hat,
12 [und] das Pesachopfer und das Sündopfer, die nicht gemäß ihrer Bestimmung geschlachtet wurden?
13 Die Schrift sagt: »Es wird nicht wohlgefällig angenommen werden, und es wird nicht angerechnet werden, und es wird nicht gegessen werden« (Lev 7,18).

E 1 Man könnte meinen, daß sie sich seinetwegen der Ausrottung schuldig machen.
   2 Die Schrift [aber] sagt: »Es« (ebd.).
   3 »Es« und diejenigen, die von ihm essen, sind in [dem Geltungsbereich] der Ausrottung[sstrafe einbezogen]; diese sind in [dem Geltungsbereich] der Ausrottung[sstrafe] nicht [einbezogen].

Die Frage nach der Zeit, in der vom Fleisch des Opfers nach Beendigung der mit ihm verbundenen kultischen Verrichtungen gegessen werden darf, regeln die Vorschriften in Lev 7,15–18. In bezug auf bestimmte Opferarten wird der zugelassene zeitliche Rahmen entweder auf einen Tag oder auf zwei Tage festgelegt. Denselben Vorschriften begegnet man an zwei anderen Stellen in Wayiqra (7,15 ≅ 22,29–30; 7,16–18 ≅ 19,5–8). Die Vorschriften über die zeitliche Einschränkung auf zwei Tage erstrecken sich über drei Verse (7,16–18). In jedem Vers wird ein anderer Aspekt aufgegriffen: In V. 16 wird festgestellt, wann man essen darf, in V. 17, was mit den übriggebliebenen Teilen geschehen soll, und in V. 18, was geschieht, wenn vom übriggebliebenen Fleisch trotz des Verbots gegessen wird.

In der Abhandlung über diese Versen im Sifra begegnet man der exegetischen Begründung und Entfaltung des halachischen Grundsatzes, daß nicht nur das tatsächliche Essen außerhalb des festgesetzten zeitlichen Rahmens verboten ist, sondern auch die Absicht, dies zu tun:[86] Der Gedanke an den Verzehr von Opferfleisch außerhalb der zulässigen Zeit, den der Priester wäh-

---

[84] Wenn mit den Wendungen חוץ לזמנו und חוץ למקומו die damit verbundenen »Gedanken«-Übertretungen gemeint sind, so ist diese Stelle mit D1, wo sie schon genannt sind, nicht vereinbar. In der Mishna sind diese elliptischen Wendungen für diese spezifischen Übertretungen zwar reserviert (vgl. z. B. mZev 2,4; 3,1; 3,4; 3,6; 6,7), doch im Sifra kann man von einer solchen Belegung nicht ausgehen. An den drei anderen Stellen, in denen diese Ausdrücke im Rahmen einer ähnlichen Auflistung vorkommen (sSav I,7 [29a]; IX,4 [37d]; sAharMot 10,5 [84b]), kann durch den Kontext nicht bestimmt werden, ob der Gedanke an das Essen außerhalb der zulässigen Zeit gemeint ist oder das tatsächliche Schlachten außerhalb der Zeit und außerhalb des Ortes. In sSav 9,1 (33d) scheint letztere Möglichkeit die naheliegende zu sein.

[85] D. h. unterhalb des roten Streifens (חוט הסקרא), der sich um den Altar in der Mitte herumzog (vgl. mMid 3,1).

[86] Die ersten vier Kapitel im Traktat Zevaḥim in der Mishna und die zwei ersten in Menaḥot befassen sich fast ausschließlich mit dieser Thematik.

rend der Ausführung der kultischen Verrichtung denkt,[87] führt die Untauglichkeit des Opfers herbei, und diejenigen, die vom Fleisch des auf diese Weise untauglich gewordenen Opfers essen, machen sich der Ausrottungsstrafe schuldig. Eine Begründung für diese sonderbare Halacha findet man schon in der Auslegung zu V. 15 und 16,[88] doch erst die Exegese zu V. 18 konzentriert sich auf dieses Prinzip und liefert die Grundlage für seine rechtliche Entfaltung.

Der Vers lautet wie folgt: ואם האכל יאכל מבשר זבח שלמיו ביום השלישי לא ירצה המקריב אתו לא יחשב לו פגול יהיה והנפש האכלת ממנו עונה תשא. Zunächst werden mehrere, bestimmten Autoritäten (R. Eliezer, R. Aqiva und den »anderen«) zugeschriebene Traditionen aufgezählt, die in unterschiedlicher Weise den genannten Grundsatz aus dem Vers exegetisch ableiten.[89] Danach nimmt die anonyme Exegese wieder ihren typischen, nüchtern-sachlichen Gang: Es wird präzisiert, bei welchen Verrichtungen der Auftritt des Gedankens die besagte Wirkung hat,[90] dann festgestellt, daß sich der Gedanke an das Überschreiten des festgelegten zeitlichen Rahmens nicht nur auf den Verzehr des Opfers, sondern auch auf Verrichtungen wie das Sprengen des Blutes erstreckt,[91] und schließlich gezeigt, daß diese »Gedanken«-Halachot nicht nur für Opfer gelten, die während zwei Tagen gegessen werden, sondern auch für die anderen, deren Fleisch am Tage ihrer Darbringung gegessen werden soll, und von denen im Bezugsvers nicht die Rede ist.[92]

Träger aller dieser Spezifizierungen ist der verbotene »Gedanke«, sofern sein Inhalt die Zeit-Dimension betrifft. Da, wo unser Text beginnt, fährt man fort und fügt die räumliche Dimension hinzu. Auf die Gleichsetzung des »Raum-Gedankens« mit dem »Zeit-Gedanken« versucht man zunächst mittels einer logischen Überlegung zu schließen. Dies wird durch ein Gegenargument widerlegt, woraus sich die Notwendigkeit ergibt, sich zu einem Schriftbeweis hinzuwenden. Auf die Logik dieses Arguments und Gegenarguments gehe ich nicht ein. Für den Vergleich mit der Mishna ist es irrelevant. Die Frage nach dem Zweck eines solchen dialektischen Diskurses wurde im vorigen Textvergleich (§ 17) auf S. 193 thematisiert. Zudem wurde dort anhand eines konkreten Falles nachgewiesen, daß alle im Sifra vorkommenden dialektischen Einfügungen dieser Art zu einer späteren Redaktionsschicht gehören.

---

[87] Wie man sich dieses »Denken« genau vorstellen soll, ist nicht ganz klar. In der Mishna wird »Schweigen« als die rechtmäßige gegenteilige Vorgehensweise genannt (mZev 2,4; 6,7; mMen 1,3), doch dieses Schweigen muß nicht unbedingt so gedeutet werden, als käme die Rechtswidrigkeit nur dann zur Geltung, wenn der Gedanke ausgesprochen wird. Darüber gibt es unterschiedliche Auffassungen (vgl. die Ausführungen von Y. Qapaḥ in seinem Kommentar zu Mishne Tora, הלכות פסולי המוקדשין, 18,1, [Bd. 13, S. 254]).
[88] Vgl. sSav 12,4 (35c) und 12,9–10 (35d).
[89] Vgl. sSav VIII,1–3 (36a-b).
[90] Vgl. sSav VIII,4–5 (36b).
[91] Vgl. sSav VIII,6 (36b-c).
[92] Vgl. sSav VIII,7–9 (36c).

§ 18 Der Geltungsbereich der Ausrottungsstrafe

Als Schriftbeweis (A8) dient die parallele Überlieferung derselben Vorschrift in Lev 19,5–8. Das Problem der überflüssigen Wiederholung wird gelöst, indem man zwischen den Referenzbereichen beider Vorschriften unterscheidet. Die parallele Überlieferung in Lev 19,5–8, so wird entschieden, beziehe sich nicht auf die Übertretung des unerlaubten »Zeit-Gedankens«, sondern auf die des »Raum-Gedankens«.

Die Frage nach der Ausrottungsstrafe wird in B zum erstenmal gestellt.[93] Hinsichtlich dieser Strafe wird zwischen beiden genannten Übertretungen differenziert. Anders als in den weiteren schwierigen Stellen des Gesamtdiskurses, in denen die Ausrottungsstrafe gleichfalls thematisiert wird, ist das Ergebnis hier deutlich formuliert. Nur der unzulässige »Zeit-Gedanke« hat die Ausrottungsstrafe zur Folge (B3: חוץ לזמנו בהכרית אין חוץ למקומו בהכרת).

Als Schriftbeweis für diese Differenzierung werden wiederum die Verse aus dem parallelen Abschnitt in Lev 19 herangezogen. Man verweist auf die Verbindung zwischen der Zeit-Bedingung in Lev 19,7 und der im nächsten Vers genannten Strafe. In Lev 7,18 ist ebenfalls vom »dritten Tag« und vom »Tragen der Schuld« die Rede. Man beachte, daß lediglich die unerhebliche Abweichung zwischen עונה תשא (Lev 7,18) und עונו ישא (Lev 19,8) ermöglicht festzustellen, daß das Zitat in B2 aus Lev 19,8 entnommen ist. Der Grund, weshalb der Vers aus Lev 19 und nicht den aus Lev 7, als Schriftbeweis verwendet wird, ist insofern ersichtlich, als nur dort der Sinn der Strafe עונו ישא gleich nach deren Nennung erklärt wird: ואכליו עונו ישא ... ונכרתה הנפש ההוא מעמיה. Nun stellt sich die Frage: Warum wird nicht auf jenen Versteil direkt hingewiesen, der die Ausrottungsstrafe ausdrücklich benennt? Warum bedarf der Exeget des Umwegs über den Ausdruck עונו ישא?

Und eine weitere Schwierigkeit: Im vorangehenden Midrash (A), in dessen Kontext die Auslegung B steht, wurde die mit dem »Zeit-Gedanken« verbundene Übertretung aus dem Referenzbereich der Perikope in Lev 19 ausgenommen. Da sich B als unmittelbare Fortführung der Auslegung in A eingliedert, ist es nicht einzusehen, wie die Perikope in Lev 19,7–8 für das Begründungsanliegen hier überhaupt benutzt werden kann. Hat man in A konkludiert, daß sich die Verse in Lev 19 nicht auf den »Zeit-Gedanken« beziehen, so wird diesem expliziten Ergebnis in B widersprochen.

---

[93] Über den biblischen Sinn der Ausrottungsstrafe vgl. den Artikel כרת in *Theologisches Wörterbuch zum Alten Testament*, Bd. IV, bes. Sp. 363. Dort wird auseinandergesetzt, daß der vorzeitige Tod nicht ausschließlich auf einen menschlichen Strafvollzug zurückgeht, sondern auch auf einen göttlichen. Bekanntlich hat die Ausrottungsstrafe nach rabbinischem Verständnis nur den Sinn einer göttlichen Strafe (vgl. mYev 4,13; mMeg 1,5; sEmor 14,2 [102a]). Dem Aspekt des frühzeitigen Todes begegnet man erst in späteren Quellen (vgl. z.B. bMQ 28a: מת בחמישים שנה זו היא מיתת כרת). Mehr darüber bei M. Tsevat, »Studies in the Book of Samuel«, S. 197–199. In SifBam § 112 (S.121) bezieht R. Aqiva die Strafe auch auf die zukünftige Welt. Dieser Aspekt wurde im Mittelalter (vgl. z.B. Mishne Tora, הלכות תשובה, 8,1) zur Grundbedeutung der Strafe.

Selbstverständlich erlaubt der freie Umgang der Rabbinen mit dem geschriebenen Wort das Nebeneinanderstellen von unterschiedlichen Auslegungen zu demselben Vers, Versteil oder Wort. Wenn dasselbe Text-Phänomen mit unterschiedlichen Sinngehalten belegt wird,[94] dann treten die verschiedenen Auslegungen in ein Spannungsverhältnis zueinander. Da die exegetischen Abläufe jedoch lediglich der Rechtsfindung dienen, stehen sie in der Regel nicht als selbständige *exegetische* Resultate. Die Spannung tritt folglich nur auf einer impliziten Bedeutungsebene auf. Hier (A9) dagegen wird ein exegetisches Ergebnis explizit dargestellt. Dies hat zur Folge, daß der Übergang zu B, in dem dieses exegetische Ergebnis negiert wird, schroff und disharmonisch wirkt. Auf diese Problematik komme ich später zurück.

In C geht es um eine Absicht, die den Verzehr des Opferfleisches durch Unreine und Unbeschnittene betrifft. Als bekannt wird dabei vorausgesetzt, daß es Unreinen und Unbeschnittenen verboten ist, vom Fleisch jedes Opfers zu essen.[95] Bei der Urteilsfällung unterscheidet man zwischen dem handelnden Subjekt, dem Schlachtenden (C1 und 4), und dem Objekt, dem Opfer (C3), dem allein – so lautet das halachische Ergebnis – das Urteil לא ירצה zukommt. Die der biblischen »Annahme des Opfers« zugrundeliegende Logik, daß dem Opfernden »verziehen« wird, sobald sein Opfer »angenommen« wurde,[96] wird ja in diesem Midrash in Frage gestellt. Auf dieselbe Weise wird in der vorangehenden Parasha eine Auslegung von Ben Azai in bezug auf den Fall eines Gelübdeopfers überliefert. Dort versäumt der Opfernde, sein Versprechen einzuhalten und sein Opfer in der von ihm festgesetzten Zeit darzubringen. Nach Dtn 23,22 macht sich der Gelobende dadurch strafbar: כי תדר נדר ... לא תאחר לשלמו ... והיה בך חטא. Ben Azai stellt das in Frage: יכול המאחר נדרו בלא ירצה; תלמוד לומר אותו; אותו בלא ירצה ואין מאחר נדרו בלא ירצה.[97]

Analog zu der Freisprechung des Gelobenden ist auch hier das Ausnehmen des Schlachtenden vom Geltungsbereich des Strafbaren zu verstehen. In beiden Fällen bedient sich der Exeget des Pronomens אותו in Lev 7,18. Es ist

---

[94] Vgl. z. B. die unterschiedlichen Deutungen zum zweimaligen Vorkommen des Wortes דם in Lev 1,5 in sNed IV,7–12 (6c).

[95] Dieses auf beide Kategorien bezogene Verbot findet sich z. B. in Mishne Tora (הלכות מעשה קרבנות, 10,9), doch nicht, soweit mir bekannt ist, in den tannaitischen Quellen. Das Problem betrifft die Einbeziehung der Unbeschnittenen. Das biblische Verbot in Lev 7,21 und seine halachische Interpretation im Sifra (sSav 15 [38a-b]) beziehen sich nur auf die Unreinen. Das biblische Verbot hinsichtlich der Unbeschnittenen (Ex 12,48) betrifft nur das Pesach-Opfer, was man auch auf den Verzehr von »Teruma« übertragen hat (vgl. sEmor 4,18 [97a]; mYev 8,1). Zudem beachte man, daß der Verzehr von Opferfleisch nicht auf den Tempelbereich beschränkt war. Vom Fleisch der Minderheiligen darf in der ganzen Stadt (Jerusalem) gegessen werden. Vgl. mZev 5,6–8. Dort ist auch explizit vom Essen durch *jeden Menschen* die Rede.

[96] Vgl. Lev 1,4 und Jes 40,2 und vgl. die Ausführungen über die zuletzt genannte Stelle in *Theologisches Wörterbuch zum Alten Testament,* VII, Sp. 646.

[97] Vgl. sSav VIII,3 (36a-b).

scheinbar entbehrlich – man versuche den Vers ohne das Pronomen zu lesen – und gerade deshalb auslegungsbedürftig.[98] Mit diesem rein exegetischen Anliegen verbindet sich vermutlich die Überlegung, daß sich die handelnde Person, der Priester, deshalb nicht strafbar macht, weil sie nicht im strengen Sinn des Wortes gehandelt hat.[99]

Bei dieser Unterscheidung zwischen dem Handelnden und dem Opfer wird als bekannt vorausgesetzt, daß die Absicht, für Unreine und Unbeschnittene zu schlachten, grundsätzlich rechtswidrig ist. Im Kontext der vorliegenden halachischen Entfaltung, deren Prinzip gerade darin besteht, zu zeigen, wie die Hinzufügung von bestimmten Fällen zu dem besagten Geltungsbereich *sich ergibt,* ist diese Voraussetzung unverständlich.

Diese Unklarheit hängt mit der Tatsache zusammen, daß die Texteinheit C ursprünglich nicht zu dem eigentlichen Diskurs gehörte und erst später eingefügt worden ist. Daß dem so ist, wird deutlich, sowie man den Text weiterliest.

In D werden Fälle aufgelistet, die man zu dem Geltungsbereich des Verbots in Lev 7,18 hinzuzählt. Als Begründung weist man auf die Tatsache hin, daß sich mehrere Verben (ירצה, יחשב, יאכל) in der Singularform im Vers wiederholen. Die Einschränkung auf eine einzige Übertretungsart, auf die man hätte schließen können, wenn nur das Urteil לא ירצה vorkäme, ist nicht obligatorisch. Die Wiederholung läßt sich ja so deuten, als impliziere sie gerade die Bezugnahme auf mehrere rechtswidrige Fälle. Dieses für den Sifra typische Einschließungsverfahren wird nun so eingeleitet, indem der Exeget in D1 resümiert, was bisher zum Geltungsbereich hinzugehört: יכול אין לי בלא ירצה אילא שנישחט חוץ לזמנו וחוץ למקומו. Dem Geltungsbereich des Strafbaren (לא ירצה) sind nur zwei Fälle von verbotenen Gedanken untergeordnet. In C hat man zwar die Person, den Schlachtenden, unter den dort genannten Bedingungen freigesprochen, aber das Urteil לא ירצה trifft auf das Opfer zu. Warum wird also das Opfer, das für Unreine und Unbeschnittene geschlachtet wurde, in D1 nicht genannt? Die Antwort darauf ist eindeutig: C ist ein nachträglich hinzugefügter Einschub.

Eine besondere Schwierigkeit bereitet der Textteil E. Da das Bezugsgeflecht dieses Textteils im folgenden eindringlich analysiert werden soll – dies ist ja zuweilen unerläßlich und der Leser wird hoffentlich an dieser Stelle der Untersuchung diese Überzeugung teilen –, sei dieser Textteil nochmals dargestellt:

---

[98] Vgl. auch den Midrash R. Aqivas in sSav VIII,2 (36a), in dem er im Rahmen seiner Begründung der Rechtswidrigkeit des besagten »Zeit-Gedankens« auf dasselbe Pronomen verweist (תלמוד לומר אותו) und konkludiert: בזבח הוא מדבר לא בכהן. Ähnlich die Auslegung R. Ḥiyas zu den Worten ושחט אתו (Lev 1,11) in sNed V,7 (7d): אותו בצפון ואין השוחט צריך להיות עומד בצפון.

[99] Vgl. in Mishne Tora, הלכות פסולי המוקדשין, 18,1: כל המחשב מחשבה שאינה נכונה בקדשים הרי זה עובר בלא תעשה שהרי הוא אומר 'לא יחשב' ... ואף על פי כן אינו לוקה שאין המחשבה מעשה.

E 1 יכול יהוא חייבין עליו כרת
2 תל[מוד] לו[מר]
אותו
3 (הוא) ואכליו אותו בהכרת

Wie in B1 wird auch in E1 durch die Anwendung derselben Formulierung (יכול יהוא חייבין עליו כרת) nach dem Geltungsbereich der Ausrottungsstrafe gefragt. Wie in C2 verweist man in E2 auf das Pronomen אותו, um auf eine Einschränkung zu schließen; doch wie ist sie hier zu verstehen? Aus der Art und Weise, wie die Konklusion in E3 formuliert ist, ergibt sich nicht eindeutig, was gemeint ist. Zwei Demonstrativpronomen stehen einander gegenüber: הוא ואכליו אותו בהכרת, אין הללו בהכרת. Welche Unterscheidung wird hier vorgenommen? Wird hier – wie in B3 (!) – zwischen verschiedenen Opferarten differenziert, so daß sich das eine Pronomen הוא auf das Opfer bezieht, das infolge des rechtswidrigen »Zeit-Gedankens« untauglich geworden ist, und das andere Pronomen הללו auf die Opfer, mit denen die in D2–12 genannten Übertretungen begangen wurden, oder wird – wie in C3 (!) – zwischen dem Opfer und der unrechtmäßig handelnden Person unterschieden, so daß man unter הוא das Opfer, mit dem die genannten Übertretungen in D2–12 begangen wurden, zu verstehen hat, und unter הללו die handelnden Personen, sowohl die in D7 explizit genannten untauglichen Priester als auch alle anderen nicht ausdrücklich genannten Handelnden, auf die aber alle genannten Übertretungen zurückgehen?

Nach der ersten Leseweise geht es in E um folgende Präzisierung: Die genannten Übertretungen im vorausgehenden Teil (D) führen zwar zur Untauglichkeit des Opfers, doch denen, die davon essen, haftet die Ausrottungsstrafe nicht an; darin besteht die Besonderheit der mit dem »Zeit-Gedanken« verbundenen Übertretung. Nach der zweiten Leseweise geht es um eine ganz andere Differenzierung: Den Übertretungen in D kommt die Ausrottungsstrafe zu, doch diese betrifft nicht die Personen, deren rechtswidrige Handlung die Untauglichkeit des Opfers zur Folge hat, sondern lediglich die, welche von dem – wie in D beschrieben – untauglich gewordenen Fleisch des Opfers essen.

Beide Möglichkeiten sind sehr wahrscheinlich, doch nur die letztere trifft zu. Daß diese die richtige ist, geht deutlich hervor, wenn man das Bezugsgeflecht zwischen der Schlußfolgerung in E3 und der den exegetischen Vorgang einleitenden Möglichkeit in E1 genau betrachtet. Dabei werden beide Textteile nicht – dies muß betont werden – willkürlich in eine gegenseitige Beziehung gesetzt. Die Formel יכול impliziert, daß die Möglichkeit יכול יהוא חייבין עליו כרת (E1) bald abgelehnt wird. Man kann aber nicht schon aufgrund dieser Tatsache das Ergebnis herauslesen, weil nicht klar wird, ob man unter der Personengruppe in יהוא die handelnden Priester zu verstehen hat oder diejenigen, die vom Opfer essen.

§ 18 Der Geltungsbereich der Ausrottungsstrafe

Eindeutig ist jedenfalls, daß das Präpositionalgefüge *seinetwegen* (עליו) das Opfer meint, mit dem die Übertretungen in D2–12 begangen wurden. Dem Pronomen in עליו entspricht das Personalpronomen der 3. Person הוא in E3. Wegen des Unterschieds im Numerus läßt es sich nicht auf das Demonstrativpronomen in der Pluralform הללו in E3 beziehen. Eine grammatische Kongruenz im Sinne des Numerus liegt zwischen הללו und יהוא vor. Mit הללו sind Personen gemeint, nicht Opfer, und diese werden dem Opfer und den davon Essenden im ersten Satzglied gegenübergestellt. So erhält man folgende Bezüge: Die Ausdrücke in der Singularform in jedem der drei Auslegungsschritte (E1: עליו; E2: אותו; E3: הוא) haben dasselbe Bezugswort: das Opfer, mit dem die genannten Übertretungen in D2–12 begangen wurden. Die Ausdrücke in der Pluralform (E1: יהוא; E3: הללו) betreffen die handelnden Personen. Auf diese Weise klärt sich das Bezugsgeflecht und somit das halachische Ergebnis: Nur diejenigen, die von demjenigen Opfer essen, mit dem die genannten Übertretungen begangen wurden, sind mit der Ausrottungsstrafe belastet, nicht die Handelnden.

Diesem Ergebnis über den Sinn des in E halachisch Festgestellten wird für den Vergleich mit einem der Mishna-Texte eine entscheidende Bedeutung zukommen. Daß es sich in E nicht um die Unterscheidung zwischen Opferarten handelt, läßt sich auch durch folgende Überlegung zeigen. Steht das Demonstrativpronomen הללו allein, d.h. nicht in Verbindung mit einem Subjekt,[100] so ist es genauer mit *jene* zu übersetzen. Es verweist auf eine vorher erwähnte Sache oder Person, die nicht als letztes vorkam.[101] Nach der Deutung, derzufolge es sich um die Unterscheidung zwischen Übertretungsarten handelt und nicht – wie ich meine – zwischen dem Opfer und dem Schlachtenden, verweist הוא in E3 auf das Opfer, mit dem die Übertretung des »Zeit-Gedankens« begangen wurde, d.h. auf eine frühere Stelle im Text, während sich הללו dann auf die zuletzt dargestellten Fälle bezieht. Diese Leseweise ist also mit der Bedeutung von הללו nicht vereinbar. Anders und korrekt verhält es sich mit der anderen Leseweise: Hat man in E1 auf die Handelnden Bezug genommen (... יכול יהוא חייבין) und ihnen dann in E2 die Essenden gegenübergestellt (... הוא ואכליו אותו), so greift man sie dann im letzten Satz wieder auf, indem man sie korrekt mit *jene* bezeichnet.

Ein weiterer Beleg für die Richtigkeit meiner Behauptung liefert die Betrachtung der Art und Weise, wie sich die neue Thematik an diesen Textteil anschließt. Dieser Anschluß (sSav 13,4) hat nach Ass. 66, S. 163, folgenden Wortlaut:

---

[100] So wird es am häufigsten verwendet, z.B.: הזקנים הללו (sMil 21 [44d]); הטומאות הללו (sAharMot 4,2 [81c]); המעשים הללו (sAharMot IX,3 [85c]).

[101] Vgl. die Gegenüberstellung אלו vs. הללו in sSav VII,8 (35b); sEmor 13,1 (101a-b). Vgl. auch sEmor 16,7 (102d) und ferner die Verwendung der Singularform הלה in sHova 1,9 (16b); mSan 6,1; mBM 8,2.

אתה או[מר] לכך נאמרו המיעוטים האילו   F 1
לא ירצה ולא יחשב ולא יאכל
או לא נאמרו אילא ללמד שאין לי חייבין כרת
אלא על השלמים בלבד
ומנין] לרבות כל הקדשין   2
תל[מוד] לו[מר]   3
וינזרו מקדשי בני ישראל

F 1 Du sagst: Deshalb wurden folgende »Ausschließungen« gesagt: »Es wird nicht wohlgefällig angenommen werden, und es wird nicht angerechnet werden, und es wird nicht gegessen werden« (Lev 7,18), oder wurden sie nicht deshalb gesagt, um zu lehren, daß ich [das Urteil der] Ausrottungsstrafe nur auf die Friedensopfer beziehen soll?
2 Und woher [sagst Du], daß alle heiligen [Opfergaben] einzuschließen sind?
3 Die Schrift sagt: »Und sie [= die Priester] sollen achtsam sein mit den heiligen [Opfergaben] der Kinder Israels« (Lev 22,2).

Mit der Formel אתה אומר greift man das Ergebnis auf, zu dem man in D(!) gekommen ist und bietet eine alternative Auslegung zu demselben ausgelegten Schriftphänomen (die Wiederholung der Singularform in den im Vers vorkommenden Verben) an. Es gilt – wie das terminologische Schema אתה אומר ... או לא/אינו אילא ... תלמוד לומר impliziert –, diese alternative Deutung zu widerlegen.[102] So wird die vorgeschlagene Einschränkung auf die Friedensopfer mit dem Verweis auf Lev 22,2 abgelehnt.

Die textuelle Verknüpfung in F mit dem Vorhergehenden ist für das Verständnis des Textteils D aufschlußreich. Der strukturelle Aufbau des Anschlusses in F, das Zurückgreifen auf die Auslegung in D bestimmt den Kontext, in dem die Worte אין לי חייבין כרת אלא על השלמים בלבד ... verstanden werden sollen. Die vorgeschlagene Einschränkung der Ausrottungsstrafe auf die Friedensopfer wird der Urteilsfällung in D gegenübergestellt: Hat man in D auf mehrere Fälle hingewiesen, ohne sie auf eine spezifische Opferart zu beziehen, so wird in F die Alternative dargeboten, sie auf das Friedensopfer zu beschränken. Diese Gegenüberstellung impliziert eindeutig, wie der exegetische Ablauf in D zu verstehen ist. Die Einbeziehung der dort aufgelisteten Fälle in das Urteil לא ירצה ist nicht anders zu verstehen als ihre Unterordnung unter den Geltungsbereich der Ausrottungsstrafe.

Der Anschluß in F wirft also Licht auf den exegetischen Vorgang in D und klärt das dort erreichte Ergebnis. Dadurch wird deutlicher, daß es in dem problematischen Textteil E nicht darum gehen kann, die genannten Fälle in D,

---

[102] Vgl. Bacher, *Die exegetische Terminologie,* unter אין, S. 5. Im Gegensatz zu der gewöhnlichen Verwendung dieses Schemas, demzufolge die dargebotene alternative Deutung unmittelbar nach ihrer Nennung mittels תלמוד לומר widerlegt wird (vgl. z.B. sNed V,2 [7c]; sHova VI,11 [20d]; VII,4 [21c]; sSav IX,8 [37c]), wird hier davon abgewichen. Das positive Resultat, das sich durch diese Widerlegung ergibt, wird dem Schriftbeweis durch מנין vorangestellt (so auch in sShemini II,10 [48b]; III,4 [49c]). Trotz der dadurch entstandenen Unklarheit wird auch in diesen Fällen die alternative Auslegung widerlegt.

deren Unterordnung unter den Geltungsbereich der Ausrottungsstrafe in diesem Textteil festgestellt wurde, von eben diesem Geltungsbereich wieder auszuschließen. Es handelt sich in E nur darum, die Urteilsfällung in D so zu differenzieren, indem man feststellt, daß die Ausrottungsstrafe nur denen zukommt, die vom Fleisch des Opfers essen, und nicht denen, die die Untauglichkeit des Opfers herbeigeführt haben.

Sobald durch letztere Ausführungen klar geworden ist, daß es sich im Textteil D um die Ausrottungsstrafe handelt, zu dessen Geltungsbereich die aufgezählten Übertretungen dort einbezogen werden, wird man mit einer weiteren Schwierigkeit konfrontiert. In D1 hat man den bis dahin erreichten halachischen Befund aufgegriffen, um das Einschließungsverfahren einzuleiten. Dieser lautet: Auf beide unzulässigen »Gedanken«, den Zeit- und den »Raum-Gedanken«, trifft das Urteil לא ירצה zu. Handelt es sich nun, wie sich ergab, um die Ausrottungsstrafe, so ist die Tatsache, daß die Ausrottungsstrafe hier dem unrechtmäßigen »Raum-Gedanken« zugesprochen wird, mit der expliziten Ausschließung dieser Übertretung vom Geltungsbereich dieser Strafe in B nicht zu vereinbaren.

Diesem Punkt messe ich den entscheidenden Stellenwert für die Klärung des literarischen Aufbaus des vorliegenden Komplexes bei. Ich behaupte, daß zwischen D1 und B ein deutlicher Widerspruch vorliegt, weil in D1 die Ausrottungsstrafe gemeint ist. Die Erkenntnis, daß dem so ist, gründet sich auf zweierlei: auf die Behauptung, daß die Formulierung der alternativen Deutung in F dies voraussetzt, und auf den Sinngehalt des exegetischen Schritts in E.

Ruft man nun die andere Disharmonie in Erinnerung, die mit demselben Textteil B zusammenhängt, so wird einem nicht schwerfallen einzusehen, worauf sich die Spannungen gründen, die der Textteil B schafft. Da wurde darauf hingewiesen, daß die Auslegungslogik in B auf eine nicht hinnehmbare Weise in Konkurrenz zu dem deutlich festgestellten exegetischen Ergebnis in dem vorangehenden Auslegungsablauf tritt. Mit dem ihm Vorangehenden ist der Textteil B exegetisch nicht vereinbar; mit dem auf ihn Folgenden ist er halachisch unvereinbar. B ist ein Fremdkörper, von dem wir sagen müssen, daß er – wie C – zu der früheren, schriftlich fixierten Phase des Diskurses nachträglich hinzugefügt worden ist.

Auch die folgende Betrachtung bekräftigt dieses Resultat: Als die Auslegung in B analysiert wurde, habe ich auf die Unklarheit hingewiesen, die darin besteht, daß es bei der Verknüpfung der Zeitangabe mit der Ausrottungsstrafe in Lev 19,8 keinen ersichtlichen Grund gibt, auf עונו ישא anstelle der Fortsetzung ... ונכרתה הנפש zu verweisen. Am Ende des 13. Kapitels, in dem der vorliegende Ausschnitt steht, gelangt man zur Deutung der Wendung עונה תשא in Lev 7,18, und man begegnet folgendem Analogieschluß:[103]

---

[103] sSav 13,9; Ass. 66, S. 164.

עונה תשא עונו ישא לגזרה שווה
מה עונו ישא אמור להלן כרת אף כן כרת

Die Logik dieses Vorgangs ist ersichtlich: Man überträgt den in einem der zwei Verse vorkommenden Sachverhalt auf den anderen Vers mittels des Ausdrucks, der beiden Versen gemeinsam ist. Kommt die Ausrottungsstrafe in einem Vers (Lev 19,8) explizit vor, so folgert man, daß sie auch in dem anderen Vers implizit ist. Der Sinn des Ausdrucks עונו ישא wird in dem textuellen Aufbau dieses exegetischen Verfahrens definiert: עונו ישא אמור להלן כרת. Geht man von dieser Definition aus, so wird die genannte Schwierigkeit des Textteils B behoben. Die Annahme, daß dem Redaktor, der den Einschub in B geleistet hat, dieser Analogieschluß vorlag, erklärt, warum er den Ausdruck עונו ישא aufgreift, um auf die Verknüpfung der Zeit-Bedingung mit der Ausrottungsstrafe hinzudeuten.

B ist als nachträglich hinzugefügter Einschub zu bewerten. Dieser literarkritische Befund zeugt von einer interessanten Entwicklung in den »Gedanken-Halachot«. Nach dem ursprünglichen Stadium des Diskurses waren die Übertretungen des »Zeit-« und »Raum-Gedankens« hinsichtlich der Ausrottungsstrafe gleichwertig. Erst später hat man die Differenzierung diesbezüglich eingebracht.

An dieser Stelle können wir mit der Lektüre des Diskurses fortfahren. Der Text wird leichter, so daß eine ähnlich mühsame Analyse nicht erforderlich ist. Der Übersichtlichkeit halber wird bei der Textwiedergabe der schon zitierte Textteil F – allerdings ohne Übersetzung – wiederholt.

sSav 13,4–5; Ass. 66, S. 163–4

F 1 אתה או[מר] לכך נאמרו המיעוטים האילו
לא ירצה ולא יחשב ולא יאכל
או לא נאמרו איל אללמד שאין לי חייבין כרת
אלא על השלמין בלבד
2 ומנ[ין] לרבות כל הקדשים
3 תל[מוד] לו[מר]
ויגזרו מקדשי בני ישראל
4 או אינו מביא אילא כיוצא בשלמים
5 מה השלמים מיוחדין הנאכלין לשני ימים
הנאכלין ליום אחד מנ[ין]
6 תל[מוד] לו[מר]
בשר
7 שיריו נאכלין
8 עולה שאין שיריה נאכלין מנ[ין]
9 תל[מוד] לו[מר]
זבח
10 מיני זבחים
11 העופות והמנחות (שאינן) מיני זבחים
עד שתהא מרבה להביא לג שמן שלמצורע מנ[ין]

§ 18 Der Geltungsbereich der Ausrottungsstrafe 217

12 תל[מוד] לו[מר]
אשר הם מקדישים לי אני יי
13 לרבות את כולם
G 1 אחר שריבינו דברים שהן כשלמים ודברים
שאינן כשלמין ולמה נאמרו שלמים מעתה
2 אילא מה שלמים מיוחדין שיש להם מתירין
בין לאדם בין למזבח
אף אני מרבה אלא כל שיש לו מתירין
בן לאדם בן למזבח
3 כגון חטאת העוף שיש לה מתירין לאדם ואין לה מתירין למזבח
4 (ו)כגון עולת העוף שיש לה מתירין למזבח
ואין לה מתירין לאדם
5 כגון פרים הנשרפין ושעירים הנשרפין שיש להם מתירין
בן לאדם בן למזבח[104]
6 את מה אני מוציא
7 הקומץ והלבונה והקטורת מנחת כהנים ומנחת כהן משיח
(ו)מנחת נסכים
שאין לה(ם) מתירין לא לאדם ולא למזבח
H 1 ר[בי] שמעון או[מר]
2 מה שלמים מיוחדין שהן על מזבח החיצון
3 יצאו פרים הנשרפים ושעירים הנשרפים שאינן על מזבח החיצון

...

F 4 Oder [vielleicht] meint sie [= die Schrift] nur [solche Opfer] einzuschließen, die den Friedensopfern ähneln?
  5 Wodurch zeichnen sich die Friedensopfer aus? [Dadurch,] daß sie während zweier Tage gegessen werden. Woher [sagst Du], daß [auch solche Opfer einbezogen sind,] die während eines Tages gegessen werden?
  6 Die Schrift sagt: »Fleisch« (Lev 7,18).
  7 [Jedes Opfer,] dessen übriggebliebene Teile gegessen werden, [ist einbezogen].
  8 [Und in bezug auf] das Brandopfer, dessen übriggebliebene Teile nicht gegessen werden: woher [sagst Du, daß es auch einbezogen ist]?
  9 Die Schrift sagt: »Ein Viehopfer« (ebd.).
  10 [Alle] Arten von Viehopfern [sind einbezogen].
  11 [Und in bezug auf] die Vögel und die Speiseopfer, die nicht Arten von [Vieh]opfern sind, bis Du [sogar] das »Log« Öl des Aussätzigen einschließen wirst: woher [sagst Du, daß sie alle auch einbezogen sind]?
  12 Die Schrift sagt: »Die sie mir heiligen, ich bin Gott« (Lev 22,2).
  13 [Das bedeutet:] um alle einzuschließen.
G 1 Nachdem wir [sowohl] Dinge eingeschlossen haben, die wie Friedensopfer sind, als auch Dinge, die nicht wie Friedensopfer sind, [fragt es sich,] wozu die Friedensopfer nun [besonders] genannt wurden.
  2 Allein, wodurch zeichnen sich die Friedensopfer aus? [Dadurch,] daß sie [= deren Fleisch und Felle] durch etwas anderes [zur Nutznießung] erlaubt werden, sei es für den Menschen, sei es für den Altar; [und deshalb] soll ich nur die [Opferarten] einschließen, die durch etwas anderes erlaubt werden, sei es für den Menschen, sei es für den Altar,

---

[104] In Ox.: שיש להן מתירין למזבח ואין להם מתן[י]ר[ים] לאדם. Diese Lesart ist auch in der Weiss-Ausgabe bezeugt und geht auf die parallele Mishna-Version zurück (das Problem wird auf S. 229–230 thematisiert).

   3 wie zum Beispiel das Vogel-Sündopfer, das [dessen Fleisch] durch ein anderes [= das Blut] für den Menschen erlaubt wird, aber nicht für den Altar,

   4 und wie zum Beispiel das Vogel-Brandopfer, das [dessen Fleisch] durch ein anderes [= das Blut] für den Altar erlaubt wird, aber nicht für den Menschen,

   5 [und] wie zum Beispiel die zu verbrennenden Stiere und Ziegenböcke, die durch etwas anderes sowohl für den Altar als auch für den Menschen erlaubt werden.

   6 [Und] welche [Dinge] schließe ich aus?

   7 Die Handvoll und den Weihrauch und das Räucherwerk, das Speiseopfer der Priester, das Speiseopfer des gesalbten Priesters und das Gieß-Speiseopfer, die nicht durch etwas anderes, sei es für den Menschen oder für den Altar, erlaubt werden.

H 1 Rabbi Shimon sagt:

   2 Wodurch zeichnen sich die Friedensopfer aus? [Dadurch,] daß sie auf dem äußeren Altar dargebracht werden; ausgeschlossen sind [also] die zu verbrennenden Stiere und Ziegeböcke, die nicht auf dem äußeren Altar dargebracht werden.

In der alternativen Deutung in F zu dem wiederholten Vorkommen der Singularform im Bezugsvers Lev 7,18 wird vorgeschlagen, den Geltungsbereich der Ausrottungsstrafe auf das in Lev 7,18 explizit genannte Friedensopfer einzuschränken. Das mit diesem Vorschlag eingeleitete Verfahren besteht in einer Modifizierung dieser Einschränkung. Bevor auf die Klärung der Einzelheiten dieses Modifizierungsverfahrens eingegangen wird, ist es wichtig, das halachische Thema zu benennen, denn an keiner Stelle wird es explizit ausgesprochen. In F wird zwar die Ausrottungsstrafe genannt, doch nicht die Bedingungen, die zu dieser Strafbarkeit führen. Hier gilt es wiederum, den Kontext zu Hilfe zu nehmen. F steht im Kontext der Auslegung D. Die Bedingungen, die dort genannt werden, sind also auch die gleichen, die man hier diskutiert. In der exegetischen Erörterung über die Tragweite der Ausrottungsstrafe (F-H) handelt es sich um die Bestimmung der Opferarten, mit denen eine der im Textteil D genannten Übertretungen begangen wurde. Diese Klärung wird für den Vergleich mit einer der Mishna-Parallelen von Bedeutung sein.

Zum Verlauf des exegetischen Verfahrens: Durch den Verweis auf die in Lev 22,2 verkündete Warnung an die Priester zum vorsichtigen Umgang mit (allen) Opfern (der Kinder Israels) wird die Beschränkung auf die Friedensopfer durch die scharf entgegengesetzte Möglichkeit לרבות כל הקדשים (F2) zunächst abgelehnt.[105]

Damit ist aber die Widerlegung des in F Vorgeschlagenen noch nicht vollendet. Der Tatsache, daß in Lev 7,18 ausdrücklich nur von Friedensopfern die Rede ist, will der Exeget gerecht werden. So problematisiert er diese zuletzt gewonnene Erkenntnis über die Einbeziehung aller Opfer und bietet ein Kompromiß an (F4: או אינו מביא איila כיוצא בשלמים). Statt sich jedoch mit dieser an sich eleganten Lösung zu begnügen, entscheidet sich der Exeget zur näheren Betrachtung des Verses in Lev 7,18 und findet mehrere Bestandteile, die

---

[105] Im Zusammenhang mit dieser Warnung an die Priester wird in Lev 22,3 die Ausrottungsstrafe erwähnt.

die Beschränkung auf die dort ausdrücklich genannten Friedensopfer nicht zulassen. Zerlegt man den zusammengesetzten Ausdruck מבשר זבח שלמיו in seine Bestandteile, so ergeben sich Möglichkeiten, auch andere Opferarten, die dem Friedensopfer nicht ähnlich sind, einzuschließen (F6–10). Allein das Endergebnis – die Einbeziehung aller Opfer – steht eigentlich schon fest. Die Indizien in Lev 7,18 zur Erweiterung des Geltungsbereichs über die Friedensopfer hinaus genügen nicht. So greift man wiederum nach Lev 22,2, dessen zweiter Teil, der an dieser Stelle herangezogen wird, wie sein erster leicht und überzeugend zur uneingeschränkten Ausdehnung des Geltungsbereichs dienen kann (F11–13).

Der konkrete Lösungsvorschlag, der in F4–5 dargestellt wurde, in den Geltungsbereich der besagten Übertretung nur solche Opfer einzubeziehen, deren Fleisch wie das des Friedensopfers während zweier Tage gegessen wird, wird abgelehnt. Aber auch dabei will man nicht stehenbleiben. Zum zweiten Mal will der Exeget der spezifischen Nennung der Friedensopfer in Lev 7,18 Rechnung tragen.[106] Man greift wieder ein dem Friedensopfer innewohnendes Merkmal auf, um alle Opferarten und Opferteile, die diese Eigenschaft nicht haben, auszuschließen. Diesmal weist man auf die Tatsache hin, daß die Zulassung zum Verzehr des Friedensopfers (durch den Altar und den Menschen) von einer ihm vorangehenden Handlung (der Sprengung des Blutes) abhängig ist, und erhebt diese zu einem Abgrenzungskriterium. Die Frage nach dem Grund für die Wahl ausgerechnet dieses Merkmals als ein Kriterium sei dahingestellt.

Es folgen drei Beispiele (G3–5), die die Anwendung dieses Kriteriums verdeutlichen sollen, und danach (G6–7) wird die Liste jener Opferteile und Opferarten dargestellt, die dem Geltungsbereich der Übertretung nicht unterliegen. Alle in dieser Liste genannten Opferteile und -arten werden vom Altar verzehrt, ohne daß ihr Verzehr durch eine besondere, ihnen vorangehende kultische Handlung ermöglicht werden muß.

Der Diskurs schließt mit einem Midrash R. Shimons (H), der ein anderes Merkmal des Friedensopfers als Maßstab setzt. Was sich aus der Wahl dieses Kriteriums ergibt, wird in H3 ausgesprochen.

Trotz des ständigen Hin und Hers zwischen der Ein- und Ausschließung bestimmter Opfer in und vom Referenzbereich der besagten Übertretung ist die Grundstruktur deutlich. F endet mit der Einschließung aller Opfer, und dieses Resultat wird dann mittels des Kriteriums in G modifiziert. Darüber hinaus zeigt man, welche Gruppen sich aufgrund der Anwendung dieses Abgrenzungskriteriums bilden.

Diese Spezifizierung ist allerdings nicht erschöpfend. In G3–5 werden drei Fälle genannt, aber nur als Beispiele (... כגון). Der Grund, weshalb in zwei von diesen drei Fällen (G3–4) ausgerechnet auf Vogelopfer eingegangen wird, ist

---

[106] Zum gleichen exegetischen Verfahren in diesem Punkt vgl. z. B. sHova 1,1 (16a).

klar. In der letzten Stufe des vorangehenden Einschließungsverfahrens (F11) wurden sie genannt. Nun will man zeigen, zu welcher Gruppe sie nach Eintreten des Kriteriums gehören. Eine längere Liste der Opfer und Opferteile, auf die die Ausrottungsstrafe nicht zutrifft, wird anschließend in G7 gezeigt – diesmal wohlbemerkt ohne explizit auf die Fälle als Beispiele hinzudeuten. Auch hier erkennt man sofort den Zusammenhang mit dem Vorgang in F. Dort wurden, wiederum in der letzten Stufe und neben den Vögeln, die Speiseopfer ohne weitere Differenzierung in den Geltungsbereich der Strafe einbezogen (F11). Nun präzisiert man, daß drei Arten von Speiseopfern (מנחת כהנים, מנחת כהן משיח, מנחת נסכים) aus dieser Kategorie infolge der Anwendung des neuen Kriteriums abgesondert werden.

Es fällt auf, daß in G der Fall vom Öl des Aussätzigen nicht erwähnt ist. Es fällt deshalb auf, weil gerade dieser Fall in der letzten Stufe des Einschließungsverfahrens (F11) besonders hervorgehoben wurde: עד שתהא מרבה להביא לג שמן שלמצורע. Die Tatsache, daß es in G weiter nicht genannt wird, hat zur Folge, daß sich die Zugehörigkeit dieses Falles zu einer der beiden Gruppen auf dieser Überlieferungsebene nicht bestimmen läßt.

Mit dem Hinweis auf diese Einzelheit schließen wir die Analyse des Sifra-Textes ab und wenden den drei Mishna-Texten zu. Der Fall vom Schlachten für Unreine und Unbeschnittene, worüber im Sifra-Text in C eine Unterscheidung zwischen dem Schlachtenden und dem Opfer vorliegt, derzufolge der Schlachtende vom Geltungsbereich des Strafbaren (לא ירצה) ausgenommen wird, kommt in der Mishna ohne diese Differenzierung vor. Er ist dort in eine Auflistung von Fällen integriert, denen allen eine auf rechtswidrige Handlungen bezogene Absicht gemeinsam ist, die aber im Gegensatz zur Wirkung des unzulässigen »Zeit-« und »Ort-Gedankens« nicht zur Untauglichkeit des Opfers führen.

mZev 3,4; Ka., S. 352

שחטו על מנת
ליתנו על גבי הכבש שלא כנגד היסוד
ליתן את הניתנין למטן למעלן (ו)את הניתנין למעלן למטה
(ו)את הניתנים בפנים בחוץ ואת הניתנים בחוץ בפנים
שיאכ{י}לוהו טמאין שיקריבוהו טמאין[107]
שיאכ{י}לוהו ערילים שיקריבוהו ערילים[108]
לשבר עצמות הפסח לאכל ממנו נא
לערב דמו בדם פסולין
כשר שאין המחשבה פוסלת אלא חוץ לזמנו וחוץ למקומו

---

[107] Der zweite Fall שיקריבוהו טמאין wurde in Par. weggelassen.
[108] Der zweite Fall שיקריבוהו ערילין wurde in Jer. weggelassen.

§ 18 Der Geltungsbereich der Ausrottungsstrafe

Im Unterschied zu dem elliptisch formulierten Fall im Sifra השוחט לערלים ולטמאים (C1) wird nicht explizit gesagt, daß sich die Absicht, für beide Gruppen zu schlachten, auf den Verzehr des Fleisches durch beide Bezugsgruppen bezieht. Im Unterschied dazu begegnet man hier zwei explizit formulierten Fällen: Schlachten mit der Absicht, daß Unreine und Unbeschnittene das Blut des Opfers sprengen, und Schlachten mit der Absicht, daß diese vom Opferfleisch essen. Trotz der hohen Wahrscheinlichkeit, daß der Fall im Sifra nur eine Bedeutung hat, und zwar das Schlachten mit der Absicht, daß die Unreinen vom Fleisch essen,[109] läßt sich die elliptische Formulierung so lesen, als ob sie beide Möglichkeiten enthält. Für unseren Zweck ist es in diesem Punkt nicht erforderlich, eine endgültige Entscheidung zu treffen. Es ist jedenfalls sicher, daß im Sifra eine der beiden Möglichkeiten, von denen im Mishna-Text die Rede ist, gemeint ist. Wichtig ist, daß in beiden Texten zwei einander ausschließende Urteile über das Opfer gefällt werden, das unter denselben Bedingungen geschlachtet wurde: Nach dem Sifra wird das Opfer infolge dieses »Gedankens« untauglich; in der Mishna ist es tauglich.

Dieser Widerspruch liegt nicht zwischen zwei eindeutig formulierten Urteilen vor. Nur in der Mishna ist dies der Fall. Im Sifra ergibt sich die Untauglichkeit des Opfers nur durch die Gegenüberstellung des Opfers (אותו) und des Schlachtenden (השוחט), auf den das Urteil לא ירצה nicht zutrifft.

Liest man aber den Textteil sC im Kontext des Gesamtdiskurses, so stößt man auf die Unmöglichkeit, dieses in sC gefällte Urteil mit dem auf ihn folgenden Satz sD1 in Einklang zu bringen, denn dort wird explizit festgestellt, daß das Urteil לא ירצה *nur* auf das Opfer zutrifft, mit dem die Übertretungen חוץ לזמנו וחוץ למקומו begangen wurden. Diese Schwierigkeit haben wir durch die Bewertung des Textteils C als nachträglichen Einschub erklärt.

Es bedarf keiner Erörterung, daß *unsere* Vorgehensweise, der besagten halachischen Unvereinbarkeit Rechnung zu tragen, nicht von jedem möglichen Rezipienten des Textes erwartet werden kann. Man darf wohl davon ausgehen, daß diese auf eine Literarkritik reduzierte Exegese, die sich erlaubt, an der ursprünglichen Einheitlichkeit des Textes zu zweifeln, in einem bestimmten Rezeptionszusammenhang nicht denkbar oder erfahrbar ist. Unter dem Postulat der Einheitlichkeit des Textes läßt sich nachvollziehen, wie der Text gelesen werden würde.

Die ausgesprochene Einschränkung des Urteils לא ירצה auf die Fälle חוץ לזמנו וחוץ למקומו (D1) würde in diesem Fall zu einem zwar inkorrekten, aber durchaus möglichen Verständnis des exegetischen Vorgangs in C führen. Der Rezipient würde dann den Satz אותו בלא ירצה in ein anderes Bezugssystem stellen, so daß das Pronomen אותו als Hinweis auf jenes Opfer verstanden

---

[109] Der Inhalt des verbotenen »Gedankens« betrifft primär das Essen vom Fleisch des Opfers. So verhält es sich mit dem »Zeit-Gedanken« (vgl. sSav VIII,6 [36b]), und so gilt es für andere verbotene »Gedanken«.

würde, mit dem die Übertretungen des »Zeit-« und »Ort-Gedankens« begangen werden. Die Schlußfolgerung in C3–4 (אותו בלא ירצה, אין השוחט לערלים בלא ירצה) würde man dann so verstehen, als bedeutete sie eine Differenzierung zwischen Opfern, mit denen bestimmte »Gedanken-Übertretungen« begangen wurden: »›Es‹ [das Opfer, das mit dem ›Zeit-‹ oder ›Raum-Gedanken‹ geschlachtet wurde,] ist unter ›es wird nicht wohlgefällig angenommen werden‹ gemeint, nicht der Schlachtende [= das Opfer] für unreine und Unbeschnittene.« Die Wahrscheinlichkeit, den Textteil C auf diese Weise zu lesen, wird man einschätzen können, wenn man probehalber השוחט durch הנשחט ersetzt. Der Zwang, die textuelle Einheit des Diskurses aufrechtzuerhalten, führt notgedrungen zu einer solchen Leseweise. Danach führt die Absicht, für Unreine und Unbeschnittene zu schlachten, nicht zur Untauglichkeit des Opfers. Es ergibt sich also genau dasselbe Urteil, dem man in der Mishna begegnet. So ist die halachische Differenz zwischen der Mishna und dem Sifra entstanden.

Der folgende Vergleich mit einem weiteren Mishna-Text im Traktat Zevaḥim wird die Wahrscheinlichkeit dieses Resultats bestärken. Dabei handelt es sich um die Auflistung anderer Übertretungen, die teilweise mit denen im Textteil D des Sifra-Textes übereinstimmen.

mZev 2,1; Ka., S. 350–1

A	1	כל הזבחין שקיבל דמן זר אונן טבול יום מחוסר בגדים מחוסר כיפורים ושלא רחוץ ידים ורגלים ערל וטמא
	2	יושב עומד כלים על גבי כלים[110] על גבי בהמה על גבי רגלי חברו
	3	פסל
B	1	קיבל בשמאול
	2	פסל[111]
	3	ר[בי] שמעון מכשיר
C		נשפך על הריצפה ואספו פסול
D	1	נתנו על גבי הכבש שלא כנגד היסוד
	2	נתן את הניתנין למטן למעלן
	3	(ו)את הניתנין למעלן למטן
	4	(ו)את הניתנים בפנים בחוץ
	5	(ו)את הניתנים בחוץ בפנים
	6	פסול ואין בו כרת[112]

---

[110] Die richtige Lesart ist: עומד על גבי כלים (so in P138, Par., O404 und Jer.). Die Hinzufügung eines weiteren כלים ist eine Eigenart von Ka. Eine andere inkorrekte Abweichung bezeugt Cam.: עומד יושב על גבי כלים.

[111] B1–2 fehlt in Par. Dadurch ändert sich der Sinn des Urteils in den Worten R. Shimons in B3. Das Urteil bezieht sich nach dieser Lesart auf die Fälle in A1–2.

[112] In Cam.: ואין לו כרת.

§ 18 Der Geltungsbereich der Ausrottungsstrafe 223

Die ersten vier Kapitel des Traktats Zevaḥim behandeln fast ausschließlich die »Gedanken-Halachot«.[113] Daß die vorliegende Aufzählung von verschiedenen, mit den Opfer-Verrichtungen begangenen Übertretungen in diesem Zusammenhang vorkommt, hängt mit dem Status des Opfers, פסול ואין בו כרת, zusammen, der ihm infolge der genannten Übertretungen zukommt.[114] In der folgenden Mishna (2,2) werden die zwei Urteile פסול ואין בו כרת und פגול וחייב עליו כרת, die jeweils für eine der Übertretungen des verbotenen Gedankens gelten, einander gegenübergestellt. Von einer Übertretung, die mit dem »Ort-Gedanken« (מחשבת המקום) zusammenhängt, gilt: פסול ואין בו כרת. Bei der strengeren Übertretung מחשבת הזמן fällt dagegen das Urteil: פגול וחייב עליו כרת. Zum Zweck der Gegenüberstellung der unterschiedlichen Urteile war es sinnvoll, auch andere Übertretungen aufzulisten, bei denen die Ausrottungsstrafe nicht eintritt.

Die Fälle, die hier aufgezählt sind, decken sich zum Teil mit denen, die im Textteil D im Sifra vorkommen. Eine thematische Übereinstimmung liegt bezüglich der Aufnahme des Blutes durch Unreine (mA1 ≅ sD7a) und der Sprengung des Blutes an die falschen Stellen (mD2–5 = sD8–11) vor.

In diesen Fällen kommt dem Opfer nach dem Sifra-Text das Urteil לא ירצה zu. Ich habe auseinandergesetzt, daß dies die Unterordnung unter den Geltungsbereich der Ausrottungsstrafe bedeutet. Insofern liegen in der Mishna und im Sifra zwei einander widersprechende Urteile über den Status des Opfers unter denselben Bedingungen vor. Nach beiden Überlieferungen hat zum Beispiel eine falsche Sprengung des Blutes die Untauglichkeit des Opfers zur Folge, doch die Ausrottungsstrafe tritt nur nach der Überlieferung im Sifra ein. In der Mishna wird dagegen ausdrücklich festgestellt, daß sie entfällt.

Ausdrücklich wird das Motiv der Ausrottungsstrafe im Sifra in dem differenzierenden exegetischen Schritt E behandelt. Wenn man zu dieser Stelle gelangt, muß man sich Mühe geben, um den strukturellen Wert aller dort vorkommenden Pronomina eindeutig zu bestimmen. Schon damit – wie in der Analyse dieser Textstelle auf S. 212ff. gezeigt wurde – ist es sehr wahrscheinlich, daß ein möglicher Rezipient die Gegenüberstellung in E3 (הוא ואכליו אותו בהכרת, אין הללו בהיכרית) so verstehen würde, als wiese das Demonstrativpronomen הללו auf die Opfer hin, mit denen die Übertretung des »Zeit-Gedankens«- begangen wurde. Setzt dieser Rezipient zudem die Einheit des Gesamttextes voraus, so *muß er,* wie ich nun behaupten möchte, den Textteil E auf diese inkorrekte Weise lesen.

Auf die Schwierigkeit, eine kohärente Lektüre des Gesamtdiskurses zu finden, wurde bei der Analyse des Sifra-Textes hingewiesen: An einer früheren

---

[113] Lediglich dieser Text und dessen Entfaltung in 3,2 bilden die Ausnahmen.

[114] Das Urteil פסול ואין בו כרת bezieht sich textuell nur auf die letzte Gruppe der Fälle (D), doch der Zusatz ואין בו כרת ist als eine für alle vorangehenden Fälle geltende Präzisierung zu verstehen, die der Tradent am Ende der Liste gesetzt hat.

Stelle im Text (B) wird die mit dem unzulässigen »Ort-Gedanken« verbundene Übertretung vom Geltungsbereich der Ausrottungsstrafe ausgenommen. Wenn in D die Einbeziehung in die Ausrottungsstrafe gemeint ist, so ist D1, wo auf den »Ort-Gedanken« hingewiesen wird, mit B unvereinbar. Da ich zu der Schlußfolgerung gekommen bin, daß D auf diese Weise verstanden werden soll, habe ich unter Berücksichtigung von weiteren Indizien konkludiert, daß B eine nachträgliche Einfügung ist.

Der Rezipient, der diesen literarkritischen Zugang nicht teilt, wird den Text anders lesen müssen. Unter der Voraussetzung, daß der Gesamtdiskurs eine untrennbare Einheit darstellt, muß er zu der Schlußfolgerung kommen, daß es bei der Subsumtion der Fälle in D unter לא ירצה, zu denen auch einleitend die Übertretung eines »Ort-Gedankens« gehört (sD1), nicht um die Ausrottungsstrafe geht. Verblüffend ist die Tatsache, daß der Zwang, den Textteil D so zu lesen, als ob in ihm nur auf die Untauglichkeit des Opfers unter den dort genannten Bedingungen hingewiesen würde, eine weitere Bekräftigung durch die Unterscheidung in E erhält, die man nun als eine solche versteht, die zwischen der Übertretung des »Zeit-Gedankens« (הוא ואכליו אותו בהכרת) und den Übertretungen in D, auf die die Ausrottungsstrafe nicht zutrifft, (אין הללו בהיכרית) vorliegt.

Sobald man von der Einheitlichkeit des Sifra-Textes ausgeht, ergibt sich zwangsweise eine Leseweise des Textes, die zur Folge hat, daß das Urteil, das dem Opfer unter den in D genannten Bedingungen zukommt, geändert wird: Hat man das Blut eines bestimmten Opfers nicht an die richtige Stelle des Altars gesprengt, so wird das Opfer dadurch untauglich und denen, die vom Fleisch des Opfers essen, haftet die Ausrottungsstrafe an. Das ist der Stand der Dinge, soweit ihn das ursprüngliche Stadium des Sifra-Diskurses bezeugt. Der redaktionelle Eingriff in den Text hat zur Folge, daß ein Rezipient dieses Textes, der die unterschiedlichen Schichten nicht auseinanderhält, bei demselben Fall einem anderen, widersprechenden Urteil begegnet. Unter den genannten Bedingungen wird das Opfer wohl untauglich, aber es wird – nach dieser Leseweise – hervorgehoben, daß die Ausrottungsstrafe dabei entfällt.

Das ist nun genau das, was uns die Mishna mitteilt. Die halachische Differenz zwischen den Überlieferungen in der Mishna und im Sifra war also die Folge einer inkorrekten, aber notwendigen Rezeption der Sifra-Vorlage.

Um dem Werdegang des vorliegenden Mishna-Textes detaillierter nachzugehen, sollte in Kürze auf zwei weitere Parallelen im Sifra, die dem Mishna-Redaktor ebenso vorlagen, hingewiesen werden.

In mB bestreitet R. Shimon, daß die Aufnahme des Blutes (קבלת הדם) mit der linken Hand die Untauglichkeit des Opfers zur Folge hat. Im Sifra (sHova 9,1; Ass. 66, S. 92) wird die Meinungsverschiedenheit – wie zu erwarten – in einem exegetischen Gewand, einer Auslegung zu Lev 4,25 (ולקח הכהן מדם החטאת באצבעו ונתן על קרנת מזבח העלה), überliefert:

§ 18 Der Geltungsbereich der Ausrottungsstrafe 225

A	1	באצבעו ולקח
	2	שיקביל בימין
	3	(ב)אצבעו ונתן
	4	שיתין בימין
B	1	אמר ר[בי] שמעון
	2	וכי נאמר בו יד
	3	הואיל ולא נאמר בו יד אם קיבל בשמאול כשר[115]

Da schon nachgewiesen wurde, daß der Mishna-Redaktor den Ausschnitt in sSav 13 bearbeitet hat, liegt es nahe, daß er den Stoff zu der von ihm überlieferten Meinungsverschiedenheit ebenfalls aus dem Sifra übernommen hat.

Auch der Fall vom verschütteten Blut (mC) hat eine Parallele im Sifra. Zur Klärung des Falles sei zunächst gesagt: Liest man mC für sich (נשפך על הרצפה ואספו פסול), so scheint es, als träte die Untauglichkeit des Opfers deshalb ein, weil das Blut vom Boden aufgesammelt und nicht direkt vom Tier aufgenommen wurde. Doch soll man die Mishna-Stelle hier (mZev 2,1) ihrer differenzierenden Entfaltung in mZev 3,2 gegenüberstellen. Dort begegnet man nämlich dem korrelaten Fall נישפך מן הכלי על הריצפה ואספו כשר, wodurch klar wird, daß die Umkehrung des Urteils auf die neu eintretende Bedingung מן הכלי zurückzuführen ist. Ob das Opfer durch das Verschütten des Blutes untauglich wird, hängt also davon ab, wie das genau geschah. Der Textteil C in unserem Text beschreibt den Fall, in dem das Blut *direkt vom Tier* und nicht später vom Gefäß auf dem Fußboden verschüttet wurde.[116] Die unerläßliche Bedingung *direkt vom Tier* wurde also ausgelassen. Nach dem Sifra (sNed IV,11 [6c]) geht diese Differenzierung auf die Auslegung zu Lev 1,5 zurück. Der Text lautet nach Ass. 66, S. 22 wie folgt:

A	1	והקריבו בני אהרן הכהנים את הדם אליו וזרקו
	2	מה תל[מוד] לו[מר] שוב את הדם
	3	מנין אתה אומר
	4	נישפך מן[117] הכלי על הרצפה ואספו כשר
	5	תל[מוד] לו[מר] שוב את הדם[118]
	6	יכול אפילו נישפך מיצואר[119] בהמה על גבי הרצפה
	7	יחזור ויאספ[י]נו ויהא כשר
	8	תל[מוד] לו[מר] הדם
	9	הדם שניתקבל בכלי

Die zwei genannten Fälle, das Verschütten des Blutes einmal vom Gefäß und ein andermal direkt vom Hals des Viehs, von denen jeweils einer in einer der

---

[115] כשר fehlt in Lo. Sonst liegen keine erheblichen Abweichungen in den anderen Hss. vor.
[116] So wird der Fall auch gewöhnlich gedeutet. Vgl. Rambam, Bertinoro, Albeck. Komm. z. St.
[117] In Ox. בין; sicherlich eine inkorrekte Lesart.
[118] Der Schreiber von Lo. fügt an dieser Stelle ein: תלמוד לומר דם.
[119] Das י gehört zu dem präpositionalen מ.

beiden genannten Mishna-Stellen dargestellt ist, sind hier in einem exegetischen Kontext eingebettet. Die Frage, warum im Mishna-Text (Zev 2,1; C) die Bedingung מיצור בהמה [= מצואר הבהמה] ausgelassen wurde, läßt sich im Kontext der Bearbeitung des Diskurses aus sSav 13 erklären. Dort ist in sD unspezifisch vom Verschütten des Blutes die Rede (D3: ושנשפך דמה). Da der Mishna-Redaktor beide Überlieferungen benutzt hat, ist anzunehmen, daß er den Fall in sD3 (ושנשפך דמה) mit dem hier vorliegenden Fall (A6) identifizierte und ihn deshalb in derselben unspezifischen Weise, in der der Fall in dem Diskurs in sSav 13 formuliert ist, auch weiter tradierte.

Von diesen zwei herangeführten Sifra-Auslegungen läßt sich nur im Rahmen der bisherigen Ausführungen behaupten, daß sie dem Mishna-Redaktor vorgelegen haben. Der parallele Stoff in der Mishna ist in einer textuellen Einheit eingebettet, von der eben gezeigt wurde, daß sie auf eine Bearbeitung eines anderen Ausschnitts (des Diskurses in sSav 13) im Sifra zurückgeht, der selbst wegen der in ihm entdeckten redaktionellen Eingriffe die Existenz eines Sifra voraussetzt. Hätten wir einen Vergleich mit jedem der zwei herangeführten Sifra-Stellen getrennt vom Vergleich mit dem Diskurs in sSav 13 durchgeführt, so kämen wir zu keinem Ergebnis bezüglich des Abhängigkeitsverhältnisses. In jedem dieser zwei Fälle wiederholt sich, was allen Hunderten von parallelen Versionen zwischen dem Sifra und der Mishna gemeinsam ist. Dieselbe Halacha, die in dem einen Werk in einem exegetischen Kontext eingebettet ist, wird in einem anderen Werk in nackter, apodiktischer Weise überliefert. Die Form ändert sich, der Inhalt bleibt derselbe. Das ist der klassische Fall. Nur in Ausnahmefällen entsteht im Laufe der Bearbeitung entweder eine Kohärenzlücke oder eine inhaltliche Abweichung, und nur in solchen Fällen besteht die Möglichkeit zur Bestimmung des literarischen Abhängigkeitsverhältnisses.

Trifft es nun zu, daß der Mishna-Redaktor den Ausschnitt aus sSav benutzt hat, wodurch sich zeigt, daß er eine Überlieferung im Sifra verwendet, die schon einer Bearbeitung seitens eines Sifra-Redaktors unterlag, und stimmt es ferner, daß er dabei auch zwei weitere Überlieferungen aus dem anonymen Teil der Exegese im Sifra zu Hilfe nahm, so ist damit auch eine Erweiterung der Tragweite der Benutzungshypothese auf alle anderen Fälle, in denen weder von einer Kohärenzlücke noch von einer inhaltlichen Differenz die Rede ist, sondern lediglich davon, daß sich das eben genannte Typische wiederholt, grundsätzlich gerechtfertigt!

Mit dieser Abschweifung ins Allgemeine wollen wir uns nun konkret dem dritten Mishna-Text zuwenden, der auf die Bearbeitung der zweiten Hälfte des dargestellten Sifra-Diskurses zurückgeht. Im Rahmen derselben erwähnten »Gedanken-Halachot« begegnet man in der Mishna einer Einteilung der Opferarten und sonstigen kultischen Gegenstände hinsichtlich des Geltungsbereichs der Pigul-Übertretung, d. h. der Übertretung, die aus einem unerlaubten »Zeit-Gedanken« (מחשבת זמן) besteht.[120]

---

[120] Vgl. mZev 2,2–3.

mZev 4,3–4; Ka., S. 352–3

A 1 אילו דברים שאינן חייבין עליהם משם פיגול
2 הקומץ והלבונה והקטורת
3 (ומנחות הכהנים ו)מנחת כהן משיח ו)מנחת הנסכים
4 והדם
5 (ו)הנסכים הבאין בפני עצמן
6 דברי ר[ב]י מאיר
7 וחכמ[ים] אומ[רים]
8 אף הבאים עם הבהמה

B 1 לוג שמן של מצורע
2 ר[ב]י שמעון אומ[ר]
   אין חייבין עליו משם פיגול
3 ר[ב]י מאיר או[מר]
   חייבין עליו משם פיגול
4 שדם האשם מתירו

C 1 וכל שיש לו מתירין בין לאדם בין למזבח
   חייבין עליו[121] משם פיגול
2 העולה דמה מתיר (את[122]) {ו}בשרה למזבח ועורה לכהנים
3 עולת העוף דמה מתיר [את = P138] ובשרה למזבח
4 חטאת העוף דמה מתיר (את) {ו}בשרה לכהנים
5 פרין הנישרפין ושעירין הנישרפין דמן מתיר
   [את = P138] {ו}אמוריהן ליקרב

D 1 ר[ב]י שמעון אומ[ר]
2 כל שאינו על מזבח החיצון כשלמים
   אין חייבין עליו משם פיגול

Der Text stellt zunächst eine Liste jener Dinge auf, die der Pigul-Übertretung nicht unterliegen (A1–4). Im Rahmen dieser Auflistung werden jeweils im Zusammenhang mit einem spezifischen kultischen Gegenstand zwei Dispute integriert (A5–8 und B). Im Anschluß an den zweiten Disput wird wie beiläufig (!) das Abgrenzungskriterium explizit genannt (C1), und als Verdeutlichung desselben werden vier Beispiele (C2–5) herangezogen. Am Ende des Textes wird ein Ausspruch R. Shimons überliefert, demzufolge das vorher genannte Kriterium modifiziert werden soll.

Die Übereinstimmungen mit dem entsprechenden Teil des Diskurses im Sifra (F-G) sind hier besonders weitreichend. Beide Texte unterscheiden mit Hilfe desselben Kriteriums zwischen den Opferarten, die zum Geltungsbereich gehören und denen, die davon ausgenommen sind (sG2 ≅ mC1). In beiden wird das Abgrenzungskriterium mitten im Text dargestellt. In beiden wird zum Schluß die gleiche abweichende Ansicht R. Shimons tradiert (sG ≅ mD).

---

[121] Eine markante Abweichung in Cam.: אין חייבין עליו.

[122] Das Verb מתיר stellt ein Abhängigkeitsverhältnis dar und ist daher in den Hss. P138, Cam., Par., Mün., O404 Jer. und in Ed. pr. korrekt mit der Akkusativkonjunktion את verbunden. Die ursprüngliche Lesart in Ka., die das Verb mit den verschiedenen Objekten durch ו verband, wurde nur in C2 und 4 verbessert.

In der Auflistung ist der Mishna-Text ausführlicher: Über dieselben sechs kultischen Gegenstände hinaus, die im Sifra die Gruppe der vom Geltungsbereich ausgenommenen bildet (G7), zählt die Mishna das Blut (A4) und die für sich dargebrachten Gießopfer (A5) hinzu. Zu den drei Beispielen (sG3–5 ≅ mC3–5), deren Funktion in beiden Texten darin besteht, das unmittelbar davor genannte Kriterium zu verdeutlichen, kommt in der Mishna auch das Beispiel des Brandopfers (mC2) hinzu.

Der Hauptunterschied zwischen beiden Überlieferungen besteht darin, daß der gesamte Komplex der Unterscheidung zwischen Opferarten und sonstigen kultischen Gegenständen samt dem festgestellten Kriterium und dem Ausspruch des R. Shimon in der Mishna auf eine spezifische Übertretung bezogen ist, auf die פיגול–Übertretung, d.h. auf die Übertretung, die mit dem unerlaubten »Zeit-Gedanken« zusammenhängt,[123] wogegen in dem parallelen Ein- und Ausschließungsverfahren im Sifra der Geltungsbereich der Ausrottungsstrafe geregelt wird, so wie sie aber infolge *aller* zuvor im Text (in sD) genannten Übertretungen eintritt!

Wie in beiden zuvor besprochenen Mishna-Texten gründet sich auch der vorliegende Unterschied auf den besonderen Aufbau des Sifra-Textes, den er bei einem bedeutenden redaktionellen Eingriff erhalten hat. In seiner vorliegenden Gestalt suggeriert der Sifra-Text, daß die Ausrottungsstrafe nur im Falle des unzulässigen Zeit-Gedankens eintritt. Der Sachverhalt wurde schon ausführlich auseinandergesetzt. Im Kontext der Einschränkung in B, nämlich der Ausschließung der mit einem »Ort-Gedanken« begangenen Übertretung vom Geltungsbereich der Ausrottungsstrafe, kann es in D nur um die Feststellung der Untauglichkeit des Opfers unter bestimmten Bedingungen gehen, und entsprechend werden in E auch die genannten Übertretungen in D von der Ausrottungsstrafe ausgenommen.

Unter der Voraussetzung der Einheitlichkeit des Textes ist eine solche Lektüre desselben notwendig. Ich erspare mir an dieser Stelle eine wiederholte Ausführung der Argumente gegen eine solche Leseweise. Hat nun ein Rezipient den Diskurs bis zu dieser Stelle (d.h. den Textteilen A-E) auf diese Weise gelesen – wir wissen aus den vorigen Vergleichen, daß der Mishna-Redaktor auf diese Weise verfahren hat –, so ist deutlich, wie er den Text weiter lesen würde. Die folgende Frage in sF nach der Feststellung der Opfer und der kultischen Gegenstände, mit denen die Ausrottungsstrafe eintreten kann, die sich strukturell mit dem Textteil sD verbindet, wird er nur im Zusammenhang mit der Übertretung des »Zeit-Gedankens« verstehen können. Die Einschränkung des Themas im Mishna-Text auf die »Pigul-Übertretung« zeigt, daß der Mishna-Redaktor den Diskurs im Sifra auf diese Weise rezipiert

---

[123] Nur eine solche Übertretung wird פיגול genannt. Vgl. mZev 2,2; 3,5; 4,1; 6,7. Sie wird häufig nebst den anderen Übertretungsarten נותר וטמא genannt (vgl. z.B. mZev 3,4; 3,5; 4,5; mMen 11,8).

hat. Auch hier läßt sich eine vorliegende Abweichung zwischen dem Sifra und der Mishna erklären, indem man annimmt, daß der Mishna-Redaktor den Text des Sifra rezipiert und bearbeitet hat.

Sobald klar wird, daß der vorliegende Mishna-Text auf eine Bearbeitung der Vorlage im Sifra zurückgeht, kann man sich noch weiter in den redaktionellen Vorgang des Mishna-Textes vertiefen. Dabei möchte ich auf zwei Einzelheiten eingehen.

1. Über das Gemeinsame mit dem Sifra-Text hinaus sind in der Mishna zwei Dispute überliefert. Der zweite Disput zwischen R. Shimon und R. Meir über das Öl des Aussätzigen (B) hat mit dem Diskurs im Sifra eine gewisse Ähnlichkeit. Im ersten Schritt des Einschließungsverfahrens im Sifra (sF11) wurde darauf hingewiesen, daß sogar das Log Öl des Aussätzigen in den Geltungsbereich der Ausrottungsstrafe einzubeziehen ist. Als man nach der Einführung des gültigen Kriteriums zur Abgrenzung des Geltungsbereichs die vorher genannten Opferarten aufgegriffen hat, um zu verdeutlichen, welche Konsequenzen die Anwendung des Kriteriums für sie hat, wurde jedoch auffälligerweise das Log Öl des Aussätzigen außer acht gelassen. Das hat zur Folge, daß der Status des Logs Öl im Kontext der Fragestellung ungeklärt bleibt. Geht ein Rezipient an dieses exegetische Verfahren mit dem primären Interessen heran, die Rechtslage anhand dieser Vorlage zu bestimmen und sie dann auf sein System zu übertragen, so ist es durchaus denkbar, daß er diese »Unklarheit« als halachische »Unentschiedenheit« übersetzen würde. Will der Mishna-Redaktor diese Unentschiedenheit weiter tradieren, so steht ihm ein festes Mittel zur Verfügung: die Form des Disputs. Mit der Konstruktion eines fiktiven Disputs überliefert er weiter denselben Sachverhalt, dem er in seiner Vorlage begegnet ist.

2. Nachdem in beiden Texten das Abgrenzungskriterium dargestellt worden ist, werden Beispiele angeführt, die seine Anwendung demonstrieren. Entweder kommt die Nutznießung nur dem Menschen oder nur dem Altar oder beiden zu. Die Auswahl der spezifischen Beispiele ist dabei weniger wichtig als vielmehr die Abdeckung aller drei Möglichkeiten. Für die dritte Möglichkeit (מתירין בן לאדם בן למזבח) wurde im Sifra-Text (G5) ein schwer zu verstehendes Beispiel ausgewählt: die Opferung der Sündopfer, die gänzlich (nicht auf dem Altar) verbrannt werden (פרים הנשרפין ושעירים הנשרפין).

Daß der Altar im Falle der Darbringung solcher Opfer die Fettstücke bekommt, ist in Lev 4,8–10 vorgeschrieben: Die Sprengung des Blutes »erlaubt« diese »Nutznießung« seitens des Altars. Es gilt also: פרים הנשרפין ושעירים הנשרפין יש להם מתירין למזבח. Doch was wird »dem Menschen« im Falle dieser Opfer zugewiesen? Wie läßt sich die zweite Aussage יש להם מתירין לאדם in bezug auf diese Opfer aufrechterhalten? Das ganze übriggebliebene Opfer dieser Opferart wird nach der Sprengung des Blutes und der Opferung der Fettstücke auf dem Altar auf einem außerhalb der Stadt liegenden Aschenplatz (בית הדשן)[124] verbrannt. Auch das ist biblisch vorgeschrieben: ושרפו באש את ערתם ואת בשרם ואת פרשם (Lev 16,27).[125]

---

[124] Vgl. Lev 4,12; 6,4 und mZev 5,2.

Es ist also unverständlich, wie die Nutznießung seitens des Menschen in diesem Fall gemeint ist, und es liegt nahe, daß der Mishna-Redaktor mit diesem Problem konfrontiert war: Bei der Übernahme des Falles aus dem Sifra-Text läßt er den Aspekt der Nutznießung seitens des Menschen weg, verdeutlicht, was der Altar im Falle der zu verbrennenden Stiere und Böcke bekommt (mC5: דמן מתיר את אמוריהן ליקרב), und fügt zur Abdeckung aller drei o. g. Möglichkeiten – der besagte Fall kann ja nicht mehr zur Verdeutlichung der Möglichkeit dienen, wie beide Seiten, der Mensch und der Altar zur Nutznießung gelangen – den Fall des Bradopfers hinzu (mC2) – ein, zugegeben, viel besseres Beispiel, da hier sozusagen die gegenseitige Freude an bestimmten Opferteilen doch offenkundig ist: העולה דמה מתיר את בשרה למזבח ועורה לכהנים.

Exkurs

Aus der Analyse des Sifra-Textes in sSav 13,1–5 hat sich ergeben, daß dort zwei redaktionelle Eingriffe (die Textteile B und C) festzustellen sind. Der Vergleich mit den drei Mishna-Parallelen führte zu dem Ergebnis, daß der vorliegende Ausschnitt aus dem Sifra dem Mishna-Radaktor in dieser Endgestalt vorgelegen hat und benutzt wurde. Da die punktuell aufgedeckte Redaktionsarbeit an dem besagten Überlieferungskomplex die Existenz des Sifra-Textes voraussetzt, ist zu folgern, daß die Entstehung des Sifra der Mishna-Redaktion vorausgegangen ist.

Diese letzte Behauptung bedarf allerdings einer Präzisierung bzw. Modifizierung: Aus der Tatsache, daß dem Redaktor der Mishna Sifra-Überlieferungen vorlagen, die, wie die redaktionellen Eingriffe zeigen, in einen größeren literarischen Zusammenhang gehören, darf man nicht schließen, daß der Sifra-Text, den der Mishna-Redaktor benutzt hat, mit dem unsrigen identisch war. Auch ungeachtet aller unerheblichen Abweichungen, die im Laufe der Textgeschichte durch die Schreiber eingetreten sind, dürfte man diese Schlußfolgerung nur dann ziehen, wenn man davon ausgehen könnte, daß alle redaktionellen Eingriffe, denen der ursprüngliche Sifra-Text unterlag, ein und demselben Sifra-Redaktor zuzuschreiben sind. Solange die Möglichkeit mehrerer Redaktionsstufen besteht, läßt sich aus einem Fall, in dem deutlich wird, daß der Mishna-Redaktor einen mit einem redaktionellen Eingriff behafteten Sifra-Ausschnitt bearbeitet hat, nicht der Schluß ziehen, daß ihm auch ein Sifra mit allen anderen Einschüben vorlag. Andere Eingriffe könnten zu einem späteren Zeitpunkt zustandegekommen sein.

Um hier zu weiteren Erkenntnissen zu kommen, muß der Text des Sifra einer tiefgreifenden Redaktionskritik unterzogen werden. Diese Redaktionskritik wird womöglich zeigen können, ob und wie sich die unterschiedlichen

---

[125] Vgl. auch Lev 8,17 und Ex 29,14.

redaktionellen Eingriffe in eine bestimmte Redaktionsstufe einordnen lassen.[126] Eine solche redaktionskritische Untersuchung läßt sich anhand des zuletzt analysierten Textes des Sifra konkretisieren. Somit beabsichtigt der folgende Beitrag, einen möglichen Weg zu zeigen, wie man unterschiedliche redaktionelle Eingriffe in einem zeitlichen Verhältnis zueinander einordnen kann.

Der Sifra-Text in sSav 13,1–5, in dem zwei redaktionelle Eingriffe (die Textteile B und C) aufgedeckt wurden, stellt sich nicht als selbständige literarische Einheit dar. Er ist integraler Bestandteil im literarischen Kontinuum der anonymen Exegese im Sifra. Beginnt man mit einer literarkritischen Lektüre an der Stelle, an der die Auslegungen der Vorschriften über die zeitliche Einschränkung des Verzehrs vom Fleisch der Opfer beginnen, so lassen sich zwei weitere redaktionelle Eingriffe feststellen. Diese sind – wie im folgenden zu zeigen ist – demselben Redaktor zuzuschreiben, der den Einschub B (die Ausschließung der mit dem »Ort-Gedanken« zusammenhängenden Übertretung) geleistet hat.

Der Gesamtdiskurs über die Verse in Lev 7,15–18 erstreckt sich über drei Abschnitte. Es handelt sich (in dieser Reihenfolge) um den 12. Pereq, die 8. Parasha und den 13. Pereq, dessen überwiegender Teil dargestellt und analysiert wurde. Im 12. Pereq, in dem die Auslegungen zu den Versen Lev 7,15–17 angeordnet sind, begegnet man in bezug auf beide in diesen Versen genannten Opferarten, die während eines Tages und die während zweier Tage verzehrten Opfer, zwei gleich aufgebauten Auslegungen (sSav 12,2 und 12,9). Sie begründen, warum die Rechtswidrigkeit, die mit dem tatsächlichen Über-

---

[126] Der Text des Sifra wurde schon einigen quellenkritischen Betrachtungen unterzogen. Die Annahme, daß dem Text des Sifra gesamte Abschnitte hinzugefügt wurden, geht auf Rashi zurück. In seinem Bibel-Kommentar zu Lev 9,23, wo er zwei Auslegungstraditionen aus dem Sifra (sMil [Shemini] 19 [44c] und a.a.O., 30 [45b]) anführt, sagt er: מצאתי בפרשת מלואים בברייתא הנוספת על ת״כ שלנו, und auch Ramban spricht bei ähnlichen Anführungen aus dem Abschnitt Milu'im von תוספתא של פרשת מלואים (vgl. Komm. zu Lev 8,15, S. 41, in bezug auf sMil [Sav] 15 [41d] und Komm. zu Lev 9,2, S. 43, in bezug auf sMil [Shemini] 3–4 [43c]). In der modernen Forschung wird diese sogenannte Mekhilta deMilluim sowie die sogenannte Mekhilta deArayot (vgl. die Angaben dazu bei Stemberger, *Einleitung*, S. 258 f.) v. a. aufgrund der Verwendung einer abweichenden Terminologie als nachträglich hinzugefügte Fremdkörper betrachtet, die, wie manche Forscher (Hoffmann, Friedmann, Epstein) meinen, einer Midrash-Sammlung aus der Schule R. Yishma'els zuzuordnen sind. Vgl. Hoffmann, *Zur Einleitung in die halachischen Midrashim*, S. 29 f.; M. Friedmann, מכילתא דרבי ישמאעל, S. LXV; Albeck, *Untersuchungen über die halakischen Midraschin*, S. 82 ff.; Epstein, מבואות לספרות התנאים, S. 640 ff., und Finkelstein, The Sources of the Tannaitic Midrashim, S. 237 f. Diesen quellenkritischen Ansatz hat Epstein erweitert, und zwar sowohl in bezug auf weitere Überreste aus dem der Schule R. Yishma'els zugeschriebenen Midrash (מבואות לספרות התנאים, S. 682 ff., und שרידים מדבי רבי ישמעאל לספר ויקרא, S. 19 ff.) als auch in bezug auf Zusätze aus der amoräischen Zeit (מבואות, S. 674 ff.). Zur Änderung im Laufe der weiteren Textüberlieferung vgl. L. Finkelstein, הערות ותקוני־נוסח בתורת כהנים, S. 305 ff.

schreiten des festgesetzten zeitlichen Rahmens zusammenhängt, auch auf die Absicht, dies zu tun, zu erstrecken ist. Das sind die beiden ersten Stellen im Gesamtdiskurs, wo die mit dem unrechtmäßigen »Gedanken« zusammenhängende Übertretung exegetisch begründet wird.

Beiden Auslegungen liegt sowohl dieselbe exegetische Logik als auch dasselbe terminologische Schema zugrunde. Der Exeget verweist auf die jeweilige parallele Überlieferung derselben Vorschrift an einer anderen Stelle in Wayiqra und folgert aus der vorliegenden Wiederholung, daß es die Rechtswidrigkeit der »Absicht« ist, mit der man den Referenzbereich der parallelen Verse zu besetzen hat. Die Auslegung in sSav 12,2, Ass. 66, S. 158, über den Fall der Opfer, die während eines Tages gegessen werden sollten, lautet wie folgt:

ביום קרבנו יאכל
אין לי אילא אכילתו ליום אחד
ומנ[ין] אף תחילת זביחתו לא תהא אילא
על מנת ליאכל ליום אחד
תל[מוד] לו[מר]
וכי תזבחו וג[ומר] תזבחו (Lev 22,29)
ביום ההוא יאכל (Lev 22,30)
שאין תל[מוד] לו[מר] אילא אם אינו עיניין לאכילה תנייהו עיניין לזביחה
שאף תחלת זביחתו לא תהא אלא על מנת ליאכל ליום אחד

Eine völlige Übereinstimmung hinsichtlich der eigenartigen Formulierung אם אינו עיניין ל... תנייהו עיניין ל... und des Gesamtaufbaus der Auslegung besteht nicht nur zwischen dieser Auslegung und der parallelen in sSav 12,4, sondern auch zwischen diesen beiden Auslegungen und dem eröffnenden Auslegungsschritt in dem in § 18 analysierten Diskurs aus dem 13. Pereq. Diese Übereinstimmung bildet einen wichtigen Bestandteil meiner Argumentation, und es wird auf sie bald Bezug genommen.

Wenn man nun zum nächsten Abschnitt, der 8. Parasha, gelangt, begegnet man wieder mehreren exegetischen Begründungen der Übertretung des »Zeit-Gedankens«.[127] Es ist wichtig zu betonen: Die Exegese konzentriert sich hier lediglich auf Lev 7,18; die Begründungen für die genannte Übertretung kreisen ausdrücklich nur um den Fall des Opfers, dessen Fleisch während zweier Tage gegessen werden soll. Nebeneinander stehen mehrere, bestimmten Autoritäten (R. Eliezer, R. Aqiva, den »anderen«) zugeschriebene Traditionen. Diese Sammlung unterbricht die kontinuierliche Linie der anonymen Exegese. Zudem stellt man fest: Alle drei Versuche konzentrieren sich nicht nur auf den Fall jener Opferarten, deren Fleisch während zweier Tage gegessen werden soll; ihre Gemeinsamkeit besteht auch darin, im Bezugsvers Lev 7,18 *selbst* – also nicht durch einen Verweis auf die Wiederholung derselben Vorschrift

---

[127] sSav VIII,1–3 (36a-b).

§ 18 Der Geltungsbereich der Ausrottungsstrafe 233

an einer anderen biblischen Stelle wie in den vorangehenden Auslegungen aus dem 12. Pereq – die Indizien für diese Bestimmung zu finden.

Eine solche Zusammenstellung unterschiedlicher Traditionen zu demselben Thema wirkt wie die Ankündigung einer noch nicht besprochenen Thematik. Der feierliche Ton in dem ersten Midrash, dem des R. Eliezer, כוף אזנך לשמוע שהשוחט את זבחו על מנת לאוכלין ביום השלישי הרי זה בלא ירצה, bestärkt diesen Eindruck. Es ist, als ob man wirklich die Ohren spitzen soll, um der halachischen Innovation aufmerksam zuzuhören. Darauf wurde aber schon im vorigen Pereq aufmerksam gemacht!

Es ensteht der Eindruck, daß die Auslegungen im 12. Pereq vom Redaktor, der die genannten Traditionen gesammelt und an der besagten Stelle der 8. Parasha eingefügt hat, ignoriert wurden. Dieser Eindruck erhält auch eine deutliche Bekräftigung: An einer späteren Stelle in dieser Parasha (VIII,7) überträgt der Sifra-Redaktor *selbst* die Untauglichkeit, die durch den unzulässigen »Zeit-Gedanken« im Falle der während zweier Tage gegessenen Opfer eintritt, auf die Opfer, deren Verzehr auf den Tag ihrer Darbringung eingeschränkt ist:[128]

למדנו לזבחי[]ם הנאכלים לשני ימים שמחשבה פוסלת בהן בשלישי
ומניין לכל הנאכלין ליום אחד תהא המחשבה פסלת בהן בשני
ודין הוא [...][129]
[...]
תל[מוד] לו[מר]
אם האכל יאכל ביום
לרבות זבחים הנאכלים ליום אחד
שתהא המחשבה פוסלת בהם בשיני

In Form des Pluralis majestatis greift der Redaktor die halachische Erneuerung auf, wie sie sich durch die gemeinsame Bemühung von R. Eliezer, R. Aqiva und den »anderen« ergab – die drei Versuche beziehen sich, wie betont, nur auf den Fall der während zweier Tage gegessenen Opfer –, und erweitert den Geltungsbereich der mit dem »Zeit-Gedanken« verbundenen Übertretung. Sein Anliegen stellt der Redaktor hier als ein neues dar, doch dies kann angesichts der vorliegenden Auslegungen im 12. Pereq nicht zutreffen. Der früher dargestellten Beweisführung in sSav 12,2 wird dabei keine Beachtung geschenkt. Der Redaktor ignoriert sie bewußt.

Die Folgerichtigkeit letzterer Behauptung ergibt sich notwendig aus der Voraussetzung, daß die zwei Auslegungen im 12. Pereq ein Stadium des Sifra widerspiegeln, das älter ist als die späteren Begründungen für denselben halachischen Sachverhalt in der 8. Parasha. Daß dem so ist, zeigt der literarische Aufbau des Diskurses in sSav 13.

---

[128] Der folgende Wortlaut nach Ass. 66, S. 162.
[129] An dieser Stelle wird der typische dialektische Diskurs integriert, der, wie in § 17 erörtert, selbst ein redaktioneller Einschub ist.

Auf die Ähnlichkeit zwischen den zwei Auslegungen im 12. Pereq und der Auslegung A am Beginn dieses Diskurses wurde hingewiesen. Alle drei Auslegungen haben dieselbe Methode, dieselbe Logik und vor allem dieselbe eigentümliche sprachliche Überlieferungsform. Alle drei Traditionen gehören zweifellos zu demselben Überlieferungsstadium des Sifra. Nun hat der Textteil A im Diskurs aus sSav 13 eine grundlegende, unerläßliche Stellung im literarischen Aufbau des dort entfalteten exegetischen Verfahrens; von ihm hängt der weitere Verlauf des Diskurses ab. Anders verhält es sich mit dem folgenden Textteil B, jenem Auslegungsschritt, der sich mit einer Unterscheidung zwischen dem »Zeit-« und dem »Raum-Gedanken« hinsichtlich der Ausrottungsstrafe ergibt, und von dem ich behauptet habe, daß er nicht zum ursprünglichen Stadium der Überlieferung gehörte.

Ich erspare mir an dieser Stelle eine Rekapitulation aller Argumente für diese Behauptung. In diesem Zusammenhang ist es wichtig, nur einen Aspekt in Erinnerung zu rufen. Die Einfügung dieses Textteils in den ursprünglichen Diskurs führte u.a. zu einer Disharmonie im Verhältnis dieses Textteils zu dem ihm vorangehenden exegetischen Vorgang (A). Ist man in A zu der Schlußfolgerung gelangt, daß sich die Vorschrift in Lev 19,8 nicht auf den unzulässigen »Zeit-Gedanken«, sondern auf den »Raum-Gedanken« bezieht, und hat man dieses Ergebnis auch explizit formuliert, so greift der Exeget von B denselben Bezugsvers wieder auf, um zu zeigen, daß die Ausrottungsstrafe nur im Falle des »Zeit-Gedankens« gilt, und *ignoriert* dabei die Tatsache, daß man der Vorschrift in Lev 19,8 den Bezug auf die Zeit-Dimension abgesprochen hat.

Hier wiederholt sich, was wir im Verhalten des Redaktors in der 8. Parasha wahrgenommen haben. So wie den Auslegungen im 12. Pereq im weiteren Verlauf der Exegese keine Beachtung geschenkt wird, wird auch das exegetische Ergebnis in dem demselben Traditionszusammenhang dieser Auslegungen angehörenden Midrash A im Diskurs aus sSav 13 ignoriert. Es handelt sich also um denselben Redaktor, der die R. Eliezer, R. Aqiva und den »anderen« zugeschriebenen Traditionen am Beginn der 8. Parasha integriert hat, der in der Wir-Form dann *nur* auf sie Bezug nahm, um den Geltungsbereich des »Zeit-Gedankens« zu erweitern, und der zuletzt auch im sSav 13 eingegriffen hat, indem er in den ihm vorliegenden Diskurs die Tradition über die Unterscheidung zwischen dem »Zeit-« und dem »Raum-Gedanken« hinsichtlich der Ausrottungsstrafe eingefügt hat.[130]

---

[130] Der Grund für die Ignorierung der früheren exegetischen Vorgehensweise ist ersichtlich. Allen drei Auslegungen haftet ein auffälliges willkürliches Element an. Sie gründen sich auf das Phänomen von parallelen Versionen in Wayiqra und postulieren, daß der Referenzbereich der in Wayiqra später vorkommenden parallelen Fassung mit dem halachischen Sachverhalt, zu dem man die biblische Begründung sucht, zu besetzen ist. Bei dieser Verschiebung des Referenzbereichs könnten aber unendlich viele andere Möglichkeiten in Betracht kommen. Während diese Begründungen den Charakter einer אסמכתא בעלמא auf-

§ 18 Der Geltungsbereich der Ausrottungsstrafe 235

Der Umfang der Sifra-Vorlage, die der Mishna-Redaktor benutzt hat, wird mit diesen Ausführungen weiter präzisiert. Wurde in § 18 punktuell nachgewiesen, daß dem Mishna-Redaktor ein durch einen Sifra-Redaktor bearbeiteter Ausschnitt im Sifra vorgelegen hat, und wurde dann hier weiter auseinandergesetzt, daß diese redaktionelle Überarbeitung auch mit anderen Eingriffen zusammenfällt, so haben diese auch dem Mishna-Redaktor vorgelegen.

Ob nun zu dieser Redaktionsstufe auch der andere Einschub gehört, der bei der Analyse des Diskurses festgestellt wurde, nämlich der Textteil C, in dem gezeigt wird, daß demjenigen, der für Unreine und Unbeschnittene schlachtet, die Ausrottungsstrafe nicht zukommt, läßt sich nicht feststellen. Dies läßt sich aber von einem redaktionellen Eingriff anderen Typs behaupten, der in dem besagten Ausschnitt aus dem 13. Pereq auftaucht. Gemeint ist jener typische dialektische Diskurs, der mit der Formel ודין הוא inmitten der Kern-Auslegungen eingesetzt wird und auf dessen traditionsgeschichtlichen und literarischen Stellenwert ausführlich im Textvergleich § 17 eingegangen wurde. Dort wurde nämlich zweierlei nachgewiesen: daß diese dialektischen Diskurse zu einer späteren Redaktionsstufe des Sifra gehören und daß der Sifra-Text schon diese Stufe erreicht hatte, bevor er vom Mishna-Redaktor benutzt wurde.

Ein solcher dialektischer Problematisierungsteil ist nun in dem Midrash in sSav VIII,7 enthalten, in dem sich der Sifra-Redaktor selbst auf die von ihm eingefügte Sammlung der exegetischen Begründungen von R. Eliezer, R. Aqiva und den »anderen« bezieht (... למדנו לזבחים הנאכלים לשני ימים) und seinen eigenen Beitrag zu der anonymen Exegese leistet. Diesen Teil habe ich bei der Wiedergabe des Textes der Übersichtlichkeit halber übergangen (siehe Seite 233; auf den Beginn dieser Einfügung weisen die Einleitungsformel ודין הוא und das Auslassungszeichen hin). Wie für alle dialektischen Diskurse, so gilt auch für diesen: er ist nachträglich in diese textuelle Auslegungseinheit eingeschoben worden. Dadurch erweist sich, daß im Text des Sifra zumindest zwei Redaktionsstufen zu unterscheiden sind. Hinsichtlich des vorliegenden Komplexes gehört zur ersteren Redaktionsstufe: die Zusammenstellung der exegetischen Begründungen von R. Eliezer, R. Aqiva und den »anderen«, die nachträgliche Differenzierung zwischen dem »Zeit-« und »Raum-Gedanken« angesichts der Ausrottungsstrafe und der eigene exegetische Beitrag eines Redaktors. Dieser hat seine Auslegung samt der zwei genannten Einschübe in den entweder *ihm vorliegenden* Sifra-Text oder in den *von ihm zusammengestellten* Text hineingetragen. Später hat man diesen Text des Sifra einer weitgehenden und grundlegenden Erweiterung unterzogen und alle ודין הוא-Traditionen in den vorgefundenen Auslegungen integriert, zu denen auch der Midrash des genannten Redaktors gehört. Ein derartiger Text des Sifra, dessen Umfang, wie schon gesagt, noch näher zu bestimmen ist, wurde bei der Redaktionsarbeit der Mishna studiert, benutzt und bearbeitet.

---

weisen, stehen die von R. Aqiva, R. Eliezer, den anderen und dem Redaktor selbst auf einer ganz anderen Ebene. Sie konzentrieren sich auf den Bezugsvers Lev 7,18 und finden dort die nötigen Indizien zur Folgerung des Gewünschten.

Ergebnisse

In den Analysen zu den vier Sifra-Texten wurden unterschiedliche Arten der Redaktionsarbeit im Sifra gezeigt. In allen vier Fällen vollzieht sich die aufgedeckte redaktionelle Überarbeitung in Form einer Interpolation von zusätzlichem Material in den vorliegenden Text der anonymen Exegese, doch muß man, was das redaktionelle Anliegen angeht, hier deutlich differenzieren.

In § 15 wurde gezeigt, wie der Redaktor eine ihm vorliegende מכאן אמרו–Tradition über eine Kontroverse zwischen zwei Weisen in die eigentliche Exegese des Sifra einfügt. Die Einfügung vollzieht sich im Sinne einer Vereinheitlichung der beiden unabhängigen Traditionen, d.h.: der Redaktor hat in diesem Fall das Ganze, die Verschmelzung beider Traditionen zu einer Einheit, vor Augen. Von einer noch tiefgreifenderen Verschmelzung als in § 15 zeugt die redaktionelle Operation, die in dem den Abschnitt Negaim eröffnenden Text aufgedeckt wurde.

Eine solche übergreifende Redaktionsarbeit trifft allerdings nicht auf den Fall in § 18 zu. Auch hier greift der Sifra-Redaktor in die fortlaufende Exegese ein, indem er ihr weitere Auslegungen hinzufügt, doch mit dem bedeutenden Unterschied zu den Fällen in § 15 und § 16, daß diese Eingriffe gerade nicht im Sinne einer vereinheitlichenden Lektüre des Textes geschehen. Wenn er z.B. die Auslegung über den Fall des Schlachtens für Unreine und Unbeschnittene in den exegetischen Vorgang integriert, vollzieht er den Einschub *punktuell,* d.h., ohne den sich ergebenden Konsequenzen für die entsprechenden Korrekturen des Gesamtdiskurses Rechnung zu tragen. In dem darauf folgenden Textteil, in dem die bisher zum Geltungsbereich des Strafbaren gehörenden, mit einem unrechtmäßigen »Gedanken« begangenen Übertretungen aufgegriffen werden, hätte er auch den von ihm hinzugefügten Fall nennen sollen; dies hat er aber unterlassen!

Vor allem trägt die Redaktionsarbeit in § 17 ihre Eigentümlichkeit in sich. Hier vollzieht sie sich im Sinne einer Reflexion über das exegetische Verfahren. Mit der nachträglichen Bereicherung des vorliegenden exegetischen Kerns durch den Einschub des für den Sifra typischen dialektischen Diskurses problematisiert der Redaktor die Notwendigkeit der Schriftexegese, um gerade sie dialektisch zu fundieren. Das gesamte Gut solcher ודין הוא Midrashim gehört *einer* Redaktionsstufe an. In dem Exkurs zu § 18 wurde gezeigt, daß diese Redaktionsstufe im Vergleich zu anderen wahrnehmbaren redaktionellen Eingriffen als die späte einzustufen gilt.

Wie in den vorangehenden Teilen wurde auch in der Untersuchung dieser Fälle argumentiert, daß die Entstehung der parallelen Überlieferungen in der Mishna auf die Bearbeitung dieser textuellen Konstruktionen zurückgeht. Das Besondere für diese Fälle besteht darin, daß sowohl die festgestellten Kohärenzlücken in den in § 15 und § 16 besprochenen Mishna-Überlieferungen als auch die aufgedeckten bedeutenden halachischen Divergenzen zwischen der

Mishna und dem Sifra in den Textvergleichen §§ 16–18 auf die redaktionelle Überarbeitung der Sifra-Überlieferungen zurückzuführen sind. Am deutlichsten hat dies der letzte Textvergleich gezeigt. Unter der Voraussetzung der Einheitlichkeit des Textes zwingen die Änderungen, die der Sifra-Text im Laufe seiner redaktionellen Überarbeitung erfahren hat, zu einem Verständnis des halachisch Festgestellten, das von dem ursprünglich Gemeinten abweicht.

Im Unterschied zu den drei letzten Textvergleichen des vorigen Teils (§§ 12–14), in denen sich gezeigt hat, daß die halachische Transformation sich auf die eigentümliche Hermeneutik der rabbinischen Exegese gründet, ist sie hier lediglich die Folge des Postulats der Einheitlichkeit des Textes.

Der Mishna-Redaktor benutzte also Auszüge aus dem Sifra, die den Sifra-Redaktor in seiner Arbeit zeigen. Von diesen läßt sich nicht sagen, daß sie erst später zu einer Gesamtkomposition des Sifra redigiert worden sind; sie spiegeln selbst dieses späte Stadium wider. Es ergibt sich, daß bei der Mishna-Redaktion eine Sifra-Vorlage benutzt wurde.

Zusammenfassung

Mehrere parallele Überlieferungen in der Mishna und im Sifra wurden literarkritisch untersucht, um eventuell ein Abhängigkeitsverhältnis zwischen ihnen aufzudecken. Es ergab sich, daß die Mishna-Überlieferungen von ihren parallelen im Sifra literarisch direkt abhängen, d.h., daß sie überarbeitete Fassungen derselben darstellen.

Der Nachweis darüber erfolgte durch Darbietung von Erklärungsmodellen zu erklärungsbedürftigen Phänomenen besonderer Art. Es wurde die methodische Forderung gestellt, den literarkritischen Vergleich als Erklärungsverfahren zu gestalten. Diese Forderung rührte von der Einsicht her – dies begründete sowohl die methodische Reflexion als auch die konkreten Einzeluntersuchungen –, daß ein zu erklärender Sachverhalt den Ausgangspunkt des Vergleichsverfahrens mit der genannten Fragestellung definieren *muß*, damit die Literarkritik sinnvoll und kritisch angewendet werden kann.

Mit diesem Postulat verbindet sich zwangsläufig die Einschränkung der Tragweite der Literarkritik. Um ihre Leistungsfähigkeit zu erhöhen und sich nicht weiter mit der – mehr oder weniger – oberflächlichen Auswertung einer vorliegenden bloßen Verschiedenheit paralleler Überlieferungen zufriedengeben zu müssen, soll die vergleichende Literarkritik die Anmaßung preisgeben, sich die schiedsrichterliche Funktion für alle Fälle anzueignen. Hinsichtlich der parallelen Überlieferungen im Sifra und in der Mishna – dies kann ich gewiß nur aus der Vorarbeit zu der vorliegenden Studie behaupten – sind nur wenige Fälle feststellbar, in denen man mit einem Problem konfrontiert wird, dessen Lösungsversuch die weitere Vertiefung in die Frage nach der eventuellen Abhängigkeit rechtfertigt. Eine kritische durchgeführte Literarkritik, die sich stets für einsatzbereit erklärt, das Phänomen der literarischen Parallelität ohne weiteres der besagten Fragestellung zu unterziehen, begibt sich auf einen Weg, dessen Ende vorhersehbar ist: die zu erwartende Feststellung der Unentscheidbarkeit und Ungeklärtheit des Sachverhalts. Diese Prädestination zeugt von einer methodologischen Unklarheit, deren Überwindung in dieser Arbeit durch die Setzung der genannten Akzente versucht wurde.

Das Vorhandensein einer Kohärenzlücke in einer von zwei parallelen Überlieferungen stellt den klassischen Fall dar, der zur Anwendung der Literarkritik aufruft. Darüber hinaus kann die vergleichende Betrachtung selbst zur Aufdeckung eines Phänomens führen, das sich strukturell in einem Gegensatzverhältnis artikuliert zwischen der formal-sprachlich hochgradigen

Verwandschaft beider Überlieferungen einerseits und der zwischen beiden, meistens erst nach deren näherer Betrachtung feststellbaren inhaltlichen Diskrepanz andererseits. Der rätselhafte Charakter eines solchen Sachverhalts zwingt gleichfalls die Frage nach der Entstehung dieses Phänomens auf und macht die Anwendung weiterer literarkritischer Beobachtungen unentbehrlich. Diese zwei Fälle definieren das Spektrum der textuellen Phänomene, auf die die Tragweite einer kritisch anwendbaren Literarkritik eingeschränkt ist.

Zu Problemen dieser Art wurden jeweils Hypothesen aufgestellt, deren Wahrscheinlichkeit an deren Erklärungskraft zu bemessen sind. Die Folgerichtigkeit jeweiliger Argumentation für das Vorhandensein eines Abhängigkeitsverhältnisses zwischen den untersuchten Überlieferungen ist daher immer von zweierlei abhängig: ob die Behauptung, daß entweder eine Kohärenzlücke in einem gegebenen Text oder eine markante semantische Differenz zwischen sprachlich nah verwandten Traditionen vorliegt, richtig ist und ob *gleichwertige* oder gar bessere Erklärungen für dieselben Phänomene die in der Arbeit aufgestellten Modelle ersetzen können.

Das Überlieferungsmaterial des Sifra, dessen sich der Mishna-Redaktor in diesen Beispielen bedient hat, ist manigfaltig und für den Text des Sifra repräsentativ. Meistens sind es Schriftauslegungen, die zum Grundbestand der anonymen Sifra-Exegese gehören. Es sind aber auch Überlieferungen eines Disputes (§§ 9, 11) oder literarische Komplexe, bei denen eine selbständige Tradition dem eigentlichen exegetischen Fortgang im Sifra angehängt wurden. In bezug auf letzteres unterscheidet man die Hinzufügung von Traditionen zu dem exegetischen Grundbestand, die im Namen einer bestimmten Autorität überliefert sind (§ 1), von einer ähnlichen Erweiterung der Kern-Exegese durch anonyme Traditionen, wobei sich hier die Verknüpfung mittels der Formel מכאן אמרו vollzieht. Angesichts der Tatsache, daß diese sogenannten מכאן אמרו-Traditionen immer als Nachweis für die Abhängigkeit des Sifra von der Mishna bei den Verfechtern dieser Theorie gedient haben, kommt diesem Fall besondere Bedeutung zu.

In diesem vom Mishna-Redaktor verwendeten Traditionsmaterial sind darüber hinaus auch Überlieferungen enthalten, in denen Eingriffe seitens des Sifra-Redaktors feststellbar sind. Diese Redaktionsarbeit manifestiert sich durch die Verschmelzung zweier unterschiedlicher Traditionen zu einer Einheit (§§ 15, 16), durch die Erweiterung eines exegetischen Kerns durch den Einschub eines dialektisch aufgebauten Problematisierungsteils (§ 17) und durch die Integrierung neuen halachisch-exegetischen Materials zu einem vorhandenen exegetischen Komplex (§ 18).

Die literarische Abhängigkeit, die anhand dieser Beispiele nachgewiesen wurde, ruft zur Korrektur der bislang herrschenden Vorstellung von dem Verhältnis sowohl des Sifra-Materials als auch des Sifra-Textes zu der Mishna auf. Der Umfang der Textvorlage, die dem Mishna-Redaktor zur Verfügung stand, geht sicherlich über die einzelnen in der Arbeit untersuchten Überlieferungen hinaus. Die anonymen Überlieferungen sind *Ausschnitte* aus der kontinuierlichen exegetischen Entfaltung der Halacha im Sifra. Davon zeugt deutlich die literarische Unselbständigkeit dieser »Texte«. Mit der exegetischen Eruierung der halachischen Details – darum handelt es sich immer – befindet und bewegt man sich innerhalb eines breiteren literarischen Kontinuums. Nur durch die Stellung eines jeden dieser Abschnitte innerhalb des sukzessiven Fortgangs der Exegese läßt sich das halachische Thema überhaupt erfassen. In vielen Fällen ist eine solche Einordnung unerläßlich, um das kurze Lemma, ein oder mehrere Redeteile, dem Vers, zu dem es gehört, zuordnen und identifizieren zu können. Das Zeugnis vom Vorhandensein eines größeren literarischen Zusammenhangs ist evident, wenn am Beginn eines solchen »Textes« das unmittelbar zuvor erreichte Ergebnis aufgegriffen wird (§ 8: ... יכול) oder wenn Pronomina schon beim ersten Satz angewendet werden (§ 3: היה אחד מהן ...). Auch die Bereicherung des exegetischen Grundbestandes durch dessen redaktionelle Verknüpfung mit selbständigen Traditionen weist darauf hin.

Die Eingliederung dieser Überlieferungen in eine umfassende schriftliche Fixierung erhält eine endgültige Bestätigung mit den Beispielen des letzten Teils der Arbeit. Dort wurde gezeigt, daß dem Mishna-Redaktor Überlieferungen vorgelegen haben, die im Sifra schon vorher einer redaktionellen Überarbeitung unterzogen worden sind. Im Exkurs zu § 18 wurde dargelegt, daß zumindest von zwei Redaktionsstufen die Rede sein soll, die der Sifra-Text erfuhr, ehe der Mishna-Redaktor aus ihm das dort genannte Überlieferungsmaterial übernommen und bearbeitet hat. Zu der besagten zweiten Redaktionsstufe gehören alle mit der Formel ודין הוא eingeleiteten Traditionen, die im Sinne einer Reflexion über die Notwendigkeit der schon vorgefundenen Schriftbeweise in den Sifra-Text integriert wurden. Zu diesem reifen Stadium, welches dem Sifra sein eigenes Gepräge verleiht, ist der Text des Sifra gelangt, als der Mishna-Redaktor ihn benutzt hat.

Bei der Bearbeitung des Überlieferungsmaterials des Sifra zielt der Mishna-Redaktor auf dessen knappere Wiedergabe. Dies zeichnet sich vor allem durch die herrschende Tendenz aus, den exegetischen Kern in den Sifra-Überlieferungen vollständig auszulassen (§§ 4–6, 8, 9, 11–14, 16–18). So sind die meisten Mishna-Bearbeitungen *Extrakte* aus den komplexen Überlieferungen im Sifra, und so erhält der halachische Stoff seine typisch mishnische apodiktische Vortragsweise (§§ 1, 13, 14, 16, 18). Sammeln sich in einem exegetischen Komplex mehrere Schriftbeweise zu mehreren Einzelheiten, so kommt es vor, daß der Mishna-Redaktor nur einige aufgreift (§ 1). Typisch für die Entstehung der Kohärenzlücken ist die unvollständige Übernahme des Begründungsteils. So verhält es sich, wenn im Falle zweier vorliegender Schriftbeweise zu zwei halachischen Bestimmungen nur eine Begründung als Grundlage übernommen wird, unter der die zwei weiter tradierten Bestimmungen subsumiert werden (§ 3). Ähnlich entsteht eine sturkturelle Lücke in der bearbeiteten Fassung, wenn der Mishna-Redaktor in seinem Bestreben, den Sachverhalt knapper darzustellen, in eine komplexe Begründung eingreift und dann einen Schritt in einer logischen Argumentationskette ausläßt (§ 1) oder den subtilen Umgang des Sifra mit einem Widerspruch zwischen zwei

Bibelversen in einer vereinfachten Form weiter tradiert. Nicht immer entsteht durch solche Verkürzungsmaßnahmen eine Lücke. Die Weglassung eines Teils der exegetischen Beweisführung kann auch die Entsehung einer völlig anderen Begründung zur Folge haben (§ 10).

Artikuliert sich der halachische Sachverhalt auf eine sprachlich vom exegetischen Kontext unabhängige Weise, so kann seine Herauslösung aus dem exegetischen Gerüst mit der bloßen Weglassung der entsprechenden Textteile vollzogen werden. Dies ist in der Regel der Fall, wenn es sich um den Anschluß einer selbständigen Tradition mittels der Formel מכאן אמרו handelt (§§ 7, 8, 15, aber vgl. § 6). Die Bearbeitung besteht dann lediglich in der Weglassung der kurzen Auslegung, an der sich die מכאן אמרו–Tradition anschließt, und in der Weglassung der Anschluß-Formel. Da in den anderen Fällen bestimmten Textteilen der Exegese auch die textuelle Funktion zukommt, sowohl auf den allgemeinen halachischen Rahmen hinzuweisen als auch den spezifischen besprochenen Fall zu benennen, entsteht mit deren Auslassung der Bedarf, entsprechende formale Änderungen vorzunehemen. Es gilt vor allem, die Stellung des ausgelassenen Lemmas zu besetzen, beispielsweise mit Fragesätzen nach einer Definition des Sachverhalts (§§ 6, 10) oder durch Änderung der Reihenfolge der übernommenen Textteile, damit der besprochene Fall am Anfang steht (§§ 9, 13).

Bedeutender für das Umgehen des Mishna-Redaktors mit dem Überlieferungsmaterial im Sifra ist die Bearbeitungsweise durch Zusammenfügung von einander unabhängiger Traditionen. Auch hier handelt es sich um eine Folge aus der Entscheidung, den exegetischen Kontext auszulassen; doch anders als die formal unerhebliche Neubesetzung des fehlenden Lemmas führt die Schaffung neuer Strukturen zur substantiellen Transformation. Die ursprüngliche exegetische Begründung wird durch neue Begründungsstrukturen substituiert (§§ 1, 4, 5). Eine strukturell gleichwertige Ersetzung liegt auch dann vor, wenn die neu geschaffene Struktur die Form einer Verdeutlichung hat (§ 12). Daß mit solchen gravierenden Umformungen Strukturlücken entstehen können, ist einerseits nachvollziehbar, und die Fälle, die in der Arbeit besprochen wurden, legen Zeugnis davon ab, doch soll dies andererseits gewiß nicht als repräsentative Leistung des Mishna-Redaktors aufgefaßt werden. Die fehlerhafte Bearbeitungsweise ist die Ausnahme.

Mit diesem Phänomen artikuliert sich ein redaktionelles Interesse, das über das Extrahieren der halachischen Bestimmungen aus der Bibelexegese hinausgeht. Die neue Überlieferungsform soll das kompensieren, was durch die Trennung der Halacha von ihrem gegebenen Ursprung im Sifra verlorengegangen ist. Diese Substitution erinnert an jene logischen Argumente im Sifra, die mit der Formel ודין הוא eingeleitet sind. Mit solchen Argumenten, in denen gezeigt wird, wie sich die besprochene halachische Bestimmung aus der vorhandenen geltenden Halacha logisch ableiten läßt, problematisiert man die Notwendigkeit der Schriftexegese. Mit der konsequenten Ablehnung solcher Einwände wird zweierlei geleistet: die Autorität der Schrift setzt sich gegen die des Verstandes durch, und die volle Verselbständigung der mündlichen Halacha wird dadurch verhindert. Dieser intensiv vertretene Versuch in einer späten Redaktionsstufe des Sifra, die mündliche Halacha im Schoße der schriftlichen Tora zu behalten, kann nur aufgrund des Vorhandenseins einer Gegentendenz erklärt werden. Von solcher Gegentendenz legt die genannte Vorgehensweise des Mishna-Redaktors mit dem Überlieferungsmaterial im Sifra Zeugnis ab, denn mit der Schaffung neuer Begründungsstrukturen leistet der Mishna-Redaktor genau das, was mit den ודין הוא–Einwänden intendiert war. Diese ודין הוא–Einwände implizieren, daß das geltende Gut mündlicher Traditionen samt dem logischen Deduktionsapparat die Schrift als Quelle neuer Halachot entbehrlich macht. Wird die Geltung solcher Implikation im Sifra immer wieder und konsequent abgesprochen, so fand sie trotzdem ihre Rehabilitierung in der Mishna. Die Redaktion eines Werkes wie die Mishna, an deren Bedeutung als Propagierung der Verselbständigung der mündlichen Tora nicht gezweifelt werden kann, zeigt selbst die Richtung der dominierenden Gegentendenz.

Die fehlerhafte Bearbeitung, die zur Entstehung von Kohärenzlücken in der neuen Fassung der Überlieferung geführt hat, gründet sich nur zum Teil auf die eben genannte Schaffung neuer Zusammenhänge, in denen der logische Gehalt der Struktur nicht zur Geltung kommt. Eine gleiche Spannung zwischen Form und Inhalt konstituiert sich bei der umgekehrten Vorgehensweise, wenn eine vorhandene Überlieferungsstruktur voll übernommen wird und im Inhalt gleichzeitig punktuelle Änderungen vorgenommen werden. Mit solchen Änderungen handelt es sich um scheinbar unerhebliche Ersetzungen einzelner Wörter durch andere (§§ 6–8).

Den interessantesten Befund im Umgang des Mishna-Redaktors mit dem Überlieferungsmaterial des Sifra stellen die Fälle dar, in denen die immanente Deutung der Vorlage selbst zur sachlichen Transformation führt. Diese Transformation äußert sich in einer der drei folgenden Weisen: 1. in einer semantischen Differenz, die denselben Textteilen in den zwei Überlieferungsstadien zukommen; 2. in einer Urteilsfällung, die im Gegensatz zu dem Urteil in der Vorlage steht; 3. in der Hinzufügung neuen gesetzlichen Materials. Mitwirkende Faktoren, die zu dieser Tranformation des Inhalts führen, sind: 1. die Schwierigkeit zur eindeutigen Determinierung der Textbezüge in der Vorlage; 2. die Anwendung besonderer Hermeneutik, deren Merkmal in der Hervorbringung und Verstärkung des Sinngehaltes des einzelnen Ausdrucks auf Kosten der Berücksichtigung des Kontextes (§§ 12, 13, 14); 3. Das Postulat der Einheitlichkeit des Textes (§§ 16–18).

Diese drei Faktoren stehen auf zwei verschiedenen Ebenen. Während der erstgenannte zu der textuellen Faktizität der Textvorlage gehört, sind die anderen zwei konstitutive Bestandteile des Verstehensvollzugs, mit denen der Bearbeiter an seine Vorlage herangeht. Daher ist in den meisten Fällen eine Wechselwirkung zwischen diesen Ebenen festzustellen, und dazu gehört die Schwierigkeit, den Anteil des jeweiligen Faktors in diesem Transformationsprozeß genau bestimmen zu können.

Anhang: Synopse der analysierten Texte

Texte zu § 1

mZev 12,2–3; Ka., S. 362   *sSav 9,1–4; Ass. 66, S. 150–1*

A 1 כל שלא זכה המזבח בבשרה לא זכו הכהנים בעורה	A 1 עולת איש
2 שנ[אמר] עולת האיש	2 אין לי אילא עולת איש
3 עולה שעלת לאיש	3 עולת נשים גירים ועבדים מנ[ין]
B 1 עולה שנישחטה שלא לשמה	4 תל[מוד] לו[מר]
2 אף על פי שלא עלת לבעלים עורה לכהנים	עור העולה
C אחד עולת האיש (ואחד עולת האשה) עורותיהן לכהנים	5 ריבה
D 1 עורות קדשים קלים לבעלים	6 אם כן למה נאמר עולת איש
2 עורות קדשי קדשים לכהנים	7 עולה שעלת לאיש
3 ק[ו]ל וחומר	8 פרט לשנישחטה חוץ לזמנה וחוץ למקומה
מה אם עולה שלא זכו בבשרה זכו בעורה ק[ו]דשי קדשים שזכו בבשרה [בבשרן = [P138	9 יכול אף שנשחטה (שלא) לשמה
אינו דין ש(י)זכו בעורן	10 הואיל ולא עלת לבעלים לא יהו הכהנים זכאין בעורה
4 אין למזבח מוכיח שאין לו עור מכל מקום	11 תל[מוד] לו[מר]
	עור העולה
	12 ריבה
	B 1 עור העולה
	2 אין לי אילא עור העולה
	3 עור(ו)ת קדשי קדשים מנ[ין]
	4 תל[מוד] לו[מר]
	אשר יקריב
	5 או יכול שנא[נ]י מרבה עורות קדשים קלים
	6 תל[מוד] לו[מר]
	עולה
	7 מה עולה מיוחדת קודשי קדשים יצאו קדשים קלים
	C 1 ר[בי] ישמעאל או[מר]
	2 עור העולה
	3 אין לי אילא עור העולה
	4 עורות קדשי קדשים מנ[ין]
	5 ודין הוא
	6 מה אם עולה (שלא) זכו בבשרה זכו בעורה
	קודשי קדשי[ן](ם) שזכו בבשרן אינו דין שיזכו בעורן
	7 המזבח יוכיח שזכה בבשר ולא זכה בעורות

Texte zu § 2

sNed 6,9; Ass. 66, S. 26

A 1 את הכל
2 לרבות את העצמות ואת הגידים ואת הקרניים ואת הטלפיים
ואת הצמר שבראשי כבשים ואת השער שבזקן תיישין
B 1 יכול אף על פי פרשו
2 תל[מוד] לו[מר]
ועשית עולותיך הבשר והדם
C 1 או ועשית עולותיך הבשר והדם
2 יכול יחלוץ גידים ועצמות ויעלה הבשר על גבי המזבח
3 תל[מוד] לו[מר]
את הכל
4 ריבה
D 1 הא כיצד
2 בזמן שהן מחוברין יעלו
3 פרשו אף על פי שהן בראש המזבח ירדו

mZev 9,5; Ka., S. 359

A 1 הצמר שבראשי הכבשים השער שבזקן
(ה)תיישים
העצמות והגידים והקרנים והטלפים
2 בזמן שהן מחוברין יעלו
3 שנ[אמר]
והקטיר הכהן את הכל המזבחה
B 1 פרשו לא יעלו
2 שנ[אמר]
ועשית עולותיך הבשר והדם על מזבח יי א[לה]יך

Texte zu § 3

sHova IV 3–4; Ass. 66, S. 80

A 1 היה אחד מהן גר או ממזר או נתין או זקן שלוא ראה לו בנים
2 יכול יהוא חייבין
3 תל[מוד] לו[מר] כן עדה (ונאמר) להלן עדה
4 מה עדה האמורה להלן כולם ראויים להורייה
5 אף עדה אמורה כן עד שיהו כולם ראויין להורייה
B 1 לא היה מופלא שלבית דין שם
2 {אחד} אמר אחד איני יודע
3 או שאמר להם טועים אתם
4 יכול יהוא חייבין
5 תל[מוד] לו[מר]
עדת ישראל ישגו
6 עד שיורו כולם

mHor 1,4; Ka., 347

A 1 הורו בית דין וידע אחד מהן שטעו
2 ואמ[ר] להן טועים אתם
B או שלא היה מפלא שלבית דין שם
C או שהיה אחד מהן גר או ממזר או נתין או זקן שלא היו לו בנים
D הרי אילו פטורין
E 1 שנ[אמר] כן עדה ונ[אמר] להלן עדה
2 מה עדה אמורה להלן כולן ראויין להורייה
אף עדה אמורה כן עד שיהוא כולן ראויין להורייה

Texte zu § 4

sNeg III,5–6; *Ass. 66, S. 260 (sII)*	*sNeg 1,2;* *Ass. 66, S. 253 (sI)*	*mNeg 4,10–11;* *Ka., S. 496–7*
A 1 והיא הפכה	A 1 ושיער	A 1 [בהרת כחצי גריס ואין בה כלום
2 שהפכתו כולה לא שהפכתו מיקצתה	2 מעוט שיער שתי סערות	2 ונולדה בהרת כחצי גריס ובה שערה אחת
3 כיצד	B 1 בנגע	3 הרי זו להסגיר = P138]
4 בהרת כחצי גריס ובה שתי שערות	2 להביא את שבתוכו ושוכב חוצה לו	B 1 בהרת כחצי גריס ובה שערה אחת
5 נולדה בהרת כחצי גריס ובה שערה אחת	3 פרט לשחוצה לו ושוכב לתוכו	2 (ו)נולדה בהרת כחצי גריס ובה שערה אחת
6 הרי זו להסגיר	C 1 בנגע והפך	3 הרי זו להסגיר
B 1 והיא הפכה	2 לא הקודם	C 1 בהרת כחצי גריס ובה שתי שערות
2 שהפך כולה את כולו לא שהפך כולה את מקצתו	D 1 מיכן אמרו	2 (ו)נולדה בהרת כחצי גריס ובה שערה אחת
3 כיצד	2 אם בהרת קדמה לשער לבן טמא	3 הרי זו להסגיר
4 בהרת כחצי גריס ובה שערה אחת	3 ואם סער לבן קדם לבהרת טהור	D 1 בהרת כחצי גריס ואין בה כלום
5 נולדה בהרת כחצי גריס ובה שערה אחת	4 ואם ספיק טמא	2 נולדה בהרת כחצי גריס ובה שתי שערות
6 הרי זו להסגיר	E ור[בי] יהושע קיהא	3 הרי זו להחליט
7 בהרת כחצי גריס ואין בה כלום		E 1 מפני שאמרו
8 נולדה בהרת כחצי גריס ובה שתי סערות		2 אם בהרת קדמה לשער לבן טמא
9 הרי זו להחליט		3 ואם שיער לבן קדם לבהרת טהור
10 מפני שהפכתו הבהרת		4 ואם ספק טמא
		F ר[בי] יהושע קיהא

Texte zu § 5

sNed IX,10; *Ass. 66, S. 42 (sII)*	*sNed IX,6;* *Ass. 66, S. 41 (sI)*	*mMen 1,2;* *Ka., S. 366*
A 1 מלא קמצו מסולתה ומשמנה	A 1 מלוא קומצו	A 1 קמץ ועלה בידו צרור או גרגר מלח או קורט של לבונה פסל
2 שאם קמץ ועלה בידו צרור (או) גרגר מלח או קורט שלילבונה פסל	2 יכול מלוא קומצו מבורץ	2 מפני שאמרו הקומץ היתר והחסר פסול
	3 תלמוד לו[מר] בקומצו	B 1 ואיזה הוא היתר
	B 1 או בקומצו	2 שקמצו מבורץ
	2 יכול יקמוץ בראשי אצבעותיו	3 וחסר
	3 תל[מוד] לו[מר] מלוא קומצו	

4 שקמץ בראשי אצבעתיו	C 1 הא כיצד
C 1 כיצד הוא עושה	2 חופה את פס ידו במחבת
2 פושט את אצבעותיו על פס ידו	ובמרחשת ומחק באצבעו מלמעל{ן}(ה) למט{ן}(ה)

Texte zu § 6

mPea 4,10; Ka., S. 13   *sKed 2,5; Ass. 66, S. 395*

A 1 אי זה הוא לקט	A 1 ולקט קצירך
2 הנושר בשעת הקצירה	2 אין לקט [אלא מ]חמת הקציר
B 1 היה קוצר	B 1 מיכן אמרו
2 קצר מלוא ידו תלש מלוא קמצו	2 היה קוצר
3 הכה(ו) קוץ נפל מידו על הארץ	3 [תלש = .Br] מלוא קומצו קצר מלוא ידו
4 הרי זה שלבעל הבית	4 הכהו קוץ
C 1 תוך היד תוך המגל לעניים	5 עקצתו עקרב
2 אחר היד אחר המגל לבעל הבית	6 ניבעת
3 ראש היד ראש המגל	7 נפל מידו על הארץ
4 ר{בי}ן ישמעאל אומ{ר} לעניים	8 הרי הוא שלבעל הבית
5 ר{בי}ן עקיבה אומ{ר} לבעל הבית	C 1 תוך היד תוך המגל לעניים
	2 אחר היד אחר המגל לבעל הבית
	3 ראש היד ראש [המגל = .Br]
	4 ר{בי}ן] ישמעל אומר לעניים
	5 ר{בי}ן עכיבה או{מ}ר] לבעל הבית

Texte zu § 7

mPea 2,1–4; Ka., S.10   *sKed 2,2 Ass. 66, S. 395*

A 1 (ו)אילו מפסיקין לפיאה	A אמת המים הקבועה הרי זו מפסקת
2 הנחל ו(ה)(ש)לולית (ו)(ה)דרך היחיד ודרך הרבים	B 1 ר{בי}ן יהודה או{מ}ר]
ושביל הרבים ושביל היחיד והקבוע בימות החמה	2 אם אינה יכולה ליקצר כאחת הרי זו מפסקת
ובימות הגשמים הבור והניי{י}ר וזרע אחר	
B 1 הקוצר לשחת מפסיק	
2 דב{רי} ר{בי}ן מאיר	
3 וחכמ{ים} אומ{רים}	
4 אינו מפסיק אלא אם כן חרש	
C 1 אמת המים שאינה יכולה להקצר כאחת	
2 ר{בי}ן יודה אומ{ר}	
3 מפסקת	
D 1 וכל ההרים אשר במעדר יעדרון	
2 אף על פי שאין הבקר יכול לעבור בכליו	
3 הוא נותן פיאה לכל	

Texte zu § 9

sKed 2,3 Ass. 66, S. 395	
A 1 ואין מפסיק לאילן אילא גדר	E 1 הכל מפסיק {לא} לזרעים
2 שהוא גבוה עשרה טפחים	2 ואינו מפסיק לאילן אלא גדר
B ואם היה סיער כותש אינו מפסיק ...	3 אם היה שער כותש אינו מפסיק
	4 אלא נותן פיאה לכל
	F 1 ולחרובין כל הרואים זה את זה
	2 אמ[ר] רבן גמליא[ל]

sKed 2,4; Ass. 66, S. 395	
A 1 אמר רבן גמליאל	3 נוהגין היו בית אבא נותנין פיאה אחת
2 נוהגים היו בית אבה שהיו נותנין פיאה	לזיתים
אחת לזיתים שהיו להם בכל העיר	שהיו להם בכל הרוח
3 ולחרובים כל הראים זה את זה	4 ול[ן]חרובים כל הרואים זה את זה
4 ר[בין] אלעזר בירבי צדוק או[מ]ר משמו	5 ר[בן] אלעזר בר צדוק אומ[ר] משמו
5 ואף לחרובין שהיו להם בכל העיר	6 אף לחרובין שהיו להם בכל העיר

Texte zu § 8

sNeg 12,14 Ass. 66, S. 280	mNeg 13,7; Ka., S. 506
A 1 מושבו	A 1 הטמא עומד תחת האילן (ו)הטהור עובר טמא
2 מושבו טמא	2 הטהור עומד תחת האילן והטמא עובר טהור
B 1 מיכן אמרו	3 אם עמד טמא
2 הטמא יושב תחת האילן והטהור עומד טמא	B 1 וכן באבן המנוגעת טהור
3 [ה]טהור יושב תחת האילן והטמא עומד טהור	2 ואם הניחה הרי זו [זה = P138] טמא
4 ואם ישב טמא	
C 1 וכן באבן המנוגעת טהור	
2 אם הניחה הרי זה טמא	

Texte zu § 9

sNed V,9; Ass. 66, S. 28–9	mZev 6,1; Ka., S. 354
A המזבח צפונה	A ק[ו]דשי קדשים ששחטן בראש המזבח
B 1 שהמזבח [כו]לו [ר]אוי להיות צפון	B 1 ר[בן] יוסי או[מר]
2 שאם שחט בראשו קדשי קדשים כשרין	כאילו נשחט [נשחטו = P138] בצפון
3 דברי רבי יוסה	C 1 ר[בן] יהודה בר יוסה [ר' יוסה בר יהודה = P138] או[מר]
C 1 רבי יוסה ברבי יהודה אומר	2 מחצי המזבח ולצפון בצפון [מחצי המזבח ולדרום כדרום = P138]
2 מחצי המזבח ולצפון כצפון	מחצי המזבח לדרום בדרום [ומחצי המזבח ולצפון כצפון = P138]
מחצי מזבח ולדרום כדרום	

Texte zu § 10

mHor 3,3; Ka., S. 349

A אי זה הוא הנשיא
B 1 זה המלך
   2 שנ[אמר] ועשה אחת מכל מצות יי א[ל]ה[י]ו
   3 נשיא שאין על גביו אלא יי א[ל]ה[י]ו

sHova V,1 Ass. 66, S. 85

A 1 נשיא
   2 יכול נשיא שבטים כנחשון
   3 (תל[מוד] לו[מר]) ועשה אחת מכל מצות יי אלהיו
B   והלן הוא אומר
       למען ילמד ליראה את יי אלהיו
C 1 מה אלהיו (ה)אמור להלן נשיא שאין על גביו אלא יי אלהיו
   2 אף אלהיו האמור כן נשיא שאין על גביו אילא יי אלהיו

Texte zu § 11

mYoma 6,1; Ka., S. 128

A 1 שני שעירי יום הכיפורים
       מצותן שיהו שווים במראה
       ובקומה ובדמין (ו)לקיחתן כאחת
   2 אף על פי שאינן שווים כשירים
   3 לקח אחד היום ואחד למחר כשירים
B 1 מת אחד מהם
   2 אם עד שלא הגריל מת יקח זוג לשיני
C 1 ואם משהגריל מת
   2 יביא שנים ויגריל עליהם כתחילה ויומר
   3 אם שלשם מת
       זה שעלה עליו הגורל לשם יתקיים תחתיו
   4 ואם שלעזאזל מת
       זה שעלה עליו הגורל לעזאזל יתקיים תחתיו
   5 השיני ירעה עד שיסתאב וימכר
       ויפלו דמיו לנדבה
   6 שאין חטאת ציבור מתה
   7 ר[בין] יהודה אומ[ר]
   8 תמות
D 1 ועוד אמ[ר] ר[בין] יהודה
   2 נשפך הדם ימות המשתלח
   3 מת המשתלח ישפ[י]ך הדם

sAharMot 2,5; Ass. 66, S. 341–2

A 1 ועשהו
   2 שאם מת אחד מהם מש(ה)יגריל
   3 יביא שנים ויגריל עליהם כתחילה ויאמר
   4 אם שלשם מת
       זה שעלה עליו הגורל לשם יתקיים תחתיו
   5 ואם שלעזאזל מת
       זה שעלה עליו הגורל לעזאזל יתקיים תחתיו
   6 והשני ימות
   7 דברי רבי יהודה
B 1 וחכ[מים] או[מרים]
   2 ירעה עד שיסתאב וימכר
       ויפלו דמיו לנדבה

Texte zu § 12

mNeg 8,5; Ka., S. 499–500

A 1 כל הראויי ליטמא בנגע (ה)בהרת מעכבת
את [מעכב = P138] הפריחה
2 וכל שאינו ראוי ליטמא בנגע (ה)בהרת
אינו מעכב את הפריחה

B 1 כיצד
2 פרחה בכלו אבל לא בראש ובזקן
השחין והמכוה והקדח (ו)המוררין
[Par. = בשחין ובמכוה ובקדח המוררין]
3 חזר הראש והזקן ונקרחו
השחין והמכוה והקדח ונעשו צרבה
4 טהורין

C 1 פרחה בכלו אבל לא בכחצי עדשה סמוך
לראש ולזקן
לשחין ולמכוה ולקדח
2 חזר הראש והזקן ונקרחו
השחין (ו)המקוה והקדח (ו)נעשו צרבה
3 אף על פי שנעשה מקום המחיה בהרת
טמא
4 עד שתיפרח בכלו

sNeg 4,2; Ass. 66, S. 262 [= sI]

A 1 את כל עור הנגע
2 עור הראוי לקבל נגע
3 פרט לשחין המורר [המורד = Ass. 31]
ולמכוה המוררת [המורדת = Ass. 31]

B 1 או אינו או[מר] את כל עור הנגע אילא
2 עור הראוי לקבל נגע כגריס יעכב
3 פחות מכגריס לא יעכב
4 תל[מוד] לו[מר]
כולו הפך לבן

sNeg 4,5; Ass. 66, S. 263 [= sII]

A 1 דבר אחר
2 מה תל[מוד] לו[מר] את כל בשרו
3 מנ[ין] אתה או[מר]
4 פרחה בכלו אבל לא כבחצי עדשה סמוך
לראש ולזקן
לשחין ולמכוה ולקדח ולמוררים
5 חזר הראש והזקן ונקרחו
השחין והמכוה והקדח [והקדח = P139]
ונעשו צרבה
6 יכול יהא טהור
7 תל[מוד] לו[מר]
את כל בשרו
8 עד שתיפרח בכולו

sNeg 5,3; Ass. 66, S. 264 [= sIII]

A 1 בו
2 מה תל[מוד] לו[מר]
3 מנ[ין] אתה או[מר]
4 פרחה בכלו אבל לא בראש ובזקן
בשחין ובמכוה ובקדח המוררון [המוררדים =
[Br.
5 חזר הראש והזקן ונקרחו
השחין והמכוה והקדח ונעשו צרבה
6 יכול יהא טמא
7 תל[מוד] לו[מר]
בו
8 בו בהופיך אם הפך טמא
9 הא
אם חזר לראש ולזקן ולשחין ולמכוה
ולקדח אינו טמא

Texte zu § 13

mZev 3,1; Ka., S. 351

A   כל הפסולים ששחטו שחיטתן כשירה
B 1   שהשחיטה כשירה בזרים בנשים ובעבדים [ובטמאים = .Par]
   2   אפילו בקדשי קדשים
   3   ובלבד שלא יהוא טמאים נוגעים בבשר
C   לפיכך הן פוסלין במחשבה

sNed IV,1–2; Ass. 66 S. 20–1

A   וסמך [...] ושחט
B 1   במקום שסו[מ]כין שוחטין
   2   ותכף לסמיכה שחיטה
C   מה סמיכה בטהורים אף [שחי]טה בטהורים
D 1   ושחט
   2   שחיטה בכל כשירה
   3   בזרים בנשים בעבדים אפילו בקודשי קדשים
   4   או אינה אלא בכהן
   5   וכי מניין באת
   6   מכלל שנ' ואתה [ובניך א]תך תשמרו את כהנתכם לכל דבר המזבח ול[כל]
   7   {ו}לכל דבר המזבח
   8   אף לשחיטה
   9   כשהוא אומר והקריבו בני אהרן הכהנים את הדם אליו וזרקו
   10 מיכן והלך מצות הכהנה
   11 אבל שחיטה כשירה בכל אדם

Texte zu § 14

mZev 13,4; Ka., S. 363

A   אחד קדשים כשרים (ו)אחד קדשים פסולים
B   שהיה פסולן בקודש והקריבן בחוץ חייב המעלה כזית מן העולה מן האמורין בחוץ חייב
C   הקומץ והלבונה והקטרת (ו)מנחת כהנים (ו)מנחת כהן משיח (ו)מנחת נסכים שהקריב מאחת מהן כזית בחוץ חייב
D   ר[בי]ן לעזר פוטר עד שיקריב את כולו
E   וכולן שהיקריבן בפנים ושייר מהן כזית והקריבו בחוץ חייב
F   וכולם שחסרו כל שהן {שהן} והקריבן בחוץ פטור

sAharMot 10,3–5 u. 9; Ass. 66, S. 361–2

A 1   אשר יעלה עולה
   2   אין לי אילא עולה
   3   מנ[י]ן אמורי חטאת אמורי אשם אמורי קדשי קדשים אמורי קדשין קלין
   4   תל[מוד] לו[מר] זבח
B 1   מנ[י]ן לרבות את הדם
   2   תל[מוד] לו[מר] או זבח
C 1   מנ[י]ן הקומץ והלבונה והקטרת ומנחת כהנים ומנחת כהן משיח ומנחת נסכים ושלושת לוגין מים ושלושת לוגין יין
   2   תל[מוד] לו[מר] פתח אהל מועד לא יביאנו
   3   כל שהוא בא אל פתח אהל מועד חייבין עליו
D 1   אין לי אילא כשירין פסולין מנ[י]ן
   2   הלן והיוצא והטמא ושנשחט חוץ לזמנו וחוץ למקומו

ושקיבלו פסולין וזרקו את דמו
הניתנין למטן שנתנן למעלן
הניתנין למעלן שנתנן למטן
הניתנין בפנים שנתנן בחוץ
הניתנין בחוץ שנתנן בפנים
הפסח והחטאת ששחטן שלוא לשמן
3 תל[מוד] לו[מר]
לא יביאנו לעשות
4 כל המיתקביל לבוא אל פתח אהל מועד
חייבין עליו
...

E 1 יכול המעלה פחות (מכזית מן העולה
פחות) מכזית מן האמורין
פחות מכזית מן הקומץ
פחות משלושת לוגים מים
פחות משלושת לוגים יין יהא חייב
2 תל[מוד] לו[מר]
אתו
3 על השלם הוא חייב אינו חייב על המיקצת

Texte zu § 15

sKed 3,1; Ass. 66, S. 395

A 1 וכרמך לא תעולל
2 מיכן אמרו
3 כרם שכולו עוליליות
4 ר[בי] אליעזר או[מ]ר
לבעל הבית
5 ר[בי] עקיבה או[מ]ר
לעניים
B 1 אמר ר[בי] אליעזר
2 כי תבצור לא תעולל
3 אם אין בציר מנין עולילות
4 אמר לו ר[בי] עקיבה
5 כרמך לא תעולל
6 אפילו כולו עולילות
C 1 שיכול הואיל והתיר הכתוב העולילות
לעניים
2 יכול יבואו העניים ויטלו אותן
כל שעה ושעה שירצו
3 אם כן למה נאמר
כי תבצור לא תעולל
4 אין לעניים בעולילות קודם ל[בציר]

mPea 7,7; Ka., S. 17

A 1 כרם שכולו עוללת
2 ר[בי] אליעזר אומ[ר]
לבעל הבית
3 ר[בי] עקיבה אומ[ר]
לעניים
B 1 אמר ר[בי] אליעזר
2 {ו}כי תבצור {ו}לא תעולל
3 אם אין בציר מנין עוללות
4 אמ[ר] לו ר[בי] עקיבה
5 וכרמך לא תעולל
6 אפילו כלו עוללת
C 1 אם כן למה נאמר
כי תבצור לא תעולל
2 אין לעניים בעוללות קודם לבציר

Texte zu § 16

mNeg 7,1–2; Ka., S. 498–9

A 1 אילו בהרות טהורות
2 שהיו בו קודם למתן תורה
3 בגויי ונתגייר
4 בקטן ונולד
5 בקמט ונגלה
6 בראש ובזקן
7 בשחין ובמכוה ובקדח המורדין [המורדין
  [Par. =
B 1 חזר הראש והזקן ונקרחו
2 השחין והמכווה והקרח [והקדח = P138]
  ונעשו צרבה
3 טהורין
C 1 הראש [והזקן = P138] עד שלא העלו שיער
  העלו שער ונקרחו
2 השחין והמכוה והקרח [והקדח = P138]
  עד שלא נעשו צרבה
  נעשו צרבה וחיו
3 ר[ב]י אליעזר בן יעקב מטמא
4 שתחילתן וסופן טמא
5 וחכמים מטהרין
D 1 נשתנו מראיהן בין להקל בין להחמיר
2 כיצד להקל
3 היתה כשלג ונעשת כסיד ההיכל
4 כצמר לבן וכקרום ביצה
  ונעשת מספחת שאת או מספחת עזה
5 כיצד להחמיר
6 היתה כקרום ביצה ונעשת כצמר לבן
  כסיד ההיכל כשלג
7 ר[ב]י אליעזר בן עזריה מטהר
8 ר[ב]י לעזר חסמה אומ[ר]
  להקל טהור
  להחמיר תראה כתחילה
9 [ר(ב)י] עקיבה או(מר)
  בין להקל ובין להחמיר תיראה בתחילה
  [P138 =

sNeg I,1; Ass. 66, S. 250–1

A 1 וידבר יי אל משה ואל אהרן לאמר
  אדם כי יהיה בעור בשרו
2 מה ת[למוד] ל[ומר]
3 לפי שנ[אמר] ואיש או אשה כי יהיה בעור בשרם
  בהרות בהרות טהורות
4 אין צורך לומר בהרות שאין בהם מראות נגעים
5 שלא באו לכלל אילא בהרות שיש בהם מראות נגעים
B 1 שהיו בגוי ונתגייר
2 בקטן ונולד
3 בקמט ונגלה
4 בראש ובזקן
5 בשחין ובמכוה ובקדח ובמורדין [המורדים
  [Br. =
C 1 נישתנו מראיהן בין להקל בין (להחמיר)
2 ר[ב]י אלעזר בן עזריה מטהר
3 ר[ב]י אלעזר חסמא או[מר]
4 [להקל טהור ולהחמיר = Br.] תראה כתחילה
5 ר[ב]י עקיבה או[מר]
6 בין להקל בין להחמיר [תיראה כתחילה
  [Br. =
7 לכך נא[מר]
  אדם כי יהיה

Texte zu § 17

mHor 3,1–3; Ka., S. 349	sHova II,6–7; Ass. 66, S. 72–73	sHova IV,2–3; Ass. 66, S. 85
A 1 כהן משיח שחטא ואחר כך עבר ממשיחותו 2 וכן הנשיא שחטא ואחר כך עבר מגדלתו 3 כהן משיח מביא פר 4 והנשיא (מביא שעיר) B 1 כהן משיח שעבר ממשיחותו ואחר כך חטא 2 וכן הנשיא שעבר מגדולתו ואחר כך חטא 3 כהן משיח מביא פר 4 והנשיא כהדיוט C חטאו עד שלא נתמנו ואחר כך נתמנו הרי אילו כהדיוט D 1 ר[בי] שמעון אומ[ר] 2 אם נודע להן עד שלא נתמנו חייבין 3 ומשניתמנו פטורין	A 1 משיח יחטא 2 מה ת[למוד] ל[ומר] 3 שיכול יביא על הקודמות 4 ודין הוא 5 מא אם הנשיא שהוא מביא על שגגת המעשה אינו מביא על הקודמות 6 משיח שאינו מביא על שג[גת] המעשה אינו דין שלא יביא על הקודמות 7 לא 8 אם אמרת בנשיא שאינו מביא חטאתו משעבר תאמר במשיח שהוא מביא חטאתו משעבר 9 הואיל והוא מביא חטאתו משעבר יביא על הקודמות 10 תל[מוד] ל[ומר] משיח יחטא 11 כשיחטא והוא משיח לא כשיחטא ועודיהו הדיוט B 1 רבי שמעון אומר 2 אם נודע לו עד שלא נתמנה ואחר כך נתמנה חייב 3 ואם משניתמנה נודע לו פטור	A 1 נשיא יחטא 2 מה ת[למוד] ל[ומר] 3 שיכול יביא על הקודמות 4 ודין הוא 5 מה אם המשיח שהוא מביא חטאתו משעבר אינו מביא על הקודמות 6 נשיא שאינו מביא חטאתו משעבר אינו דין שלא יביא על הקודמות 7 לא 8 אם אמרתה במשיח שאינו מביא על שגגת המעשה תאמר בנשיא שהוא מביא על שגגת המעשה 9 הואיל והוא מביא על שגגת המעשה יביא על הקודמות 10 תל[מוד] ל[ומר] נשיא יחטא 11 כשיחטא והוא נשיא לא כשיחטא ועודיהו הידיוט B 1 ר[בי] שמעון אומר 2 אם נודע לו עד שלוא ניתמנה ואחר כך ניתמנה חייב 3 ואם משניתמנה נודע לו פטור

Texte zu § 18

sSav 13,1–5; Ass. 66, S. 162–4	mZev 3,4; Ka., S. 352
A 1 יכול אין לי מחשבה פוסלת אלא חוץ לזמנו 2 חוץ למקומו מנ[יין] 3 ודין הוא	שחטו על מנת ליתנו על גבי הכבש שלא כנגד היסוד ליתן את הניתנין למטן למעלן (ו)את הניתנין למעלן למטה

254 Anhang: Synopse der analysierten Texte

4 הזמן פוסל והמחצה פוסלת	(ו)את הניתנים בפנים בחוץ ואת הניתנים בחוץ בפנים
5 מה הזמן המחשבה פוסלת בו אף המחצה תהא המחשבה פוסלת בה	שיאכ{י}לוהו טמאין שיקריבוהו טמאין
6 הין אם פסלה המחשבה בזמן שהזמן נוהג בבמה	שיאכ{י}לוהו ערילים שיקריבוהו ערילים
7 תפסול המחשבה במחיצה שאין המחיצה נוהגת בבמה	לשבר עצמות הפסח לאכל ממנו נא לערב דמו בדם פסולין
8 תל[מוד] לו[מר] בפרשת קדושים אם האכל יאכל ביום השלישי פגול הוא לא ירצה	כשר שאין המחשבה פוסלת אלא חוץ לזמנו וחוץ למקומו
9 שאין ת[למוד] לו[מר] אלא אם אינו עינין חוץ לזמנו תניהו עינין חוץ למקומו	
B 1 יכול יהוא חיבין עליו כרת	
2 תל[מוד] לו[מר]	
בשלישי [...] עונו ישא	
3 חוץ לזמנו בהכרית אין חוץ למקומו בהכרת	
C 1 יכול השוחט לערלים ולטמאים יהא בלא ירצה	
2 תל[מוד] לו[מר]	
אותו	
3 אותו בלא ירצה	
4 אין השוחט לערלים ולטמאים בלא ירצה	

mZev 2,1; Ka., S. 350–1

D 1 יכול אין לי בלא ירצה אילא שנישחט חוץ לזמנו וחוץ למקומו	A 1 כל הזבחין שקיבל דמן זר אונן טבול יום מחוסר בגדים
2 מנ[י]ן לשנישחטה בלילה	מחוסר כיפורים ושלא רחוץ ידים ורגלים ערל וטמא
3 ושנשפך דמה	2 יושב עומד כלים על גבי כלים על גבי בהמה על גבי רגלי חברו
4 ושיצא דמה חוץ לקלעים	3 פסל
5 הלן והיוצא	B 1 קיבל בשמאול
6 ושנשחט חוץ לזמנו וחוץ למקומו	2 פסל
7 ושקיבלו פסולין וזרקו את דמו	3 ר[בי] שמעון מכשיר
8 הניתנין למטן שנתנן למעלן	C נשפך על הריצפה ואספו פסול
9 הניתנין למעלן שנתנן למטן	D 1 נתנו על גבי הכבש שלא כנגד היסוד
10 הניתנין בפנים שנתנן בחוץ	2 נתן את הניתנין למטן למעלן
11 הניתנין בחוץ שנתנן בפנים	3 (ו)את הניתנין למעלן למטן
12 הפסח והחטאת ששחטן שלא לשמן	4 (ו)את הניתנים בפנים בחוץ
13 תל[מוד] לו[מר]	5 (ו)את הניתנים בחוץ בפנים
לא ירצה ולא יחשב (ו)לא יאכל	6 פסול ואין בו כרת
E 1 יכול יהוא חייבין עליו כרת	
2 תל[מוד] לו[מר]	
אותו	
3 (הוא) ואכליו אותו בהכרת	
אין הללו בהיכרית	

mZev 4,3–4; Ka., S. 352–3

A 1 אילו דברים שאינן חייבין עליהם משם
פיגול
2 הקומץ והלבונה והקטורת
3 ומנחות הכהנים ו(ו)מנחת כהן משיח
(ו)מנחת הנסכים
4 והדם
5 (ו)הנסכים הבאין בפני עצמן
6 דברי ר[ב]י מאיר
7 וחכמ[ים] אומ[רים]
8 אף הבאים עם הבהמה
B 1 לוג שמן של מצורע
2 ר[בי] שמעון אומ[ר]
אין חייבין עליו משם פיגול
3 ר[בי] מאיר או[מר]
חייבין עליו משם פיגול
4 שדם האשם מתירו
C 1 וכל שיש לו מתירין בין לאדם בין למזבח
חייבין עליו משם פיגול
2 העולה דמה מתיר (את) ו{ו}בשרה למזבח
ועורה לכהנים
3 עולת העוף דמה מתיר [את = Pa] ובשרה
למזבח
4 חטאת העוף דמה מתיר (את) ו{ו}בשרה
לכהנים
5 פרים הנישרפין ושעירין הנישרפין דמן
מתיר
[את = Pa] ו{ו}אמוריהן ליקרב
D 1 ר[בי] שמעון אומ[ר]
2 כל שאינו על מזבח החיצון כשלמים
אין חייבין עליו משם פיגול

F 1 אתה או[מ]ר לכך נאמרו המיעוטים האילו
לא ירצה ולא יחשב ולא יאכל
או לא נאמרו אילא ללמד שאין לי חייבין
כרת
אלא על השלמין בלבד
2 ומנ[ין] לרבות כל הקדשים
3 תל[מוד] לו[מר]
וינזרו מקדשי בני ישראל
4 או אינו מביא אילא כיוצא בשלמים
5 מה השלמים מיוחדין הנאכלין לשני ימים
הנאכלין ליום אחד מנ[ין]
6 תל[מוד] לו[מר]
בשר
7 ששיריו נאכלין
8 עולה שאין שיריה נאכלין מנ[ין]
9 תל[מוד] לו[מר]
זבח
10 מיני זבחים
11 העופות והמנחות (שאינן) מיני זבחים
עד שתהא מרבה להביא לג שמן שלמצורע
מנ[ין]
12 תל[מוד] לו[מר]
אשר הם מקדישים לי אני יי
13 לרבות את כולם
G 1 אחר שריבינו דברים שהן כשלמים ודברים
שאינן כשלמין ולמה נאמרו שלמים מעתה
2 אילא מה שלמים מיוחדין שיש להם
מתירין
בין לאדם בין למזבח
אף אני מרבה אלא כל שיש לו מתירין
בן לאדם בן למזבח
3 כגון חטאת העוף שיש לה מתירין לאדם
ואין לה מתירין למזבח
4 (ו)כגון עולת העוף שיש לה מתירין למזבח
ואין לה מתירין לאדם
5 כגון פרים הנשרפין ושעירים הנשרפין
שיש להם מתירין
בן לאדם בן למזבח
6 את מה אני מוציא
7 הקומץ והלבונה והקטורת מנחת כהנים
ומנחת כהן משיח ו(ו)מנחת נסכים
שאין לה(ם) מתירין לא לאדם ולא למזבח
H 1 ר[בי] שמעון או[מר]
2 מה שלמים מיוחדין שהן על מזבח החיצון
3 יצאו פרים הנשרפים ושעירים הנשרפים
שאינן על מזבח החיצון

Literaturverzeichnis

I. Mishna

Ausgaben

Ed. pr.: [1492] משנה עם פירוש הרמב״ם דפוס ראשון, נפולי רנ״ב, 2 Bde., Jerusalem 1969/70.
Ed. סדרי המשנה זרעים מועד נשים דפוס בלתי נודע (פיזרו או קושטא), Jerusalem 1970.
Ed. Albeck: ששה סדרי משנה מפורשים בידי חנוך אלבק ומנוקדים בידי חנוך ילון, 6 Bde., Jerusalem/Tel Aviv 1957.

Handschriften

Kaufmann A 50: Faksimile-Ausgabe des Mischnacodex Kaufmann A 50 ... besorgt von D. Dr. George Beer, Haag 1929.
Cambridge Add. 470.1.: המשנה אשר עליה נוסד התלמוד הירושלמי מראשיתה ועד סופה hrsg. v. W. H. Lowe, Cambridge 1883.
Paris 329–328: משנה כתב יד פאריס, פאריס 329-328, 3 Bde., Jerusalem 1973.
Parma (De Rossi 138): ששה סדרי משנה כתב־יד פארמה דה רוססי 138. כתב־יד קדום של המשנה מנוקד על־פי מסורות עבריות קדומות, 2 Bde., Jerusalem 1970.
Parma »B« (De Rossi 497): משנה כתב יד פארמה ״ב״ דה רוססי 497 לסדר טהרות, Jerusalem 1971.
Parma »C« (De Rossi 984): משנה כתב יד פארמה ״ג״ דה רוססי 984 סדרים נשים נזיקין עם פירוש הרמב״ם בעברית, Jerusalem 1971.
Jerusalem Heb. 4⁰ 1336: סדרי המשנה נזיקין קדשים טהרות כתב יד ירושלים 1336. כתב־יד בניקוד לפי מסורת תימן, 2 Bde., Jerusalem 1969/70.
Oxford 393 (zu Zera'im): פירוש המשנה לרבי משה בן מימון ז״ל. צילום של כ״י הונט׳ 117 וכ״י פוקוק 295 שבספריה בודליאנה באוקספורד וכ״י 72-73 שבספרית ששון בליטשוורת, 3 Bde., Kopenhagen 1956.
Oxford 404 (zu Neziqin und Qodashin): Mit abgedruckt bei Oxford 393.
München, Cod. Hebr. 95 (Hs. des bT): Der Babylonische Talmud nach der einzigen vollständigen Handschrift München Codex Hebraicus 95, hrsg. von H. L. Strack, Leiden 1912 (Ndr. Jerusalem, 1971).
Antonin-Fragmente: גנזי משנה. מאה חמשים ותשעה דפים של המשנה מהגניזה הקהירית מאוסף אנטונין בספריה הלאומית בלנינגרד יוצאים לאור בפעם הראשונה עם מבוא ושינויי נוסחאות בהשואה לנוסח המשנה בבלי ובירושלמי ובכתבי יד ובדפוסים עתיקים על ידי אברהם יצחק כץ, Jerusalem 1970.

Übersetzungen

Mischnajot. Die sechs Ordnungen der Mischna. Hebräischer Text mit Punktation, deutscher Uebersetzung und Erklärung, Berlin/Wiesbaden 1898–1933.

II. Sifra

Ausgaben

Ed. pr.: (1545) ש״ה, ספרא דפוס ונציה, Jerusalem 1970/71.

Venedig 1608/9: ספר קרבן אהרן והוא פירוש לספר ספרא ... חברו אהרן אבן חיים, Venedig 1608/9 (Ndr. Israel 1969/70).

Ed. Malbim: ספרא דבי רב הוא ספר תורת כהנים עם פירוש התורה והמצוה [מאת] מאיר ליבוש מלבים, Bukarest 1860.

Ed. Weiss: ספרא דבי רב היא ספר תורת כהנים ... עם פירוש ... אברהם בן דוד מפשקירו, Wien 1862.

Ed. Koleditzky: ספרא דבי רב הוא ספר תורת כהנים ... עם פירוש ... הלל ב״ר אליקים, 2 Bde., Jerusalem 1960/61.

Ed. Finkelstein: ספרא דבי רב והוא ספר תורת כהנים ע״פ כת״י רומי (אסמני מספר 66), 5 Bde., New York/Jerusalem 1983–91.

Ed. Shoshana: ספרא דבי רב הוא ספר תורת כהנים נוסח כתב יד רומי בצירוף מסורת וציונים, שינויי נוסחאות, והערות גירסא ולשון, Bd. I u. III (unvolls.), Jerusalem/Cleveland, 1990–2.

Handschriften

Assemani 66: תורת כהנים על פי כתב יד רומי מנוקד (אססמאני מספר 66). New York 1956.
Assemani 31: תורת כהנים [ספרא] סדר אליהו רבה וזוטא כתב יד וטיקן 31. Jerusalem 1972.
Breslau, Zuckermann 108 (JTS 2171)
Parma De Rossi 139
Oxford, Neubauer 151
London, Margaliot 341

Übersetzungen

Sifra. Halachischer Midrasch zu Levitikus übersetzt von Jakob Winter, 2 Bde., Breslau 1938.
Sifra, An Analytical Traslation by Jacob Neusner, 3 Bde., Atlanta 1988.

III. Wörterbücher und Konkordanzen

Gesenius, W., Buhl, F., Hebräisches und aramäisches Handwörterbuch über das Alte Testament, Berlin/Göttingen/Heidelberg, 1962[17].

Jastro, M., A Dictionary of the Targumim, the Talmud Babli and Yerushalmi, and the Midrashic Literature, 2 Bde., London/New York 1903 (Ndr. New York 1985).

Levi, J., Wörterbuch über die Talmudim und Midraschim, 4 Bde., Berlin/Wien 1924.
Kosovski (Kosovsky), B., אוצר לשון התנאים, ספר המתאימות למכילתא דרבי ישמעאל, 4 Bde., Jerusalem 1965–69.
–, אוצר לשון התנאים ספר המתאימות (קונקורדנציא) לספרא, 4 Bde., Jerusalem 1967–69.
–, אוצר לשון התנאים ספר המתאימות (קונקורדנציא) לספרי, 5 Bde., Jerusalem 1971–75.
Kosovski (Kasovsky), H. Y., אוצר לשון המשנה ספר המתאימות - קונקורדנציה לששה סדרי משנה, 4 Bde., Jerusalem 1956–1960.
–, אוצר לשון התלמוד ספר המתאימות (קונקורדנציא) לתלמוד בבלי, 41 Bde., 1954–82.
Kosovski (Kosowsky), M., אוצר לשון תלמוד ירושלמי קונקורדאנציה לתלמוד ירושלמי, 5 Bde, Jerusalem 1979–93.
Theologisches Wörterbuch zum Alten Testament, hrsg. v. G. J. Botterweck u. H. Ringgren, 7 Bde., Stuttgart/Berlin/Köln/Mainz 1973–93.

IV. Sekundärliteratur

Albeck, H., Die neuste Mishnaliteratur. In: MGWJ 69 (1925), 401–21.
–, Kommentar zum Mishna (heb). in: ששה סדרי משנה מפורשים בידי חנוך אלבק ומנוקדים בידי חנוך ילון. Tel Aviv 1957.
–, Untersuchungen über die Redaktion der Mischna. Berlin 1923.
–, Untersuchungen über die halakischen Midraschim. Berlin 1927.
–, מבוא למשנה. Tel Aviv 1966/7³.
–, מבוא לתלמודים. Tel Aviv 1969.
–, מחקרים בברייתא ותוספתא ויחסן לתלמוד. Jerusalem 1943/4 (Ndr. Jerusalem 1969).
–, מאמרים לזכרון ר׳ צבי פרץ חיות. In: נוסחות במשנה של האמוראים, Wien 1932/3, 1–28.
Aldovi, Meir, שבילי אמונה. Riva 1558/9.
Alon, G., מחקרים בתולדות ישראל בימי בית שני. In: ders., נשיאותו של רבן יוחנן בן זכאי ובתקופת התלמוד, Tel Aviv 1957, I, 253–273.
Avraham ben David miPoskiyera (Rabad), פירוש הראב״ד על תורת כהנים. In: ספרא דבי רב הוא ספר תורת כהנים (Ed. Weiss), Wien 1862.
Azulai, Ḥayim Yosef David (Ḥida), ספר שם הגדולים ועד לחכמים. Warscha 1875/6.
Bacher, W., Die Agada der Tannaiten, 2 Bde., Straßburg 1903.
–, Die exegetische Terminologie der jüdischen Traditionsliteratur. Leipzig 1899/1905 (Ndr. Darmstadt 1965).
–, Tradition und Tradenten in den Schulen Palästinas. Leipzig 1914 (Ndr. Berlin 1966).
Bass, Shabtai, ספר שפתי ישנים. Zolkiev 1805/6.
Bassfreund, J., Zur Redaktion der Mischna. In: MGWJ 51 (1907), 291–322, 429–444, 590–608, 678–706.
Beaugrande, R. A., Einführung in die Textlinguistik. Tübingen 1981.
Beit-Aryeh, M., קובץ מאמרים בלשון חז״ל, ב׳. In: כ״י קאופמן של המשנה, מוצאו וזמנו, Jerusalem 1979/80, 84–99.
Ben-Asher, M., הטיפוסים השונים של לשון המשנה. In: Tarbiz 53 (1983/4) 187–220.
Bertinoro, s. Ovadya miBertinoro.
Brill, Y., מבוא המשנה, כולל תולדות גדולי תורה מימות עזרא עד סוף המשנה ודרכי למודיהם, 2 Bde., Frankfurt a. M. 1876 (Ndr. Jerusalem 1969/70).
Büchler, A., Die Priester und der Cultus im letzten Jahrzehnt des jerusalemischen Tempels. Wien 1895 (ins Hebräisch übersetzt: הכהנים ועבודתם, Jerusalem 1966).

Busse, D., Recht als Text. Linguistische Untersuchungen zur Arbeit mit Sprache in einer gesellschaftlichen Institution. Tübingen 1992.

Cohen, B., Mishnah and Tosefta; A Comparative Study. Part 1. Shabbat. New York 1935.

Conzelmann, H., Lindemann A., Arbeitsbuch zum Neuen Testament. Tübingen 1983[7].

De-Vries, B., s. Vries, Binyamin De.

Dünner, J. H., Die Theorien über Wesen und Ursprung der Tosephta. Amsterdam 1874.

–, Einiges über Ursprung und Bedeutung des Traktats Edujoth. In: MWGJ 20 (1871) 33–42 59–77.

Eliyahu (haGaon) miWilna, ספרא על הגר״א ובאורי הגהות. In: ספר הוא רב דבי ספרא תורת כהנים, Jerusalem 1959.

Epstein, Y. N., מבוא לנוסח המשנה. Jerusalem 1964[2].

–, אמרו חכמים. In: Studies in Memory of Asher Gulak and Samuel Klein, Jerusaelm 1941, 252–261.

–, ספר היובל לפרופיסור שמואל קרויס למלאת לו שרידים מדבי רבי ישמעאל לספר ויקרא. In: שבעים שנה, Jerusalem 1936/7, 19–35.

–, מבואות לספרות התנאים, משנה, תוספתא ומדרשי־ההלכה hrsg. v. E. Z. Melamed. Jerusalem/Tel Aviv 1957.

–, ידיעות המכון למדעי היהדות. ב׳. In: המדע התלמודי וצרכיו Jerusalem 1924/5, 5–22.

–, משנה, דפוס לא נודע״ - ״(קושטא רע״ו)״. In: Tarbiz 17 (1945/6) 65–67.

Even Hayim, Aharon ben Avraham, ספר קרבן אהרון (פירוש על הספרא). Venedig 1608/9 (Ndr. Israel 1969/70).

Finkelstein, L., ספר יובל ליצחק בער במלאת לו שבעים שנה, בעריכת. In: מדרש, הלכות והגדות ש. אטינגר ואחרים, Jerusalem 1960/1, 28–47.

–, ספר היובל לכבוד לוי גינצבורג למלאת לו שבעים שנה. In: הערות ותקוני־נוסח בתורת כהנים, New York 1945/6, 305–322.

–, The Core of the Sifra: A Temple Textbook for Priests. In: JQR LXXX, Nos. 1–2 (1989) 15–34.

–, The Sources of the Tanaitic Midrashim. in: JQR 31 (1940/1) 211–243.

Frankel, Z., דרכי המשנה התוספתא, מכילתא, ספרא וספרי. Leipzig 1859 (Ndr. Tel Aviv 1959).

Friedmann, M., ספר מכילתא דרבי ישמעאל על ספר שמות עם תוספות מאיר עין ... ועם מבוא גדול [מאת] מאיר איש שלום. Wien 1870 (Ndr. Israel 1967/8).

Fritz, G., Kohärenz. Grundfragen der linguistischen Kommunikationsanalyse. Tübingen 1982.

Gadamer, Hans-Georg, Wahrheit und Methode. Grundzüge einer philosophischen Hermeneutik. Tübingen 1965[2].

Gandz, S., Die aeltere Mishna im Sifra. In: Rahmer's Juedisches Literaturblatt, Berlin 1912.

–, Kritische Studien über das Verhältnis der Mišna zu den anderen tannaitischen Quellen. In: Festschrift Adolf Schawarz, hrsg. v. S. Krauss, Berlin/Wien 1917, 247–57.

Ganz, David, ספר צמח דוד (בעריכת) מרדכי ברויאר. Jerusalem 1983.

Gesenius, W., Hebräische Grammatik völlig umgearbeitet von E. Kautzsch. Hildesheim 1962.

Ginzberg, L., Studies in the Origin of the Mishna. I: Tamid. The Oldest Treatise of the Mishnah. Cincinnati 1920.

–, Zur Entstehungsgeschichte der Mischnah. In: Festschrift zum ... David Hoffmann, hrsg. v. S. Eppenstein u. a., Berlin 1914, 311–45.

–, על היחס שבין המשנה והמכילתא. In: ders., על הלכה ואגדה, Tel Aviv 1960, 66–103.

IV. Sekundärliteratur

Goldberg, A., "וכולהו אליבא דרבי עקיבא". In: Tarbiz 38 (1968), 231–254.

–, דרכו של ר' יהודה הנשיא בסידור המשנה. In: Tarbiz 28 (1959) 260–9.

Graez, H., Die Mischnah in mündlicher Überlieferung erhalten. In: MGWJ 22 (1873) 35–71.

Grinhut, E. H. ספר לדוד צבי. כולל דברי תורה ומדע לכבוד ... In: ספרא ושאר ספרי דבי רב. דוד צבי האפפמאנן, נערך ע"י מ. הילדעסהיימער ואחרים, Berlin 1913/14 (Ndr. Jersalem 1968/9), 1–11.

Gunkel, H., Genesis, übersetzt und erklärt. Göttingen 1966[7].

Guttmann, A., Das Problem der Mišnaredaktion, aus den Sätzen Rabbis in Mišna und Tosephta synoptisch beleuchtet. In: Festschrift zum 75 jährigen Bestehen des Jüdisch-Theologischen Seminars Fraenckelscher Stiftung, II. Band, Breslau 1929, 95–130.

–, Das redaktionelle und sachliche Verhältnis zwischen Mišna und Tosephta. Breslau 1928.

Halivni, D., Midrash, Mishnah and Gemara. Cambridge (Massachusetts)/London 1986.

–, The Reception Accorded to Rabbi Judas's Mishnah. In: Jewish and christian Self-Defintion, Vol. 2, ed. by E. P. Sanders, London 1981, 204–12.

–, עיונים בספרות חז"ל במקרא ובתולדות ישראל. In: על הרכבה של המשנה הראשונה בבבא קמא, מוקדשים לפרופ' עזרא ציון מלמד בעריכת י"ד גילת בעריכת, Ramat-Gan 1982, 108–114.

–, פירושים במשנה ובברייתא. In: Tarbiz 27 (1957/8) 17–30.

Hameiri, Menaḥem ben Shelomo, פירושי המשנה להמאירי. hrsg. v. M. M. Meshi-Zahav, 6 Bde., Jerusalem 1970–75.

–, ספר חדושי המאירי הנקרא בית הבחירה על אבות חולין תמיד מדות נדה מקואות. Zikhron Yaaqov 1978/9.

Haran, M., תקופות ומוסדות במקרא. Tel Aviv 1972.

Heimann, A., ספר תולדות תנאים ואמוראים, 3 Bde., Jerusalem 1963/4.

Heinemann, Y., דרכי האגדה. Giveatayim 1970.

Herr, M. D., Sifra. in: EJ Bd. 14, Sp. 1517–19.

Hilel ben Elyaqim, פירוש על הספרא In: ... ספרא דבי רב (Ed. Kolidizki), 2 Bde., Jerusalem 1960/61.

Hoffmann, D., Das Buch Levitikus uebersetzt und erklärt, 2 Bde., Berlin 1905/6 (Ins Hebräisch übersetzt: ספר ויקרא, 2. Bde., Jerusalem 1952/3).

–, Die erste Mischna und die Controversen der Tannaim. Berlin 1882.

–, Zur Einleitung in die halachischen Midraschim. Berlin 1866/7.

Kahana, M., מחקרים במקרא ובתלמוד. הרצאות ימי. In: גופים זרים מ"דבי רב" במדרשי ההלכה, העיון ביובל הששים של המכון למדעי היהדות בעריכת שרה יפת, Jerusalem 1986/7, 69–85.

Kaufmann, Y., תולדות האמונה הישראלית, 4 Bde., Tel Aviv/Jerusalem 1968/9[8].

Kleine Enzyklopädie Deutsche Sprache, hrsg. v. W. Fleischer u. a., Leipzig 1983.

Krauss, S., Die Kaufmann'sche Mischna-Handschrift. In: MSWJ 51 (1907), 54–66.

Krochmal, N., מורה נבוכי הזמן. In: כתבי רבי נחמן קרוכמאל, hrsg. v. S. Rawidowicz, London 1961.

Krupp, M., Manuscripts of the Mishna. In: The Literature of the Sages, hrsg. von S. Safrai, Bd. I, Van Gorcum, Assen/Maastricht,Philadelphia 1987, 252–262.

–, על היחס בין משנה כ"י פארמא דה-רוסי 138 לבין ספרא וסדר אליהו רבה וזוטא כ"י ואטיקאן 31. In: Tarbiz 49 (1979–80), 194–196.

Kugel, James, Two Introduction to Midrash. In: Prooftexts 3 (1983) 131–155.

Kutscher, Y., ספר חנוך ילון. קובץ מאמרים בעריכת ש. ליברמן ואחרים. In: לשון חז"ל, Jerusalem 1962/3, 246–80.

–, 1968/9, ספר בר־אילן, קבץ העשור ב׳. In: מחקרים בדקדוק לשון חז"ל (לפי כת"י קאופמן), 51–57.

Lauterbach, J.Z., Midrash and Mishnah.. In: ders., Rabbinic Essays, Cincinnati 1951, 163–256.

Lewi, I., Über einige Fragmente aus der Mischna des Abba Saul. Berlin 1867 (Ins Hebräisch übersetzt: קטעים ממשנתו של אבא שאול, in: מסלות לתורת התנאים, Tel Aviv 1927/8, 92–133).

Lieberman, S., תשלום תוספתא. In: תוספתא Ed. Zuckermandel, Jerusalem 1937 (Ndr. 1970).

Löw, Meir (Malbim), ספרא דבי רב הוא ספר תורת כהנים עם התורה והמצוה על הספרא. In: אוצר הפירושים על תנ"ך, Bukarest 1860 (Wiederabgedruckt in: פירוש התורה והמצוה מקראות גדולות סדרא א פירוש המלבי"ם, Tel Aviv 1978).

Mantel, H., מחקרים בתולדות הסנהדרין. Tel Aviv 1969.

Margaliyot, R., יסוד המשנה ועריכתה. Jerusalem 1932/33³.

Melamed, E.Z., היחס שבין מדרשי־הלכה למשנה ולתוספתא. Jerusalem 1966/7.

–, מחלוקת התנאים בפירוש המשנה שלפניהם ובנוסחתה. In: Tarbiz 21 (1949/50), 137–163.

Menaḥem b. Aharon b. Zeraḥ, שלחן הטהור ועליו צדה לדרך. Warscha 1879/80.

Moshe ben Maimon (Rambam), משנה עם פירוש רבינו משה בן מימון. תירגם מערבית על־פי כתב־היד המקורי והוסיף מבוא, והערות י.ד. קאפח Jerusalem 1963.

–, ספר משנה תורה יוצא לאור פעם ראשונה על־פי כתבי יד תימן עם פירוש מקיף הגיה לקט, ופירש יוסף דוד קאפח, 19 Bde., Jerusalem 1984–1995.

Moshe ben Naḥman (Ramban), פירושי התורה לרבינו משה בן נחמן (רמב"ן) על פי כתבי יד ודפוסים ראשונים ... מאת הרב חיים דב שעוועל, 2 Bde., Jerusalem 1969⁵.

Nae, Shelomo, לשון התנאים בספרא על־פי כתב־יד וטיקאן 66. (Unveröff. Diss., die Hebräische Universität, Jerusalem 1989).

Neusner, J., A History of Mishnaic Law of Holy Things, 6 Bde., Leiden 1979.

–, A History of the Mishnaic Law of Purities, 22 Bde., Leiden 1974–77.

–, Form and Meaning in Mishnah. In: JAAR 45/1 (1977), 27–54.

–, Holy Things, s. A History of Mishnaic Law of Holy Things.

–, Method and Substance in the History of Judaic Ideas: An Exercise. In: Jews, Greeks and Christians. Religious Cultures in Late Antiquity. Essays in Honor of William David Davies, ed. by R.Hamerton-Kelly, Leiden 1976, 89–111.

–, Purities, s. A History of the Mishnaic Law of Purities.

–, Rabbinic Political Theory. Religion and Politics in the Mishnah. Chicago/London 1991.

–, Redaktion, Formation, and Form: The Case of Mishnah. In: JQR 70 (1979/80) 131–52.

–, Sifra in Perspective, The Documentary Comparison of the Midrashim of Ancient Judaism. Atlanta 1988.

–, The Memorized Torah. The Mnemonic System of the Mishnah. Chico (California) 1985.

–, The Rabbinic Traditions about the Pharisees before 70, 3 Bde., Leiden 1971.

–, Uniting the Dual Torah: Sifra and the Problem of the Mishnah. Cambridge/New York 1989.

Ovadya meBertinoro, Mishna-Kommentar. In: משניות, Wilna 1908.

Rambam, s. Moshe ben Maimon.
Ramban, s. Moshe ben Naḥman.
Richter, W., Die Bearbeitungen des »Retterbuches« in der deuteronomischen Epoche. In: BBB 21 (1964) 106–109.
–, Die Überlieferungen um Jephtah. Ri 10,17–12,6. In: Bibl 47 (1966) 485–556.
–, Exegese als Literaturwissenschaft. Entwurf einer alttestamentlichen Literaturtheorie und Methodologie. Göttingen 1971.
Rosental, D., מחקרים בספרות. In: 'נוסח ארץ ישראל' ו'נוסח בבל' במשנת עבודה זרה התלמודית. יום עיון לרגל מלאת שמונים שנה לשאול ליברמן ח׳-ט׳ בסיון תשל״ח, Jerusalem 1983, 79–92.
–, משנה עבודה זרה - מהדורה ביקורתית בצירוף מבוא. Jerusalem 1980/1.
Rosenthal, L., Die Mischna, Aufbau und Quellenscheidung. Strassburg 1903.
–, Über den Zusammenhang, die Quellen und die Enstehung der Mischna. Berlin 1918.
Schachter, M., המשנה בבבלי ובירושלמי. השוואת נוסחותיה. Jerusalem 1959.
Schlüter, M., Auf Welche Weise wurde die Mishna geschrieben? Tübingen 1993.
–, Zur Frage eines Kanons der rabbinischen Literatur im *Iggeret Rav Sherira Gaon* und in der Vorrede zum *Mishne Tora* des Rambam. In: FJB 15 (1987) 91–110.
–, דברי הקונגרס העולמי האחד-עשר in: ה״בריתות״ בתשובתו של רב שרירא גאון לאנשי קירואן (1993), למדעי היהדות, Jerusaelm 1994, C,I, 177–184.
Schwarz, A., Die Tosifta der Ordnung Moëd in ihrem Verhältnisse zur Mischna. Erster Teil: Der Tractat Sabbath. Karlsruhe 1881.
Segal, M.H., A Grammar of Mishnaic Hebrew. Oxford 1970.
Shimshon ben Avraham miShanṣ, פירוש על הספרא המיוחס להרב רבינו שמשון משנץ. In: ספרא דבי רב הוא ספר תורת כהנים Jerusalem 1959.
Spanier, A., Die Toseftaperiode in der tannaitischen Literatur. Berlin 1936.
–, Zur Analyse des Mischnatraktates Middot. In: Festschrift für Leo Baeck, Berlin 1938, 79–90.
–, Zur Frage des literarischen Verhältnisses zwischen Mischna und Tosefta. Berlin 1931.
Stegmüller, W., Erklärung Begründung Kausalität. Berlin/Heidelberg/New York 1983[2].
Stemberger, G., Einleitung in Talmud und Midrasch. München 1992[8].
Sussmann, Y., שרידי תלמוד בגניזה. In: חקרי גניזת קהיר, hrsg. von M.A.Friedmann, Tel Aviv 1979/80.
–, הקונגרס העולמי השביעי למדעי היהדות (1977). In: כתבי-יד ומסורות-נוסח של המשנה מחקרים בתלמוד, הלכה ומדרש, Jerusalem 1981, 215–250.
Titzmann, M., Strukturale Textanalyse. München 1989.
Towner, S., Halakhic literary Patterns: Types, History, and Affinities with New Testament Literature. In: JQR LXXIV, No. 1 (1983), 46–60.
Tsevat, M., Studies in the Book of Samuel. In: HUCA 32 (1961), 191–216.
Urbach, E.E., Halakha and History. In: Jews Greeks and Christians, Essays in Honor of W.D.Davis, edited by R.H.Kelly, Leiden 1976, 112–128.
–, הדרשה כיסוד ההלכה ובעית הסופרים. In: Tarbiz 27 (1957/8) 166–182 (Wiederabgedruckt in: E.Urbach: מעולמם של חכמים, קובץ מחקרים, Jerusalem 1988. 50–66..
–, מסורת והלכה. In: Tarbiz 50 (1980–1) 136–163 (Wiederabgedruckt in: E.Urbach: מעולמם של חכמים, קובץ מחקרים, Jerusalem 1988, 67–94).
Velde van de, R.G., Interpretation, Kohärenz, Inferenz. Hamburg 1981.

Vries, Binyamin De, לצורתן המקורית של הלכות אחדות. In: Tarbiz 22 (1950/1), 153–156; 24 (1954/5), 392–405; 25 (1955/56), 369–384.

–, משנה ותוספתא בבא מציעא. In: ספר היובל לכבוד יעקב נחום הלוי אפשטיין למלאת לו שבעים שנה, Jerusalem 1949/50, 79–83.

Weiss, A., לחקר הספרותי של המשנה. In: HUCA 16 (1941), Hebr. Teil, 1–33.

Zimmermann, H., Neutestamentliche Methodenlehre. Darstellung der historisch-kritischen Methode. Stuttgart 1982[7].

Zuckermandel, M. S., Tosefta, Mischna und Boraitha in ihrem Verhältnis zu einander oder palästinensische und babylonische Halacha. Erster Band. Frankfurt a. M. 1908.

Stellenregister

1. Bibel

Gen
12	91
12,11–20	90
20	91
25,20	109
26	91

Ex
12,48	210
15,26	104
20,2	104
20,21	97f.
29,14	230
32,11	104
37,17	97
40,22	97
40,24	97

Lev
1	96
1,1–9	45; 138
1,3	138
1,4	136f.; 210
1,4–5	136
1,5	136; 138; 210; 225
1,6	36
1,9	42–48; 97; 139
1,11	96–99; 211
2,2	66–69; 132
2,3	143
2,13	64
4	50; 104f.; 186; 188
4,2	36; 104; 191
4,3	188; 190; 198; 201
4,8–10	229
4,11–2	32
4,12	229
4,13	48; 50; 104; 192
4,13–14	48
4,22	51f.; 103–106; 190; 197f.; 201
4,25	224
4,27	104
5,2	150
6,4	229
6,8	66
6,18	97
7	209
7,8	30; 32; 35; 37; 39
7,15–18	207; 231
7,15–17	231
7,18	205–207; 209–211; 214f.; 217–219; 232; 235
7,21	210
8,15	231
8,17	230
9,2	231
9,23	231
13	55; 182
13,1–2	175
13,2	88; 170; 175–178; 181; 183; 191
13,3	59; 126
13,8	56
13,10	61f.; 132
13,12	122f.; 173
13,12–13	119
13,12–14	122
13,13	119; 122–125; 133
13,14	122; 128–130; 133
13,14–15	127
13,38	174–177; 181–183; 185

13,38–9	176		5,11	104
13,39	177		12,27	42–46; 48
13,45	56		17,14–20	105
13,46	56; 81f.; 84; 132		17,19	104–107
14	81		23,22	210
14,4	109		24,21	162–167
14,13	97		Jos	
15,2	36		9	50
16	28; 109		1Kön	
16,9	112; 132		11,34	106
16,26	114		2Kön	
16,27	32; 229		5,11	104
17,1–6	142		Jes	
17,2	36		7,25	75
17,4	28		40,2	210
17,8	148		Jer	
17,9	148		31,28	55
17,10–12	115		Ez	
17,15	150		34,24	106
19	209		37,25	106
19,5–8	209		Jon	
19,7	206; 209		2,2	104
19,7–8	209		Ps	
19,8	166; 209; 215f.; 234		31,16	109
19,9	69; 72; 75; 77; 132		Esra	
19,10	162–165; 167; 178		2,43–54	50
19,12	104		Neh	
21,8	104		7,46–56	50
21,10–12	188			
22,2	214; 217–219			
22,3	218			
22,28	10			
22,29	232			
22,30	232			
25,8f.	115			
26,46	60			
27,2	36			

Num
3,29	97
3,35	97
12,14–15	56
18,7	136; 138
19,14–16	81
35,24	48; 50f.

Dtn
5,6	104
5,9	104

2. Rabbinische Literatur

Mishna

Pea
2,1–4	74
4,10	69
7,4	162
7,7	161

Dem
1,3	145

2. Rabbinische Literatur

Ter
- 1,1 — 88

Er
- 3,8 — 111
- 9,4 — 111

Pes
- 1,5 — 111

Yoma
- 4,2 — 110
- 5,1 — 110
- 5,3 — 110
- 6,1 — 107

Suk
- 5,7 — 146

Meg
- 1,5 — 209
- 1,7 — 56
- 3,3 — 111
- 4,8 — 64

Yev
- 4,13 — 50; 209
- 6,4 — 9
- 8,1 — 210

Sot
- 7,3–5 — 50

BM
- 8,2 — 213

San
- 2,2 — 103
- 4,2 — 50
- 6,1 — 213
- 9,3 — 110
- 9,5 — 110

Ed
- 1,5 — 117

Hor
- 1,3 — 186
- 1,4 — 48
- 1,5 — 49
- 2,2 — 49
- 2,3 — 186
- 2,4–5 — 186

- 2,5 — 103
- 2,6 — 48; 186
- 3,1–3 — 185
- 3,3 — 103; 186
- 4,4 — 188

Zev
- 1,1 — 32; 34
- 1,2 — 23
- 1,4 — 134; 139
- 2,1 — 142; 145; 222; 225
- 2,2 — 24; 145; 228
- 2,2–3 — 24; 226
- 2,2–5 — 134
- 2,3–4 — 23
- 2,4 — 207f.
- 2,5 — 24
- 3,1 — 24; 133; 207
- 3,2 — 24; 225
- 3,3 — 24; 134
- 3,3–4 — 23
- 3,4 — 24; 145; 207; 220; 228
- 3,5 — 228
- 3,6 — 24; 145; 207
- 4,1 — 24; 228
- 4,2 — 24
- 4,3 — 24
- 4,3–4 — 227
- 4,5 — 228
- 4,6 — 24
- 5 — 24
- 5,1 — 95
- 5,2 — 32; 229
- 5,6–8 — 210
- 6,1 — 94
- 6,7 — 207f.; 228
- 7,1 — 24
- 7,2 — 24
- 7,5 — 24
- 8,11 — 24
- 8,12 — 24
- 9,1 — 24; 31
- 9,2 — 31; 142; 149
- 9,3 — 24; 149
- 9,4 — 95
- 9,5 — 24; 42
- 9,7 — 24

10,1	23f.
10,2	23; 146
10,6	24
12,1	134
12,2–3	30
12,5	32
13,1–2	147
13,4	141
14,1	28

Men
1,2	64; 145
1,3	208
2,3	120
2,4	120
3,5–4,4	111
5,6	146
6,2	64
11,8	228

Hul
1,1	88
5,3–4	10
11,2	109

Tem
2,2	110
4,1	110
4,2–3	111
4,3	111

Ker
1,6	7

Meil
5,1	120

Tam
3,5	95
4,1	95
4,2–3	138

Mid
2,5	95
3,1	99; 207
3,5	95

Kel
1,7	56
3,3	110
3,4	110
4,2	110
6,1	110
17,12	56

Ohal
3,7	81

Neg
1,1	170; 176
1,1–3	170
1,3	56
1,5	56
2,2	174
2,4	171; 173
3,1	88; 171; 173
3,3	56; 170
4,4	56
4,10	54
4,10–11	54
6,8	119f.; 169; 171f.
7,1–2	168
7,4	56
8,5	118
13,7	80
14,5	109

Toh
6,4	120
8,6	120

Tosefta

Ber
4,15	117

Pea
3,11	162

Shab
1,22	76

Bes
1,22	76
2,12	117
2,13	76
3,8	76

Zev
7,1	98

Bekh
7,9	101

Talmud Yerushalmi

Pea
- 7,4 (20a)   162
- 7,7 (20d)   164

Hor
- 2,1 (11b)   188
- 2,1 (47a)   188

Talmud Bavli

Ber
- 11a   4
- 18a   4

Shab
- 137a   3

Er
- 96b   3

Pes
- 112b   101

Yom
- 41a   3
- 62a   111

Meg
- 8b   56

MQ
- 16b   4
- 28a   209

Yev
- 72b   3
- 78b   50

Ket
- 75b   55

Ned
- 62a   100

Sot
- 14b   64

Qid
- 33a   3
- 53a   3

San
- 86a   3

Shevu
- 13a   3

Hor
- 10a   188
- 13a   187

Zev
- 31b   135
- 32a   133; 135
- 32b   135
- 58a   98
- 85a   95
- 103b   34
- 109a   145
- 113b   28

Men
- 11a   64

Hul
- 66a   4
- 83a   11
- 85a   117

Bekh
- 61a   3

Ker
- 22a   3

MekhY

Yitro
- 11   97f.

Sifra

Ned
- III,1 (5b)   195
- IV,1–2   135
- IV,4 (6b)   176
- IV,4–5 (6b)   100
- IV,7–12 (6c)   210
- IV,11 (6c)   225
- V,2 (7c)   214
- V,3 (7d)   178
- V,5–6 (7d)   194
- V,6 (7d)   96
- V,7 (7d)   150; 211

V,9	96	IX,5 (23c)	149
VI,1 (8b)	194	XII,1–2	
VI,3 (8b)	150	(26b-c)	100
VII,3 (8d)	194	1,1 (16a)	186; 219
VII,4 (8d)	194	1,9 (16b)	213
VII,5	195	2 (17a-b)	193
VII,9 (9a)	150	2,1 (17a)	189
VIII,3 (9c)	150	2,1–4 (17a)	188
IX,6	66	2,1–6 (17a)	192
IX,10	67	2,6 (17a)	188; 192
XI,2 (11b)	195	2,7 (17a-b)	196
XIII,1 (12c)	191	6,1 (19b)	150
4,3 (5d)	195	6,6 (19,2)	150
5,2 (6d)	195	9,1 (23c)	150; 224
5,2–3 (6d)	194	12,4 (23a)	150
5,4 (6d)	139	21,4 (27b)	114
5,7 (7a)	150	Sav	
5,10 (6d)	36	I,1 (74d)	36
6,6–7 (7c)	139	I,7 (29a)	207
6,7 (7c)	150	I,7–8 (29a-b)	149
6,8 (7c)	150	I,8 (29b)	149
6,9	44	III,3–4 (32b)	196
8,1 (8c)	150	VII,8 (35b)	213
8,3 (8c)	194	VIII,1–3	
8,6	194	(36a-b)	208; 232
9,2 (9a)	194	VIII,2 (36a)	211
9,4 (9b)	194	VIII,3 (36a-b)	210
11,1 (10b)	143	VIII,4–5	
14,4 (12a)	64	(36b)	139; 208
14,4 (12b)	194	VIII,6 (36b)	221
15,3–4 (13a)	194	VIII,6 (36b-c)	208
17,11f. (13d)	97	VIII,7 (36c)	235
19,4 (14d)	196	VIII,7–9	
20,6 (15a)	114	(36c)	208
Hova		IX,4 (37d)	207
I,1 (15b)	36	IX,8 (37c)	214
II (16c–17a)	193	9,1 (33d)	207
II,6–7	190	9,1–4	34
III,10 (18a)	150	12,2	231–233
IV,2 (19a)	48	12,4 (35c)	208; 232
IV,2–3	197	12,9 (35d)	231
IV,3–4	51	12,9f. (35d)	208
V,1	104	13	225f.; 233f.
VI,10ff.		13,1–3	204
(20dff.)	97	13,1–5	230f.
VI,11 (20d)	214	13,4	213
VII,4 (21c)	214	13,4–5	216

13,9	215		5,1 (63d)	127
15 (38a-b)	210		5,3	128
16,9 (39d)	134		10,1 (67a)	176
Mil (Sav)			11 (67c-d)	128
15 (41d)	231		12,5 (67d)	177
			12,14	82
Mil (Shemini)			Mesora	
3–4 (43c)	231		I,11 (70b)	60; 109
19 (44c)	231		II,7 (71a)	196
21 (44d)	213		VI,4 (73b)	60
30 (45b)	231		2,8 (71c)	60
40 (46a)	195		4,3 (73c)	60
Shemini			4,7 (73c)	60
II,10 (48b)	149; 214		Zavim	
III,4 (49c)	214		I,2 (74d–75a)	191
V,4 (52b)	196		I,3 (75a)	196
VI,8 (53a)	149		III,1 (77a)	196
X,7 (57a)	150		IV,9 (78b)	196
8,2 (53b)	196		V,9 (79a)	60
Tazria			4,2 (76d)	195
1,8 (58d)	135		AharMot	
Neg			II,1 (80d)	60; 109
I,1	174		II,2 (80d)	195
I,2 (60a)	170; 191		IV,1 (81d)	114
I,4 (60a)	176		IV,1 (81df.)	113
I,5 (60b)	114		V,1 (82c)	114
I,9 (60b)	88		VI,1 (83c)	36
II,1–4 (61a)	61		VI,5 (83d)	150
II,1–5 (61a-b)	176		VIII,3 (84c)	115
II,1–6 (61a-b)	170		IX,3 (85c)	213
II,3 (61a)	176		2,5	111
II,6 (61b)	176		3,13f. (81b)	178
III,1 (62c)	61		4,2 (81c)	213
III,2 (62c)	191		10,3–5	147
III,5–6	60; 151		10,5 (84b)	207
IV (64c-d)	128		10,9	147
IV,6 (64d)	177		12,2 (84d)	150
1,1 (60c)	126		Ked	
1,2	59		1,11	77
1,2–3	184		2,2	78
1,4 (60a)	177		2,3	78
3,1 (63a)	56		2,4	79
4,2	123		2,5	71
4,3 (63b)	173		3,1	165
4,5 (63c)	124			

Emor
　VIII,11–12
　　(99b)　　　　196
　　2,6 (95a)　　10
　　3,2–7 (95c)　89
　　3,11 (96c)　　114
　　4,18 (97a)　　210
　　6,5 (97d)　　114
　　7,8 (99a)　　114
　　8,10–12
　　　(99c)　　　10
　　13,1 (101a-b) 213
　　14,1 (102a)　196
　　14,2 (102a)　209

　　16,1 (102c)　114
　　16,7 (102d)　213
　　18,5 (104b)　195

Behar
　　II,2 (106d)　116

Behuq
　　III,1 (112c)　88
　　III,3 (112d)　36
　　8,12 (112c)　60

BerR
　　76,8　　　　100

Personenregister

Aqiva b. Yosef 3; 56; 69; 71f.; 100f.; 113; 162–168; 170; 175f.; 180; 208; 211; 232–235
Ashi 98

Bar Qapra 3

Elazar 76; 142–144; 170
Elazar b. Azarya 170; 174f.
Elazar b. Ṣadoq 75f.; 80; 88; 90
Elazar Ḥisma 175
Eliezer b. Hyrkanos 162–164; 166–168; 208; 232–235
Eliezer b. Ya'aqov 170; 172; 184

Gamliel II 75–77; 80

Ḥiya 3–7; 14; 211

Meir 10f.; 75; 127; 229
Menaḥem b. Zeraḥ 5

Oshaya 3

Shimon b. Yehuda haNasi 3
Shimon b. Yoḥai 31; 110; 186–188; 191; 199–202; 218f.; 224; 227–229
Shimon b. Zoma 10f.

Tarfon 100

Yehoshu'a b. Gamla 10
Yehoshu'a b. Ḥannanya 55f.; 59
Yehuda b. Ilai 3; 7; 75f.; 78f.; 96; 100f.; 108; 111; 113–117; 155
Yehuda haNasi 3; 100; 111; 147
Yishma'el b. Elisha 36–39; 41; 69; 71f.
Yoḥanan b. Nafḥa 98; 117
Yoḥanan b. Zakkai 76; 89
Yose b. Eliezer 158
Yose b. Ḥalfata 94–102; 115; 127; 155
Yose b. Yehuda 94f.; 98–102; 126; 156

Halachisches Sachregister

Allerheiligste 110
Altar 30f.; 34; 36–40; 42–47; 64; 67; 95–102; 136; 138; 146; 148f.; 151; 155f.; 207; 217–219; 224; 229f.
Armen 69–72; 80; 162–167
Armenabgabe 69
Armenrecht 166
Auflegen der Hände 28; 136–138
Ausrottungsstrafe 186; 204f.; 208f.; 212–216; 218; 220; 223f.; 228f.; 234f.
Aussatz 56f.; 81; 83; 89; 119–125; 173
– Absperrung 55f.; 58
– Ausbreitung 62; 119–131
– Besichtigung des Fleckes 55–63; 119–121; 123–126; 129–131; 151; 169–185
– Bohaq 176; 181
– Haarfarbe 61f.
– heller Fleck 55–57; 61; 118f.; 170; 175; 177
– Helligkeitsgrad 61; 170; 173–177; 179–184
– Reinheitsstatus 119; 132; 168; 173f.; 183–185
– Unreinheit 56f.; 60; 62f.; 81–84; 92; 119; 122–124; 126; 130; 135; 171
– Unreinheitsübertragung 81; 92
– Verunreinigung 57; 109
– Verunreinigungsfähigkeit 121; 170; 173; 178
– zwei Haare 55; 57; 59; 61f.; 151

Bart 42f.; 45; 119f.; 125; 129; 169–172; 175

Bastard 48; 50
Blut 35; 37; 42; 44–46; 64; 108; 110f.; 115; 136; 138f.; 148f.; 151f.; 206f.; 218f.; 221; 223–226; 228f.
– Auffangen des Blutes 138f.; 224
– Hinbringen 139
– Sprengen des Blutes 208
Brachjahr 115f.; 155

Embryo 171; 173; 178

Feld 70; 75; 77
Feldgrenze 75; 77f.
Frau 30; 32; 35f.; 90f.; 133; 136; 139; 175

Gedanke 32; 35; 37; 39; 46; 92; 111; 133f.; 141; 201; 206–208; 210f.; 215; 220–223; 232; 236
– Ort-Gedanke 206; 220; 222–224; 228; 231
– Zeit-Gedanke 208f.; 211–213; 221; 223f.; 226; 228; 232–234
Gericht 32; 48–52; 54; 103; 186; 192

Halacha 7–9; 12f.; 23; 32; 38; 42; 47; 63; 79; 95; 98; 110; 113; 116f.; 125; 158f.; 187; 189; 200; 202f.; 208; 226; 240–242
– halachische Differenz 1; 131; 139; 161; 180f.; 183; 185; 201f.; 204; 222; 224; 239
Handvoll 64; 66f.; 69; 142; 148; 150; 218
Hautverletzungen 118–120; 124; 129; 171f.
– Brandgeschwür 119; 123; 125; 129; 169f.; 175f.

- Entzündung 119; 123–125; 128f.; 169f.; 175
- Hitzwunde 119; 124f.; 129; 169f.; 175

Hoherpriester 32; 48; 64; 103f.; 108f.; 185–189; 192f.; 198; 200–203

Kahlheit 120; 129; 174
Kopf 42f.; 45; 119–123; 125–132; 158; 169–172; 174f.; 178

Laubhüttenfest 151
Log 148; 151; 153; 217; 229

Mufla 48–52

Nachlese 69–73; 162
Nachlesetrauben 161–167
Nasi 48; 103–107; 185–193; 198; 200f.; 203
Natin 48; 50
Nichtjude 36; 50; 169; 173; 175; 178f.; 181–183; 185
Nichtpriester 133f.; 136; 138f.
Norden 95–99; 101f.; 156

Öl 64f.; 67f.; 229
- Öl des Aussätzigen 217; 220; 229
Olivengröße 62; 142–146; 148; 150f.; 153f.
Opfer 28; 30–39; 42–46; 49f.; 64; 67; 95–98; 108; 110–114; 133–139; 141–145; 148–156; 186f.; 199; 201; 203; 205–208; 210–213; 215; 217–225; 228f.; 231–233
- Brandopfer 30–39; 41–46; 96f.; 142; 145f.; 148–153; 217; 228
- Fell des Brandopfers 30–33; 35–42; 138; 217
- Fettstücke 43; 145f.; 148; 150f.; 153; 229
- Fleisch 30–32; 34; 36–40; 42–47; 55; 119; 125f.; 128f.; 131; 133f.; 139; 141; 146; 149f.; 159; 175; 205–208; 210; 212; 215; 217–219; 221; 224; 231f.
- Friedensopfer 134; 214; 217–219
- hochheilige 30; 32f.; 36–38; 40f.; 95–97; 133; 136; 148
- Mehl-/Speiseopfer 64–66; 142f.; 148; 151f.; 217f.; 220
- minderheilige 30; 33; 36f.; 41; 95; 134; 148; 206; 210
- Opfertauglichkeit 109
- Opferteile 43–47; 141f.; 145f.; 219f.; 230
- Opferung außerhalb des Tempels 142–144
- Schafopfer 187; 199f.
- Schlachtopfer 148; 152
- Schuldopfer 97; 148; 201
- Stieropfer 109; 187–189; 192; 200–202
- Sündopfer 31f.; 48f.; 52f.; 97; 108; 110; 112; 114; 146; 148; 186–188; 190–192; 198–203; 207; 229
- Vogelopfer 219
- Ziegenbockopfer 187
- Ziegenopfer 201

Pea 75–77; 80; 88; 90; 162
Pigul 227f.
Priester 30–39; 41–46; 56f.; 64f.; 67f.; 88–90; 95; 109; 119; 133f.; 136–139; 142; 148; 170; 173; 186; 190f.; 207; 211f.; 214; 218
Priesterdienst 140
Priesterrecht 30; 32; 38; 41
Privatperson 48; 103; 186–188; 191f.; 199–203
Proselyt 35f.; 39; 48; 50; 171; 178f.; 184

Räucherwerk 142; 148; 218
Rechtsschöpfung 9; 90; 109; 193f.; 210
Rechtsprechung 49; 154; 162; 186; 188; 192
Rechtswidrigkeit 49; 143f.; 208; 211; 231f.
Richter 48–50; 52–54

Salz 64; 68
Schlachten 32; 94–102; 133–141; 153; 155f.; 159; 207; 211; 220–222; 236
– Schlachtgebot 134; 136f.; 139f.; 159
Stiftzelt 28; 108; 138; 148f.

Tempel 28; 51; 89; 109; 134; 138; 140; 142–144; 149; 156; 170
– Außerhalb d. Tempels 28; 32; 142–144; 146; 148f.; 151; 154f.
– Tempelbereich 28; 143; 210
– Vorhof 95f.; 99; 135; 138; 156

Übertretung 28; 31; 37; 39; 48f.; 52; 103f.; 109; 134; 141–144; 148f.; 153f.; 185–188; 190–193; 198–203; 206f.; 209; 212f.; 215f.; 218f.; 221–224; 226; 228; 231–233; 236
Unbeschnittene 206; 210f.; 220–222; 235f.
Unreine 81; 83f.; 92; 133–136; 139–141; 148; 156; 159; 206; 210f.; 220–223; 235f.

Wassergraben 75f.; 78f.
Weihrauch 64f.; 67f.; 142; 148; 218
Weinberg 162–167
Weinlese 162–164

Zaun 75; 77
Zelt 28; 81; 149

Exegetisches Sachregister

Analogie 51; 81f.; 106f.; 137; 176–178
Analogieschluß 38; 50; 104; 106f.; 137; 183; 215f.
Argumentation 6; 18; 24; 32–34; 37–41; 62; 85; 92; 94; 99; 105; 109f.; 113; 118; 125; 127; 137; 146f.; 156–158; 189f.; 192–195; 198; 203; 208; 228; 232; 234; 239; 241
Argumentationskette 34; 39; 240
Argumentationsverfahren 34; 40
Auslegung
– Imperfekt 170; 178; 191; 198; 201
– Konjunktion 64; 68f.; 76f.; 80–82; 136; 145–147; 149; 152; 155
– Pluralform 59f.; 109; 141; 169; 201; 213
– Pronomen 31; 51f.; 61f.; 123; 127f.; 130–132; 134; 145; 149f.; 153; 159; 195; 205; 210–213; 221
– Singularform 94; 138; 201; 205; 211; 213f.; 218
– Suffix 31; 77; 104; 106; 112; 114
– Wiederholung 58; 144; 150; 159; 166; 176; 205f.; 209; 211; 214; 232
Auslegung, dialektische 47

Bearbeiter 19; 40f.; 52f.; 88; 92f.; 118; 160; 194; 204; 242
Bearbeitung 1f.; 17f.; 27; 40; 47; 53f.; 85f.; 88; 92f.; 102; 118; 131; 133; 141; 152f.; 156; 158–161; 183–185; 194; 202; 204; 226; 229; 236; 240–242
Bearbeitungsvorgang 16; 18f.; 87; 92

Begründung, exegetische 39; 52; 54; 104; 168; 241

Demonstrativpronomen 61; 112; 129; 149f.; 173f.; 181; 196; 205; 212f.; 223
Differenz, semantische 2; 156; 239
Diskurs 6; 9; 84; 193–198; 200; 202–204; 208; 211; 215f.; 219; 222; 226–229; 232–236
Disput 7; 23; 71f.; 76; 78f.; 94f.; 99–102; 114f.; 117; 127; 147; 156; 158f.; 162–168; 170; 172; 174; 180; 183f.; 224f.; 227; 229; 236; 239

Einschließungsverfahren 36f.; 211; 215; 220; 229
Elliptisch 75f.; 81; 154; 178; 184; 199–203; 207; 221
Erklärung 1f.; 17; 19–21; 26f.; 34; 40; 51; 53; 59; 62; 71; 87; 89; 98; 102; 107; 109; 117; 130f.; 146; 156f.; 161f.; 181; 188; 199; 202; 239
Erklärungsmodell 1; 18; 23; 26f.; 41; 73; 87; 157; 161; 238
Erklärungsverfahren 20f.; 27; 86; 155; 238
Exegetische Formel
– ודין הוא 193–196; 235; 240
– יכול 46; 105; 150; 166; 177; 193–195; 212
– מנין 116; 123; 195; 214
– אם כן למה נאמר 164; 168
– לפי שנאמר 177
– אתה אומר 214
– מה תלמוד לומר 176f.; 183

Hermeneutik 140
- hermeneutische Situation 93
- rabbinische 72; 132; 158f.; 162; 189; 237; 242

Intention des Verfassers 58

Kohärenzlücke 1; 18; 23; 25–29; 33f.; 39f.; 44; 50; 52f.; 58; 68; 71; 73; 82; 84–86; 88; 121; 136; 142; 146; 156f.; 161; 164; 166f.; 173f.; 181; 184; 194; 196; 198f.; 226; 236; 238–242
Komposition 41; 52; 74; 160; 237
Kongruenz 52; 60; 83; 112; 136; 145; 154; 213
Kontext 10; 37; 39–41; 45; 54; 59f.; 63; 65; 67f.; 71; 77; 81; 83f.; 94; 96f.; 105f.; 112; 120; 122; 125; 128; 130; 137; 140; 143f.; 146; 149; 153–155; 157–159; 162–164; 168; 176; 180; 182–184; 191; 198; 200; 205; 207; 209; 211; 214; 218; 221; 226; 228f.; 241f.
- Kontextprinzip 140; 155
- kontextuelle Bindung 155
- Zwang des Kontextes 158
Korrektur 73; 79f.; 84; 90; 94; 96; 107; 125; 140; 205; 236; 239

Redaktion 2–4; 6–9; 117f.; 131; 242
- Einschub 10f.; 20f.; 160; 166; 179f.; 184f.; 196; 203; 211; 216; 221; 231; 233; 235f.; 239
- Endredaktion 5; 14
- redaktionelle Verbindung 72
- redaktioneller Eingriff 160
- Redaktionsstufe 23; 39; 230f.; 235f.; 240; 242
- Zusammenstellung 63; 68; 84; 88; 132; 160; 233; 235; 241
Redaktor 3–7; 28; 32; 34; 39–41; 53; 58; 60; 68; 74; 79f.; 82–84; 98f.; 111; 141; 146; 152; 157f.; 160; 164; 166; 172; 180; 196; 216; 230f.; 233–236
- Mishna-Redaktor 2f.; 9; 11; 14; 23; 34; 40–42; 48; 53f.; 63; 68; 73f.; 79; 83f.; 86; 90; 92; 102; 107; 117; 129; 132f.; 140f.; 152f.; 155; 157; 159; 168; 174; 183–185; 202; 204; 224–226; 228–230; 235; 237; 239–242
- Sifra-Redaktor 2–4; 7; 11; 14; 72–74; 161; 168; 184; 196; 203f.; 226; 230; 233; 235–237; 239
Rekonstruktion 1; 19–21; 26; 94; 132; 156; 161
Rekonstruktionsmodell 18–20
Rezeption 2; 102; 117; 158f.; 224

Schluß vom Leichteren auf das Schwerere 32–34; 38–41; 192
Schriftliche Fixierung 2; 89–93; 198; 215; 240
Struktur 1; 16; 23–26; 29f.; 32f.; 39–41; 44; 49; 51; 58f.; 62; 68; 78–80; 83; 85f.; 88; 94; 98; 101; 106f.; 109; 118; 120; 122; 129; 137; 145f.; 150–153; 155; 162; 165; 167; 172f.; 176; 178; 180; 193–196; 198; 214; 223; 228; 238; 241f.
- Analogiestruktur 83
- Begründungsstruktur 12; 24; 48; 84; 241f.
- Bezugsstruktur 33
- Satzstruktur 145; 152
- strukturelle Entsprechung 58; 199
- strukturelle Erwartung 25; 51; 167
- strukturelle Kongruenz 81
- strukturelle Parallelität 82
- Strukturwandel 84
- Überlieferungsstruktur 23; 83; 122; 157; 242
- Verdeutlichungsstruktur 23; 25; 73; 84
- Zuordnungsstruktur 48
Strukturalismus 146

Text
- Ausschnitt aus einem Werk 2; 41; 45; 51; 53; 204; 215; 225f.; 230; 235; 239
- außertextuelle Argumentation 91
- außertextuelle Umstände 102

Exegetisches Sachregister 279

– Einheitlichkeit des Textes 86; 146; 221; 228; 237; 242
– Form des Textes 24; 33
Tora
– mündliche 24; 53; 197; 242
– schriftliche 12; 24; 197; 242
Traditionsgeschichte 1; 9; 98; 109; 188; 197f.; 235
Transformation 7; 84; 87; 93f.; 102; 132; 158; 173; 179f.; 237; 241f.

Überlieferungsformel
– דברי רבי ... 117

– מכאן אמרו 10–12; 59f.; 63; 72; 74; 77; 80; 83; 165; 167; 239; 241

Verständnis 24; 26–28; 34; 40; 49; 53f.; 57; 67; 70; 93f.; 97; 99; 107; 113; 118; 120; 122; 127f.; 137; 140; 143; 146; 153; 155; 163; 171f.; 176f.; 180–182; 184f.; 192; 202; 204; 209; 214; 221; 237
– inkorrektes Verständnis 203
– Mißverständnis 27; 118; 132; 172; 177; 184
– Verstehensprozess 27

Texte und Studien zum Antiken Judentum

Alphabetische Übersicht

Albani, M., J. Frey, A. Lange (Ed.): Studies in the Book of Jubilees. 1997. *Band 65.*
Avemarie, Friedrich: Tora und Leben. 1996. *Band 55.*
Becker, Hans-Jürgen: Die großen rabbinischen Sammelwerke Palästinas. 1998. *Band 70.*
− siehe *Schäfer, Peter*
Cansdale, Lena: Qumran and the Essenes. 1997. *Band 60.*
Chester, Andrew: Divine Revelation and Divine Titles in the Pentateuchal Targumim. 1986. *Band 14.*
Cohen, Martin Samuel: The Shi ur Qomah: Texts and Recensions. 1985. *Band 9.*
Ego, Beate: Targum Scheni zu Ester. 1996. *Band 54.*
Engel, Anja: siehe *Schäfer, Peter*
Frey, J.: siehe *Albani, M.*
Gleßmer, Uwe: Einleitung in die Targume zum Pentateuch. 1995. *Band 48.*
Goldberg, Arnold: Mystik und Theologie des rabbinischen Judentums. Gesammelte Studien I. Hrsg. von *M. Schlüter* und *P. Schäfer.* 1997. *Band 61.*
Goodblatt, David: The Monarchic Principle. 1994. *Band 38.*
Grözinger, Karl: Musik und Gesang in der Theologie der frühen jüdischen Literatur. 1982. *Band 3.*
Gruenwald, I., Sh. Shaked and *G.G. Stroumsa* (Ed.): Messiah and Christos. Presented to David Flusser. 1992. *Band 32.*
Halperin, David J.: The Faces of the Chariot. 1988. *Band 16.*
Herrmann, Klaus (Hrsg.): Massekhet Hekhalot. 1994. *Band 39.*
− siehe *Schäfer, Peter*
Herzer, Jens: Die Paralipomena Jeremiae. 1994. *Band 43.*
Hezser, Catherine: Form, Function, and Historical Significance of the Rabbinic Story in Yerushalmi Neziqin. 1993. *Band 37.*
− The Social Structure of the Rabbinic Movement in Roman Palestine. 1997. *Band 66.*
Hirschfelder, Ulrike: siehe *Schäfer, Peter Horbury, W.:* siehe *Krauss, Samuel*
Houtman, Alberdina: Mishnah und Tosefta. 1996. *Band 59.*
Ilan, Tal: Jewish Women in Greco-Roman Palestine. 1995. *Band 44.*
Instone Brewer, David: Techniques and Assumptions in Jewish Exegesis before 70 CE. 1992. *Band 30.*
Ipta, Kerstin: siehe *Schäfer, Peter*
Jacobs, Martin: Die Institution des jüdischen Patriarchen. 1995. *Band 52.*
Kasher, Aryeh: The Jews in Hellenistic and Roman Egypt. 1985. *Band 7.*
− Jews, Idumaeans, and Ancient Arabs. 1988. *Band 18.*
− Jews and Hellenistic Cities in Eretz-Israel. 1990. *Band 21.*
Krauss, Samuel: The Jewish-Christian Controversy from the earliest times to 1789. Vol. I. Hrsg. von *W. Horbury.* 1996. *Band 56.*
Kuhn, Peter: Offenbarungsstimmen im Antiken Judentum. 1989. *Band 20.*
Kuyt, Annelies: The ›Descent‹ to the Chariot.1995. *Band 45.*
Lange, A.: siehe *Albani, M.*
Lange, Nicholas de: Greek Jewish Texts from the Cairo Genizah. 1996. *Band 51.*
Lohmann, Uta: siehe *Schäfer, Peter*
Loopik, M. van (Übers. u. komm.): The Ways of the Sages and the Way of the World. 1991. *Band 26.*
Luttikhuizen, Gerard P.: The Revelation of Elchasai. 1985. *Band 8.*
Mach, Michael: Entwicklungsstadien des jüdischen Engelglaubens in vorrabbinischer Zeit. 1992. *Band 34.*
Mendels, Doron: The Land of Israel as a Political Concept in Hasmonean Literature. 1987. *Band 15.*
Mutins, Georg von: siehe *Schäfer, Peter*
Necker, Gerold: siehe *Schäfer, Peter*
Olyan, Saul M.: A Thousand Thousands Served Him. 1993. *Band 36.*
Otterbach, Rina: siehe *Schäfer, Peter*
Prigent, Pierre: Le Judaisme et l'image. 1990. *Band 24.*

Texte und Studien zum Antiken Judentum

Reeg, Gottfried (Hrsg.): Die Geschichte von den Zehn Märtyrern. 1985. *Band 10.*
– siehe *Schäfer, Peter*
Renner, Lucie: siehe *Schäfer, Peter*
Reichman, Ronen: Sifra und Mishna. 1998. *Band 68.*
Rohrbacher-Sticker, Claudia: siehe *Schäfer, Peter*
Salvesen, A. (Ed.): Origen's Hexapla and Fragments.1998. *Band 58.*
Samely, Alexander: The Interpretation of Speech in the Pentateuch Targums. 1992. *Band 27.*
Schäfer, Peter: Der Bar-Kokhba-Aufstand. 1981. *Band 1.*
– Hekhalot-Studien. 1988. *Band 19.*
Schäfer, Peter (Hrsg.): Geniza-Fragmente zur Hekhalot-Literatur. 1984. *Band 6.*
– siehe *Goldberg, Arnold*
– in Zusammenarbeit mit *Klaus Herrmann, Rina Otterbach, Gottfried Reeg, Claudia Rohrbacher-Sticker, Guido Weyer:* Konkordanz zur Hekhalot-Literatur. Band 1: 1986. *Band 12.* – Band 2: 1988. *Band 13.*
Schäfer, Peter, Margarete Schlüter, Hans Georg von Mutins (Hrsg.): Synopse zur Hekhalot-Literatur. 1981. *Band 2.*
Schäfer, Peter (Hrsg.) in Zusammenarbeit mit *Hans-Jürgen Becker, Klaus Herrmann, Ulrike Hirschfelder, Gerold Necker, Lucie Renner, Claudia Rohrbacher-Sticker, Stefan Siebers:* Übersetzung der Hekhalot-Literatur. Band 1: §§ 1-80. 1995. *Band 46.* – Band 2: §§ 81-334. 1987. *Band 17.* – Band 3: §§ 335-597. 1989. *Band 22.* – Band 4: §§ 598-985. 1991. *Band 29.*
Schäfer, Peter, und Hans-Jürgen Becker (Hrsg.) in Zusammenarbeit mit *Anja Engel, Kerstin Ipta, Gerold Necker, Uta Lohmann, Martina Urban, Gert Wildensee:* Synopse zum Talmud Yerushalmi. Band I/1-2: 1991. *Band 31.* – Band I/3-5: 1992. *Band 33.* – Band I/6-11: 1992. *Band 35.* – Band III: 1998. *Band 67.* – Band IV: 1995. *Band 47.*
Schäfer, Peter, und Shaul Shaked (Hrsg.): Magische Texte aus der Kairoer Geniza. Band 1: 1994. *Band 42* – Band 2: 1997. *Band 64.*
Schäfer, Peter (Ed.): The Talmud Yerushalmi and Graeco-Roman Culture. 1998. *Band 71.*
Schlüter, Margarete: siehe *Goldberg, Arnold*
– siehe *Schäfer, Peter*
Schmidt, Francis: Le Testament Grec d'Abraham. 1986. *Band 11.*
Schröder, Bernd: Die ›väterlichen Gesetze‹. 1996. *Band 53.*
Schwartz, Daniel R.: Agrippa I. 1990. *Band 23.*
Schwemer, Anna Maria: Studien zu den frühjüdischen Prophetenlegenden. Vitae Prophetarum Band I: 1995. *Band 49.* – Band II (mit Beiheft: Synopse zu den Vitae Prophetarum): 1996. *Band 50.*
Shaked, Shaul: siehe *Gruenwald, I.*
– siehe *Schäfer, Peter*
Shatzman, Israel: The Armies of the Hasmonaeans and Herod. 1991. *Band 25.*
Siebers, Stefan: siehe *Schäfer, Peter*
Spilsbury, Paul: The Image of the Jew in Flavius Josephus' Paraphrase of the Bible. 1998. *Band 69.*
Stroumsa, G.G.: siehe *Gruenwald, I.*
Stuckenbruck, Loren T.: The Book of Giants from Qumran. 1997. *Band 63.*
Swartz, Michael D.: Mystical Prayer in Ancient Judaism. 1992. *Band 28.*
Sysling, Harry: Teḥiyyat Ha-Metim. 1996. *Band 57.*
Urban, Martina: siehe *Schäfer, Peter*
Veltri, Giuseppe: Eine Tora für den König Talmai. 1994. *Band 41.*
– Magie und Halakha. 1997. *Band 62.*
Weyer, Guido: siehe *Schäfer, Peter*
Wewers, Gerd A.: Probleme der Bavot-Traktate. 1984. *Band 5.*
Wildensee, Gert: siehe *Schäfer, Peter*
Wilson, Walter T.: The Mysteries of Rigtheousness. 1994. *Band 40.*

Einen Gesamtkatalog erhalten Sie gerne vom Verlag
Mohr Siebeck · Postfach 2040 · D–72010 Tübingen.
Neueste Informationen im Internet: http://www.mohr.de